Radsport – die größten Legenden

Allgemeiner Hinweis:

Aus Gründen der besseren Lesbarkeit haben wir uns entschlossen, durchgängig die männliche (neutrale) Anredeform zu nutzen, die selbstverständlich die weibliche mit einschließt.

Das vorliegende Buch wurde sorgfältig erarbeitet. Dennoch erfolgen alle Angaben ohne Gewähr. Weder der Autor noch der Verlag können für eventuelle Nachteile oder Schäden, die aus den im Buch vorgestellten Informationen resultieren, Haftung übernehmen.

Sollte diese Publikation Links auf Webseiten Dritter enthalten, so übernehmen wir für deren Inhalte keine Haftung, da wir uns diese nicht zu eigen machen, sondern lediglich auf deren Stand zum Zeitpunkt der Erstveröffentlichung verweisen.

SVEN BREMER

Radsport

★★ DIE GRÖSSTEN LEGENDEN ★★

Porträts, Geschichten und Skandale

MEYER & MEYER VERLAG

Radsport – Die größten Legenden

Bibliografische Information der Deutschen Bibliothek
Die Deutsche Bibliothek verzeichnet diese Publikation in der Deutschen Nationalbibliografie; detaillierte bibliografische Details sind im Internet über <https://www.dnb.de> abrufbar.

Auckland, Beirut, Dubai, Hägendorf, Hongkong, Indianapolis, Kairo, Kapstadt, Manila, Maidenhead, Neu-Delhi, Singapur, Sydney, Teheran, Wien

Member of the World Sport Publishers' Association (WSPA)

Druck: CPI - Clausen & Bosse, Leck
ISBN 978-3-8403-7860-7
E-Mail: verlag@m-m-sports.com
www.dersportverlag.de

INHALT

PROLOG

Die italienischen Radsportfans wussten es schon Mitte des vergangenen Jahrhunderts: „Die Sonne geht unter, aber nicht Bartali." Die „Helden der Landstraßen" wurden und werden verehrt, sie sind unsterblich für ihre Fans. Die besten Radsportler aller Zeiten haben Geschichte geschrieben und es gibt unzählige Geschichten zu erzählen über sie. Der Radsport-Autor Benjo Maso überschrieb sein Werk zur Historie des Radsports mit dem Titel „Der Schweiß der Götter." Abertausende von Radprofis haben schier Unmenschliches geleistet; die besten von ihnen wurden zu (lebenden) Legenden. Man nannte sie „Überirdische" oder „Meister aller Meister", man gab ihnen Spitznamen wie „Kannibale", „Engel der Berge" oder „il pirata".

Es waren beeindruckende Persönlichkeiten unter ihnen, echte Charakterköpfe und „Leader", aber auch Lebemänner, Hasardeure und vielfach ganz einfache Burschen, die nichts anderes so gut konnten wie verdammt schnell Rad zu fahren. Sie mögen Götter oder zumindest Halbgötter in ihrem Sport gewesen sein, aber im Privaten und insbesondere nach dem Ende der aktiven Karriere schrumpften viele von ihnen auf menschliche Größe zurück. Und dazu gehören nun auch einmal Schwächen, wie jeder Mensch sie hat – egal ob er den Mont Ventoux in Rekordzeit bezwingt oder nur mit dem Rad zum Bäcker fährt.

Die Geschichten handeln also nicht nur von zähen Kämpfen und dem Leiden am Berg, von epischen Duellen während der großen Rundfahrten. Sie handeln auch von tragischen Figuren: von Irrwegen und Brüchen in der Biografie, von Depressionen und Drogenmissbrauch, von Doping oder scheinheiligen Dopingbeichten – und von systematischem Betrug.

Einst waren es oft arme Teufel aus einfachsten Verhältnissen, die im Radsport eine Chance sahen, dem Elend zu entkommen. Bauernjungs, die sich ihr erstes Fahrrad vom Munde absparten, Bäcker- und Metzgerlehrlinge, die die Grundlage für ihre spätere Welt-Karriere legten, indem sie Waren mit dem Rad auslieferten und dabei gegen sich selbst die ersten Rennen fuhren. Heutzutage werden die Talente auf Radsport-Internate geschickt, sie trainieren nach Wattzahlen, haben als Jungprofis bereits einen „Staff" von hundert Mitarbeitern im Rücken und Hightech-Material zur Verfügung. Dieses Buch widmet sich jedoch nicht den aktuellen Stars: Profis wie Peter Sagan, Chris Froome, Tadej Pogačar oder Wout Van Aert kommen nicht vor, ebenso wenig wie die besten Bahnfahrer aller Zeiten. Auch die besten Radfahrerinnen haben leider keinen Platz gefunden. In diesem Buch sind Porträts über die noch lebenden Legenden zu finden, die ihre aktive Karriere bereits beendet haben sowie Geschichten über all jene Legenden, die längst im Radsporthimmel ihre Runden drehen.

Für viele scheint der Radsport fast ausschließlich aus der Tour de France zu bestehen. Zweifelsohne ist die „Grande Boucle" *das* Event eines jeden Jahres. Aber zu Legenden geworden sind auch die Klassikerjäger, jene Fahrer, die bei den Frühjahrsklassikern bzw. den fünf „Monumenten des Radsports" triumphierten. Fragt man die Menschen in Flandern, in der vielleicht radsportverrücktesten Region der Welt, nach ihren Helden, dann nennen sie keinen Coppi und keinen Anquetil. Sie verehren die Klassikerspezialisten wie Johan Museeuw, die ganz harten Kerle, „Flandriens" genannt. Männer, von denen die meisten bei den Grands Tours keine Chance hatten. Aber die im Frühjahr bei Wind und Wetter über die Kopfsteinpflasterpassagen bei Paris-Roubaix und bei der Flandern-Rundfahrt bretterten oder bei Schneegestöber die brutalen „Côtes" der Ardennen bezwangen.

Den Namen Eddy Merckx dürfte wohl jeder schon mal gehört haben: der „Kannibale" konnte alles – und hat alles gewonnen, was es zu gewinnen gibt. Er siegte bei allen drei Grands Tours, er war Weltmeister und triumphierte sagenhafte 19-mal bei den „Monumenten des Radsports". Aber wer weiß schon, dass auch seine Landsleute Rik Van Looy und Roger De Vlaeminck das Kunststück fertigbrachten, alle fünf Monumente zu gewinnen? Und wer kennt schon Briek Schotte, den „Eisernen Briek", den kein Geringerer als Merckx als den Vater des modernen Radsports in Belgien bezeichnete. Darüber hinaus beinhaltet das Buch Porträts über die Heroen früherer Zeiten, über den ersten Superstar des italienischen Radsports, Costante Giradengo, über den „Campionissimo" Fausto Coppi und seinen Dauerrivalen Gino Bartali, den die Fans nicht nur aufgrund seiner Fahrkünste verehrten, sondern auch weil er während des Faschismus in den Widerstand ging und Hunderten von Juden das Leben rettete.

Auch wenn Deutschland nicht zu den ganz großen Radsportnationen zählt, widmet sich das Buch ausführlich auch den deutschen Radsportlegenden. Natürlich dem tragischen Helden Jan Ullrich, dem ersten und einzigen deutschen Tour-de-France-Sieger, aber auch Deutschlands erstem und einzigen Straßen-Weltmeister Rudi Altig sowie Kurt Stöpel, dem ersten Deutschen im Gelben Trikot bei der Tour. Die deutschen Fahrer mögen - gemessen an ihren Erfolgen - ein wenig überrepräsentiert sein, aber das Buch erscheint nun mal auf dem deutschsprachigen Markt. Über die Auswahl ließe sich sowieso trefflich streiten. Hätte nicht auch der „ewige Zweite" der Tour de France, Joop Zoetemelk, ein Porträt verdient? Genauso wie der „spanische Merckx" Luis Ocaña oder Maurice Garin, der erste Tour-Sieger? Die Auswahl war schwierig, aber sie musste getroffen werden. Auch, wenn der eine oder andere Leser seinen persönlichen Helden vermissen sollte, ich denke bzw. ich hoffe, dass Radsportfans, oder die, die es noch werden wollen, in diesem Buch genug Lesenswertes über die größten Legenden des Radsports finden.

★ I ★

DIE GANZ GROSSEN CHAMPIONS

1.1 EDDY MERCKX – DER KANNIBALE (*17.06.1945)

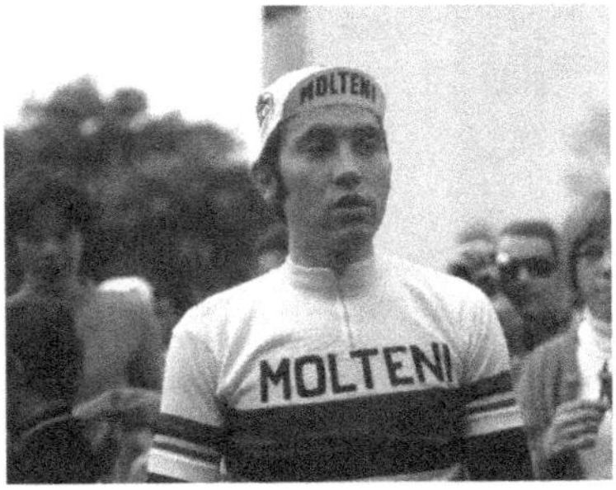

Kannibale, Menschenfresser also. So möchte man nicht wirklich genannt werden. Noch nicht einmal als bester und erfolgreichster Radprofi aller Zeiten. Édouard Louis Joseph Baron Merckx, kurz Eddy Merckx, wurde so genannt.

Man weiß bis heute nicht genau, wer es war, der dem fünfmaligen Tour-de-France-Sieger diesen Spitznamen gab. Manche sagen, es sei sein Kollege Christian Raymond gewesen. Andere behaupten, Journalisten hätten den Namen für Merckx erfunden. Ein nicht besonders schmeichelhafter Spitzname. Aber er passte perfekt für den schier unersättlichen Belgier, der so gut wie alle Rekordlisten im Radsport anführt und insgesamt 525 Siege als Radprofi feiern konnte.

Eddy Merckx war siegeshungrig, er war gnadenlos, er war unersättlich – er fraß sein Gegner geradezu auf. Merckx wollte gewinnen, auf Teufel komm raus, er kannte kein Pardon.

Sein langjähriger Freund und Landsmann Patrick Sercu erzählte einmal folgende Geschichte dazu: Nachdem Merckx den Sieg beim Flèche Wallonne verpasst hatte, stand wenige Tage später das *Monument* Lüttich-Bastogne-Lüttich im Kalender. Als Sercu sich mit dem Auto auf den Weg nach Lüttich machte, sah er auf der Landstraße einen einsamen Rennradfahrer. Es war Sauwetter, ein stürmischer Schneeregen ging übers Land. Keinen Hund hätte man vor die Tür schicken wollen. Sercu erkannte den Radfahrer sofort. Es war Merckx, der sich selbst 100 Kilometer „Strafarbeit" auferlegt hatte.

Am Tag darauf gewann er Lüttich-Bastogne-Lüttich. Und als Merckx 1969 bei der Flandern-Rundfahrt bereits 80 Kilometer vor dem Ziel attackierte und ihn sein sportlicher Leiter aus dem Auto anwies, die Beine hochzunehmen und aufs Feld zu warten, da brauchte Eddy Merckx nur zwei Worte: „Leck mich!", schrie er seinem Vorgesetzten entgegen und raste allein gegen den Wind zum Sieg.

Patrick Sercu wusste noch eine andere Geschichte zu erzählen, von einem der einst so populären und lukrativen Sechstagerennen in den 1970er-Jahren. Merckx war sauer auf den Veranstalter und er war nicht gut zu sprechen auf einige der Kollegen. Sein Ärger entlud sich auf der Bahn.

Normalerweise nehmen sich die Topteams bei Sechstagerennen in der ersten Nacht vielleicht eine, höchstens zwei Runden ab. Das war auch stets im Sinne des Veranstalters; es sollte schließlich möglichst lange spannend bleiben. „Aber Eddy fuhr wie ein Irrer um die Bahn; auch ich konnte ihn nicht bremsen. Er hat sogar Ablösungen verpasst und ist einfach immer weitergefahren in diesem höllischen Tempo", erzählte Sercu, selbst Olympiasieger und der erfolgreichste Sixdays-Profis aller Zeiten.

Am Ende der ersten Nacht hatten Merckx/Sercu neun Runden Vorsprung auf die Zweitplatzierten. Das gab es vorher noch nie und nie wieder.

Wenn er keine Rennen fuhr, so heißt es, war Eddy Merckx ein umgänglicher und freundlicher Mensch. Auch vor dem Start der Rennen war er zumeist gut gelaunt. Aber er verstand sich auch darauf, zu bluffen. Dann erzählte Merckx seinen Kontrahenten gerne mal, dass es ihm gerade heute nicht so gut gehen würde. Mal hatte er Kopfschmerzen, mal eine Erkältung, dann war das Knie malade oder der Rücken zwickte. Was ihn dann nicht davon abhielt, ein mörderisches Tempo anzuschlagen und das Rennen zu gewinnen. Und irgendwann glaubte ihm das Theater sowieso keiner mehr.

Kaum eine Liste mit Superlativen und Rekorden im Radsport kommt ohne den Namen Eddy Merckx aus. Mailand-San Remo gewann er siebenmal, bei Lüttich-Bastogne-Lüttich triumphierte er fünfmal. Bei Paris-Roubaix siegte er dreimal, bei der Lombardei-Rundfahrt und bei der Flandern-Rundfahrt doch tatsächlich nur zweimal.

Außer ihm siegten nur noch seine Landsleute Roger De Vlaeminck und Rik Van Looy bei allen fünf *Monumenten des Radsports*: 19 Siege haben sie zusammengenommen einfahren können, so viele wie Merckx alleine. Er war dreimal Weltmeister bei den Profis, einmal bei den Amateuren. Er triumphierte fünfmal bei der Tour de France und fünfmal beim Giro – bei jeweils nur sieben bzw. acht Starts.

Der Kletterer, der Rouleur, der Zeitfahrer, der Rundfahrer, der Klassikerjäger, kurzum der Alleskönner Merckx sagte später einmal: „Wenn ich nur die Tour de France gefahren wäre, hätte ich sie bestimmt zehnmal gewonnen." Wahrscheinlich wäre es so gewesen. Einmal gewann er die Gesamtwertung der Vuelta a España, er nahm aber auch nur einmal teil. Von Mitte der 1960er-Jahre bis Mitte der 1970er-Jahre führte der Sieg, bei welchem Rennen auch immer, über Eddy Merckx.

Sage und schreibe 525 Siege fuhr Eddy Merckx im Verlauf seiner Karriere ein und drei Jahrzehnte später sagte der deutsche Weltklasse-Sprinter Erik Zabel einmal: „Überall, wo ich hinkomme, hat Eddy schon zehnmal gewonnen."

Den Stundenweltrekord holte er sich 1972 übrigens auch noch. Wobei man im Vorfeld des Rekordversuchs auf der Bahn in Mexiko-Stadt doch tatsächlich an Merckx gezweifelt hatte. Der Kollege Raphael Geminiani sagte: „Ein solches Unternehmen erfordert Generalstabsarbeit." Und auch Rudi Altig glaubte, dass Merckx scheitern würde, den Rekord des Dänen Ole Ritter zu verbessern.

Der deutsche Weltklasse-Profi sagte hinsichtlich des Unterfangens: „Darauf muss man sein Programm monatelang abstellen." Jeder andere vielleicht, aber nicht Merckx. Er fuhr auf einem 5,75 Kilogramm schweren Stahlrad, das sich ansonsten nur wenig von den Rennmaschinen der damaligen Zeit unterschied. In der Höhenluft von Mexiko-City schaffte Merckx eine Strecke von 49,431 Kilometern und verbesserte den Stundenweltrekord um fast 800 Meter.

Merckx' Rekordmarke hielt bis 1984, ehe Francesco Moser an gleicher Stelle auf einer futuristischen Zeitfahrmaschine als erster Rennfahrer die magische Grenze von 50 Kilometern knackte. Doch weil der Welt-Radsportverband UCI den Rekord von Moser aufgrund des von ihm benutzten Materials später nur noch als Weltbestleistung führte, hatte Merckx' Stundenweltrekord letztendlich Bestand bis ins Jahr 2000 (siehe Porträt Moser).

Angefangen hatte Eddy Merckx mit dem Radsport eher gegen den Willen seiner Eltern, Vater Jules und Mutter Eugenie. Die Familie war aus dem kleinen Ort Meensel-Kiezigem bei Leuven nach Woluwé-Saint-Pierre im Großraum Brüssel gezogen, als Eddy ein Jahr alt war. Allerdings lebte er selbst bis zum Alter von fünf Jahren bei seiner Großmutter Martha.

Der kleine Eddy konnte, obwohl er als Kind zunächst ein kleines „Pummelchen" war, so gut wie nie stillsitzen. Er spielte Tennis, Fußball, Basketball und war darüber hinaus ein guter Schwimmer und ein schlagkräftiger Boxer. Auf dem Rad war er zwar schon von Kindesbeinen an unterwegs, nahm aber zunächst an keinen offiziellen Wettkämpfen teil. Die Rennen, die Eddy mit seinen Kumpels ausfuhr, fanden auf dem Schulweg statt oder auf dem Weg zum Box,- zum Tennis- oder zum Fußballtraining.

Jeder von den Jungs wollte dabei Stan Ockers sein, der beste belgische Profi dieser Zeit. Als jener Stan Ockers 1955 gegen die Übermacht der italienischen und französischen Konkurrenz Weltmeister wurde, da beschloss Merckx, ihm nachzueifern. Unterstützung fand er im ehemaligen belgischen Profi Félicien Vervaecke, der gleich um die Ecke von Merckx' Elternhaus einen Fahrradladen betrieb.

Als seine Eltern, Besitzer eines kleinen Lebensmittelladens am Goudevinkenplein in Woluwé-Saint-Pierre, eines Tages im Urlaub waren, nahm der damals 16 Jahre alte Teenager heimlich an einem Rennen teil. Aber selbst bei der genauesten Recherche wird man Eddy Merckx nicht in den Palmarès finden. Der Junge mit den perfekten Ortskenntnissen hatte nämlich, nachdem er zwischenzeitlich abgehängt worden war, ein paar Abkürzungen genommen, um wieder den Anschluss ans Hauptfeld zu schaffen – und wurde deshalb disqualifiziert.

Kaum zu glauben, bei dem, was später aus Eddy Merckx werden sollte; aber bei den folgenden Rennen, die er im Sommer 1961 bestritt, hat er nicht gewonnen. Erstmals offiziell als Sieger geführt wurde er bei einem Rennen am 1. Oktober des Jahres in Petit-Enghien. Aber schon vorher war Merckx klar, dass es für ihn nur eines gibt: den Radsport.

Die Schule war nicht so sein Ding. Wenn man sagen würde, Eddy Merckx war ein mittelmäßiger Schüler, dann wäre das eine Übertreibung. Also brach er sie nach reichlich Streit und Ärger mit seinen Eltern im Sommer 1962 nach der Mittleren Reife ab.

Bereits über den Winter 1961/62 hatte er mit seinem Mentor und väterlichen Freund Vervaecke hart und viel auf der Bahn trainiert und gewann 1962 die belgischen Meisterschaften in der Kategorie der „debutants".

Insgesamt siegte er während seiner Amateur-Laufbahn von 1962 bis 1964 bei über 70 Rennen, darunter war der Titelgewinn bei der Straßen-WM der Amateure 1964 im französischen Sallanches.

1965 startete Eddy Merckx seine Profikarriere beim Team *Solo-Supéria*; im Frühjahr 1966 siegte er erstmals bei Mailand-San Remo, im Herbst verpasste er den Sieg bei der Lombardei-Rundfahrt als Zweiter hinter dem Italiener Felice Gimondi nur knapp. 1967, im Trikot des Teams *Peugeot-BP-Michelin* debütierte Merckx beim Giro d'Italia. Er gewann zwei Etappen und belegte Rang neun in der Gesamtwertung. Da war einer mit viel Potenzial, das hatten Experten und Fans gesehen, aber sie ahnten nicht, was da alles noch kommen sollte.

1968 nahm Eddy Merckx, inzwischen im Trikot des *FAEMA*-Teams, zum zweiten Mal an der Rundfahrt durch Italien teil und triumphierte dort als erster Belgier überhaupt. Er gewann die erste und die achte Etappe, ehe er auf dem Tagesabschnitt Nummer 12 den Gesamtsieg perfekt machte und dabei die versammelte Weltelite zu Statisten degradierte.

Es war bereits Anfang Juni, aber es schneite auf dem Weg hinauf zu den Drei Zinnen in den Dolomiten. Natürlich hat auch ihm die Kälte zugesetzt, aber er konnte das von allen am besten ausblenden. Merckx kurbelte die Serpentinen so schnell hinauf, als säße er auf einem Moped. Im Schneegestöber verloren die meisten seiner Gegner Merckx nicht nur aus den Augen, sondern auch ihre Moral.

Als der große Felice Gimondi mit sechs Minuten Rückstand auf den jungen Belgier ins Ziel kam, weinte er. Und Vittorio Adorni, Giro-Sieger des Jahres 1965, sagte über Merckx: „Er ist diese Etappe gefahren, als wäre sie seine letzte." Das stimmte; nur dass Eddy Merckx nicht nur auf dieser einen Alpen-Etappe des Giro im Juni 1968 so fuhr, als wäre es seine letzte, sondern bei allen Rennen, die da noch kamen, in den kommenden zehn Jahren.

Im darauf folgenden Frühjahr gewann der Unersättliche mit Mailand-San-Remo, der Flandern-Rundfahrt und Lüttich-Bastogne-Lüttich drei *Monumente des Radsports* innerhalb von wenigen Wochen; das hatte vor ihm noch keiner geschafft. Hätte er sich nicht bei Paris-Roubaix eine Knieverletzung zugezogen, Merckx hätte auch noch in der Hölle des Nordens triumphiert. So wurde er „nur" Zweiter hinter seinem Landsmann Walter Godefroot.

Beim Giro 1969 war Merckx auf Kurs Titelverteidigung, er hatte bereits vier Etappen gewonnen und trug das „Maglia Rosa", als ihn die Organisatoren nach der zwölften Etappe aus dem Rennen nahmen. Bei einer Dopingprobe waren Spuren des Amphetamins Fencamfamin gefunden worden.

Der Champion tobte; Merckx mutmaßte, man habe ihm das Mittel in die Wasserflasche gemischt und sprach von einem Komplott. Die Italiener, so Merckx, hätten es nicht ertragen können, dass zum zweiten Mal in Folge ein Belgier und nicht einer ihrer Fahrer gewinnt. Mit einer gehörigen Portion Pathos behauptete Merckx, die Italiener hätten ihn gebrochen.

Natürlich hatten sie das nicht, man konnte diese menschliche Maschine nicht brechen.

Die Italiener hatten Eddy Merckx vor allem wütend gemacht. Und er fuhr, nachdem seine Sperre auf einen Monat verkürzt worden war, im Sommer 1969 erstmals die Tour de France. Und er fuhr bei der „Grande Boucle" alles in Grund und Boden, die Wut musste raus und das ging am besten auf dem Rad. Mit 17 Minuten Vorsprung gewann der Kannibale zum ersten Mal die wichtigste Rundfahrt der Welt. Er gewann fünf Etappen; neben dem Gelben Trikot noch das Bergtrikot, das Punktetrikot und die damals gerade eingeführte Kombinationswertung.

Jacques Goddet, Tour-Direktor und Autor bei der französischen Zeitung *L'Équipe,* kreierte den Begriff „Merckxissimo", in Anlehnung an die italienischen „Campionissimi" früherer Zeiten. Ausgerechnet ein italienischer Begriff ... An anderer Stelle nannte die Zeitung den Belgier einen „Velonauten".

Als Eddy Merckx, der Mann vom anderen Stern, seinen ersten Tour-Sieg feierte, betraten die US-amerikanischen Astronauten Neil Armstrong und Buzz Aldrin gerade als erste Menschen den Mond. Nicht nur in der Geschichte der bemannten Raumfahrt hatte ein neues Zeitalter begonnen; auch im Radsport.

Die sechs Etappen, die Merckx 1969 bei der Tour de France gewann, waren die ersten von insgesamt 34 im Laufe seiner Karriere. Erst 2021 stellte der britische Sprinter Mark Cavendish den Rekord zumindest ein. Der inzwischen 76 Jahre alte Eddy Merckx gab sich großzügig, er gratulierte Cavendish und sagte lapidar: „Das kostet mich keinen Schlaf. Rekorde sind dazu da, um gebrochen zu werden." Seine 96 Tage im Gelben Trikot bleiben bis heute unerreicht.

1970 gewann Merckx sein erstes Double aus Giro und Tour, 1972 und 1974 gelang ihm das Kunststück nochmals. 1973 siegte er bei seiner einzigen Teilnahme an der Vuelta a España und anschließend beim Giro. Der Hunger des Kannibalen, als erster Radprofi alle drei Grands Tours in einem Jahr zu gewinnen, war groß; erstaunlicherweise obsiegte die Vernunft. 60 Etappen in gerade einmal drei Monaten seien sogar für ihn zu viel, begründete Merckx die Absage.

1975 bei der Tour de France musste Merckx sich dem Franzosen Bernard Thévenet als Gesamtzweiter geschlagen geben. Merckx hatte aufgrund einer schweren Angina ein verkorkstes Frühjahr hinter sich; die Tour war nicht nur aufgrund der sportlichen Herausforderungen eine Tour der Leiden für den Belgier.

Schon zu Beginn der Rundfahrt wurde der Dominator der vergangenen Jahre von den französischen Fans beschimpft, bedroht und beleidigt. Schließlich wurde er während der 14. Etappe hinauf zum Puy de Dôme tatsächlich von einem Fanatiker mit Boxhieben traktiert; benommen vor Schmerzen bewältigte er den Schlussanstieg und verlor wertvolle Zeit. Schließlich wurde er noch in einen Sturz verwickelt und brach sich dabei das Jochbein und den Kiefer. Er kämpfte weiter, was sonst? Aber es reichte nicht, der „flandrische Löwe" war angeknockt.

Im Sommer 1975 war Eddy Merckx das letzte Mal bei einer der Grands Tours um den Sieg gefahren. Im Frühjahr 1976 holte er sich zwar noch seinen siebten Triumph bei Mailand-San Remo, beim Giro jedoch quälte er sich mit einem Furunkel im Gesäßbereich als Gesamtachter ins Ziel und sagte anschließend die Teilnahme an der Tour de France ab. Seine Zeit schien vorbei zu sein, auf jeden Fall war die Zeit vorbei, in der Eddy Merckx den Radsport dominierte.

Aber er wollte es nicht einsehen; er beging den klassischen Fehler, sich nicht als Champion zu verabschieden, sondern als ehemaliger Champion, der krampfhaft versuchte, immer noch ein Champion zu sein. Im Sommer 1977 wollte er seinen sechsten Sieg bei der Tour perfekt machen; am Ende hatte er als Gesamtsechster mehr als zwölf Minuten Rückstand auf den Sieger.

Als Merckx 1978 im Frühjahr komplett der Musik hinterherfuhr, beendete er schließlich im Mai des Jahres seine aktive Karriere. Es sei, so Merckx später, der schwerste Schritt seines Lebens gewesen, als Verlierer abzutreten. Denn alles andere, als zu gewinnen, kam für den Kannibalen einer Niederlage gleich.

Eddy Merckx ist Belgiens Weltsportler des 20. Jahrhunderts, er wurde von der UCI zum besten Radsportler des vergangenen Jahrhunderts gekürt. Wenn er nicht als Kannibale bezeichnet wurde, dann als Eroberer, als Supermann, als Gott. Es gab nie einen Besseren, das sagen fast alle, wenngleich es einige wenige gibt, wie den italienischen Radsportjournalisten Gian Paolo Ormezzano, die das anders sahen.

Ormezzano machte den feinen Unterschied und schrieb, Merckx sei „der Stärkste", Fausto Coppi hingehen „der Beste" in der Geschichte des Radsports gewesen. Der Autor begründete das damit, dass Coppi sich in seiner Glanzzeit mit deutlich stärkeren Gegnern als Merckx messen musste.

Ein anderer großer Champion, Jacques Anquetil, hatte einmal gesagt: „Nimm die Beine von Eddy Merckx, den Kopf von Eddy Merckx, die Muskeln von Eddy Merckx, das Herz von Eddy Merckx und den Siegeshunger von Eddy Merckx – und du hast den idealen Rennfahrer."

Wie auch immer: Merckx war ein Alleskönner, vielleicht der Letzte überhaupt im Radsport. Er konnte sprinten, er war ein Puncheur par excellence bei den schweren Eintagesklassikern, er war ein brillanter Zeitfahrer und er war enorm stark im Hochgebirge – obwohl er im Vergleich zu den heutigen Rundfahrtspezialisten mit 1,82 Meter Körpergröße und einem Gewicht von knapp 75 Kilogramm nicht die besten physischen Voraussetzungen mitbrachte.

Man könnte von einer unglaublichen mentalen Stärke sprechen, man könnte es aber einfach auch als Besessenheit bezeichnen. Der italienische Radsportautor Giacomo Pellizzari schrieb von einer „wunderbaren Maßlosigkeit", die Merckx charakterisiere. Der Unersättliche ordnete darüber hinaus alles seinem Sport unter. Und er besaß eine erstaunliche Regenerationsfähigkeit. Wie schwer die Etappe am Tag zuvor auch gewesen sein mochte: Merckx war am nächsten Morgen topfit und hatte nach dem Start schon bald wieder das Messer zwischen den Zähnen.

Nur ganz selten zeigte Eddy Merckx Schwäche; einmal am Mont Ventoux, an jenem kahlen und mythischen Riesen im Süden Frankreichs. Merckx kam während der Tour-de-France-Etappe 1970 zwar als Erster im Ziel an, doch dann erlitt er noch vor der Siegerehrung und den TV-Interviews einen Schwächeanfall. Er rang nach Luft, sank gar zu Boden und musste beatmet werden.

Angst, so gestand Merckx wenig später, habe er gehabt. Angst, die Tour verlieren zu können. Und Angst davor, dass es ihm wie Tom Simpson ergehen könnte, der einige Jahre zuvor am Mont Ventoux bei einer ähnlichen Affenhitze kollabiert und anschließend gestorben war.

Jahre später behauptete Merckx zwar, er habe den Kollaps nur vorgegaukelt, um nicht noch mehr Interviews geben zu müssen. Doch wer ihn da gesehen hat, kreidebleich, kalten Schweiß auf der Stirn, der Blick ins Leere – der mochte das nicht wirklich glauben. Simpson war 1967 wohl aufgrund eines Cocktails aus Alkohol und Amphetaminen gestorben. Ob Merckx vor der Etappe auf den Mont Ventoux ebenfalls gedopt hatte? Man weiß es nicht.

Aber er hat es getan, wie die meisten Fahrer seiner Epoche, das gab Merckx nach dem Karriereende zu. EPO, synthetische Wachstumshormone, systematisches Doping wie zu Zeiten eines Lance Armstrongs gab es noch nicht. Merckx & Co. halfen nach mit Cortison, mit verschiedenen Schmerzmitteln und so manch einer mit Amphetaminen. Merckx wurde während seiner aktiven Laufbahn dreimal positiv getestet: 1969 beim Giro d'Italia, 1973 bei der Lombardei-Rundfahrt und 1977 beim Flèche Wallonne.

Eddy Merckx fiel es zunächst schwer, das Leben nach der aktiven Karriere zu meistern. Er war zeitweise depressiv, er trank gerne, vor allem zu viel, er war zwischenzeitlich ganz schön fett geworden. Mithilfe seiner Frau Claudine und mithilfe des Radsports schaffte er es schließlich doch, im normalen Leben Fuß zu fassen. Merckx war Kommentator bei großen Rennen, er war unter anderem Direktor der Flandern-Rundfahrt und er verfolgte die Karriere seines Sohnes Axel, der immerhin Bronze bei den Olympischen Spielen 2004 holte.

Auch Ugo de Rosa spielte eine große Rolle dabei, dass Merckx sich jenseits der Landstraßen wohlfühlte. Der Chef des italienischen Rennradherstellers De Rosa half Merckx auf die Sprünge, seine eigene Firma aufzubauen. Ab 1980 entstanden edle Rennmaschinen mit dem Namen des größten Rennfahrers aller Zeiten, die in den 1980er- und 1990-Jahren von vielen Profiteams gefahren wurden.

2008 zog sich Merckx aus dem operativen Geschäft zurück, blieb dem Unternehmen (2017 von Ridley aufgekauft) aber noch als Berater und Testfahrer verbunden. Denn längst hatte Merckx die Freude am Radfahren wiedergefunden und mehr als 30 Kilogramm abgenommen. Im Frühjahr 2015, kurz vor seinem 70. Geburtstag, verriet Eddy Merckx, dass er pro Jahr um die 7.000 Kilometer auf dem Rennrad abreißt – auch wenn die Knie ihm Probleme bereiteten.

Lapidar sagte er: „Wenn dir in meinem Alter morgens nichts wehtut, dann bist du tot." Auch der 2013 eingesetzte Herzschrittmacher hielt ihn nicht vom Radfahren ab. Erst seit er sich 2019, im Alter von inzwischen

74 Jahren, bei einer Ausfahrt schwere Kopfverletzungen zuzog, tritt Eddy Merckx, der erfolgreichste Rennfahrer in der Geschichte des Radsports, etwas kürzer.

1.2 FAUSTO COPPI – „IL CAMPIONISSIMO", DER MEISTER ALLER MEISTER (15.09.1919-02.01.1960)

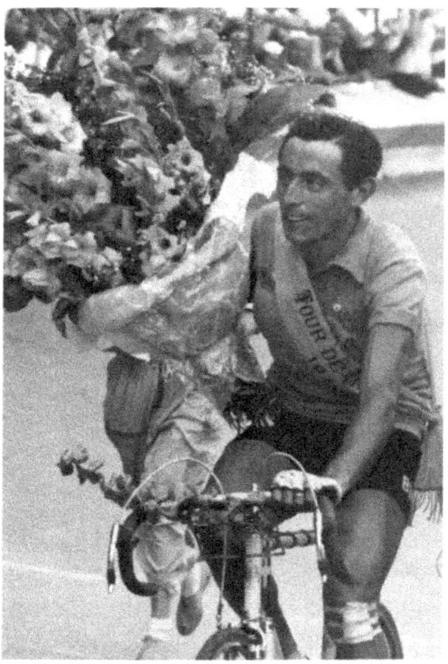

Als Fausto Coppi am 2. Januar 1960 mit nur 40 Jahren starb, trauerte ganz Italien um den „Campionissimo". Coppi zählte zu den Größten überhaupt in der Geschichte des Radsports; er gewann zweimal die Tour de France und fünfmal den Giro d'Italia.

Die Cycling Week *schrieb einmal über den besten Rennfahrer Italiens aller Zeiten: „Wo Hinault Angst verbreitete, Anquetil Bewunderung und Merckx Respekt, erfuhr Coppi eine gottesdienstähnliche Anbetung – und gelegentlich Hass." Hass deshalb, weil Coppi in den frühen 1950er-Jahren seine Ehefrau für eine andere verließ; für die meisten seiner Landsleute im katholischen und bigotten Italien dieser Zeit eine Sünde.*

Fausto Coppi, eines von fünf Kindern einer ärmlichen Bauernfamilie, hatte für die Schule nicht viel übrig. Häufig schwänzte er sie sogar, fuhr lieber mit seinem alten rostigen Fahrrad durch die Hügel des Piemont und musste anschließend seine Strafarbeiten abarbeiten. Irgendwann hatte er genug davon, schmiss die Schule und arbeitete bereits im Alter von 13 Jahren als Aushilfe in einem Feinkostladen in Novi Ligure.

Tagtäglich fuhr der Teenager die 25 Kilometer lange Strecke mit dem Fahrrad, hatte großen Spaß daran und versuchte jeden Tag aufs Neue, den Arbeitsweg noch ein bisschen schneller zurückzulegen. Seine Ersparnisse aus dem kargen Lohn investierte der Youngster darin, sein normales Alltagsrad „aufzupimpen".

Aus Spaß wurde schließlich Ernst, nachdem ihn der legendäre Biagio Cavanna (1893-1961) entdeckt hatte. Der inzwischen fast erblindete ehemalige Boxer und Radsportler sowie langjährige Masseur der italienischen Radsportstars Costante Giradengo (1893-1978) und Learco Guerra (1902-1963) sah trotz seiner Sehbehinderung in absoluter Klarheit in Coppi einen jungen Burschen, der ihm wie geschaffen schien für den Radsport.

„Mit seinen langen Beinen, die mit denen eines Reihers verglichen wurden, einem kurzen Rumpf und einer leichten Wölbung des Rückens, verschmolz Coppi mit seinem Rad zu einer untrennbaren Einheit", hieß es in einem Buch über den späteren „Campionissimo". Hinzu kam ein außerordentlich niedriger Ruhepuls sowie ein Lungenvolumen von mehr als sieben Litern.

Anfang Juli 1937 fuhr Fausto Coppi rund um seinen Heimatort Castellania sein erstes Rennen. Inzwischen saß er sogar auf einem richtigen Rennrad, sein Gehalt als Metzger und ein großzügiges Geschenk seines Onkels Fausto gingen für die erste Rennmaschine drauf. Coppi attackierte fast vom Start weg, er setzte sich ab – und musste dann aufgrund eines Defekts aufgeben.

Bereits im darauf folgenden Jahr feierte der 18-Jährige beim Kriterium in Castelleto d'Orba seinen ersten Sieg bei einem Amateurrennen. Die Prämie dafür waren angeblich 20 Lire und ein Salamibrötchen. Weitere Siege folgten im Verlauf des Jahres und Fausto Coppi betrieb seinen Sport schon bald mit großer Akribie: Er las medizinische Fachbücher, er ging so gut wie nie später als um 22 Uhr zu Bett und achtete auf seine Ernährung.

Er trainierte als wohl erster Radprofi Intervalle und installierte bei sich zu Hause, falls ganz schlechtes Wetter sein sollte, einen selbstgebauten Hometrainer. Kurzum: Er verhielt sich wie ein Profi, obwohl er noch gar keiner war.

1939 nahm Fausto Coppi als sogenannter *Indipendente* erstmals an Profirennen teil und gewann Ende Mai die Coppa Città di Pavia. Nach einigen weiteren Podestplätzen bei nationalen Eintagesrennen in Italien unterschrieb das Talent zur Saison 1940 einen Profivertrag beim Team *Legnano,* wo der inzwischen 20-Jährige als Helfer für den damals schon legendären Gino Bartali (1914-2000) vorgesehen war.

Gleich zu Saisonbeginn verhalf er Bartali zum Sieg bei Mailand-San Remo und belegte zeitgleich mit seinem Kapitän Platz 10 bei der „Classicissima". Im Mai des Jahres dann zählte Coppi zum Aufgebot seines Teams beim Giro d'Italia. Als Bartali sich bereits auf der zweiten Etappe nach einer Kollision mit einem Hund verletzte und zurückfiel, bekam der Jungprofi Coppi „grünes Licht" von seinen Teamchefs und gewann gleich bei seinem Debüt die Italien-Rundfahrt. Einen Tag später trat das faschistische Italien unter dem „Duce" Benito Mussolini an der Seite Nazi-Deutschlands in den Zweiten Weltkrieg ein und der Giro wurde von 1941 bis 1945 nicht ausgetragen.

Coppi gewann einige Eintagesrennen in Italien wie beispielsweise Tre Valli Varesine, konnte aber längst nicht an allen Rennen in der Heimat teilnehmen, da er in den Jahren 1940 und 1941 seinen Wehrdienst ableistet; so hatte er beispielsweise schon den Giro 1940 während seines Urlaubs bestritten.

1942 holte sich Fausto Coppi erstmals den italienischen Meistertitel und startete Ende des Jahres den Versuch, den fünf Jahre alten Stundenweltrekord des Franzosen Maurice Archambaud zu knacken. Coppi legte auf der legendären Vigorelli-Bahn zu Mailand eine Distanz von 45,848 Kilometern zurück und schaffte damit 31 Meter mehr als der bisherige Rekordhalter.

Gefahren war Coppi die Rekordzeit, während rundherum in der lombardischen Metropole die Bomben fielen. Und er musste es sich gefallen lassen, dass die von den Faschisten gleichgeschalteten Zeitungen am Tag darauf seine Rekordfahrt als einen Beweis für die „Stärke und den Willen der italienischen Rasse" feierten.

Wenig später wurde Fausto Coppi, Gefreiter im 38. Infanterieregiment der Ravenna-Division, nach Nordafrika abkommandiert. Bereits nach einem guten Vierteljahr wurde er von britischen Soldaten am Kap Bon in Tunesien gefangen genommen, anschließend in ein Lager bei Medjez el Bab gebracht, um schließlich den Rest seiner Gefangenschaft bis zum 1. Februar 1945 im Lager Blida in der Nähe der algerischen Hauptstadt Algier zu verbringen.

Zurück in der Heimat stand der ehemalige Giro-Sieger zunächst einmal vor dem Nichts. Er kehrte mit Magenproblemen und einer leichten Form der Malaria zurück, sein altes Team gab es nicht mehr und er wandte sich in seiner Not an den Journalisten Gino Palumbo von der *Gazetto dello Sport*. Er würde gerne wieder Profirennen fahren, aber er habe kein Team und lediglich ein schweres Militärrad mit dicken Reifen.

Palumbo startete einen Aufruf, Coppi bekam ein Rennrad und fuhr 1945 mit dem Giro del Lazio sein erstes Rennen seit Jahren. Und für das Radsportjahr 1946, in dem alle großen Rennen wieder gestartet werden sollten, fand er mit dem *Bianchi*-Team auch einen neuen Rennstall.

Gleich zum Auftakt der Saison 1946 gewann Fausto Coppi den Frühjahrsklassiker Mailand-San Remo, zum Ende des Jahres die Lombardei-Rundfahrt. Beim Giro d'Italia allerdings musste er sich Gino Bartali geschlagen geben, jenem Rennfahrerkollegen, mit dem ihn schon vor dem Zweiten Weltkrieg eine besondere Rivalität verband.

Das Duell Coppi vs. Bartali sollte Italien beschäftigen und bewegen wie nie zuvor ein sportlicher Zweikampf und wie nie wieder in der Geschichte des italienischen Sports. Man war und ist bis heute entweder „Bartalisti" oder „Coppisti" (auch „Bartaliani" oder „Coppiani"). Der Riss ging bisweilen mitten durch Familien und sorgte am Esstisch für hitzige Diskussionen. Es soll sogar Familien gegeben haben, die sich nicht mehr an einen Tisch setzten, weil sie darüber erbittert stritten, wer denn nun der wahre Champion sei.

Der „radelnde Mönch" Gino Bartali, der Laienbruder des Karmeliterordens, der während des Zweiten Weltkriegs Juden vor der Verfolgung der Faschisten rettete? Oder der polyglotte, der moderne Vollprofi Fausto Coppi, der ab dem Ende der 1940er-Jahre im erzkatholischen Italien vor allem für Schlagzeilen sorgte, weil er seine Frau für eine andere verließ. Auf die Idee, dass es zwei große Champions geben kann, kam anscheinend kaum jemand.

Der italienische Journalist und Autor Curzio Malaparte, ganz offensichtlich ein „Bartalisti", schrieb Folgendes: „Bartali ist ein Mann der Tradition. Er ist ein metaphysischer, von den Engeln geschützter Mensch. Coppi hat im Himmel keinen, der sich um ihn kümmert. Er sitzt allein auf seinem Rad, hat keinen Engel auf der Schulter, der mittritt. Er denkt rational, nüchtern und glaubt nur an den Motor, der ihm gegeben wurde, das heißt, an seinen Körper."

Befeuert wurden die Zwistigkeiten der Tifosi mit beinahe diabolischer Freude von den italienischen Medien. Sie hatten damit definitiv einen Nerv getroffen im tief gespaltenen Nachkriegs-Italien: Bartali wurde als Symbolfigur von den italienischen Christdemokraten für die Bewahrung der alten Werte geradezu missbraucht, denn er war keineswegs ein rückständiger Mann, eher einer, der für Werte wie Demut, Bescheidenheit und Solidarität stand.

Der damalige Papst Pius XII. (Papst 1939-1958) sprach den Italienern nach dem Krieg gar Mut zu, indem er sagte: „Ihr werdet siegen wie Bartali." Coppi hingegen wurde als Sozialist oder gar als Kommunist „verkauft" – was er definitiv nicht war.

Die beiden Weltklasse-Radsportler waren sportliche Konkurrenten, meistens achteten und respektierten sie sich aber gegenseitig und verhielten sich sportlich fair. Als Beleg dafür gilt gemeinhin ein geradezu ikonisches Bild, das während der Tour de France 1952 entstand: Beide kämpften am Aufstieg zum Galibier um den Sieg und auf dem Foto ist zu sehen, wie Bartali seinem Rivalen seine Trinkflasche reicht. Allerdings ist bis heute ungeklärt, ob es wirklich Bartali war oder umgekehrt Coppi ihm die Trinkflasche überließ. Wieder mal ein Fall, bei dem sich „Bartalisti" und „Coppisti" wunderbar streiten können.

Aber es gab auch Situationen, in denen sich die beiden tatsächlich nicht das Schwarze unterm Fingernagel gönnten. Beim WM-Straßenrennen 1948 sollten Coppi und Bartali als Mitglieder des italienischen Nationalteams eigentlich zusammenarbeiten. Aber sie blockierten sich stattdessen gegenseitig, schieden schließlich abgeschlagen aus dem Rennen aus und wurden anschließend seitens des italienischen Verbands mit einer Sperre belegt.

1947 nahm Fausto Coppi für die Niederlage gegen Bartali beim Giro des Vorjahres Revanche, er wurde italienischer Meister und gewann erneut den Giro di Lombardia. 1949 gewann er zum dritten Mal den Giro und mit dem anschließenden Triumph bei der Tour de France – mit gut zehn Minuten Vorsprung auf Bartali – als erster Rennfahrer überhaupt beide Grands Tours innerhalb eines Jahres.

Kaum jemand schien dem „Campionissimo" Paroli bieten zu können, der im Frühjahr 1950 erstmals Paris-Roubaix gewann und im Mai des Jahres seinen vierten Triumph beim Giro feiern wollte. Doch dann stürzte er auf der neunten Etappe und verpasste so auch die Frankreich-Rundfahrt.

1951 fuhr Fausto Coppi die Tour de France in tiefster Trauer und war nicht wirklich ein Kandidat für das „Maillot jaune". Sein jüngerer Bruder Serse war wenige Tage vor dem Grand Départ bei der Piemont-Rundfahrt gestürzt und erlag wenig später seinen Verletzungen. Fausto Coppi dachte ans Karriereende, überwand die Trauer aber schließlich auch dadurch, dass er weiter Rennen fuhr.

1952 dann schaffte das „Phänomen", wie man Coppi auch nannte, das zweite „Double" aus Giro und Tour. Die Frankreich-Rundfahrt gewann er mit einem Vorsprung von 28 Minuten auf den zweitplatzierten Stan Ockers; es ist bis heute der größte Vorsprung der Nachkriegsgeschichte. Sein damaliger Teamkollege, der Franzose Raphaël Géminiani, sagte: „Wenn Fausto gewann und du wolltest die Zeitabstände prüfen, brauchte man keine Stoppuhr. Die Kirchenglocken taten es auch ..."

Zur Tour de France im darauf folgenden Jahr wurde Coppi von den Veranstaltern gar nicht erst eingeladen; sie befürchteten aufgrund der bisherigen Dominanz des Italieners ein langweiliges Rennen. Dafür gewann er 1953 zum fünften Mal den Giro d'Italia und erstmals den WM-Titel. Ab 1954 fand der „Campionissimo" - auch bedingt durch zahlreiche Verletzungen - nicht mehr zu seiner Topform zurück. Ein Leben ohne Radrennen schien er sich jedoch nicht vorstellen zu können und nahm bis zum Alter von 39 Jahren an Profirennen teil.

Dass Fausto Coppi ab Mitte der 1950er-Jahre nicht mehr zu den Besten der Besten zählte, lag sicherlich auch an seiner privaten Situation. Coppi, der mit seiner Jugendliebe Bruna verheiratet war, lernte 1948 eine gewisse Giulia Locatelli kennen - im Gegensatz zu seiner Ehefrau eine wahre Schönheit. Coppi war fasziniert von der „dama bianchi", der „Dame in Weiß", und begann mit der ebenfalls verheirateten Frau eine Affäre. Undenkbar im katholischen und bigotten Italien der 1940er-Jahre.

Als er 1953 seine Frau verließ, um mit Locatelli zusammenzuleben, mischte sich gar der Papst ein und forderte Coppi auf, zu seiner Ehefrau zurückzukehren. Coppi und Locatelli wurden wegen Ehebruchs zu einer Gefängnisstrafe auf Bewährung verurteilt. Und je weniger Rennen er gewann, desto mehr Schmutz goss die Boulevardpresse über Coppi und Locatelli aus.

Ende 1959 brach Fausto Coppi gemeinsam mit seinen Rennfahrerkollegen Raphaël Géminiani, Roger Rivière und Jacques Anquetil zu einer Safari ins damalige Obervolta (heute Burkina Faso) auf. Coppi infizierte sich in Afrika mit Malaria, was nach seiner Rückkehr nach Italien von den

Ärzten aber nicht erkannt wurde. Er starb am 2. Januar 1960 – und plötzlich verziehen sie ihm fast alle.

Alle jene Moralisten, die seinen Lebenswandel angeprangert hatten, trauerten nun um den vielleicht größten italienischen Radfahrer aller Zeiten. Wobei Locatelli an Coppis Sterbebett der Öffentlichkeit und der katholischen Kirche versprechen musste, Fausto Coppi im Falle seiner Genesung zu verlassen. Sonst wären dem Sünder die Sterbesakramente vorenthalten worden.

Pathetisch schrieb der *Corriere della Sera* zum Tode Fausto Coppis: „Die Flügel des großen Reihers sind zur Ruhe gekommen." Nach Fausto Coppi wurde inzwischen ein Asteroid benannt und sein Geburtsort Castellania heißt inzwischen Castellania Coppi.

1.3 JACQUES ANQUETIL – „MAÎTRE JACQUES" (08.01.1934-18.11.1987)

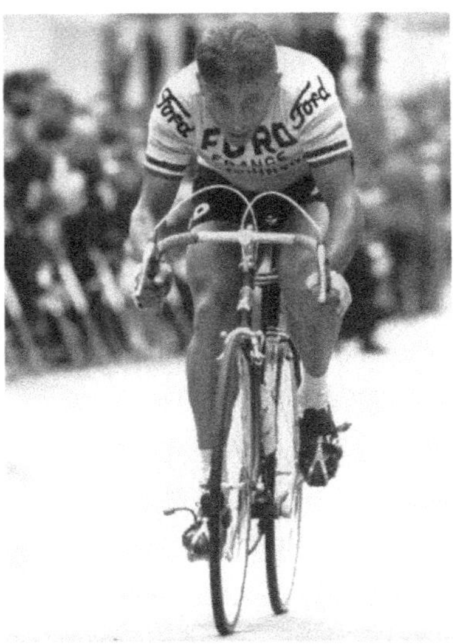

Die französischen Radsportfans nannten ihn „Maître Jacques". Sie taten das mit Respekt, wenn sie von Jacques Anquetil sprachen. Aber so richtig in ihr Herz geschlossen haben die Franzosen den fünfmaligen Gewinner der Tour de France nicht. Zu dominant waren seine Siege, zu kühl das Auftreten Anquetils, der als erster Rennfahrer fünfmal bei der wichtigsten Rundfahrt im Radsport triumphierte.

Akribisch plante der überragende Zeitfahrer seine Rennen, im Kampf gegen die Uhr hatte die Konkurrenz zumeist nicht den Hauch einer Chance – weshalb man Anquetil auch „Monsieur Chrono" taufte.

Jacques Anquetil stammte, wie so viele Radrennfahrer seiner Zeit, aus einfachsten Verhältnissen. Geboren in Mont-Saint-Aignan, einem Vorort von Rouen, wuchs Jacques zunächst in Bois-Guillaume in der Normandie auf. Sein Vater Ernest, ursprünglich Maurermeister, weigerte sich, den deutschen Besatzern während des Zweiten Weltkriegs beim Aufbau des Atlantikwalls zu helfen, verlor seinen Job und versuchte sich fortan als Erdbeerbauer.

Jacques' Vater war ein großer Radsportfan, seine Überredungskünste, den Sohn zum Radsport zu bewegen, fruchteten jedoch zunächst nicht: Jacques betrieb zunächst lieber Leichtathletik. Während seiner Ausbildung zum Maschinenschlosser lernte der 16-jährige Anquetil seinen Freund Maurice Dieulois kennen, der ihn mit zu seinen Rennen nahm. Und Dieulois schaffte es schließlich im Gegensatz zu Anquetil senior, seinen Kumpel zum Radsport zu überreden.

Jacques Anquetil war angeblich vor allem deshalb begeistert, weil seinem Freund Maurice die Herzen der Mädchen zuflogen; das gefiel ihm, und er entschloss sich, dem Radsport-Klub AC Sottevillais beizutreten. Der junge Mann aus der Normandie entpuppte sich schon bald als Riesentalent, schon damals waren Beobachter begeistert von der ästhetischen und gleichzeitig effektiven Fahrweise Anquetils.

Dieser trainierte fortan hart und viel; er gab sogar seine Anstellung als Dreher auf, nachdem sein Firmenchef sich geweigert hatte, ihm einen freien Tag zum Trainieren zu geben und arbeitete zunächst auf der Erdbeerplantage seines Vaters.

Sein erstes Rennen gewann Jacques Anquetil im Jahr 1951 mit dem GP Maurice Latour in der Heimat. Bei einem Zeitfahren der besten Juniorenfahrer der Normandie im selben Jahr startete Anquetil vier Minuten nach seinem Freund Dieulois. Schon bald geriet der Kumpel in Sichtweite und Anquetil verringerte das Tempo. Er hatte Sorge, dass er Dieulois demoralisieren würde; doch dann gewann der Rennfahrer in Anquetil gegen den Freund Anquetil. Er überholte Dieulois und sagte rückblickend: „Ich tat es wie ein Pfeil, ohne einen Blick zu verschwenden, um die Sache abzukürzen." So viele Gedanken um seine Kontrahenten machte sich Anquetil später nie mehr.

1952 wurde der inzwischen 18-Jährige französischer Straßenmeister der Amateure und qualifizierte sich damit für die Olympischen Spiele 1952 in Helsinki. An der Seite von Alfred Tonello, Claude Rouer und Roland Bezamat gewann er im Mannschaftszeitfahren die Bronzemedaille, während er sich im Einzelrennen mit dem zwölften Rang zufriedengeben musste. Nur drei Wochen später belegte der Teenager bei der Straßen-WM in Luxemburg den achten Platz.

Längst hatten natürlich auch die Verantwortlichen französischer Profi-Rennställe Wind bekommen von den Leistungen des Youngsters, der schon damals vor allem im Zeitfahren eine Klasse für sich war. Doch Jacques Anquetil zögerte die Entscheidung, Radprofi zu werden, noch etwas hinaus und startete 1953 als sogenannter *Indépendant* in die Saison. Der Status erlaubte es ihm, an Amateur- sowie an Profirennen teilzunehmen.

Doch im Laufe eines erfolgreichen ersten Halbjahres unterschrieb Anquetil dann doch einen Profivertrag beim Team *La Perle-Hutchinson* und gewann als Jungprofi auf Anhieb das Einzelzeitfahren Grand Prix des Nations und den GP Lugano; bei der WM 1954 am Klingenring in Solingen landete er auf Rang fünf.

Im darauf folgenden Jahr wiederholte er seinen Sieg am Luganer See, wurde WM-Sechster im italienischen Frascati und gewann 1956 zum zweiten Mal den Grand Prix des Nations. Langsam, aber sicher, etablierte sich Anquetil in der erweiterten Weltspitze, wenngleich bis 1956 die Topergebnisse bei den ganz großen Eintagesrennen wie Mailand-San Remo oder Paris-Roubaix noch ausblieben.

Den Durchbruch zum Weltklasse-Profi schaffte Jacques Anquetil 1957, als er im März des Jahres die Gesamtwertung der Fernfahrt Paris-Nizza gewann und im Sommer erstmals für die französische Nationalmannschaft an der Tour de France teilnehmen durfte. Allerdings keinesfalls als Favorit auf den Gesamtsieg, auch wenn er in seiner höchst selbstbewussten Art und Weise bereits tönte: „Wenn man Anquetil heißt, kommt man nicht, um die Tour kennenzulernen, sondern um sie zu gewinnen."

Der „Lautsprecher" Anquetil hatte nicht zu viel versprochen und ließ seinen Worten Taten folgen. Ausgerechnet in der Heimat, auf der dritten Etappe von Caen nach Rouen, holte sich Anquetil seinen ersten Etappensieg bei der „Grande Boucle", es folgten drei weitere Etappensiege, zwei davon im „contre la montre".

In den Bergen, insbesondere auf der Etappe über den Col d'Aubisque in den Pyrenäen, quälte sich der 23-Jährige mächtig, konnte aber die Attacken seiner Kontrahenten parieren und gewann die Tour de France bei seinem Debüt schließlich mit einem Vorsprung von fast einer Viertelstunde vor dem Belgier Marcel Janssens.

Die Dominanz des jungen Franzosen war schon damals fast erschreckend. Kaum etwas überließ er dem Zufall, er analysierte die Gegner und deren Strategie, widmete sich vor dem Start akribisch den Schlüsselstellen der jeweiligen Etappen. Desto verwunderlicher war es, dass Anquetil 1958 - wohl auch aufgrund seiner Flitterwochen - nicht in Bestform bei der Frankreich-Rundfahrt antrat und schließlich mit einer Lungenentzündung vorzeitig ausstieg.

1959 wagte Anquetil erstmals den Doppelstart bei Giro und Tour und hatte sich damit offensichtlich ein wenig übernommen. Nach Platz zwei in Italien musste er bei der Tour dem spanischen Kletterkünstler Federico Bahamontes den Gesamtsieg überlassen und wurde hinter seinem Landsmann Henry Anglade „nur" Dritter. Schlau geworden aus den Erfahrungen im Vorjahr trat er 1960 nur beim Giro d'Italia an und gewann als erster Franzose die Gesamtwertung der Italien-Rundfahrt.

Von 1961 bis 1964 siegte der große Stilist Jacques Anquetil dann als erster Profi viermal in Folge und somit auch als erster Rennfahrer insgesamt fünfmal bei der Tour de France. Der letzte Triumph war definitiv sein schwerster Sieg, denn ein junger Mann namens Raymond Poulidor machte ihm das Siegen verdammt schwer.

Vor der alles entscheidenden 20. Etappe von Brive hinauf zum Puy de Dôme hatte Anquetils Landsmann einen Rückstand von gerade einmal 56 Sekunden auf den Spitzenreiter. Am Schlussanstieg auf den Vulkan in der Auvergne war der Mann im Gelben Trikot vollkommen am Ende, doch es gelang ihm, seinen Kontrahenten zu bluffen, Stärke vorzugaukeln, obwohl er beinahe kollabiert wäre. Anquetils Kontrahent ließ sich täuschen, zögerte lange mit der Attacke. Ellbogen an Ellbogen – ein Bild, das um die Welt ging – quälten sich die beiden Hauptakteure die steilen Rampen hinauf. Erst einen Kilometer vor dem Zielstrich setzte Poulidor sich von Anquetil ab und verkürzte den Rückstand um 14 Sekunden.

Jacques Anquetil gab später zu: „„Wenn er mir am Puy-de-Dôme das Gelbe Trikot abgenommen hätte, wäre ich ausgestiegen." So aber baute der beste Zeitfahrer seiner Epoche den Vorsprung beim „contre la montre" zwischen Versailles und Paris noch aus und gewann am Ende mit 55 Sekunden Vorsprung vor Poulidor zum fünften Mal die Tour de France.

1965 gewann Anquetil zunächst die Fernfahrt Paris-Nizza und das Critérium du Dauphiné Libéré, um am Tag darauf beim längsten Eintagesrennen dieser Zeit am Start zu stehen. 557 Kilometer hatten die Rennfahrer bei Bordeaux-Paris zu bewältigen. Anquetil war anfangs angeblich so müde, dass er auf dem Rad einschlief und seine Helfer ihn schieben bzw. wachhalten mussten. Am Ende gewann er dennoch in einer Zeit von 15 Stunden und drei Minuten. Auf die Teilnahme an den großen Landesrundfahrten verzichtete Anquetil.

„Meine Verträge werden nicht mehr erhöht, auch wenn ich ein sechstes Mal die Tour gewinne. Umgekehrt aber verliere ich bei einem Misserfolg alles", begründete er den Verzicht und wurde fortan der „Champion mit dem Rechenschieber" genannt.

1966, nach dem erneuten Sieg bei Paris-Nizza und dem Triumph bei Lüttich-Bastogne-Lüttich – seinem einzigen bei einem der fünf *Monumente des Radsports* – entschied sich Jacques Anquetil um und nahm doch noch einmal am Giro und an der Tour de France teil. Bei der Italien-Rundfahrt wurde der Franzose Dritter, bei der Tour stieg er aufgrund einer Bronchitis vorzeitig aus.

An Weltmeisterschaften hatte Anquetil höchst sporadisch teilgenommen; man ahnt, warum: Die Prämien schienen ihm nicht lukrativ genug zu sein. 1966 beim Straßenrennen am Nürburgring war er dabei und bis kurz vor Schluss des Rennens sogar auf Titelkurs. Drei Runden vor dem Ende des Rennens befand er sich gemeinsam mit Poulidor in der Spitzengruppe.

Als die Gruppe begann, zu taktieren, stürmte Rudi Altig heran, schoss an Anquetil & Co. vorbei und holte sich schließlich den WM-Titel. Anquetil wurde Zweiter, Poulidor Dritter. Während „Poupou" brav auf dem Podium stand und sich die Bronzemedaille umhängen ließ, weigerte sich Jacques Anquetil, an der Zeremonie teilzunehmen.

Geäußert hat er sich nicht dazu, aber es ist anzunehmen, dass ihn die Dysbalance zwischen Aufwand und Ertrag so geärgert hatte, dass er der Siegerehrung fernblieb.

1967 fuhr der inzwischen 33 Jahre alte Jacques Anquetil deutlich weniger Rennen; er siegte beim Critérium National de la Route und bei der Katalonien-Rundfahrt, beim Giro d'Italia wurde er Dritter. Im Herbst des Jahres nahm „Monsieur Chrono" den rund zehn Jahre bestehenden Stundenweltrekord von Roger Rivière in Angriff. Mit 47,493 km knackte er den Rekord, anerkannt wurde die Bestmarke allerdings nicht, weil Anquetil die Dopingprobe nach der Rekordfahrt verweigerte.

In den letzten Jahren des „Maître Jacques" blieben die Erfolge bei großen Rennen oder Rundfahrten aus, abgesehen vom Sieg bei der Baskenland-Rundfahrt im Frühjahr 1969. Im Dezember des Jahres beendete er bei einer Showveranstaltung im Vélodrom zu Antwerpen seine aktive Karriere.

Ursprünglich wollte sich Jacques Anquetil danach zurückziehen in die Heimat, auf einen Bauernhof in der Normandie. Aber es zog ihn immer wieder zurück in den Radsport. Er fungierte als Rennleiter bei Paris-Nizza und bei der Mittelmeer-Rundfahrt, er arbeitete für verschiedene französische TV-Sender und Zeitungen als Experte bzw. als Kolumnist.

Jacques Anquetil starb im November 1987 im Alter von nur 53 Jahren an Magenkrebs. Die Inschrift auf seinem Grabstein lautet: „Vor ihm hat man sich nicht vorstellen können, dass es einen Anquetil geben könnte." Und angeblich soll Anquetil seinem Freund und Konkurrenten Poulidor, dem ewigen Zweiten, auf dem Sterbebett zugeflüstert haben: „Mein armer Raymond, ich werde als Erster die Reise ins Jenseits antreten. Du wirst Zweiter sein, wieder einmal ..." Allerdings sagen andere Quellen, dass Poulidor zum Zeitpunkt des Todes noch nicht einmal in Frankreich, geschweige denn am Totenbett Anquetils war.

Jacques Anquetil war eine Persönlichkeit, eine äußerst komplexe und durchaus widersprüchliche Persönlichkeit. Er war ein Lebemann, gleichzeitig ein Perfektionist. In einem Interview nach der Karriere sagte Anquetil einmal: „Aufgezwungene Disziplin widerstrebt mir und deprimiert mich. Die Disziplin, die ich mir selbst auferlege, genügt mir. Ich akzeptiere keine Befehle, die meinen Ansichten oder meinem Willen zuwiderlaufen."

Er trainierte wie ein Besessener, aber eben nur, wenn er es wollte und wenn er es für richtig hielt. Ansonsten schien der Junge aus höchst bescheidenen Verhältnissen es zu genießen, in einem gewissen Luxus zu schwelgen. Seine Siege feierte er selbst zwar nicht überschwänglich, aber nicht selten mit seiner großen Entourage mit Champagner und Austern.

Was die Vorbereitung anbelangte, hatte Anquetil eine höchst exquisite Meinung: „Um sich auf ein Rennen vorzubereiten, gibt es nichts Besseres als einen leckeren Fasan, etwas Champagner und eine Frau." Er besaß Charme und schien dennoch unnahbar, er war hart zu sich selbst und verdammt eitel.

Einer seiner langjährigen Helfer, der Brite Vin Denson, soll immer einen Kamm dabeigehabt haben, damit sich Anquetil im Ziel die Haare schön machen konnte. Außerdem war im Gepäck Densons stets ein Flaschenöffner zu finden, falls es seinem Kapitän nach einem Bier dürstete.

Fast zwei Jahrzehnte nach seinem Tod geriet Jacques Anquetil noch einmal in die Schlagzeilen. 2004 enthüllte die damals 32 Jahre alte leibliche Tochter Sophie ein Geheimnis. In ihrem Buch *Aus Liebe zu Jacques* war zu lesen, dass ihr Vater jahrelang in Bigamie lebte, dass er sowohl eine Liebesbeziehung zu seiner Ehefrau Jeanine als auch zu seiner Stieftochter Annie hatte. 1986, ein Jahr vor seinem Tod, wurde er noch einmal Vater. Sohn Christopher stammt aus der Beziehung zu Dominique, der Ex-Frau seines Stiefsohnes.

1.4 MIGUEL INDURÁIN – DER ÜBERIRDISCHE (*16.07.1964)

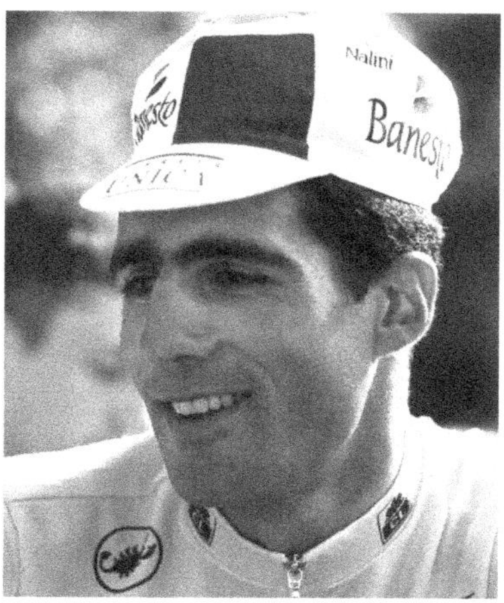

Die Spanier wählten Miguel Induráin im Jahr 2000 zu ihrem Sportler des vergangenen Jahrhunderts. Er war Weltsportler des Jahres und wurde sogar von den Franzosen zum Ritter der Ehrenlegion geschlagen. Miguel Induráin war einer der größten Rennfahrer der Geschichte, ein Stilist auf dem Rad, wie es nur wenige gegeben hat.

Von 1991 bis 1995 hat „Don Miguel" fünfmal in Folge die Tour de France gewonnen, was keinem anderen Rennfahrer je gelang. Induráin fuhr seine Siege auf eine solch dominante Art und Weise ein, dass die Medien ihn einen „Überirdischen" oder auch den „Unberührbaren" nannten.

Eigentlich ärgert man sich, wenn einem das Fahrrad gestohlen wird. Aber für Miguel Induráin war es eher ein Grund zur Freude. Denn nachdem ihm sein altes, klappriges Tourenrad gestohlen wurde, während er auf den Feldern des elterlichen Hofs aushalf, schenkte ihm sein Vater das erste Rennrad. Selbstverständlich war das nicht, fünf Kinder hatten Vater Bruno und Mutter Isabel zu ernähren, und allzu viel warf der Bauernhof in Villava in der nordspanischen Region Navarra nicht ab.

Kaum stolzer Besitzer eines Rennrads, meldete sich Miguel Induráin bei einem Kinderrennen in der Gegend an und wurde Zweiter, schon eine Woche später holte der Youngster seinen ersten Sieg. Ob es wirklich das Radfahren sein sollte, das wusste Miguel Induráin zunächst noch nicht so genau: Er spielte gerne Basketball, er betrieb Leichtathletik und man sagt, auch als Fußballer hätte er es ziemlich weit gebracht.

Ab 1976 fuhr Induráin für den neu gegründeten Club Ciclista Vilavés und gewann Rennen um Rennen; das half schon mal definitiv bei der Entscheidung für den Radsport. José Echavarri und Eusebio Unzue, zwei ehemalige Rennfahrer aus der Region Navarra, waren auf das Talent aufmerksam geworden und lotsten den erfolgreichen Nachwuchsfahrer im Alter von 15 Jahren nach Pamplona.

Induráin fuhr zunächst für das neu gegründete Amateurteam, aus dem 1980 sein erster Profirennstall *Reynolds* hervorging. Nach der Schule hatte Induráin eine Ausbildung zum Werkzeugmacher begonnen, und auch, weil er nun nicht mehr nur zwischen Feldarbeit und Schule trainieren konnte, wurde er besser und besser. Er gewann 1983 unter anderem das Straßenrennen bei den spanischen Amateurmeisterschaften und entschied sich 1984, seine Lehre zu beenden und ins Profilager zu wechseln.

Seine Teammanager warfen den Neuprofi gleich ins kalte Wasser: Induráin nahm 1985 als 21-Jähriger sowohl an der Vuelta a España als auch an der Tour de France teil. Bei der Spanien-Rundfahrt fuhr er einige

Tage im Gelben Trikot, landete am Ende allerdings nur auf Rang 84, bei der Tour stieg er vorzeitig aus. Noch war der fast 1,90 Meter große und fast 80 Kilogramm schwere Induráin weit davon entfernt, ein Champion zu sein.

Er gewann in den darauf folgenden Jahren einige kleinere Rundfahrten, überwiegend in seiner Heimat, doch er steigerte sich von Jahr zu Jahr: 1988 landete er bei der Tour de France auf Rang 47 der Gesamtwertung, im darauf folgenden Jahr gewann er die neunte Etappe und kam als 17. in Paris an – jeweils als Edeldomestike seines Landsmanns Pedro Delgado – und inzwischen mit einem deutlich reduzierten Körpergewicht.

1990 gelang Miguel Induráin ein weiterer Etappensieg bei der Tour und er fuhr als Zehnter erstmals in die Top Ten. Bei seinem Team *Reynolds* hatten sie alles richtig gemacht. Ihn gleich mal die großen Rundfahrten fahren lassen, aber ohne Druck, sie haben ihm genug Pausen gegönnt und das Talent so sukzessive an die Weltspitze herangeführt.

Wobei man bei den Voraussetzungen, die Induráin mitbrachte, auch so viel nicht verkehrt machen konnte. Sein Ruhepuls soll in den besten Jahren bei 28 gelegen haben, der normale Ruhepuls eines gesunden Menschen liegt zwischen 60 und 80 Schlägen. Sein Herz pumpte bei Belastung bis zu 50 Liter Blut pro Minute durch den Körper. Und seine Lungenkapazität lag bei acht Litern; das ist fast das Doppelte wie bei einem Otto Normalverbraucher.

Angeblich soll das medizinische Gerät nach dem Test mit dem Rekordergebnis den Geist aufgegeben haben. Und vielleicht, alle Induráin-Fans hoffen das zumindest inständig bis heute, vielleicht hatte der Ausnahmeathlet Induráin es aufgrund dieser Voraussetzungen auch nie nötig, zu dopen. Positiv getestet wurde der Spanier jedenfalls nie.

1991 dann war es so weit: Miguel Induráin fuhr den ersten seiner insgesamt fünf Siege bei der Tour de France ein. Fünfmal hatten zuvor auch Jacques Anquetil, Eddy Merckx und Bernard Hinault die wichtigste Rundfahrt im Radsport gewonnen. Aber fünfmal in Folge gelang das nur

Miguel Induráin. Doch das ahnte im Sommer 1991 noch niemand. Der Spanier gewann das erste Zeitfahren, konnte den Vorjahressieger Greg LeMond allerdings noch nicht aus dem Gelben Trikot fahren. In Gelb fuhr der Spanier erstmals auf der zwölften Etappe.

Im Team, das inzwischen nicht mehr *Reynolds*, sondern *Banesto* hieß, hatten Delgado und Induráin die Rollen getauscht: Der ehemalige Tour-Sieger diente dem neuen Spitzenreiter als Helfer. Miguel Induráin baute seinen Vorsprung Tag für Tag aus, gewann auch das zweite Einzelzeitfahren und schließlich die Gesamtwertung der Tour mit gut dreieinhalb Minuten Vorsprung vor dem Italiener Gianni Bugno.

Es war der Beginn einer neuen Zeitrechnung. Und so wie Miguel Induráin seinen ersten Sieg bei der Tour einfuhr, so tat er es auch in den vier darauf folgenden Jahren. „Big Mig", wie er auch genannt wurde, schockte die Konkurrenz im Kampf gegen die Uhr und kontrollierte die Konkurrenz auf den schweren Bergetappen.

Eine niederländische Zeitung schrieb einmal: „Induráin geht in die Geschichte ein als jemand, der niemals Risiken einging." Andere nannten ihn einen „radelnden Rechenschieber". Er selbst sagte: „Um die Tour zu gewinnen, muss man nur einmal attackieren. Aber das muss ein K.-o.-Schlag sein." Hatte Induráin den gelandet – zumeist im Zeitfahren –, so bestimmte Taktik den Rest der Rundfahrt.

Er ging Bündnisse mit anderen Teams ein, überließ deren Fahrern nicht selten den Etappensieg. Und sollte einer seiner Gegner nach dem ersten K.-o.-Schlag wieder aufstehen, so ließ Induráin spätestens im zweiten Zeitfahren zum Ende der Rundfahrt den entscheidenden Punch folgen.

So manchen Zuschauer langweilte die Tour de France in den 1990er-Jahren ob der Dominanz des Spaniers. Zumal Miguel Induráin nicht wirklich als Star und als Liebling der Massen zu taugen schien. „Il Silencio", der Stille oder der Schweigsame, nannte man ihn in Spanien. Er sagte nur das Nötigste; mit stoischer Ruhe trug er sich am Morgen für das Rennen ein, mit stoischer Ruhe schien er die steilsten Rampen hinaufzupedalieren, mit stoischer Ruhe ließ er sich die Küsschen der Hostessen bei der Siegerehrung auf die Wangen drücken.

Der schweigsame Mann aus der autonomen Region Navarra sagte einmal: „Ich habe die innere Ruhe von meinem Vater, einem Farmer, geerbt. Du säst, wartest auf gutes oder schlechtes Wetter, du erntest – aber Arbeit musst du immer verrichten."

Aber viele waren gleichwohl fasziniert von der Eleganz des Spaniers im Sattel, von der physischen und psychischen Stärke Induráins, von dieser Aura, die von diesem außergewöhnlichen Sportler und Menschen ausging. Das zumindest sagten viele seiner Kontrahenten.

Manchmal aber musste der Frust auch einfach raus. So sagte der Italiener Claudio Chiapucci über Induráin: „Du fährst, dass dir die Lungen platzen, und siehst dich um, und er fährt hinter dir und lacht. Was ist das bloß für ein Mensch?" Sein Landsmann Gianni Bugno glaubte, eine Antwort auf die Frage gefunden zu haben. Als er vor dem Start der Tour 1994 auf das Starterfeld blickte, wollte Bugno „180 Menschen und einen Außerirdischen" gesehen haben.

Bei dem Außerirdischen namens Miguel Induráin sah es tatsächlich stets so leicht aus, als würden übersinnliche Kräfte ihn die Anstiege hinaufleiten. Nur ganz selten stieg der vollendete Ästhet aus dem Sattel. Aber leicht war es natürlich auch für den Jahrhundert-Radsportler nicht, wie er selbst bestätigte: „Jeder erzählt mir, dass ich niemals aussehe, als würde ich leiden. Aber wenn ich mir meine Rennen auf Video ansehe, erinnere ich mich immer an die Schmerzen, die ich auszuhalten hatte. Ich zeige anderen meine Erschöpfung nicht, aber Radrennen ohne Leiden gibt es nicht."

Wirklich gelitten hat Miguel Induráin dann bei der Tour de France im Sommer 1996. Er wollte als erster Rennfahrer zum sechsten Mal siegen. Aber er scheiterte an einem starken Team *Telekom* und daran, dass er selbst im *Banesto*-Team keine erstklassigen Helfer mehr hatte. Aber auch er selbst besaß nicht mehr die Klasse wie in den Jahren zuvor.

Oder lag es vielleicht auch daran, dass die Konkurrenz gedopt war und er nicht?

Ausgerechnet auf der Etappe jedenfalls, die durch seinen Geburtsort Villava führte, verlor Induráin acht Minuten auf die Spitzengruppe. Man hatte die Etappe ihm zu Ehren durch seine spanische Heimat geführt, letztendlich strafte man ihn damit. Am Ende wurde Miguel Induráin bei seinem letzten Auftritt in Frankreich Elfter.

Und auch der Versuch, erstmals die Vuelta a España zu gewinnen, scheiterte im Spätsommer 1996. Induráin gab am legendären Anstieg zu Lagos de Covadonga erschöpft auf. Danach beendete der „große Schweiger", ohne viele Worte zu machen, seine aktive Karriere.

Dafür sprachen andere über ihn. Der spanische Schriftsteller Manuel Vazquez Montalban sagte: „Induráin hat Spanien mehr geeinigt als jeder andere. Er ließ uns an den herrlichsten Siegen teilhaben. Sein Rücktritt hinterlässt ein Vakuum an Konsens, und es würde mich nicht überraschen, wenn die Regierung nun in einer Geheimsitzung darüber berät, was zu tun ist."

Induráins langjähriger Teamkollege Pedro Delgado erklärte einmal scherzhaft: „Induráins einzige Schwäche ist, dass er kein Französisch spricht. Aber er konnte die Franzosen dazu bringen, Spanisch zu sprechen." Denn die hatten den stillen Basken, der während seiner gesamten Karriere ohne jegliche Starallüren auskam, längst ins Herz geschlossen.

Induráins langjähriger sportlicher Leiter José Echaverri sagte einmal: „Merckx war ein Roboter, dessen Kraft seine Gegner erniedrigte. Miguel aber ist ein Lord. Er ist großzügig und respektiert seine Gegner." Nur gewinnen ließ er sie bei der Tour de France in den Jahren 1991 bis 1995 nicht.

Im Ruhestand zog Miguel Induráin sich mit seiner Frau Marisa Lopez de Goicoechea und den drei Kindern auf eine Farm unweit des elterlichen Hofs in Villava zurück. In der Gemeinde sind ihm ein Platz, ein Sportzentrum und eine Skulptur gewidmet, zudem trägt eine Stiftung zur Förderung des Nachwuchssports seinen Namen. Ihm zu Ehren wurde das Rennen um die Trofeo Comunidad Foral de Navarra in Gran Premio Miguel Induráin umbenannt.

Er fungierte als Botschafter des Spanischen Olympischen Komitees, er war gern gesehener Gast bei der Tour de France und bei zahlreichen Breitensportevents, ansonsten genoss „Il Silencio" die Ruhe im Kreise seiner Liebsten.

Miguel Induráins Vater Bruno sagte über seinen Sohn, den fünfmaligen Tour-de-France-Sieger, den Olympiasieger und Weltmeister, übrigens folgenden schönen Satz: „Miguel ist ein sehr guter Rennfahrer, aber ein noch besserer Landwirt."

1.5 BERNARD HINAULT – DER DACHS (*14.11.1954)

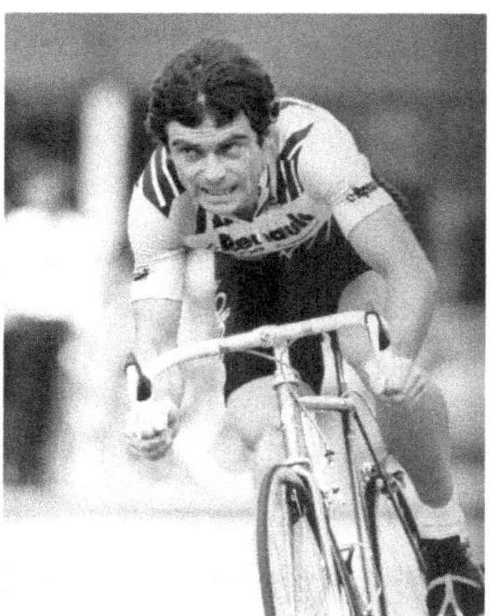

Bernard Hinaults Credo lautete: „So lange ich atme, greife ich an." „Le Blaireau", der Dachs, wie er genannt wurde, ist einer der besten und erfolgreichsten Rennfahrer aller Zeiten. Fünfmal gewann er die Tour de France, er siegte dreimal beim Giro d'Italia, zweimal bei der Vuelta a España, wurde Weltmeister und gewann insgesamt mehr als 200 Rennen.

Der Bretone galt als unberechenbar, als Dickschädel und Sturkopf, als der „letzte Napoleon des Peletons". 1986, nach dem gescheiterten Versuch als erster Rennfahrer sechsmal die Tour zu gewinnen, beendete er seine aktive Karriere.

Bernard Hinault, zweitältestes von vier Geschwistern aus dem kleinen Ort Yffiniac in der Bretagne, hatte mit der Schule nicht viel am Hut. Schon gar nicht mit dem strengen Regiment seiner katholischen Lehranstalt Les Sœurs Blanches du Saint-Esprit, der Weißen Schwestern vom Heiligen Geist. Schon im Alter von 14 Jahren hatte sich für ihn das Kapitel erledigt; Hinault wollte Tischler werden.

Doch sein gestrenger Vater Joseph war wenig begeistert von der Idee und setzte durch, dass sein Sohn eine Ausbildung zum Schlosser machte. Zum Schulabschluss hatte Bernard ein eigenes Fahrrad geschenkt bekommen und fuhr nun tagtäglich damit zu seiner Lehrstelle und zurück. Das waren immerhin 20 Kilometer und am Anstieg an der Côte de Langeux fuhr der Teenager stets ein Rennen mit sich selbst aus; im flachen Terrain versuchte er, sich in den Windschatten der Lkws zu hängen und raste mit 50 Stundenkilometern und mehr über die Landstraße.

Eigentlich war Hinault zunächst als Leichtathlet auf der Mittelstrecke unterwegs und gewann unter anderem den bretonischen Meistertitel über die 3.000 Meter bei den Junioren. Erst als er seinen Cousin René zu dessen Radrennen begleitete und ihn gewinnen sah, trat er im Alter von 16 Jahren dem Club Olympique Briochin bei, kaufte seinem Bruder Gilbert dessen Rennrad ab und bestritt im Mai des Jahres 1971 mit dem Prix de Plougenal sein erstes Rennen.

Er gewann nicht nur bei seinem Debüt, sondern im ersten Jahr gleich zwölf von 20 Rennen in der Region. Für den damals 16-Jährigen war klar: Der Radsport sollte es sein, allerdings kam ihm Vater Joseph einmal mehr in die Quere und verbot es seinem Sohn. Doch welch ein Sturkopf Bernard Hinault bereits damals war, macht die Anekdote deutlich, wie er seinen Vater schließlich umstimmen konnte.

Bernard lief nach einem Streit einfach von zu Hause weg und übernachtete drei Nächte in einer Scheune. Ob es dafür, wie ansonsten durchaus üblich im Hause Hinault, eine Ohrfeige gab, ist nicht überliefert. Aber Joseph Hinault willigte schließlich ein und sein Sohn, der einer der größten

Rennfahrer der Geschichte werden sollte, durfte seine Karriere auf dem Rad fortsetzen.

1972 wurde er bereits französischer Juniorenmeister, und schnupperte – nachdem er 1973 aufgrund seines Wehrdienstes kaum Rennen gefahren war – ab Oktober 1974 beim Team *Sonolor-Gitane* schon mal Profiluft. Zur Saison 1975 dann unterzeichnete er einen Vertrag beim Team *Gitane-Campagnolo*.

Der erst 20-jährige Hinault wurde Siebter bei Paris-Nizza und gewann im April mit dem Circuit de Sarthe seine erste Rundfahrt als Profi. Trotz der beeindruckenden Vorstellungen des Youngsters gab es Ärger, vor allem mit seinem Teamchef Jean Stablinski. Erst als Cyrille Guimard anstelle von Stablinski die Leitung des Rennstalls übernahm, entschied sich Hinault, zu bleiben.

Der Jungprofi scherte sich von Beginn an einen feuchten Kehricht um die Stallorder. Er griff an, wann immer ihm danach war. Er akzeptierte die ungeschriebenen Gesetze im Profi-Radsport nicht, hörte nicht auf die älteren Kollegen, kurzum: Er war ein Querulant, aber eben ein extrem erfolgreicher und talentierter Querulant. Zu seinem sportlichen Leiter Cyrille Guimard pflegte er zu sagen: „Kümmere du dich um dein Lenkrad und ich um mein Rennrad."

1976 konzentrierte sich Bernard Hinault auf eher kleinere Rundfahrten und Eintagesrennen in Frankreich, bei denen er ziemlich oft ganz oben auf dem Podium stand. 1977 wagte sich der „Dachs" erstmals an die ganz großen Klassiker. Er gewann Gent-Wevelgem und mit Lüttich-Bastogne-Lüttich Ende April des Jahres sein erstes *Monument* im Radsport.

Die französischen Fans träumten bereits davon, in Hinault einen legitimen Nachfolger des legendären Jacques Anquetil gefunden zu haben, der fünfmal die Tour de France gewonnen hatte. Doch noch verzichtete Hinault auf die Teilnahme an der „Grande Boucle". Er fuhr sie im Sommer 1978 zum ersten Mal, nachdem er zuvor bereits die Vuelta a España gewonnen hatte. Und wie Anquetil gewann der erst 23 Jahre alte Hinault gleich bei seinem Debüt die schwerste und wichtigste Rundfahrt der Welt.

Bernard Hinault gewann die Tour de France auch im darauf folgenden Jahr, 1980 stieg er aufgrund chronischer Knieschmerzen vorzeitig aus, um 1981 und 1982 zum dritten und vierten Mal das Rennen zu gewinnen. Hinaults Dominanz war schon beinahe erschreckend, zweimal hatte er sogar im Gelben Trikot den Sprint auf den Champs-Élysées gewonnen.

Nachdem er 1983 aufgrund des maladen Knies gar nicht erst an den Start ging und sich 1984 seinem Landsmann Laurent Fignon geschlagen geben musste, startete Bernard Hinault 1985 in die Tour, um sie zum fünften Mal zu gewinnen. Das hatten vor ihm nur Anquetil und Eddy Merckx geschafft.

Bernard Hinault war inzwischen für das Team *La Vie Claire* des französischen Multimillionärs Bernard Tapie am Start. Der hatte eigens den jungen US-Amerikaner Greg LeMond ins Team geholt, der Hinault als Edeldomestike unterstützen sollte. Es sah zunächst gut aus für den Kapitän, doch dann stürzte Hinault auf der 14. Etappe, brach sich dabei die Nase und zog sich Platzwunden am Kopf und eine Oberschenkelverletzung zu. Er fuhr weiter, aber er hatte Probleme.

LeMond hatte keine Probleme, zumindest keine körperlichen Probleme, er war topfit und attackierte. Aber der sportliche Leiter des Teams, Paul Köchli, pfiff LeMond zurück, die Stallorder galt weiterhin: alle und alles für Hinault. LeMond war sauer, er drohte gar damit, abzureisen. Angeblich soll ihm Tapie eine Extra-Prämie von 300.000 D-Mark versprochen haben, wenn er weiter als Helfer für seinen Kapitän fahren würde.

Bernard Hinault schaffte es schließlich, unterstützt von LeMond, seinen fünften Tour-de-France-Sieg einzufahren. Und er versprach seinem jungen Kollegen, ihn im Sommer 1986 als Kapitän zu unterstützen.

Nur, als die Tour de France 1986 in Boulogne-Bilancourt bei Paris gestartet wurde, schien sich Bernard Hinault so gar nicht mehr an das Versprechen erinnern zu können. Von Loyalität keine Spur, mehrfach attackierte der Franzose LeMond. Zu verlockend war offensichtlich die Aussicht, als erster Rennfahrer überhaupt sechsmal die Tour zu gewinnen. Auf der zwölften Etappe holte sich Hinault sogar das Gelbe Trikot, LeMond nahm es ihm auf der ersten Etappe in den Alpen ab.

Doch Hinault gab keine Ruhe und griff auf dem Tagesabschnitt hinauf nach L'Alpe d'Huez erneut an. LeMond mobilisierte die letzten Reserven, er war definitiv am Anschlag, aber er konnte das Hinterrad Hinaults halten. Schließlich kamen die beiden mit gut fünf Minuten Vorsprung vor den Verfolgern ins Ziel, Hand in Hand, wobei LeMond seinem Widersacher und Teamkollegen Hinault den Tagessieg überließ.

Der US-Amerikaner konnte das Gelbe Trikot schließlich bis Paris verteidigen und statt eines neuen Rekordsiegers feierte man in Paris mit Greg LeMond den ersten Tour-de-France-Sieger aus den USA. Bernard Hinault beendete nach der Teilnahme an den Weltmeisterschaften im September 1986 seine Karriere als Rennfahrer.

Neben den fünf Tour-de-France-Siegen standen drei Erfolge beim Giro, zwei bei der Vuelta in seinen Palmarès; er gewann fünfmal bei den sogenannten *Monumenten des Radsports* (je zweimal bei Lüttich-Bastogne-Lüttich und bei der Lombardei-Rundfahrt, einmal bei Paris-Roubaix), Hinault wurde 1980 Weltmeister und gewann viermal die Super-Prestige-Wertung als bester Fahrer des Jahres.

Bernard Hinault war gnadenlos als Rennfahrer. Sein Credo lautete: „Solange ich atme, greife ich an." Sein ehemaliger Teamkollege Steve Bauer sagte einmal: „Bernard mochte es, anderen wehzutun, indem er sie in Grund und Boden fuhr." Der Kanadier schien damit nicht ganz falsch zu liegen, denn Hinault selbst sagte: „Für mich ging es nur darum, da rauszugehen und meinen Konkurrenten eine Mordsangst einzujagen. Das war das Einzige, was mich interessiert hat. Wie der Teufel fahren und versuchen, in den Kurven auf dem Rad zu bleiben."

Er schaffte das nicht immer. Bei der Dauphiné-Rundfahrt 1977 verschätzte und versteuerte Hinault sich in einer Haarnadelkurve und stürzte in eine Schlucht. Sein Sturz in die Tiefe wurde von einem Baum aufgefangen; sein Rad wurde nie mehr gesehen. Er kletterte wieder hinauf zur Straße, setzte sich wortlos auf ein Ersatzrad, schloss die Lücke zu den Führenden und gewann die Etappe.

Bernard Hinault galt spätestens seit Beginn der 1980er-Jahre als der „Patron" im Fahrerfeld, eine französische Zeitung nannte ihn den „letzten Napoleon des Peletons". Häufig sah man ihn sogar an der Spitze des Feldes fahren, nicht im Windschatten der Helfer. Das war definitiv nicht besonders ökonomisch, aber Hinault wollte damit symbolisieren, wer der Chef im Fahrerfeld ist.

In einem Interview mit einer französischen Zeitung sagte er sogar einmal: „Manche werden als Arbeiter geboren, andere als Anführer. Ich hätte ein Kriegsherr sein können. Ich hätte Krieg geführt, um Burgen und Land zu gewinnen, wenn ich im Mittelalter geboren worden wäre."

Der Frühjahrsklassiker Lüttich-Bastogne-Lüttich 1980 mit dem Sieger Bernard Hinault ging als „Neige-Bastogne-Neige" in die Geschichtsbücher ein. Es war eiskalt beim Start, ein mörderischer Wind pfiff über die Hügel der Ardennen und bald begann es auch noch zu schneien. Ein Fahrer nach dem nächsten rettete sich in die Cafés und Restaurants am Rand der Strecke; die Bedingungen waren geradezu unmenschlich. Am Ende kamen von den 174 gestarteten Profis lediglich 21 im Ziel an.

Hinault kam nicht nur an; er deklassierte den Rest des Feldes, gewann das *Monument* mit knapp zehn Minuten Vorsprung auf den Zweitplatzierten Hennie Kuiper. Eigentlich fuhr Hinault immer im Kurzarmtrikot, doch dieses eine Mal hatte er sich eine Jacke geben lassen und trug eine merkwürdig anmutende Mütze auf dem Kopf, mit der er eher wie der Weihnachtsmann aussah und nicht wie der beste Rennfahrer der Welt. Angeblich soll er den entscheidenden Vorsprung aber erst dann herausgefahren haben, als er sich der Jacke und der Mütze wieder entledigte.

Eine belgische Zeitung titelte jedenfalls am nächsten Tag über den heroischen Sieger: „Een Breton van Beton" (Ein Bretone aus Beton). Bis heute kann Hinault als Folge des Schneerennens die oberen Glieder zweier seiner Finger nicht mehr richtig bewegen.

Warum er 1980 bei Lüttich-Bastogne-Lüttich an den Start ging und nicht streikte ob der mörderischen Bedingungen, bleibt ein Rätsel. Denn Hinault war bereits in jungen Jahren ein wortstarker Leader des Peletons. Passte ihm etwas nicht, organisierte er den Widerstand oder sprach ausnahmsweise doch mit den Medien, um die Bedingungen anzuprangern.

Schon bei seiner ersten Tour de France 1978 stand er beim Fahrerstreik in der ersten Reihe, um gegen Maßnahmen zu protestieren, die den Tour-Organisatoren ordentlich Reibach versprachen, die Fahrer aber zusätzliche Mühen kosteten und reichlich Stress einbrachten.

„Wir sind keine Tiere. Geld ist nicht das Wichtigste im Leben, die Gesundheit geht vor. In Zukunft werden die Herren von der Tour uns nach unserer Meinung fragen müssen", verkündete Hinault nach dem Bummelstreik des Peletons auf der zwölften Etappe im Sommer 1978. Als hingegen 1984 bei der Fernfahrt Paris-Nizza streikende Arbeiter die Strecke blockierten, prügelte Hinault sie kurzerhand von der Straße – was seiner Beliebtheit in Frankreich erstaunlicherweise keinen Abbruch tat.

Im Gegensatz zum „Kannibalen" Eddy Merckx wollte Bernard Hinault nicht jedes Rennen gewinnen. Er suchte sie sich sorgsam aus. Sein damaliger Kontrahent, der Brite Robert Millar, beschrieb es wie folgt: „Hinault war entweder interessiert oder nicht. Wenn es ihm nicht ums Gewinnen ging, dann rollte er nur mit. Aber dann tat er dir mit plötzlichen Attacken wirklich weh, nur um dich daran zu erinnern, dass er da war."

Ein Rennen hasste Bernard Hinault: den Ritt übers Kopfsteinpflaster in der „Hölle des Nordens": „Paris-Roubaix est une connerie", frei übersetzt: „Paris-Roubaix ist Schwachsinn", pflegte Hinault zu sagen. Das hielt ihn natürlich nicht davon ab, das vielleicht härteste Eintagesrennen der Welt zu gewinnen.

1981 war das. Den Pflasterstein, den jeder Sieger traditionell als Trophäe bei Paris-Roubaix erhält, drückte er direkt nach der Siegerehrung seinem sportlichen Leiter in die Hand und sagte voller Verachtung: „Hier hast du den Scheiß-Stein."

Man nannte ihn „le blaireau", den Dachs.

Weil er so schlau war vielleicht, weil er so zäh war, weil er so aggressiv war?

Es heißt, Bernard Hinault hätte seinen Spitznamen bereits in der Jugend von seinen Rennfahrerkumpels Maurice Le Guilloux und Georges Talbourdet erhalten und die Medien griffen ihn später auf, weil er einfach passte. Der Dachs gilt als das furchtloseste und aggressivste Tier weltweit. Wobei seine Freunde ihm zunächst sogar den Spitznamen „Cerdan" gegeben hatten, nach dem legendären Boxer Marcel Cerdan, weil er sich als Jugendlicher das eine oder andere Mal prügelte; und das durchaus auch mit älteren oder deutlich größeren Jungs.

Auf den Dachs angesprochen, sagte Hinault einmal selbst: „Ein Dachs ist doch ein wunderbares Tier. Wenn er gejagt wird, geht er in seinen Bau und wartet. Wenn er wieder herauskommt, greift er an. Wenn ich wütend bin, gehe ich nach Hause und man sieht mich einen Monat lang nicht. Wenn ich wieder herauskomme, gewinne ich."

Allerdings verhielt es sich Jahr für Jahr so, dass Bernard Hinault deutliches Übergewicht hatte, wenn er aus seinem Winterquartier wieder herauskam. Sich wie kaum ein anderer zu quälen, das hob er sich für die Rennen auf. Die Trainingseinheiten nervten und langweilten ihn. Aber jedes Mal, wenn er mit ein paar Pfunden zu viel aus der Winterpause zurückkehrte, trainierte er ein paar Wochen so hart, dass er in den ersten Rennen wieder topfit am Start stand.

Dem Bretonen Bernard Hinault hätten auch einige andere Tiernamen ganz gut gestanden; er war stur wie ein Esel, er konnte schweigen wie ein Fisch, wenn er mit Journalisten sprechen sollte. Er war stolz und bisweilen eitel wie ein Pfau.

Bei jeder passenden und unpassenden Gelegenheit pflegte dieser Bernard Hinault zu sagen: „Ich bin kein Franzose, ich bin Bretone." Die Franzosen liebten ihn dennoch, Staatspräsident François Mitterand machte ihn zum Mitglied der französischen Ehrenlegion – und für die Bretonen ist er sowieso so etwas wie ein Halbgott.

Bernard Hinault ist der letzte französische Tour-de-France-Sieger. Seit inzwischen fast 40 Jahren warten die französischen Radsportfans sehnsüchtig, aber bislang vergeblich auf seinen Nachfolger. Hinault machte sich vor der Tour de France 2022 so seine Gedanken, warum das so ist und unterstellte seinen Landsleuten, dass sie „zu locker" an ihren Job herangehen würden, dass ihnen der Erfolgshunger fehle.

„Wir haben zu viele Profiteams in Frankreich und gemessen daran zu wenige Fahrer. Ich muss mich als französischer Profi nicht so stark reinhängen, um einen neuen Vertrag zu erhalten", so Hinault im Interview mit der *Süddeutschen Zeitung*. Aber er musste auch eingestehen, dass Frankreich seit Jahrzehnten keinen solch erfolgreichen Fahrer wie andere Nationen hervorgebracht hatte, keinen Tadej Pogačar, keinen Remco Evenepoel.

Ansonsten blickt der „Dachs", durch und durch ein Mann der alten Schule, mit mehr als Skepsis auf die neue Generation von Radprofis. „Ich kann die Fahrer heute nicht verstehen, die direkt, nachdem sie über die Ziellinie fahren, auf ihrem Fahrradcomputer rumspielen", schimpfte Hinault und glaubte gar, die vielen Stürze hingen damit zusammen: „Wenn man die ganze Zeit seine Nase in seinen Radcomputer steckt, anstatt auf die Straße zu schauen, ist klar, dass es irgendwann mal kracht."

Wattmesser mag Hinault gar nicht; die Benutzung sei vor allem ein Zeichen dafür, dass die Fahrer ihren Körper nicht kennen würden. Den Funk zwischen Fahrern und den Teamchefs in den Begleitfahrzeugen mag er genauso wenig. „Ich war schon immer gegen den Knopf im Ohr. Ein guter sportlicher Leiter gibt am Morgen ein Briefing mit allen wichtigen Informationen. Aber wenn es unterwegs unvorhersehbare Entwicklungen gibt, dann muss der Fahrer aus eigener Intuition heraus Entscheidungen fällen."

Neben Eddy Merckx ist Hinault der einzige Radprofi, der das Gelbe Trikot des Gesamtsiegers, das Grüne Trikot des Punktbesten und das gepunktete Trikot des besten Kletterers holte. Mit diesen Trikots hatte er auch im Ruhestand zu tun. Hinault arbeitete bereits ab 1987 bei der Societé du Tour de France (später ASO). Zunächst als Streckenplaner, dann bis 2016 als Botschafter und eine Art Zeremonienmeister bei den Siegerehrungen.

Von 1988 bis 1993 war er Trainer der französischen Nationalmannschaft; er kümmerte sich ab 2005, weil er begeistert war von der Entwicklung des afrikanischen Radsports, um die Tour du Gabon, er half mit bei der Organisation der Bretagne Classic und übernahm bei der Tour de l'Avenir repräsentative Aufgaben. Ansonsten zog er sich mit seiner Frau Martine weitgehend auf seinen Hof in Calorguen in der Bretagne zurück.

Bis 2006 ackerte Hinault dort als Rinderzüchter und Milchbauer noch selbst, ehe er sich zur Ruhe setzte und den landwirtschaftlichen Betrieb verpachtete. Auf ein Fahrrad setzte sich Bernard Hinault lange Jahre gar nicht. „Es war ein Arbeitsgerät, das hatte sich erledigt", sagte der „Dachs" bereits zwei Jahre nach seinem Karriereende.

Erst ab 2010, als Mittfünfziger, setzte er sich wieder häufiger aufs Rennrad. Und, kaum zu glauben bei Bernard Hinault; er fuhr doch tatsächlich nur noch zum Spaß Fahrrad und nicht mehr, um anderen wehzutun.

1.6 GINO BARTALI – DER RADELNDE MÖNCH (18.07.1914-05.05.2000)

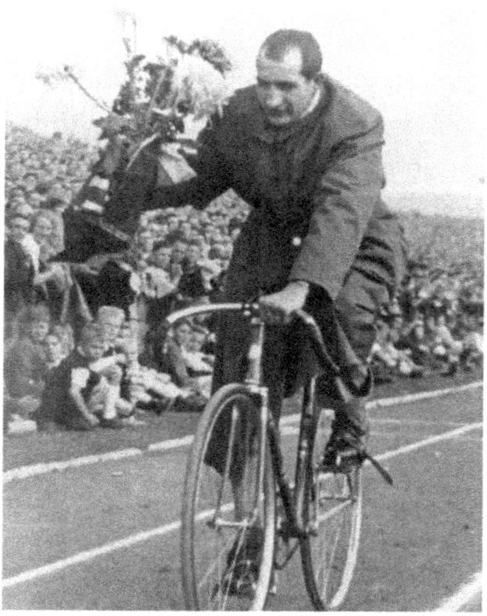

Gino Bartali war einer der besten italienischen Rennfahrer aller Zeiten, er gewann dreimal den Giro d'Italia und zweimal die Tour de France, darüber hinaus zahlreiche andere wichtige Rennen. Ohne die Pause während des Zweiten Weltkriegs hätte der Italiener wohl noch mehr große Rennen gewonnen.

Doch die Radsportfans liebten ihn nicht nur aufgrund seiner Erfolge auf dem Rad. Während des Zweiten Weltkriegs und der faschistischen Herrschaft Mussolinis in Italien war der tiefgläubige Bartali Mitglied einer katholischen Widerstandsgruppe und rettete durch seinen Einsatz zahlreichen jüdischen Menschen das Leben.

Gino Bartali, ein Junge aus einfachsten Verhältnissen, begeisterte sich bereits als Jugendlicher für den Radsport. Und obwohl er als Jugendlicher in einem Radladen in der Nähe von Florenz arbeitete und sein knapp zwei Jahre jüngerer Bruder Giulio bei Rennen in der Toskana häufig erfolgreich war, begann Gino erst relativ spät damit, Rennen für seinen ersten Klub Aqulia Divertente zu fahren. Das hatte allerdings auch damit zu tun, dass in jungen Jahren bei Gino Bartali eine Herzmuskelschwäche diagnostiziert wurde und Ärzte dem Youngster zunächst vom Radsport abrieten.

Sein erstes offizielles Radrennen bestritt Gino Bartali im Juli 1931 in seiner Heimatstadt Florenz als 17-Jähriger. In dem Alter hatten andere spätere Champions bereits Dutzende von Rennen in den Beinen. Allerdings war Bartali mit seinen 17 Jahre eigentlich zu jung, um überhaupt teilnehmen zu dürfen an jenem Rennen. Und es gab anschließend ein großes Palaver, nachdem der Youngster das Rennen gewonnen hatte, ob er überhaupt offiziell als Sieger geführt werden dürfte. Man entschied sich dafür und Gino entschied sich dafür, weiterzumachen.

In seinen ersten Jahren als Amateur gewann der kletterstarke Allrounder an die 50 Rennen, ehe er ins Profilager wechselte. Im Frühjahr 1935 bei Mailand-San Remo stand der 20-Jährige allerdings noch ohne Vertrag bei einem Profirennstall am Start und war drauf und dran, die „Classicissima" gleich bei seinem Debüt zu gewinnen. Zurückgeworfen durch einen Defekt, belegte Bartali schließlich den undankbaren vierten Platz.

Sein mutiger Auftritt aber bescherte ihm einen Profivertrag beim Team *Fréjus*. Bartali wurde 1935 auf Anhieb italienischer Meister, gewann die Baskenland-Rundfahrt und bei seinem Giro-Debüt eine Etappe. Der Youngster aus der Toskana hatte sich in Windeseile zu einem Weltklassefahrer entwickelt.

Es herrschte also eitel Sonnenschein bei Bartali und seinem neuen Team *Legnano*, zumal der Neuzugang im Frühjahr 1936 erstmals auch in der Gesamtwertung des Giro d'Italia triumphierte. Doch dann erlebte Gino Bartali im Juni des Jahres eine der schwärzesten Stunden seines Lebens, als sein geliebter Bruder Giulio bei einem Rennen von einem Auto angefahren wurde und im Krankenhaus seinen Verletzungen erlag.

Gino Bartali war lange nicht in der Lage, Rennen zu fahren und zerbrach sich über Monate den Kopf darüber, ob er seine Karriere überhaupt fortsetzen sollte. Er entschied sich dafür und gewann im November des Jahres mit der Lombardei-Rundfahrt sein erstes *Monument* des Radsports. Der Tod des Bruders begleitete den tiefgläubigen Gino Bartali sein Leben lang, doch mehr als 20 Jahre später wurde er noch einmal auf besonders schmerzhafte Art und Weise daran erinnert.

Der Chirurg, der Giulio Bartali einst operiert hatte, hinterließ einen Brief, adressiert an die Mutter der beiden Bartali-Brüder. In diesem Brief gestand der Arzt, dass er im Juni 1936 bei der Operation einen verhängnisvollen Fehler gemacht habe und dass Giulio Bartali ohne diesen Kunstfehler überlebt hätte.

1937 gewann Gino Bartali den Giro d'Italia zum zweiten Mal und startete als Kapitän der italienischen Nationalmannschaft zumindest als Mitfavorit in die Tour de France. Die französischen Medien waren voll des Lobes über den erst 23-Jährigen, nannten den Italiener ein „Rennfahrergenie". Und als solches fuhr Bartali auf der siebten Etappe ins Gelbe Trikot und hätte es aller Voraussicht nach Paris getragen, wäre er nicht auf dem Tagesabschnitt zwischen Grenoble und Briançon schwer gestürzt. Bartali stieg am Tag darauf aus der Tour aus und musste seine Ambitionen um ein Jahr verschieben.

Ambitionen hatte vor allem auch das faschistische Regime Italiens unter Benito Mussolini. Bartali sollte auf Anweisung „von oben" auf den Giro d'Italia 1938 verzichten und für Italien bei der Tour siegen. Bartali tat, wie ihm geheißen und siegte bei der Frankreich-Rundfahrt souverän. Nur den „Saluto romano", den Gruß der italienischen Faschisten - aus dem später der Hitlergruß entstand - den verweigerte der aufrechte Bartali bei der Siegerehrung.

Bis zum Eintritt Italiens in den Zweiten Weltkrieg im Juni 1940 siegte Gino Bartali noch bei Mailand-San Remo und zweimal bei „Il Lombardia". Während des Kriegs nahm er an einigen Rennen in seiner Heimat teil; die großen Rundfahrten fanden zwischen 1941 und 1945 nicht statt. Wer weiß, was Bartali noch alles gewonnen hätte in dieser Zeit ...

Aber er gewann die Herzen vieler aufrechter Menschen in aller Welt. Nicht als Profi im Sattel seiner Rennmaschine, sondern als radelnder Menschenfreund und Lebensretter. Der überaus fromme Bartali, bereits seit 1937 Laienbruder im Orden der Karmeliter, war während des Zweiten Weltkriegs Mitglied einer katholisch geprägten Widerstandsgruppe. Er war als Kurier auf dem Rad unterwegs: im Gepäck, mal im Sattelrohr, mal im Lenker versteckt, transportierte er unter anderem gefälschte Ausweise, die italienischen Juden zur Flucht vor dem Terror der Faschisten verhalfen.

Angeblich soll der „radelnde Oskar Schindler", wie italienische Medien ihn später nannten, an die tausend Menschen jüdischen Glaubens das Leben gerettet haben. 1943 versteckte Gino Bartali darüber hinaus Mitglieder der jüdischen Familie Goldenberg vor der Verfolgung durch die Faschisten in einem Keller, brachte sie auf Schleichwegen außer Landes und rettete so auch ihnen das Leben. Sein Glaube, seine Überzeugung ließen für den großartigen Menschen Gino Bartali nichts anderes zu.

Auch wenn er sich damit selbst ständig in Lebensgefahr begab und einmal sogar von den Faschisten verhaftet wurde. Gino Bartali machte nie viel Aufsehen davon: „Gewisse Medaillen heftet man sich nicht an die Jacke, sondern an die Seele", hatte er schon seinen Kindern und seinen Enkeln erklärt. Zeitweise hatte sich Bartali während des Zweiten Weltkriegs in ein Kloster zurückgezogen, weshalb die italienischen Medien ihm den Namen „der radelnde Mönch" verpassten.

Im Jahr 2013 verlieh ihm die israelische Gedenkstätte Yad Vashem den Titel „Gerechter unter den Völkern", eine Auszeichnung, die nur sehr wenige Menschen nicht jüdischen Glaubens erhalten haben. Als der Giro d'Italia 2018 in Jerusalem startete, wurde die Etappe dem inzwischen verstorbenen Gino Bartali gewidmet und ihm posthum die israelische Staatsbürgerschaft verliehen.

Nach dem Ende des Zweiten Weltkriegs, 1946, nahm der inzwischen 32-jährige Gino Bartali am Giro d'Italia teil und gewann die Rundfahrt zum dritten Mal, vor seinem fünf Jahre jüngeren Landsmann Fausto Coppi. Es war der Beginn bzw. die Fortsetzung einer „wunderbaren Feindschaft".

Es waren in erster Linie die italienischen Medien, die die Rivalität zwischen den beiden Weltklasse-Rennfahrern schürte. Aber sie hatten damit auch einen Nerv getroffen im tief gespaltenen Nachkriegs-Italien.

Bartali wurde als Symbolfigur von den italienischen Christdemokraten für die Bewahrung der alten Werte benutzt, ja geradezu missbraucht. Denn er war keineswegs so rückständig und reaktionär wie viele der Christdemokraten damals, vielmehr ein Mann, der für Werte wie Demut,

Bescheidenheit und Solidarität stand. Coppi hingegen stand für das Moderne, wurde als Sozialist oder gar als Kommunist „verkauft" – was definitiv nicht stimmte.

Es war jedenfalls keine Frage im Italien Mitte des vergangenen Jahrhunderts (und ist es bis heute nicht): Entweder war oder ist man „Bartalisti" oder „Coppisti" (auch „Bartaliani" oder „Coppiani"). Der Riss ging bisweilen mitten durch den Familientisch beim Abendessen.

Der italienische Journalist und Autor Curzio Malaparte, ganz offensichtlich ein „Bartalisti", schrieb Folgendes: „Bartali ist ein Mann der Tradition. Er ist ein metaphysischer, von den Engeln geschützter Mensch. Coppi hat im Himmel keinen, der sich um ihn kümmert. Er sitzt allein auf seinem Rad, hat keinen Engel auf der Schulter, der mittritt. Er denkt rational, nüchtern und glaubt nur an den Motor, der ihm gegeben wurde, das heißt, an seinen Körper."

Ähnlich pathetisch-poetisch äußerte sich der damalige Tour-de-France-Direktor Jacques Goddet nach Bartalis Triumph bei der Frankreich-Rundfahrt 1948 und dessen legendären Etappensieg bei Eiseskälte auf dem Col du Galibier: „Aus dem Schneesturm, aus Wasser und Eis stieg Bartali majestätisch wie ein Schlamm übersäter Engel, der unter seiner durchnässten Tunika die kostbare Seele eines außergewöhnlichen Champions trug."

Die beiden italienischen Radsportgrößen Bartali und Coppi waren definitiv sportliche Konkurrenten, meistens achteten und respektierten sie sich aber gegenseitig und verhielten sich sportlich fair. Als Beleg dafür gilt gemeinhin ein geradezu ikonisches Bild, das während der Tour de France 1952 entstand: Beide kämpften am Aufstieg zum Galibier um den Sieg und auf dem Foto ist zu sehen, wie Bartali seinem Rivalen seine Trinkflasche reicht.

Allerdings ist bis heute ungeklärt, ob es wirklich Bartali war oder umgekehrt Coppi ihm die Trinkflasche überließ. Wieder mal ein Fall, bei dem sich „Bartalisti" und „Coppisti" wunderbar streiten können.

Aber es gab auch Situationen, in denen sich die beiden tatsächlich nicht das Schwarze unterm Fingernagel gönnten. Beim WM-Straßenrennen

1948 sollten die beiden als Mitglieder des italienischen Nationalteams eigentlich zusammenarbeiten. Aber sie blockierten sich stattdessen gegenseitig, schieden abgeschlagen aus dem Rennen aus und wurden anschließend seitens des italienischen Verbands mit einer Sperre belegt.

1948 gewann Gino Bartali im Alter von inzwischen 34 Jahren zum zweiten Mal die Tour de France, zehn Jahre nach seinem ersten Gesamtsieg bei der Frankreich-Rundfahrt. Nie mehr hat ein Rennfahrer die Tour nach einem so langen Zeitraum erneut gewinnen können wie der Italiener. Es heißt, der Rennfahrer habe mit seinem Triumph gar einen Bürgerkrieg in der Heimat abgewendet: Nach einem Attentat von Rechtsextremisten auf den Kommunistenführer Palmiero Togliatti war es zu Aufständen und massiven Ausschreitungen gekommen und angeblich hatte der Sieg Bartalis die aufgebrachten Massen befriedet.

Nach 1948 konnte Gino Bartali, abgesehen von einem Etappensieg bei der Tour 1950 und dem italienischen Meistertitel 1952, kaum noch große Erfolge einfahren. 1953 zog sich Gino Bartali bei einem Autounfall schwere Verletzungen zu, kehrte jedoch im Frühjahr – nachdem die Gefahr einer Amputation seines rechten Beins abgewendet werden konnte – bei Mailand-San Remo zurück ins Renngeschehen und beendete nach dem Giro d'Italia 1954 seine aktive Karriere.

Insgesamt hatte Bartali siebenmal die Bergwertung des Giro gewonnen, so oft wie kein anderer Rennfahrer. Dabei kreierte er damals eine völlig neue Form des Bergfahrens, indem er die Anstiege extrem unrhythmisch in Angriff nahm, kurzen Ruhephasen immer wieder vehemente Attacken folgen ließ und so seine Gegner regelrecht „niederrang". Zahlreiche Rennfahrer nach ihm haben sich diese Taktik zu eigen gemacht.

Gino Bartali blieb dem Radsport als Kommentator und Kolumnist erhalten. Bereits ab 1998 war der einstige Champion auf einen Herzschrittmacher angewiesen. Im Mai 2000 starb einer der größten italienischen Sportler überhaupt in seinem Heimatort Ponte da Ema bei Florenz. Obwohl durch und durch katholisch, soll Bartali vor seinem Tod gesagt haben, er wolle lieber nicht ins Paradies. „Das Fegefeuer ist besser, da kommt noch einmal eine Steigerung."

1.7 GREG LEMOND – AUFERSTANDEN VON DEN TOTEN (*26.06.1961)

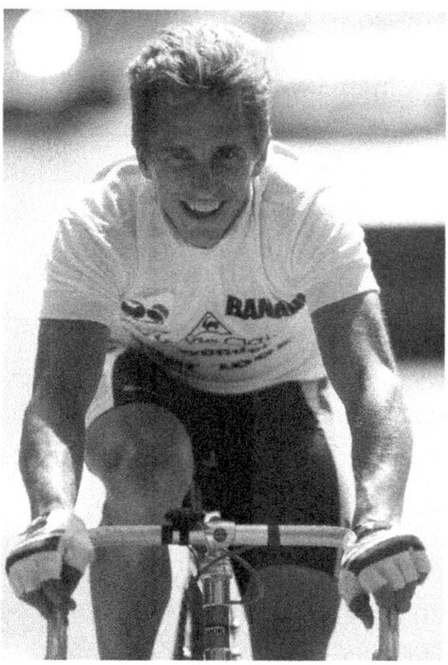

Greg LeMond war der erste US-Amerikaner, der die Gesamtwertung der Tour de France gewinnen konnte. Im Sommer 1986 war das, als der US-Boy den fünfmaligen Sieger Bernard Hinault distanzierte. Geschichte geschrieben aber hat LeMond vor allem mit seinem zweiten Tour-de-France-Sieg im Sommer 1989.

Ausgestattet mit einem futuristischen Zeitfahrhelm und einem speziellen Lenker, machte er im alles entscheidenden Einzelzeitfahren einen Rückstand von 50 Sekunden auf den Führenden Laurent Fignon noch wett und gewann die Tour schließlich mit acht Sekunden Vorsprung vor dem Franzosen. Es war und es ist bis heute die knappste Entscheidung bei der wichtigsten Rundfahrt der Welt. 1990 gewann der zweimalige Weltmeister aus den USA zum dritten Mal die Tour.

Greg LeMond wurde in Kalifornien geboren, wuchs aber im Washoe Valley in der Sierra Nevada auf und war schon als Kind und Jugendlicher tagtäglich in der grandiosen Naturlandschaft unterwegs: zum Wandern, zum Jagen, zum Fliegenfischen und im Winter zum Skifahren. Immer in Action, anders konnte der junge Greg LeMond nicht.

Er litt am ADHS-Syndrom, einer Aufmerksamkeitsdefizit-/Hyperaktivitätsstörung, die zu Kinderzeiten LeMonds jedoch noch nicht genug erforscht war und deshalb auch nicht diagnostiziert, geschweige denn behandelt wurde. ADHS-Kinder galten einfach nur als nervig.

LeMond liebäugelte mit einer Karriere als Freestyle-Skifahrer, das Fahrrad spielte zunächst nur im Alltag und nicht als Sportgerät eine Rolle; er fuhr jeden Tag vom Elternhaus in die Schule und zurück. Als er 14 Jahre alt war, empfahl ihm sein Skitrainer, der legendäre Freestyle-Pionier Wayne Wong, in den Sommermonaten aufs Rennrad zu steigen.

Der 14-jährige LeMond tat, wie ihm geheißen, und nahm schon bald an Rennen teil, die er fast ausschließlich gewann. Der Teenager hatte immer noch große Probleme, sich zu konzentrieren, doch mit dem Rennradfahren hatte er nicht nur seine Bestimmung gefunden, sondern es half ihm auch im Leben, er therapierte sich dadurch quasi selbst.

Rückblickend sagte LeMond: „Als ich mit dem Radsport begann, merkte ich, dass der Sport mein Gehirn entlastet hat. Ich konnte von da an alles aufnehmen, was ich las. Das hat mein Leben verändert. Meinen Sieg über die Symptome habe ich auf zwei dünnen Reifen über viele staubige Kilometer errungen."

Seine Siege in den Rennen gegen gleichaltrige Gegner fuhr Greg LeMond mit einer solchen Dominanz und Leichtigkeit heraus, dass er schon bald mit einer Sondergenehmigung an den Rennen der nächsthöheren Altersklasse teilnehmen durfte – und auch da meistens gewann.

Der belgische Jungprofi Noël Dejonckheere, damals einer der Gegner LeMonds, kehrte nach seinem USA-Trip nach Europa zurück und erzählte seinen Trainern: „Ich glaube, ich habe in den USA den neuen Eddy Merckx gesehen." Im Alter von gerade einmal 15 Jahren nahm Greg LeMond an der Tour of Fresno teil und wurde Zweiter hinter John Howard, dem damals besten US-amerikanischen Rennfahrer und amtierenden Panamerikameister. Im selben Jahr gewann LeMond bei den Junioren seinen ersten nationalen Meistertitel.

1979 holte er sich bei den Junioren den Weltmeistertitel, nahm erstmals mit dem Circuit Cycliste de Sarthe an einer Rundfahrt in Europa teil und gewann auch dort. Nur der Traum von einer olympischen Medaille, der platzte. Weil die USA und zahlreiche andere westliche Staaten die Sommerspiele 1980 in Moskau nach dem Einmarsch der Sowjetunion in Afghanistan boykottierten.

Stattdessen unterschrieb der US-Boy beim Team *Renault-Elf-Gitane* seinen ersten Profivertrag, nahm 1981 überwiegend an eher unbedeutenderen Rennen teil; abgesehen vom Critérium du Dauphiné Libéré, wo er sich als Helfer mal eben hinter Weltklassefahrern wie seinem Kapitän Bernard Hinault und dem Portugiesen Joaquim Agostinho auf Platz drei der Gesamtwertung einreihte.

1982, im Alter von gerade einmal 21 Jahren, war LeMond bereits in der Weltspitze angekommen und holte bei der WM in England Silber im Straßenrennen. Im darauf folgenden Jahr gewann Greg LeMond als erster Nichteuropäer und als erster Fahrer aus den USA in der Schweiz den WM-Titel, bei der Lombardei-Rundfahrt musste er sich nur Sean Kelly geschlagen geben.

Das mit dem „Eddy Merckx der USA" schien so verkehrt nicht zu sein: LeMond erwies sich als Alleskönner; er war ein ausgezeichneter Kletterer, ein exzellenter Zeitfahrer und konnte darüber hinaus auch noch gut sprinten. Experten sahen in dem US-Boy einen zukünftigen Tour-de-France-Sieger. Und das, obwohl er sich bei seiner ersten Grand Tour, der Vuelta a España im Frühjahr 1983, einen großen Rückstand eingehandelt hatte und frustriert nach der 17. Etappe ausstieg.

1984 dann nahm Greg LeMond an seiner ersten Tour de France teil. Als Edelhelfer des Gesamtsiegers Laurent Fignon stand der US-Amerikaner in Paris als Dritter auf dem Podium und holte sich das Weiße Trikot des besten Jungprofis. Eigentlich war Greg LeMond beim Team *Renault-Elf* glücklich und zufrieden.

Doch dann tauchte eines Tages im Herbst 1984 der französische Multimillionär Bernard Tapie auf. Der adidas-Boss und Patron des französischen Spitzenklubs Olympique Marseille bot LeMond einen Vertrag beim Team *La Vie Claire* an, wo er als Edeldomestike von Bernard Hinault fahren sollte; eine Million US-Dollar für die kommenden drei Jahre hatte Tapie geboten – und LeMond konnte nicht Nein sagen.

Bernard Hinault wollte bei der Frankreich-Rundfahrt 1985 seinen fünften Gesamtsieg holen und damit mit Jacques Anquetil und Eddy Merckx gleichziehen; alles im Team war darauf abgestellt und es sah zunächst verdammt gut aus für den Franzosen. Doch dann stürzte er auf der 14. Etappe, brach sich dabei die Nase, zog sich Platzwunden am Kopf und eine Oberschenkelverletzung zu. Der Franzose konnte weiterfahren, aber er hatte Probleme.

LeMond hatte keine Probleme, zumindest keine körperlichen Probleme. Er war topfit und attackierte. Die Probleme des jungen US-Amerikaners hießen Hinault und Paul Köchli. Der sportliche Leiter des Teams *La Vie Claire* pfiff LeMond zurück; die Stallorder galt weiterhin: alle und alles für Hinault. LeMond war stinksauer, er drohte gar damit, abzureisen.

Angeblich soll ihm Tapie eine Extra-Prämie von 300.000 D-Mark versprochen haben, wenn er weiter als Helfer für seinen Kapitän fahren würde. Und sowohl Tapie als auch Hinault selbst versprachen dem US-Boy im darauf folgenden Jahr die Kapitänsrolle. Bernard Hinault schaffte es schließlich, unterstützt von LeMond, im Sommer 1985 seinen fünften Tour-de-France-Sieg einzufahren.

Nur an die Vereinbarung aus dem Sommer des Vorjahres wollte sich Bernard Hinault zu Beginn der Frankreich-Rundfahrt 1986 plötzlich gar nicht mehr erinnern können. Mehrfach griff der Franzose an, zu verlockend war offensichtlich die Aussicht, als erster Rennfahrer überhaupt sechsmal die Tour zu gewinnen. Auf der zwölften Etappe holte sich der Franzose das Gelbe Trikot, sein Teamkollege LeMond nahm es ihm auf der ersten Etappe in den Alpen ab, doch Hinault gab keine Ruhe und attackierte auf dem Tagesabschnitt hinauf nach L'Alpe d'Huez.

LeMond mobilisierte die letzten Reserven, er fuhr definitiv am Anschlag, aber er konnte das Hinterrad Hinaults halten. Schließlich kamen die beiden mit gut fünf Minuten Vorsprung vor den Verfolgern ins Ziel, Hand in Hand, wobei LeMond seinem Widersacher und Teamkollegen Hinault den Tagessieg überließ.

Eine Schrecksekunde hatte Greg LeMond während der Tour de France 1986 dann noch zu überstehen, als er im Einzelzeitfahren in Saint-Étienne stürzte. Doch er konnte das Gelbe Trikot bis Paris verteidigen und gewann als erster Nichteuropäer, als erster US-Amerikaner, das wichtigste Radrennen der Welt. Und er ist es bis heute, nachdem seinen Landsmännern, den überführten Dopingsündern Lance Armstrong und Floyd Landis, ihre Tour-de-France-Siege später wieder aberkannt wurden.

Einen unbeschwert strahlenden Sieger Greg LeMond sah man am 27. Juli 1986 nicht auf dem Podium in Paris; LeMond war einfach zu enttäuscht von Hinault, von dessen Wortbruch und seinen heimtückischen Attacken.

Bis zu Greg LeMonds Tour-Sieg hatte der Radsport in den USA eher ein Nischendasein geführt; er hatte es daraus befreit, die US-amerikanische PR- und Marketingmaschine tat ihr Übriges und berichtete live von der Tour und anschließend sogar davon, wie LeMond dem damaligen US-Präsidenten Ronald Reagan ein Gelbes Trikot schenkte. Es gab damals in den USA einen Boom, wie man ihn in Deutschland rund zehn Jahre später nach Jan Ullrichs Tour-de-France-Sieg erlebte.

Für 1987 hatte sich Greg LeMond natürlich nichts anderes vorgenommen, als seinen Triumph zu wiederholen. Doch dann stürzte er im März bei Tirreno-Adriatico, brach sich die Hand und ging zurück in die USA, um die Verletzung auszukurieren. Am 20. April des Jahres machte sich Greg LeMond auf zu einem Jagdausflug, Truthähne wollten er und sein Onkel Rodney Barber sowie sein Schwager Patrick Blades schießen.

Doch Blades schoss – aus Versehen, aus Unachtsamkeit, aus Nervosität oder aus Dummheit – nicht auf Truthähne, sondern auf seinen Schwager. Er durchsiebte Greg LeMond förmlich mit rund 50 Schrotkugeln. Die

Lage war ernst, LeMond schwebte in Lebensgefahr. Ärzte erklärten später: Wäre nicht so schnell ein Polizeihubschrauber in der Nähe gewesen und hätte den Verletzten ins Medical Center der University of California-Davis gebracht, er wäre verblutet.

Bei der Notoperation konnte nur ein Teil der Schrotkugeln entfernt werden, weil einige in Lunge und Niere sowie in Herznähe steckten. Bis heute stecken sie dort. So manche vollkommen misslungene Schlagzeile über Greg LeMond lautete seitdem: „Ein Rennfahrer aus altem Schrot und Korn."

Greg LeMonds Karriere als Radprofi hing am seidenen Faden, zumal es Komplikationen gab und er erneut operiert werden musste. Ein Comeback 1988 scheiterte; es kam zu früh. Der US-Amerikaner verließ seinen neuen Rennstall *PDM* schon nach einem Jahr wieder, nachdem er von Doping im Team mitbekommen hatte und wechselte zum belgischen Rennstall *ADR*. Er kam nur langsam in Form, beim Giro d'Italia beispielsweise landete LeMond nur auf Rang 39.

Doch dann gewann der im wahrsten Sinne des Wortes Totgesagte die Tour de France 1989 zum zweiten Mal. Die Rundfahrt wurde zu einem epischen Duell zwischen Greg LeMond und Laurent Fignon. Der Franzose ging mit 50 Sekunden Vorsprung in das alles entscheidende Einzelzeitfahren von Versailles nach Paris. Der exzellente Zeitfahrer Fignon war sich sicher, seinen dritten Gesamtsieg einfahren zu können.

Doch dann zauberte Greg LeMond einen aerodynamischen Helm aus dem Ärmel und stattete seine Rennmaschine mit einem speziellen Aerolenker aus. Er flog mit einem Schnitt von 54,545 Stundenkilometern förmlich ins Ziel, mit der bislang schnellsten Durchschnittsgeschwindigkeit, die bis dahin bei der Tour de France gefahren wurde. Fignon startete als Gesamtführender mit kurzem Abstand nach LeMond. Ohne Spezialhelm, ohne Zeitfahrlenker, dafür mit der für ihn typischen Nickelbrille auf der Nase und den langen blonden Haaren zum Zopf gebunden.

Als Laurent Fignon ins Ziel kam, zeigte die Uhr acht Sekunden Vorsprung für LeMond an, acht Sekunden nach insgesamt 3.285 Kilometern. Es gab nie vorher und es gibt bis heute keinen so knappen Vorsprung des Gesamtsiegers bei der Tour. Während LeMond und seine Entourage ausgelassen feierten, sank Fignon fassungslos auf dem Asphalt zusammen und weinte bitterlich. Und eines ist heute wissenschaftlich belegt: Greg LeMond hat das Zeitfahren und damit die Gesamtwertung aufgrund seines Equipments gewonnen; der futuristisch anmutende Tropfenhelm und die windschlüpfrige Sitzposition aufgrund des Aerolenkers hatten ihm den entscheidenden Vorteil gebracht.

Seit LeMonds Triumph und Fignons traumatischer Niederlage wird auf der letzten Tour-Etappe übrigens nicht mehr über Sieg und Niederlage in der Gesamtwertung entschieden, schon gar kein Einzelzeitfahren ausgetragen.

Die Schlussetappe ist inzwischen eine sogenannte *Tour d'Honneur*; es ist ein ungeschriebenes Gesetz der Tour de France, dass der Führende im Gesamtklassement nicht mehr angegriffen wird; erst auf den Schlussrunden rund um die Champs-Élysées nimmt das Rennen wieder Fahrt auf.

Einen Monat nach dem Triumph in Paris gewann Greg LeMond in der Heimat Fignons auch noch den WM-Titel im Straßenrennen. Und im Sommer 1990 gewann der US-Amerikaner seine dritte Tour de France. Es war längst nicht so dramatisch wie im Vorjahr: Fignon war nach einer Verletzung bereits früh ausgestiegen und LeMond siegte am Ende, ohne eine einzige Etappe gewonnen zu haben, mit 2:16 Minuten vor dem Italiener Claudio Chiappucci.

Größen des Radsports wie Merckx und Hinault kritisierten den US-Amerikaner dafür, dass er kaum an den Eintagesklassikern im Frühjahr teilgenommen hatte, dass seine gesamte Planung einzig und allein auf die Tour ausgerichtet war. Doch letztendlich war LeMond damit nur der Vorreiter für eine Generation von Rundfahrtspezialisten nach ihm.

Und das Nachrichten-Magazin *DER SPIEGEL* mutmaßte ob des Gemäkels von Merckx und Co.: „LeMond verunsichert eine von traditionsbewussten Europäern beherrschte Branche, in der seit jeher gilt, dass Zähne nicht zum Lächeln, sondern zum Zusammenbeißen da sind."

Greg LeMond verstand es schon als Fahrer, sich prächtig zu vermarkten. Zur Saison 1989 schloss er mit seinem neuen Rennstall *Z-Tomasso* einen Vertrag ab, der ihm für die kommenden drei Jahre ein Gehalt von 5,5 Millionen US-Dollar garantierte. Zwei Jahre später wurde der Rennstall in *Z-Lemond* umbenannt. Doch da war der Weltsportler des Jahres 1990 schon längst entthront.

1991, beim ersten Triumph Miguel Indurains, wurde LeMond Siebter, 1992 stieg er vorzeitig vollkommen entkräftet aus. Beim Giro d'Italia 1993 gab er ebenfalls auf, nachdem er in einem Einzelzeitfahren Drittletzter geworden war und verzichtete nach der Schmach auch auf die Teilnahme an der Tour de France.

Greg LeMond, der zuvor schon stets versucht hatte, neue Wege zu gehen, wie beispielsweise mit dem Zeitfahrequipment bei der Tour de France oder auch mit den ersten Rennradrahmen aus Carbon, begab sich in die Hände von Sportpsychologen und Trainingswissenschaftlern. Er war einer der Ersten, der sich mit Trainingsüberwachung und Leistungsmessung in Wattzahlen beschäftigte. Heutzutage geht rein gar nichts mehr im modernen Radsport ohne; doch Greg LeMond half es damals nicht weiter.

Er selbst mutmaßte, dass die Bleivergiftung aufgrund der Schrotkugeln in seinem Körper ihn mehr und mehr schwächte. 1994 nahm er noch einmal die Tour de France in Angriff, er kam bis zur fünften Etappe, dann war Schluss. Im Dezember des Jahres gab der dreimalige Tour-Sieger das Ende seiner aktiven Karriere bekannt. Nach eigener Aussage auch deshalb, weil ihm seine Berater und Betreuer klargemacht hatten, dass er ohne Doping nicht mehr mithalten könnte.

Man weiß es nicht, ob es wirklich so war. Aber LeMond soll allen Versuchungen widerstanden haben. Es würde zumindest dazu passen, wie er sich im Ruhestand zu dem Thema äußerte.

Seine Bilanz, der Rückblick auf die Zeit als Profi, fiel für einen dreimaligen Tour-Triumphator allerdings recht negativ aus: „In den letzten sieben

Jahren hatte ich ganze vier gute Monate. In denen habe ich zweimal die Tour de France gewonnen und bin Weltmeister geworden. Den Rest der Zeit habe ich mich nur durchgekämpft."

Als Profi hatte Greg LeMond hingegen häufig den harten Typen raushängen lassen. So sagte er beispielsweise recht martialische Sätze wie diese: „Ich brauche eine Mannschaft, in der jeder bereit ist, für meinen Sieg auf dem Rad zu sterben." Oder: „Du musst lernen, bis zum Zusammenbruch zu fahren. Und niemals darfst du jemandem vertrauen." Oder: „Wenn du die Tour de France so liebst wie ich, hängst du dich rein bis zum Tod."

Radrennen, so LeMond, seien ein „Hochleistungssport für Denker und verlangt Männer, die bereit sind, ihre Schmerzen zu überwinden". Sein Sport sei so etwas wie „Schach auf dem Fahrrad. Über Sieg und Platz entscheidet langfristiger Plan, Strategie, kurz: der Kopf".

Der US-Amerikaner galt als extrem selbstbewusst, bisweilen nah an der Grenze zur Arroganz. Irgendwann sagte der US-Amerikaner sogar: „Ich bin nicht irgendein Sieger, ich bin ein Auferstandener." Klingt ziemlich größenwahnsinnig, in seinem Fall jedoch nachvollziehbar nach dem schweren Jagdunfall 1987, den daraus resultierenden lebensgefährlichen Verletzungen und schließlich dem grandiosen Comeback.

Greg LeMond mischte sich nach dem Ende seiner aktiven Karriere immer wieder in die Debatten um seine Landsleute Lance Armstrong und Floyd Landis ein und positionierte sich klar als Mitglied der Initiative „Change Cycling now" gegen Doping im Radsport. Sehr ekelig wurde es im Jahr 2007, als LeMond im Prozess gegen Landis als Zeuge der Anklage aussagen wollte.

LeMond hatte Landis bereits 2006 vertraulich davon erzählt, als Kind missbraucht worden zu sein. Vor dem Prozessbeginn im Mai 2007 versuchte Landis' Manager, Will Geoghegan, Greg LeMond zu erpressen. Er drohte damit, die Informationen über den Missbrauch öffentlich zu machen, wenn LeMond vor Gericht gegen Landis aussagen würde.

Hinsichtlich des ebenfalls des Dopings überführten Lance Armstrong sagte LeMond noch 2020 in einem Interview: „Er ist kein guter Mensch, glauben Sie mir. Es ist vollkommen verdient, dass er alle seine Tour-Siege verloren hat."

Greg LeMond arbeitete ab 1995 jahrelang mit dem US-Unternehmen *Trek* zusammen, das die *LeMond Racing Cycles* unter Lizenz verkaufte. Angeblich soll *Trek* mit der Vermarktung der LeMond-Räder mehr als 100 Millionen US-Dollar verdient haben. 2010 kam es zur endgültigen Trennung und zu einer außergerichtlichen Einigung nach einigen zuvor recht schmutzig geführten Rechtsstreitigkeiten mit diversen Klagen und Gegenklagen.

Ärger hatten beide Parteien bereits seit 2001 miteinander. Grund dafür waren LeMonds kritische Äußerungen hinsichtlich der Zusammenarbeit Lance Armstrongs (der auf einem Rad der Marke *Trek* saß) mit dem italienischen Dopingarzt Michele Ferrari.

LeMond war Mitbegründer und Vorstandsmitglied eines Unternehmens, das Fitnessgeräte produzierte, stieg beim französischen Radsportunternehmen *Time* ein, gründete später die Firma *LeMond Composites*, die Carbonrahmen herstellte. Er investierte Millionen in Immobilien, betrieb verschiedene Restaurants bzw. stieg als Franchisenehmer bei einer großen Bäckereikette ein.

Kurzum, der ehemalige Tour-Sieger, schon als Rennfahrer als „Geschäftsmann im Sattel" bezeichnet, war als Unternehmer ähnlich erfolgreich wie als Sportler. Darüber hinaus war er gern gesehener Gast bei den großen Rennen und arbeitete als TV-Experte für *Eurosport* und seinen eigenen Kanal *LeMond on Cycling*.

Und er ist Gründungsmitglied von *1in6.org*, einer gemeinnützigen Organisation, die männlichen Opfern von sexuellem Kindesmissbrauch beisteht. Im Juni 2022 machte Greg LeMond, inzwischen 60 Jahre alt, bekannt, dass er an chronischer Leukämie erkrankt sei. Der Vater von drei inzwischen erwachsenen Kindern schrieb auf seiner Homepage, dass es sich dabei um eine Krebsform handele, die gut behandelbar sei. Die

Chancen, den Krebs zu besiegen und wieder gesund zu werden, stünden, so LeMond, sehr gut.

1.8 ALBERTO CONTADOR – UMSTRITTENER „PISTOLERO" (*06.12.1982)

Alberto Contador brauchte gerade einmal 14 Monate, um dem illustren Kreis derer beizutreten, die alle drei Grands Tours gewinnen konnten. Der kletterstarke Spanier siegte im Sommer 2007 bei der Tour de France, im Frühjahr 2008 beim Giro d'Italia und schließlich im Spätsommer desselben Jahres noch bei der Vuelta a España. Damit ist er einer von nur sieben Fahrern in der Geschichte des Radsports, die alle drei großen Landesrundfahrten gewinnen konnten.

Insgesamt triumphierte Contador neunmal bei den Grands Tours. Zwei Siege, der beim Giro 2011 und der bei der Tour 2010, wurden dem überführten Dopingsünder allerdings nachträglich aberkannt.

Alberto Contador, zweitjüngstes von vier Geschwistern, bekam im Alter von 14 Jahren von seinem älteren Bruder Francisco sein erstes echtes Rennrad geschenkt; zuvor hatte der kleine Alberto lieber Fußball gespielt oder Leichtathletik betrieben. Der Youngster fühlte sich verdammt wohl im Sattel, obwohl er als Jugendlicher alles andere als ein Überflieger war.

Mit 16 fuhr er für die Unión Ciclista in seiner Heimatgemeinde Pinto bei Madrid seine ersten Rennen und bereits im Alter von 17 Jahren beschloss Alberto Contador, lieber Radprofi zu werden, anstatt Tiermedizin zu studieren. Er wechselte zum Real Velo Club Portillo, für den einst auch unter anderem Federico Bahamontes, der vielleicht beste Bergfahrer der Radsportgeschichte, als Amateur an den Start gegangen war.

Mit Alberto Contador schien der „königliche" Radsportklub zu Portillo nun erneut einen exzellenten Bergfahrer ausbilden zu dürfen: Contador gewann seine Rennen immer dann, wenn es steil bergauf ging und seine Karriere nahm langsam, aber sicher, Fahrt auf. Er wechselte ins Baskenland zum Team *Iberdrola*, einem Farmteam des spanischen Profi-Rennstalls *ONCE*. Ab September 2002 durfte der 19-Jährige dann als sogenannter *stagiaire* für *ONCE* fahren und überzeugte Teamchef Manolo Sainz, dass dieser ihm einen Profivertrag ab Januar 2002 anbot.

Mit dem Gewinn der spanischen U23-Meisterschaften setzte Contador ein erstes Ausrufezeichen, ansonsten war er im *ONCE*-Trikot zunächst eher bei kleineren Rennen am Start. 2003 fuhr der junge Spanier im Rahmen der Polen-Rundfahrt zu seinem ersten Profisieg, ehe er zur Saison 2004 zum Team *Liberty Seguros* wechselte.

Doch bereits im Frühjahr stürzte Contador bei der Asturien-Rundfahrt. Er zog sich dabei schwere Kopfverletzungen zu, die schließlich eine lebensbedrohliche Hirnblutung zur Folge hatten und der damals 21-Jährige notoperiert werden musste. Nach der siebenmonatigen Zwangspause präsentierte sich Contador in der Saison 2005 wieder in Topform und nahm erstmals an der Tour de France teil, wo er im Kampf um das Weiße Trikot des besten Nachwuchsprofis auf Platz drei landete.

Alberto Contador etablierte sich spätestens ab 2006 in der erweiterten Weltspitze, gleichzeitig kursierten bereits die ersten Gerüchte, nach denen auch er Kunde des spanischen Dopingarztes Eufemiano Fuentes gewesen sein soll und damit in die sogenannte *Operación Puerto* verwickelt war.

Teamchef Sainz wurde verhaftet, der Sponsor *Liberty Seguros* zog sich noch im Mai des Jahres 2006 zurück, das Team wurde als *Astana-Würth* zunächst weitergeführt, ehe Contador und vier weitere mutmaßliche Fuentes-Kunden aus dem *Liberty-Seguros*-Team von der Tour de France ausgeladen wurden. Alberto Contador wechselte daraufhin zur Saison 2007 zum US-amerikanischen Team *Discovery Chanel*.

Er durfte im Gegensatz zu anderen des Dopings verdächtigten Rennfahrern an der Tour de France 2007 teilnehmen, nachdem das Kürzel AC sowie der handschriftlich dahinter vermerkte Name Alberto Contador auf dubiose Art und Weise aus den Listen Fuentes' verschwunden waren. Unbestätigten Gerüchten zufolge soll Contador als anonymer Informant für die spanische Polizei tätig gewesen sein und die Ermittlungsbehörden hatten seinen Namen daraufhin gelöscht.

An der Tour de France im Sommer 2007 nahm Contador dann nicht nur teil, er gewann sie auch und sein Sportlicher Leiter Johan Bruyneel zog einen höchst zweifelhaften Vergleich. „Neben mir sitzt der Armstrong der Zukunft", sagte der Belgier, der später lebenslang gesperrt wurde, nachdem bekannt wurde, dass er bei all seinen Teams als Sportlicher Leiter systematisches Doping gefördert und betrieben hatte.

Doch auch ohne den Vergleich zu Armstrong riefen die Leistungen Contadors Misstrauen hervor, war der Spanier doch die Rampen hinauf zum Plateau de Beille in den Pyrenäen noch schneller hinaufgefahren als Armstrong in den Jahren 2002 und 2004.

Alberto Contador wechselte nach nur einer Saison zum Team *Astana* und kündigte seine Titelverteidigung bei der Frankreich-Rundfahrt an. Doch daraus sollte zunächst nichts werden: Die Organisatoren der Tour de France, die Amaury Sport Organisation (ASO), schloss das *Astana*-Team aufgrund diverser Dopingvergehen von der Tour de France 2008 aus. Zuvor bereits hatte Alberto Contador mit dem Giro d'Italia seine zweite Grand Tour gewonnen.

Astana hatte kurz vor dem Beginn der Italien-Rundfahrt überraschend noch eine Einladung für das Rennen bekommen. Contador war eigentlich bereits im Urlaub, wurde quasi vom Strand aus zu der Rundfahrt abkommandiert, woraufhin sein Rivale Riccardo Ricco ihm den Spitznamen „Il bagnino" (Bademeister) verpasste.

Doch Alberto Contador ging keinesfalls baden, sondern er gewann trotz eines Unterarmbruchs, den er sich während der Rundfahrt zugezogen hatte, als zweiter Spanier nach Miguel Induráin den Giro. Seine Siege feierte Contador übrigens zumeist mit einer speziellen, aber auch etwas fragwürdigen Geste; er tat so, als würde er einen Schuss aus einer Pistole abfeuern, weshalb Medien den Spanier auch gerne „Il Pistolero" nannten.

Im Spätsommer des Jahres 2008 dann triumphierte Alberto Contador auch noch bei der Vuelta a España und hatte damit im Laufe von noch nicht einmal eineinviertel Jahren alle drei großen Landesrundfahrten gewonnen. Das hatte vor ihm gerade einmal eine Handvoll Rennfahrer geschafft. 2009 gewann der Spanier zum zweiten Mal die Tour; es war ein Kampf gegen knapp 170 Rennfahrer aus anderen Teams und der Kampf gegen einen Fahrer aus dem eigenen Team.

Denn ein gewisser Lance Armstrong gab bei der Frankreich-Rundfahrt 2009 sein Comeback: der siebenmalige Tour-Sieger hatte zwar vor dem Start hoch und heilig versprochen, Contador als Kapitän des *Astana*-Teams zu unterstützen, doch schon auf den ersten Etappen brach der US-Amerikaner sein Versprechen und fuhr auf eigene Kappe, anstatt Contador zu unterstützen. Erst als dieser ins Gelbe Trikot fuhr, akzeptierte Armstrong die Hierarchie im Team und unterstützte seinen Teamkollegen.

Contadors Sieg war überragend. Der Spanier, so schrieb damals eine deutsche Tageszeitung, degradiere die Berge zu Bodenwellen. Doch sie rief auch wieder die Skeptiker und Mahner auf den Plan.

So sagte beispielsweise der ehemalige Tour-Sieger Greg LeMond hinsichtlich der Leistungswerte Contadors: „Meines Wissens ist das ein Wert, der zuvor niemals von irgendeinem Athleten in irgendeiner Sportart erreicht wurde. Da stimmt was nicht. Das ist fast so, als ob ein Mercedes aus dem Autohaus an einem Formel-1-Rennen teilnehmen und gewinnen würde."

Und die Radsportfans, denen der Fair-Play-Gedanke wirklich etwas bedeutete, gönnten dem Spanier den Sieg sowieso so wenig wie das Schwarze unterm Fingernagel – hatte Contador doch gegen ein ungeschriebenes Gesetz im Radsport verstoßen und auf einer Bergetappe genau in dem Moment attackiert, als sein ärgster Rivale, der Luxemburger Andy Schleck, einen Defekt hatte.

Der Spanier verteidigte sich hinterher damit, dass er von Schlecks technischen Problemen nichts mitbekommen hätte.

Ungeachtet aller Dopinggerüchte und der Kritik an seiner unfairen Aktion fuhr Alberto Contador im darauf folgenden Sommer 2010 zu seinem dritten Gesamtsieg bei der Frankreich-Rundfahrt. So dachte man zumindest, als der Spanier mit gut vier Minuten Vorsprung auf Andy Schleck über den Zielstrich auf den Champs-Élysées fuhr. Im Oktober des Jahres jedoch wurde ein positiver Test des vermeintlichen Tour-Siegers auf die Einnahme der verbotenen Substanz Clenbuterol publik, der während des zweiten Ruhetags der Tour durchgeführt wurde.

Verschwörungstheoretiker hatten zu diesen Zeiten längst noch nicht so Hochkonjunktur wie heutzutage. Aber Alberto Contador war, was das anbelangt, seiner Zeit weit voraus. Seine Theorie lautete, das man ihm ein verunreinigtes Stück Kalbsfleisch serviert habe, was verantwortlich für die erhöhten Werte gewesen sei. Tatsächlich handelte es sich um sehr geringe Mengen, die in Contadors Blutbild gefunden wurden, andererseits fand man bei den Tests auch Rückstände von Blutweichmachern, die auf Eigenblutdoping vor der schwierigen Bergetappe am 22. Juli hindeuteten.

Wenig später erschütterten Experten der Welt Anti-Doping Agentur (WADA) die Verteidigungsstrategie Contadors, indem sie den Metzger und den Schlachthof ausfindig machten, von dem das Kalbsfleisch stammte. Die Dopingfahnder fanden dabei keinerlei Hinweise auf Clenbuterol im getesteten Fleisch. Wiederum einige Monate später kam heraus, dass nicht nur bei einer, sondern gleich bei vier Dopingkontrollen während der Tour de France Clenbuterol bei Contador nachgewiesen wurde.

Der spanische Radsportverband, traditionell eine Organisation, die äußerst lax mit Dopingsündern umzugehen pflegte, sperrte Contador für ein Jahr statt wie üblich für zwei und nahm die Sperre anschließend sogar gänzlich zurück. Der Fall landete, während Contador munter weiter seinem Beruf nachging, schließlich vor dem Internationalen Sportgerichtshof CAS in Lausanne.

In seinem Urteil vom Februar 2012 sperrte der CAS Contador schließlich wegen Dopings für zwei Jahre. Die erst anderthalb Jahre nach dem positiven Dopingtest ausgesprochene Sperre galt bis zum 5. August 2012. Damit durfte der Spanier weder bei der Tour de France noch bei den Olympischen Spielen 2012 starten und alle seit Juli 2010 errungenen Erfolge und Platzierungen wurden aus den Siegerlisten gestrichen, darunter der Gesamtsieg bei der Tour de France 2010 und der Sieg beim Giro 2011.

Contador, der stets seine Unschuld beteuert hatte, gab sein Comeback nach dem Ablauf der Sperre im August 2012 bei der Eneco Tour, um kurz darauf zum zweiten Mal – inzwischen für das Team *Saxo Bank-Tinkoff* am Start – den Gesamtsieg bei der Vuelta zu holen. 2014 gewann er die Spanien-Rundfahrt zum dritten Mal, um im darauf folgenden Jahr beim Giro d'Italia zu triumphieren. Das angepeilte „Double" aus Giro- und Tour-Sieg innerhalb eines Jahres schaffte der inzwischen 32-jährige Spanier nicht.

Mit fünf Minuten Rückstand auf den Sieger Chris Froome wurde Contador bei der „Grande Boucle" Fünfter. Die Versuche in den Jahren 2016 und 2017, noch einmal eine Grand Tour zu gewinnen oder zumindest auf dem Podium zu landen, waren nicht von Erfolg gekrönt. Alberto Contador beendet seine Profilaufbahn schließlich mit Platz fünf in der Gesamtwertung der Vuelta a España 2017.

Fragt man Contador, wie viele Titel er bei den Grands Tours gewonnen habe, antwortet er: neun. Die beiden aberkannten Siege 2010 und 2011 zählt er weiter dazu.

Contador, der bereits 2014 eine Nachwuchs-Akademie gegründet hatte, tritt seit dem Ende seiner aktiven Karriere beim TV-Sender *Eurosport* als Experte in Erscheinung und gründete gemeinsam mit seinem ehemaligen Kollegen Ivan Basso die Firma *Aurum*, die hochwertige Rennmaschinen produziert.

Wie fit er auch im „Radsport-Rentenalter" noch ist, beweist Contador regelmäßig, indem er die Strecken der jeweiligen Etappen abfährt und sie für die TV-Zuschauer analysiert.

Während der Coronapandemie im Sommer 2020 stellte der Ex-Profi einen neuen Weltrekord beim sogenannten *Everesting* auf. Dabei muss ein Radfahrer so lange bergauf fahren, bis er so viele Höhenmeter gesammelt hat, wie der Mount Everest hoch ist – also 8.848 Meter. Der ehemalige Tour-de-France-Sieger fuhr in Silla del Rey nördlich von Madrid einen 960 Meter langen und 13 Prozent steilen Anstieg 78-mal hinauf, schaffte die 8.848 Höhenmeter auf einer insgesamt 139,35 Kilometer langen Strecke bergauf in 7:27,20 Stunden.

An seinem Rekord konnte er sich allerdings nur drei Wochen erfreuen. Dann knackte der Ire Ronan McLaughlin die Bestmarke Alberto Contadors.

1.9 JAN ULLRICH – JAHRHUNDERTTALENT UND TRAGISCHER HELD (*02.12.1973)

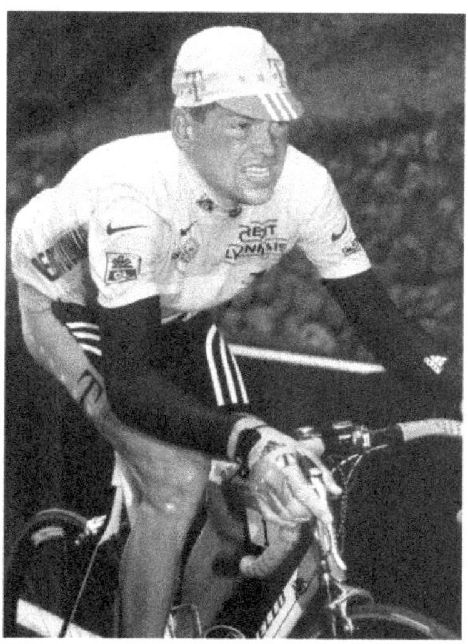

Er war ganz oben. Angekommen im Olymp, weiter oben geht es nicht. Jan Ullrich hatte sich mit seinem Tour-de-France-Gesamtsieg 1997 eingereiht in die Riege der deutschen Sportheroen wie Uwe Seeler, Steffi Graf, Dirk Nowitzki oder Max Schmeling. Die Herzen flogen dem ersten deutschen Tour-Sieger nur so zu, er entfachte einen ungeahnten Radsportboom in der Heimat. Und er fiel so tief, wie wohl noch nie ein Sportstar in Deutschland je zuvor.

Die Geschichte vom sommersprossigen Jungen aus Rostock, der zum Helden hochgejubelt wurde, ist eine tragische Geschichte. Sie erzählt von sportlichen Höchstleistungen und

Triumphen, aber auch von Doping, von Lügen und viel zu späten und halbherzigen Geständnissen.

Vor allem aber erzählt sie vom Leid und der Erkrankung eines Menschen, der auf all das nicht vorbereitet war, was da auf ihn einprasselte. Von einem Menschen, der verzweifelte, als der Ruhm verflogen war – und der fast daran gestorben wäre.

Angefangen mit dem Radfahren hat Jan Ullrich in seiner Heimatstadt Rostock. Sein älterer Bruder Stefan war bereits Mitglied bei der SG Dynamo Rostock und drehte auf der Betonpiste am Dammerower Weg seine Runden. Als der Verein eines schönen Tages im Winter 1983 einen Querfeldeinlauf ausrichten wollte, stellte Dynamo-Trainer Peter Sager fest, dass ihm noch Starter in der Altersklasse der Jüngsten fehlten.

Stefan Ullrich meldete sich: Er habe da einen kleinen Bruder, Jan würde der heißen, den könne er doch mal mitbringen. Da stand er dann am Start, dieser schmächtige, sommersprossige Rotschopf, über den Peter Sager später einmal sagen sollte: „Der sah aus wie ein abgezogenes Karnickel, nur Haut und Knochen."

Der Trainer, der größere Bruder und auch Mutter Marianne, die die Jungs begleitet hatte – niemand ahnte, dass an diesem Tag zwischen den tristen Plattenbauten von Lütten Klein eine Weltkarriere beginnen sollte. Der kleine Jan lief allen anderen davon und nur ein paar Tage später meldete seine Mutter ihren zweitältesten Sohn bei der SG Dynamo an. Sein erstes offizielles Radrennen gewann Jan Ullrich bereits 1983, der Legende nach auf einem geliehenen Rad, mit Turn- statt mit Radschuhen an den Füßen.

Peter Sager hatte schnell das Talent Jan Ullrichs erkannt, der Verein stellte ihm ein Diamant-Rennrad, „made in GDR" und der Youngster gewann in der Folge im Kinder- und Jugendbereich Rennen um Rennen in der Region. Ob es Zeitfahren waren, Kriterien auf der Straße oder im Winter die Querfeldeinrennen im Schweizer Wald im Südosten Rostocks. Hatte er später als Profi so seine Probleme mit schlechtem Wetter, so machte es ihm damals rein gar nichts aus, im norddeutschen Schmuddelwetter aufs Rad zu steigen.

Der schüchterne Jan hatte etwas gefunden, das ihm etwas bedeutete, etwas, das ihm Selbstsicherheit gab. In einem Interview mit dem französischen Radsportjournalisten Philipe LeGars sollte Jan Ullrich rückblickend auf den Beginn seiner Karriere sagen: „Ich habe an nichts anderes mehr gedacht als an das Radfahren. Es war mein Leben geworden." Der Verein, der Trainer und seine Mannschaftskameraden waren für Jan Ullrich auch eine Art Ersatzfamilie geworden; es war ein geschützter Raum für ihn.

Denn das Leben jenseits des Radsports war kein einfaches Leben für Jan. Vater Werner Ullrich, gelernter Betonfacharbeiter und ab 1973 Angehöriger der Nationalen Volksarmee (NVA), war nur selten zu Hause, oft übernachtete er in der Kaserne. Das waren dann definitiv die besseren Tage für die Ullrich-Jungs.

Werner Ullrich hatte ein Alkoholproblem. Und wenn er besoffen war, wurde er gewalttätig. Er schlug seine Frau, und wenn ihm die Jungs in die Quere kamen, prügelte er auch sie. Eine Narbe am Kopf erinnert Jan Ullrich noch heute Tag für den Tag an die traumatischen Erlebnisse. Werner Ullrich verließ die Familie 1979.

Schon zuvor hatte Mutter Marianne sich um alles gekümmert; sie zog die drei Jungs groß – später kam noch der um Jahre jüngere Thomas dazu – und kellnerte abends neben ihrem Studium der Landwirtschaftswissenschaften noch im *Biestower Hof*. Ein ganz schönes Pensum.

Marianne Ullrich, die später wieder ihren Mädchennamen Kaatz annahm, war „tough"; sie war eine überaus herzliche Frau und ihren Jungs eine gute Mutter. Aber den Schaden, den ihr Ex-Mann angerichtet hatte, den konnte keiner reparieren, auch Marianne Kaatz mit ihrer Liebe zu ihren Kindern nicht. Und auch Peter Sager nicht, der Trainer von der SG Dynamo, der zum Ersatzvater für Jan Ullrich werden sollte.

Jahre später, im Spätsommer 1993, stand Vater Werner auf einmal bei einem Rennen seines Sohnes in Berlin am Straßenrand und steckte Jan einen Zettel mit seiner Telefonnummer zu. Der Legende nach verstaute Jan Ullrich ihn in der Trikottasche. Weil es aber alsbald zu regnen begann, wurde der Zettel zu einem Brei aus Zellulose, die Nummer war nicht mehr lesbar und Vater und Sohn fanden nicht zueinander.

Im Winter 1986 startete der damals 13 Jahre alte Jan Ullrich bei einem Querfeldeinrennen in Potsdam. Einer, der dabei zusah, wie der immer noch schmächtige und im Vergleich zu den anderen Teilnehmern einen Kopf kleinere Jan Ullrich, die Konkurrenz in Grund und Boden fuhr, war Peter Becker – seines Zeichens Sektionsleiter beim SC Dynamo Berlin.

Viele haben im späteren Verlauf von Ullrichs Karriere Peter Sager und Peter Becker verwechselt. Beide wurden in den Medien wahlweise als Förderer oder als Entdecker des Jahrhunderttalents bezeichnet. Dabei hatten und haben dieser bescheidene und warmherzige Peter Sager und der umtriebige, ideologisch recht verbohrte, von sich selbst und den Idealen des DDR-Sportsystems zutiefst überzeugte Peter Becker, rein gar nichts miteinander gemeinsam bis auf den Vornamen.

Becker jedenfalls war es, der dafür sorgte, dass der Siebtklässler Jan Ullrich 1987 auf die Kinder- und Jugendsportschule des SC Dynamo Berlin delegiert wurde und unter seiner Obhut trainierte. Sager ist der Entdecker, Becker war ab 1987 der Förderer Ullrichs.

Während der ebenfalls auf dem Werner-Seelenbinder-Sportinternat angenommene André Korff, Ullrichs Freund aus gemeinsamen Rostocker Tagen, unter massivem Heimweh litt, schien Jan Ullrich der Wechsel nach Ostberlin rein gar nichts auszumachen. Becker sagte in der *ARD*-Dokumentation *Being Jan Ullrich* einmal über die soziale Prägung Ullrichs: „Der hatte gar keine, der wollte nur Radfahren."

Radfahren jedenfalls konnte er verdammt gut: Ullrich wurde unter anderem 1988 DDR-Jugendmeister im Straßenrennen und mehrfacher Spartakiademeister. Becker sah seinen Schützling bereits als Triumphator bei der Friedensfahrt – der „Tour de France des Ostens" für die damaligen Staatsamateure.

Doch dann fiel die Mauer im Herbst 1989, Hinz und Kunz rannte in den Westen. Becker aber hielt seine Schäfchen zunächst in Berlin zusammen. Ullrich beendete seine schulische Laufbahn mit dem Abschluss der 10. Klasse, begann eine Ausbildung zum Industriemechaniker und gewann nach der Wende seine ersten Amateurrennen im wiedervereinten Deutschland.

Er wurde in den Nationalkader des Bundes Deutscher Radfahrer (BDR) aufgenommen, er nahm an den Juniorenweltmeisterschaften 1990 und 1991 teil, wo er Platz 42 und Platz 28 belegte. Noch war das Talent aus Rostock nur ein Talent.

Im Herbst 1991 bekam Peter Becker auf Umwegen Kontakt zu Wolfgang Strohband, einem radsportverrückten Hamburger Autohändler. Der hatte mit seiner RG Hamburg in der Radsport-Bundesliga Großes vor und suchte noch einen kompetenten Trainer. Becker sagte zu, allerdings nur, weil er Strohband davon überzeugen konnte, einige seiner Schützlinge von der KJS mitnehmen zu dürfen in die Hansestadt. Ullrich & Co. bildeten nun eine WG im Susebeksweg in Hamburg-Hummelsbüttel.

Dafür, dass die Talente unter fast profihaften Bedingungen trainieren konnten, sorgte das Geld Strohbands und eine ordentliche Finanzspritze des Elektronikkonzerns *Panasonic*, der sich schon seit Jahren als Sponsor im Radsport engagierte. „Ulle", der damals eher „Ulli" genannt wurde, brach alsbald seine Lehre ab, er gewann Bundesliga-Rennen auf Bundesliga-Rennen und träumte von einer Profikarriere.

Den ersten ganz großen Sieg seiner Laufbahn aber fuhr er noch als Amateur ein. Der erst 19 Jahre alte Jan Ullrich wurde Ende August 1993 in Oslo jüngster Amateur-Weltmeister aller Zeiten im Straßenrennen. Den Sieg bei den Profis einen Tag später holte sich in Norwegen übrigens ein gewisser Lance Armstrong.

1994 fuhr Jan Ullrich trotz des WM-Titels noch für die RG Hamburg. Becker hatte ihn überredet, noch eine Saison zu warten mit der Profikarriere. Doch nachdem sein Schützling unter anderem bei den deutschen

Meisterschaften im Einzelzeitfahren zu Silber und bei der WM 1994 – der ersten, bei der Profis und Amateure gemeinsam starteten – Bronze in derselben Disziplin gewann, handelte Wolfgang Strohband den ersten Profivertrag Ullrichs beim Team *Telekom* ab Januar 1995 aus.

Ullrich war inzwischen nach Merdingen am Kaiserstuhl gezogen; zunächst hatte er nur ab und zu bei seinem Freund Dirk Baldinger übernachtet; irgendwann 1994 lernte er seine Freundin Gaby Weis kennen. Ullrich fühlte sich wohl am anderen Ende Deutschlands und das nicht nur, weil er hier rund um den Kaiserstuhl ein erstklassiges Trainingsrevier vorfand. Er genoss die Herzlichkeit der Schwarzwälder, er wurde gemocht, er fühlte sich geborgen. Dieser Jan Ullrich, der nie eine intakte Familie kennengelernt hatte, schien auf der Suche genau danach zu sein.

Sein späterer Schwiegervater, der Weinbauer Ernst Weis, sagte in der Dokumentation *Being Jan Ullrich* zwei Sätze über Ullrich, die irgendwie nicht so recht zusammenpassten: Er sagte, Jan habe ab und zu ein Glas Wein getrunken. Aber natürlich in Maßen, etwas anderes hätte der Sport ja gar nicht zugelassen. Und dann sagte er noch: „Er hat sich nicht nur mit meiner Tochter angefreundet, sondern auch mit dem Rotwein ..."

Dirk Baldinger war ein Freund, aber er war damals auch eine Art Personal Trainer für Ullrich. Als Baldinger 1995 zu einem italienischen Profiteam wechselte und nicht mehr in Merdingen lebte, war Ullrich auf sich alleine gestellt. Aber allein, stellte Baldinger fest, konnte man Ullrich nicht lassen. „Sonst hat er gar nicht mehr trainiert." Bei den Amateuren war Ullrich alles in den Schoß gefallen, er war der Konkurrenz aufgrund seiner physischen Voraussetzungen haushoch überlegen. Im Profibereich, das musste Ullrich schnell feststellen, lief das anders.

Er wurde abgehängt, er musste bei einigen seiner ersten großen Rennen 1995 aufgeben; zudem war er häufig krank. Irgendwie deutete sich schon da an, was sich später fortsetzen sollte. Jan Ullrich ließ, wie Becker sich ausdrückte, „die Zügel schleifen", als es nicht mehr wie von selbst lief. Oder wie es der gebürtige Freiburger Baldinger in seinem Breisgauer Dialekt sagte: „Er ischt in der Luft g'hangt."

Aber Ullrich hatte so viel Talent, dass er zumindest punktuell zeigen konnte, was in ihm steckte. So wurde er 1995 erstmals deutscher Meister im Einzelzeitfahren. Und er hatte sich alles in allem gut ins Team *Telekom* integriert. Der rund sieben Jahre ältere Udo Bölts, jener Kollege, der Ullrich zwei Jahre später maßgeblich zum Tour-de-France-Sieg verhelfen sollte, sah einen unbekümmerten und im Gegensatz zu Becker und Baldinger einen trainingsfleißigen Jan Ullrich; einen jungen Mann, der nichts als Radfahren im Kopf hatte. Und vor allem sah er diesen ungeschliffenen Rohdiamanten und schrieb in seiner Autobiografie *Quäl dich, du Sau*: „Ich sah auf den ersten Blick, dass dieser Mann und sein Rennrad zusammengehörten."

Wohl auch, weil Peter Becker in der Vorbereitung auf die Saison 1996 Jan Ullrich in Absprache mit der Telekom-Teamleitung nach seinen Methoden triezen durfte, wie er wollte, kam Ullrich im Verlauf des Frühjahrs immer besser in Form. Er wurde Zweiter auf der Königsetappe der Tour de Suisse und er wurde Zweiter im Straßenrennen bei den deutschen Meisterschaften. Zweiter allerdings nur, weil die Stallorder einen Sieg des *Telekom*-Routiniers Christian Henn vorsah.

Telekom-Teamchef Walter Godefroot hatte es sich lange offengelassen, ob er den damals 22 Jahre alten Ullrich mit zur Tour de France nehmen oder ihn für den BDR-Kader und die Olympischen Spiele 1996 in Atlanta freistellen sollte. Kurz vor der Tour rutschte der Däne Peter Meinert-Nielsen aus dem Tour-Aufgebot, „Ulle" rutschte rein.

Telekom-Kapitän Bjarne Riis mag zunächst enttäuscht gewesen sein, dass sein Landsmann nicht dabei war, aber letztendlich hatte er seinen Tour-de-France-Gesamtsieg 1996 vor allem auch seinem Edeldomestiken Jan Ullrich zu verdanken. Der, da waren sich alle Experten einig, war auch schon bei seinem Tour-Debüt 1996 der stärkste Fahrer im Peleton und hätte die Frankreich-Rundfahrt gewinnen können.

Aber die Stallorder beim Team *Telekom* sah einen Sieger Bjarne Riis vor. Man nahm es Ullrich ab, dass er mit der Rolle zufrieden war. „Happy" – eines seiner Lieblingswörter – sei er gewesen mit Platz zwei in der Gesamtwertung. Und seinen ersten Etappensieg holte er sich schließlich auch noch. Im Einzelzeitfahren auf der 20. Etappe von Bordeaux nach Saint-Émilion war Ullrich fast eine Minute schneller als der legendäre Miguel Indurain und mehr als zwei Minuten eher im Ziel als Riis.

Und man war sich weitgehend einig: Dieser Jung-Siegfried namens Jan Ullrich, der sich die Wertung des besten Nachwuchsfahrers mit großem Abstand sicherte, würde in Zukunft die Tour nicht nur gewinnen, sondern sie über Jahre dominieren können.

Auch 1997 ging Bjarne Riis als Kapitän des magentafarbenen Rennstalls in die Frankreich-Rundfahrt. Ullrich, im deutschen Meistertrikot am Start, akzeptierte das weiterhin, auch wenn er bereits beim Prolog in Rouen der Stärkere war. Aber spätestens auf der 10. Etappe hinauf nach Arcalis in Andorra änderten sich die Kräfteverhältnisse im Team. Schon auf der Etappe zuvor hatte Ullrich seinen angeschlagenen Kapitän über den Tourmalet gezogen; der Helfer sah blendend aus an den Anstiegen, aber auch wild entschlossen. Sein Kapitän litt mächtig, die Zweifel waren ihm ins Gesicht geschrieben.

Jan Ullrich hätte, da war sich nicht nur Udo Bölts sicher, schon auf der neunten Etappe ins Gelbe Trikot fahren können, aber Ullrich wartete auf Riis. Bei der Teambesprechung vor dem zehnten Tagesabschnitt wurde die Taktik geändert. „Ulle" hatte ab sofort die Erlaubnis, auf eigene Kappe zu fahren. Alle hatten es kapiert, nur Ullrich selbst noch nicht so recht. Er hatte definitiv die Beine zum Attackieren, aber er traute sich immer noch nicht und fragte noch während der Etappe per Funk ins Begleitfahrzeug: „Soll ich losfahren?" Er sollte.

Es heißt, Bjarne Riis habe einfach nur genickt und seinem einstigen Helfer damit signalisiert: „Junge, fahr los, du hast freie Fahrt."

Was dann folgte, ist eines der bedeutendsten Kapitel der deutschen Sportgeschichte. Es war Ullrich-Wetter, um die 30 Grad im Schatten. Ullrich griff rund zehn Kilometer vor dem Ziel an. Ein paar Meter konnte ihm Richard Virenque noch folgen, ein paar Meter, mehr nicht. Später sagte der Franzose und siebenmalige Sieger der Bergwertung lapidar: „Ullrich ist einfach losgefahren und wir haben ihn nicht mehr wiedergesehen." Auf dem großen Kettenblatt, die Hände am Unterlenker, mit purer Kraft fuhr Ullrich hinauf. „Als würde es nicht bergauf gehen", wie es Altmeister Rudi Altig im deutschen Fernsehen kommentierte.

Am Ende dieser Etappe tauschte Jan Ullrich das Weiße Trikot des besten Nachwuchsfahrers mit dem Gelben Trikot. Das Wort „Wahnsinn" hatte Hochkonjunktur, wen auch immer man um ein Statement zu Ullrichs Galavorstellung bat.

Raymond Poulidor, eine der Legenden des französischen Radsports, sagte noch im Ziel, man habe hier heute den neuen Eddy Merckx gesehen. Und Sebastian Moll schrieb in seiner Biografie *Ulle*: „Er kam aus dem Reich des Menschlichen und entschwebte in die Sphären der Götter."

Lance Armstrong sagte, Ullrich hätte deutlich mehr Talent mitgebracht als er, eine größere gottgegebene Stärke als vielleicht irgendein anderer Rennfahrer in der Geschichte des Radsports. Mit seinem Ruhepuls von 36 Schlägen, 1.200 Millimeter Herzgröße und fast sechs Litern Lungenvolumen sowie seinen idealen Hebeln verfügte Ullrich über besonders gute Voraussetzungen. Aus dem schmalen Hänfling von einst war als Profi längst eine Maschine geworden, die enorme Wattzahlen treten konnte.

„‚Ulle' ist vier Tage trainieren gegangen und hat Fortschritte gemacht, wofür wir drei Wochen Trainingslager gebraucht hätten", erinnerte sich Ullrichs langjähriger Teamkollege Rolf Aldag. Und Rudy Pevenage sagte einmal über Ullrichs besondere körperliche Eignung für den Radsport: „Das ist einer, den man eigentlich nur am Computer kreieren kann."

Jan Ullrich gab das Gelbe Trikot bei der Tour 1997 bis Paris nicht mehr ab. Was mit seinen überragenden Qualitäten zu tun hatte, aber auch mit seinem gestrengen Edeldomestiken namens Udo Bölts. Der Routinier pushte den schwächelnden Ullrich in den Vogesen mit den längst legendären Worten: „Quäl dich, du Sau" (siehe Porträts Udo Bölts und

Richard Virenque). Ullrich quälte sich und gewann schließlich als erster Deutscher das wichtigste Radrennen der Welt.

Man sprach und schrieb auch vom legitimen Nachfolger des großen Miguel Indurain, der bekanntlich fünfmal in Folge die Tour gewonnen hatte. Lance Armstrong, 1997 aufgrund seiner Krebserkrankung nur Zuschauer, hatte damals gar gedacht: „Mein Gott, niemand wird diesen Kerl in den nächsten zehn Jahren schlagen."

Schon am Tag nach seinem Sieg in Arcalis waren die Einschaltquoten in Deutschland explodiert. In Merdingen benannte man nach der Tour eine Straße nach Jan Ullrich, der Empfang in Bonn, dem Stammsitz der *Telekom*, erinnerte an die Feierlichkeiten nach WM-Siegen der deutschen Fußballnationalmannschaft. Deutschland hatte einen neuen Helden, er herrschte die reinste „Ulle"-Manie. Es folgte eine Kür, die für Ullrich oft auch eine Pflicht zu sein schien. Medientermine ohne Ende; Sponsoren, Großkopferte aus allen Bereichen der Gesellschaft wollten Ullrich gratulieren und sich ein bisschen im Ruhm des neuen Superstars sonnen.

Mal schien er es zu genießen, aber meistens war es dem medienscheuen Star ein Graus. Seine Privatsphäre jedenfalls hatte er an der Skistation Ordino-Arcalis, spätestens auf den Champs-Élysées in Paris abgeben müssen. Immerhin wurde er finanziell dafür entschädigt; Manager Wolfgang Strohband konnte sich vor Angeboten aus der Werbung kaum retten und Ullrich wurde mit 22 ein reicher Mann.

Aber auf den Rummel, auf den Status als Superstar, als neue Lichtgestalt des deutschen Sports und auf das Medienecho war Ullrich nicht eingestellt bzw. er wurde nicht darauf vorbereitet. Er brauchte nur sein Frühstücksei aufzuschlagen und war schon ein Thema für den Boulevard. Strohband suchte die Nähe zur *Bild-Zeitung* und die tat zunächst genau das, was sich der Manager erhoffte: sie hob Ullrich in den Himmel. Aber natürlich ließ sie ihn später fallen wie eine heiße Kartoffel bzw. goss kübelweise Dreck über Jan Ullrich aus.

Nachdem Ullrich mehrere Duelle bei der Tour gegen Armstrong verloren hatte, druckte die *Bild-Zeitung* in einem Artikel zwei Gehirne ab. Eines war sehr groß, eines war sehr klein. Das große gehörte zu Lance Armstrong und Pfeile deuteten auf bestimmte Regionen in dessen Gehirn. Daneben standen Begriffe wie „Führungsqualität" und „Willensstärke". Neben Ullrichs Gehirn standen Begriffe wie „ Weizenbier" und „Schokolade".

Der Radsportjournalist LeGars von der *L'Équipe* hatte jedenfalls schon nach Ullrichs Tour-Sieg 1997 treffend festgestellt: „Zu Siegen ist nicht das Schwerste, aber den Sieg zu pflegen ..." Seiner Ansicht nach war der entscheidende Fehler des Ullrich-Managements, dass es nicht den Hauch einer Karriereplanung für Ullrich parat hatte. Und dass genau das der Grund für alles war, was da an Unheil noch auf Jan Ullrich zukommen sollte.

Die *Süddeutsche Zeitung* sah die Verantwortung aber auch bei Ullrich selbst und schrieb: „Das Idol Ullrich wuchs, nur der Mensch Jan Ullrich kam da nicht mit."

Zur Saison 1998 präsentierte sich Jan Ullrich dann mit einigem Übergewicht und schrieb damit die ersten Negativschlagzeilen. Aber er trainierte hart und diszipliniert und war zu Beginn der Tour de France beinahe wieder in Topform. Die Form schien auf jeden Fall zu reichen, um die wichtigste Rundfahrt der Welt erneut gewinnen zu können. Bis es zu jener denkwürdigen 15. Etappe von Grenoble nach Les Deux Alpes kam, auf der Ullrich alles verlor.

Es war kalt und regnerisch an diesem 27. Juli in den Alpen. Auf die Fahrer wartete zunächst der Anstieg über den legendären 2.600 Meter hohen Col du Galibier. Ullrich hatte alle Angriffe der Konkurrenten zuvor souverän gekontert. Dann ging Pantani am Anstieg zum Galibier aus dem Sattel, Ullrich blieb sitzen. Nicht, weil das sein üblicher Fahrstil war, sondern weil er nicht reagieren konnte. Regen und Kälte, das war noch nie Jan Ullrichs Wetter.

Er verlor bis zur Bergwertung drei Minuten auf Pantani, doch das Drama hielt noch weitere Akte bereit. Ullrich verweigerte an der Passhöhe eine wärmende Jacke bzw. eine Weste. Udo Bölts bot ihm ein Energiegel an, Ullrich lehnte ab. Die Folge: Der Mann mit dem Hammer kam; so nennen die Radprofis den berüchtigten Hungerast. Es ging so gut wie nichts mehr bei Ullrich. Hinzu kam ein Defekt, durch den er zusätzliche Zeit verlor.

Ullrich quälte sich nach Les Deux Alpes hinauf, furchtbar sah er aus mit seinem aufgedunsenen Gesicht. Mit knapp neun Minuten Rückstand auf Pantani kam Ullrich im Ziel an, er war so erschöpft, dass seine Betreuer ihn vom Rad heben und ins Hotelzimmer schleppen mussten. Dort zogen sie ihn aus, steckten ihn in die Badewanne und fütterten ihn. Die Titelverteidigung war außer Reichweite geraten, aber Ullrich kämpfte, er gewann noch eine Bergetappe und das Einzelzeitfahren auf der vorletzten Etappe.

Aber es reichte nicht mehr: Der Titelverteidiger wurde Gesamtzweiter, mit 3:21 Minuten hinter Marco Pantani. Die Frankreich-Rundfahrt 1998 ging ansonsten als sogenannte *Tour de Farce* in die Geschichte des Radsports ein; sie stand gar vor dem Abbruch, nachdem unter anderem beim *Festina*-Team massenhaft Dopingmittel sichergestellt wurden.

Jan Ullrich erlebte auch als Tour-Zweiter einen phänomenalen Empfang in der Heimat; man sah es als Ausrutscher. Denn schließlich war Ullrich auch 1998 der stärkste Fahrer. Ohne den einen rabenschwarzen Tag in den Alpen, das glaubten nicht nur die Fans, sondern auch Experten und Teamkollegen, hätte er zum zweiten Mal bei der „Grande Boucle" triumphiert.

1999 startete Jan Ullrich einmal mehr mit reichlich Übergewicht in die neue Saison. Dirk Baldingers Aussage, man könne Ullrich über den Winter nicht alleine lassen, hatte sich bewahrheitet. Ullrich genoss die reichhaltige Schwarzwälder Küche, den Wein und er soll, so steckten es Zeugen den Medien, noch nachts zur Tankstelle gefahren sein, um sich mit reichlich Chips und Süßigkeiten einzudecken.

Dieses Maßlose, das hatte Jan Ullrich schon immer. Einer seiner WG-Genossen aus der Hamburger Zeit erzählte einmal, wie Ullrich sich nach dem Training ernährte: Er stellte ein 500-Gramm-Glas Nutella in die Mikrowelle und pfiff sich die toxisch süße Flüssigkeit „auf ex" rein. War es zunächst noch nicht der Alkohol, so konnte man schon in frühen Jahren von einem Suchtverhalten in Sachen Ernährung sprechen. Ein Suchtverhalten, das bei Kindern von Alkoholikern deutlich ausgeprägter ist als bei anderen Menschen.

Mit Gewalt versuchte Jan Ullrich, in der Vorbereitung auf die Saison 1999 den Trainingsrückstand aufzuholen. Aber selbst ein Mann mit einer solch phänomenalen Physis wie Ullrich ist nicht unendlich belastbar; er überzog und wurde krank, das Immunsystem geriet durcheinander. Ullrich war ein Schatten seiner selbst und konnte froh sein, wenn er bei den Rennen mit dem Hauptfeld ins Ziel kam. Dann stürzte er auch noch bei der Deutschland-Tour. Und nach anhaltenden Knieproblemen musste er seine Teilnahme an der Tour de France 1999 schließlich absagen.

Aber im Spätsommer war Ullrich, der zwischenzeitlich gar darüber nachdachte, das Rad an den Nagel zu hängen, wieder in Topform; das Knie hielt und er gewann überlegen die Vuelta a España und schließlich im Oktober auch noch den WM-Titel im Einzelzeitfahren.

Laut dem Ullrich-Biografen Sebastian Moll war klar erkennbar: Wenn Ullrich keinen oder zumindest wenig Druck verspürte, dann war er deutlich besser. Ironie des Schicksals: Durch seine beiden Siege im Spätsommer und Herbst 1999 schürte er auch wieder die Erwartungshaltung für das kommenden Jahr.

Bei der Tour de France 2000 traf der *Telekom*-Kapitän dann erstmals auf Lance Armstrong, der nach seiner überstandenen Krebserkrankung zurückgekehrt war und 1999 in Ullrichs Abwesenheit zum ersten Mal in Frankreich triumphiert hatte. Der US-Amerikaner siegte auch 2000; mit etwas mehr als sechs Minuten Vorsprung vor Ullrich, der zum dritten Mal Zweiter wurde. Es war der Beginn eines Duells, das die Radsportwelt in den nächsten Jahren in Atem halten sollte. Und rückblickend sollte Armstrong sagen, dass Ullrich der Einzige war, der ihm Angst machte, der ihn antrieb, der ihn früh aufstehen und früh zu Bett gehen ließ.

Lance Armstrong war ein Getriebener. Ein Getriebener, der aus sich selbst heraus handelte, ein Kontrollfreak, der alles lenkte und bestimmte. Und er war, wie man heute weiß, ein Mensch, der für seinen Erfolg über Leichen ging. Jan Ullrich war das komplette Gegenteil.

Der Ullrich-Biograf und Journalist Daniel Friebe sagte einmal: „Lance wollte immer den besten Trainer, den besten Masseur, ja sogar den besten Börsenmakler um sich haben. Jan wollte das beste Eis." Man installierte beim Team *Telekom* sogar ein sogenanntes *Babysittermodell*. Ullrich musste ständig motiviert und angeleitet werden.

Peter Becker tat dies mit Strenge und harter Hand, auch als Ullrich bereits ein erwachsener Mann war, behandelte er ihn wie ein Kind. Rudy Pevenage, Ullrichs langjähriger Betreuer bei *Telekom*, war zu weich, er vertraute zu sehr auf das Potenzial Ullrichs. Keiner jedenfalls fand das richtige Maß. Im Nachhinein muss man sagen: Es hätte schon damals Menschen mit einer psychologischen Ausbildung gebraucht, um Jan Ullrich wirklich helfen zu können.

Bei den Olympischen Spielen 2000 in Sydney war Jan Ullrich noch der große Triumphator: Er gewann das Straßenrennen und holte Silber im Einzelzeitfahren, in dem Armstrong Dritter wurde. Bei der Tour de France 2001 rückte der *US-Postal*-Kapitän die Hierarchie wieder zurecht, gewann mit mehr als sechs Minuten Vorsprung auf Ullrich. 2002 musste Ullrich seine Teilnahme an der Frankreich-Rundfahrt aufgrund seiner chronischen Knieprobleme absagen.

Stattdessen machte er die ersten richtigen Dummheiten in seinem Leben. Nach einem nächtlichen Diskobesuch fuhr Ullrich mit 1,4 Promille Alkohol im Blut seinen Porsche zu Schrott und beging Unfallflucht. Während eines Rehaaufenthalts am Tegernsee wurde er von der nationalen Anti Doping Agentur NADA getestet; das Ergebnis war positiv; Spuren von Amphetaminen wurden festgestellt.

Die offizielle Verlautbarung seines Teams: Es habe sich um Partydrogen gehandelt, die sich der frustrierte Radstar in einer Diskothek eingeworfen habe. Doch vermutlich diente diese Erklärung nur dazu, von dem Verdacht abzulenken, Jan Ullrich würde verbotene leistungssteigernde Mittel nehmen. Er selbst betonte, dass es sich nicht um Betrug handeln würde; er habe die Pillen ja nicht genommen, um sich gegenüber anderen Rennfahrern einen Vorteil zu verschaffen. Gesperrt wurde er dennoch, für sechs Monate.

Der Vertrag mit dem Team *Telekom* wurde ausgesetzt und Jan Ullrich orientierte sich schließlich anderweitig. Er wechselte nicht etwa zu seinem ehemaligen Kollegen und jetzigem Teamchef Bjarne Riis zum Team *CSC*, sondern zum Team *Coast*, das der Essener Textilunternehmer Günther Dahms finanzierte. Ullrich, inzwischen umgezogen von Merdingen ins schweizerische Scherzingen, tra nierte mit seinem Freund und neuen *Coast*-Teamkollegen Tobias Steinhäuser viel in der Toskana; er schien den Spaß am Radfahren wiedergefunden zu haben und stand schließlich in Bestform bei der Tour de France am Start.

Vorausgegangen war dem allerdings ein reichliches Chaos. Dem Sponsor Dahms war das Geld ausgegangen, Gehälter konnten nicht mehr ausbezahlt werden und der Radsport-Weltverband UCI verweigerte dem Team *Coast* im Laufe des Frühjahrs 2003 gleich zweimal die Lizenz. Rudy Pevenage gelang es schließlich, den legendären italienischen Radhersteller *Bianchi* als Hauptsponsor zu gewinnen und Ullrich und Co. erhielten auf den letzten Drücker noch die Einladung zur Tour de France.

Im celeste-grünen Trikot in den traditionellen Farben des neuen Hauptsponsors fuhr Jan Ullrich eine grandiose Tour de France. Er bezwang Lance Armstrong im ersten Zeitfahren am Cap Découverte nicht nur, er demoralisierte den US-Amerikaner gar, indem er ihm rund anderthalb Minuten abnahm. Ullrich zeigte sich angriffslustig wie selten und brachte den jahrelangen Dominator der Tour in große Schwierigkeiten – und dass, obwohl der Deutsche mit der deutlich schwächeren Mannschaft angetreten war.

Vor dem abschließenden Einzelzeitfahren von Pornic nach Nantes war Ullrich Zweiter, er hätte er 1:05 Minuten auf Armstrong gutmachen müssen. Man traute es ihm durchaus zu, aber gut 13 Kilometer vor dem Ziel hatte Ullrich den Rückstand um lediglich sechs Sekunden verringert. Als er schließlich auf regennasser Fahrbahn in der Einfahrt zu einem Kreisel stürzte, war der Traum vom zweiten Tour-Sieg endgültig ausgeträumt.

Und doch hatte sich „Ulle" wieder in die Herzen der deutschen Radsportfans geradelt. Weil er nicht aufgegeben hatte, weil er Courage besessen hatte. Jan Ullrich wurde zum zweiten Mal zu Deutschlands Sportler des Jahres gewählt, er erhielt den Bambi und den Laureus World Sports Award.

In Erinnerung von der Tour 2003 blieb vielen Radsportfans vor allem aber die 15. Etappe nach Luz Ardiden. Nicht, weil Ullrich bereits am Anstieg zum Tourmalet attackierte. Auch nicht, weil er die anschließende Attacke Armstrongs am Schlussanstieg zunächst kontern konnte. Sie blieb in Erinnerung, weil Ullrich sich als außerordentlich fairer Sportsmann erwies: Armstrong musste angreifen, das wusste er, Ullrich war der bessere Zeitfahrer. Und er griff an.

Doch dann verhedderte sich der US-Amerikaner mit dem Lenker am Beutel eines Zuschauers. Er stürzte, Iban Mayo fiel über ihn, Ullrich konnte ausweichen. Aus dem Begleitfahrzeug funkte Rudy Pevenage, Ullrich solle fahren. Doch der entschied sich anders und wartete. Armstrong, der beim Versuch wieder in seine Klickpedale einzurasten, beinahe noch einmal stürzte, schaffte den Anschluss. Voll mit Adrenalin, mit dem unbedingten Willen, zum fünften Mal in Folge die Tour zu gewinnen, attackierte Armstrong wenig später erneut - und diesmal konnte Ullrich nicht folgen.

Zunächst würdigte Lance Armstrong das Verhalten seines schärfsten Rivalen, um dabei gleichzeitig darauf hinzuweisen, dass er 2001 nach einem Sturz Ullrichs auf ihn gewartet habe. In seiner 2003 veröffentlichten Autobiografie *Jede Sekunde zählt* stellte Armstrong die Angelegenheit jedoch plötzlich anders dar und behauptete, Ullrich sei im Renntempo weitergefahren und habe erst gewartet, als Armstrongs ehemaliger Kollege Tyler Hamilton ihn dazu angehalten habe. Ullrich jedenfalls wurde für sein Verhalten von der Deutschen Olympischen Gesellschaft (DOG) mit der Fair-Play-Plakette des deutschen Sports ausgezeichnet.

Aber die Liebe der Fans zu ihrem „Ulle" wurde im darauf folgenden Frühjahr erneut auf eine harte Probe gestellt. Denn Ullrich, der zur Saison 2004 zum Team-*Telekom*-Nachfolger *T-Mobile* gewechselt war, kam mit dem schon traditionellen Übergewicht aus der Winterpause. Zur Tour de Suisse im Juni hatte er die Pfunde abtrainiert, gewann zwei Etappen, die Punkte- und die Gesamtwertung. Er schien gerüstet für das Duell mit Armstrong.

Doch zum einen präsentierte sich der US-Amerikaner in diesem Jahr so stark wie nie zuvor, zum anderen fing Ullrich sich eine Erkältung ein, fiel in den Pyrenäen zurück und belegte bei Armstrongs historischem sechsten Tour-Triumph nur Platz vier. Beim olympischen Straßenrennen 2004 in Athen wollte, vielmehr sollte Ullrich als Kapitän des BDR-Aufgebots seinen Titel verteidigen. Aber er schien nicht wirklich motiviert zu sein.

Es heißt, er soll sogar in der Nacht vor dem Rennen ordentlich gebechert haben. Ob der BDR-Kollege Jens Voigt darüber im Bilde war, weiß man nicht. Jedenfalls schimpfte Voigt hinterher, er wolle nie mehr im Nationalteam als Helfer für Jan Ullrich fahren.

Wirklich glücklich war Ullrich nicht mit dem Wechsel zurück in seinen alten Rennstall. Rückblickend sollte er sogar einmal sagen: „Das war fürchterlich bei *Telekom*, dass jeder dich ständig auf die Waage stellen wollte." So wie man im magentafarbenen Rennstall mit ihm umgegangen sei, so gehe man mit einem Kind um, aber nicht mit einem erwachsenen Menschen. Er hatte sicher nicht unrecht, aber sein eigenes, wenig erwachsenes Verhalten, gepaart mit der Hilflosigkeit seiner Vorgesetzten, mit diesem so wankelmütigen und extremen Menschen Jan Ullrich richtig umzugehen, führten eben zu diesem „Babysittersystem".

Auch in die Saison 2005 startete Jan Ullrich formschwach und mit gesundheitlichen Problemen. Ab April zeigte die Formkurve nach oben, im Juni belegte er Platz drei in der Gesamtwertung der Tour de Suisse. Und nach einer Schrecksekunde einen Tag vor dem Tour-Start – Ullrich war beim Training mit 60 Stundenkilometern in das vorausfahrende Auto mit Rudy Pevenage gefahren – startete er körperlich nur leicht lädiert ins Zeitfahren auf der ersten Etappe.

Psychologisch konnte es schlechter nicht laufen für ihn: Auf der nur 19 Kilometer langen Strecke überholte ihn der eine Minute nach ihm gestartete Lance Armstrong. Im weiteren Verlauf der Rundfahrt stürzte Ullrich zweimal, fiel zwischenzeitlich aufgrund eines Hungerasts zurück. Aber nach dem Einzelzeitfahren am vorletzten Tag schob Ullrich sich immerhin noch auf Rang drei des Gesamtklassements vor – hinter dem Italiener Ivan Basso und Armstrong, der bereits vor seinem siebten Tour-Triumph seinen Rücktritt erklärt hatte.

2006, zehn Jahre nach seinem ersten Start bei der Tour de France, wollte Jan Ullrich noch einmal angreifen. Es sollte seine letzte Tour de France werden, das hatte er schon im Frühjahr angekündigt. Die Hochzeit mit seiner neuen Lebensgefährtin Sara, der Schwester seines Freundes Tobias, war bereits geplant. Ullrich war in Topform. Als Vorbereitung auf die „Grande Boucle" war er die Tour de Suisse gefahren und hatte sie gewonnen.

Doch dann wurde Jan Ullrich bei der Frankreich-Rundfahrt zur „Persona non grata" erklärt. Bereits im Mai des Jahres wurden in Madrid die Büros und Labors einen gewissen Dr. Eufemiano Fuentes durchsucht. Die Guardia Civil beschlagnahmte bei der Razzia Blutkonserven und Dopingpräparate sowie eine Liste mit Codenamen. Fuentes wurde zur Last gelegt, bereits seit Jahren um die 50 Radprofis mit Dopingmitteln versorgt zu haben. Auch Jan Ullrich soll Kunde des spanischen Dopingarztes gewesen sein.

Ullrich, der zu diesem Zeitpunkt den Giro d'Italia bestritt, erhielt einen Anruf vom *T-Mobile*-Pressesprecher Christian Frommert und behauptete auf Nachfrage, er habe nie Kontakt zu Fuentes gehabt; er kenne den Mann noch nicht einmal. Drei Tage später stieg Ullrich beim Giro aus. Der Rücken soll es gewesen sein, was nicht wirklich glaubwürdig erscheint, so wie Ullrich in den Tagen zuvor gefahren war. Es ging wohl viel mehr darum, den *T-Mobile*-Kapitän aus der Schusslinie zu bekommen.

Schon bald darauf behauptete nämlich die spanische Zeitung *El Pais*, es gäbe eindeutige Beweise, dass Ullrich Kunde von Fuentes und somit Teil der sogenannten *Operación Puerto* sei. „La sangre del hijo de Rudicio" – „Das Blut von Rudys Sohn"; die Beutel mit dieser Aufschrift ordneten die Ermittler Ullrich zu – dem „Sohn" von Rudy Pevenage. Aber in den Listen war auch mehrfach und ganz ohne Verschlüsselung der Name Jan zu lesen.

Später gestand Ullrichs Mentor Rudy Pevenage, dass er den Kontakt zu Fuentes bereits 2000 hergestellt hatte.

Einen Tag vor dem Start dann gab der Tour-Veranstalter, die Amaury Sport Organisation (ASO), den Ausschluss Jan Ullrichs und einiger anderer Favoriten und vermeintlicher Fuentes-Kunden bekannt, woraufhin das *T-Mobile*-Team Ullrich vorläufig suspendierte. Als Christian Frommert es Ullrich mitteilte, wollte der es schlichtweg nicht glauben und behauptete steif und fest, er werde am kommenden Tag beim Prolog in Strasbourg auf dem Rad sitzen. Vor Ullrichs Unterkunft, im *Hotel du Bœuf* im beschaulichen Blaesheim, hatten sich inzwischen zahlreiche Journalisten versammelt.

Als Ullrich gemeinsam mit Frommert vor die Presse trat, gab es vom Medienchef keinesfalls bedingungslose Rückendeckung. Frommert sagte, es gäbe zwar keine eindeutigen Beweise dafür, dass Ullrich gedopt habe. Aber er sagte auch, es gäbe erdrückende Indizien und berechtigte Zweifel seitens der Teamleitung, es läge nun an Jan Ullrich, seine Unschuld zu beweisen.

Der sagte in seinem kurzen Statement, dass er absolut geschockt sei. Er betonte, nach wie vor mit „diesen Sachen" nichts zu tun zu haben, bezeichnete sich als Opfer und kündigte an, gemeinsam mit seinem Anwalt seine Unschuld zu beweisen.

Als Ullrich in Strasbourg-Blaesheim vor die Presse trat, war das Sommermärchen 2006 gerade in vollem Gange. Die besten deutschen Fußballer hatten immer noch die Chance, bei der Heim-WM den Titel zu holen. Der beste deutsche Radrennfahrer aller Zeiten war am vorläufigen Tiefpunkt seiner bislang schon so wechselhaften Karriere angekommen.

Noch im Sommer 2006 kündigte der *T-Mobile*-Rennstall seiner Gallionsfigur dann endgültig. Wie heuchlerisch das war, erfuhr man erst später. Denn über Jahre wurde auch bei *Telekom* und *T-Mobile* systematisch und unter der Obhut von Ärzten der Freiburger Uniklinik gedopt. Sogar am selben Tag, an dem Ullrich vor dem *Hotel du Bœuf* sein Interview gab, sollen sich seine damaligen *T-Mobile*-Kollegen noch auf den Weg nach Freiburg gemacht haben, um sich dort dopen zu lassen bzw. ihre Dopingpräparate für die anstehende Tour de France abzuholen.

Sponsoren beendeten nun reihenweise die Zusammenarbeit mit Ullrich, während dieser im Herbst seine Hochzeit feiert. Sein Management sah offensichtlich keinen Anlass, etwas an der Öffentlichkeitsarbeit zu verändern und so waren die Klatschreporter des Boulevards eingeladen und berichteten von der Traumhochzeit, als wäre nichts gewesen.

„Er sagt Ja zu seiner Elfenprinzessin", titelte beispielsweise die *BUNTE*, während wenig später Beamte der Kriminalpolizei Ullrichs Villa in Scherzingen nach Beweisen in puncto Ullrichs Dopingvergangenheit durchsuchten.

Jan Ullrich verschwand ab Sommer 2006 fast ein Dreivierteljahr aus der Öffentlichkeit. Bis zu jener ominösen Pressekonferenz am 26. Februar 2007 im Hamburger Hotel *Interkonti*. Eine solch dubiose Veranstaltung hatte wohl kaum einer der anwesenden Journalisten je erlebt.

Ullrich begann sein Statement damit, dass einige „schwarze Schafe" unter den Medienvertretern „nur geduldet" seien. Aber schließlich sollten ja alle mitbekommen, was er zu sagen hatte. Ullrich sagte schließlich das, was so gut wie jeder vermutet hatte – nämlich, dass er seine aktive Karriere beenden würde. Fragen waren nicht erlaubt, die Pressekonferenz war eher eine Verkaufs- und Werbeveranstaltung, auf der Ullrich Fahrräder, Funktionsunterwäsche und Reifendichtungsmittel anpries.

Manchmal sprach er seine anwesende Frau Sara als seinen „Schatzi" an, er dankte seiner Mutter, dann wieder holte er zum Rundumschlag gegen all jene aus, die ihm geschadet hätten und weiterhin schaden wollten:

Medien, Funktionäre, Ex-Kollegen. An Peinlichkeit war diese Veranstaltung nicht zu überbieten. Es war einmal mehr ein Beweis dafür, welch schlechtes Management Ullrich durch seine Karriere begleitet hatte. Mehr jedenfalls konnte man nicht falsch machen beim Abgang von der großen Bühne.

Am Abend nach dieser bizarren Show musste Jan Ullrich sich dann doch Fragen stellen lassen, unangenehme Fragen, als Gast in der Sendung *Beckmann*. Ein zutiefst verunsicherter, ein schwitzender, ein trotziger Ullrich stammelte sich durch die Sendung. Seine Standardantwort, eine Art Mantra für ihn, lautete: „Wer nicht betrogen hat, braucht auch nichts zu befürchten. Ich habe niemanden geschädigt."

Ullrich übernahm keinerlei Verantwortung für das, was er getan hatte, er schien sich tatsächlich keines Unrechts bewusst zu sein. Er konnte und wollte einfach nicht verstehen, dass man ihn anprangerte, während andere davonkamen. Wo er doch wusste: Die Gegner machten mehr oder minder das Gleiche. Für ihn stellte es sich so dar: Durch seine Dopingpraktiken hatte er sich keinen Vorteil verschafft, allenfalls habe er gegenüber den ebenfalls gedopten Konkurrenten Chancengleichheit hergestellt.

Wenn man sagen würde, Ullrich habe keine gute Figur gemacht in der Sendung, dann würde man noch untertreiben. Aber es war ausgerechnet der *ARD*-Dopingexperte Hajo Seppelt, der später meinte, man hätte sogar Mitleid haben können mit Ullrich. Für ihn, so sagte Seppelt später in der Doku *Being Jan Ullrich*, sei dieser Tag, dieser 26. Februar 2007, der Anfang vom Abstieg Jan Ullrichs gewesen.

Auch als unter anderem seine ehemaligen Teamkollegen Rolf Aldag – vollständig – und Erik Zabel – unvollständig – im Mai 2007 EPO-Doping gestanden, nahm Ullrich die Steilvorlage nicht an. Er dementierte weiter, er lamentierte, er fühlte sich ungerecht behandelt. Jan Ullrich sah sich ausschließlich als Opfer. Was er auch war in diesem über Jahre betrügerischen System des Spitzen-Radsports. So wie viele andere Jungprofis, die vor die Wahl gestellt wurden: Entweder du machst mit oder du bist raus.

Ullrich selbst sah sich weniger als Opfer des Systems, eher als Opfer der Medien, die ihm doch nur Schlechtes wollten. Zu dem schweren, aber letztendlich auch befreienden Schritt, Doping zu gestehen, konnte Jan Ullrich sich nicht aufraffen. Sein Freund aus Jugendtagen, André Korff, glaubte: „Die Leute hätten ihm verziehen." Lance Armstrong hingegen mutmaßte: „Sie hätten ihn in jedem Fall gekreuzigt."

Kenner der Szene glaubten, dass ihm eventuell drohende Regressansprüche ehemaliger Arbeitgeber und Sponsoren zusätzlich im Weg standen. Vor allem aber stand Jan Ullrich sich selbst im Weg.

Das Leben Jan Ullrichs kam in der Folge nicht mehr ohne juristische Auseinandersetzungen aus: Im April 2008 stellte die Staatsanwaltschaft Bonn ein Ermittlungsverfahren gegen Jan Ullrich wegen „Täuschung und Betruges zum Nachteil seines Arbeitgebers", dem *T-Mobile*-Team, ein. Allerdings musste Ullrich einen sechsstelligen Betrag an gemeinnützige Einrichtungen und in die Staatskasse bezahlen. Nach Ansicht der Staatsanwaltschaft hatte Ullrich zwar mehrfach gedopt, allerdings attestierten ihm die Richter nur eine „geringe kriminelle Energie" bei seinen Vergehen.

Im August 2010 wies das Hamburger Landgericht nach einem vierjährigen Rechtsstreit eine Unterlassungsklage Ullrichs gegen den Heidelberger Molekularbiologen und Dopingaufklärer Werner Franke zurück. Franke hatte behauptet, Ullrich hätte dem spanischen Arzt Eufemiano Fuentes mindestens 35.000 Euro für den Erwerb von Dopingmitteln gezahlt. Ullrich hatte dies eidesstattlich abgestritten und bekam in erster Instanz Recht, in letzter Instanz schenkte das Gericht der Version Frankes Glauben.

Kaum war das Urteil gesprochen, kündigte Jan Ullrich an, dass er sich wegen eines Burn-out-Syndroms in Behandlung begeben und sich die nächsten Monate aus der Öffentlichkeit zurückziehen werde.

Erst fünf Jahre nach dem Karriereende, im Februar 2012, sprach der Internationale Sportgerichtshof CAS Jan Ullrich nach einem langen Rechtsstreit schuldig. Laut den Richtern im schweizerischen Lausanne lägen eindeutige Beweise vor, dass Ullrich in die Dopingaffäre um den spanischen Mediziner Eufemiano Fuentes verwickelt war. Er wurde rückwirkend ab August 2011 für zwei Jahre gesperrt.

Dem Antrag des Radsport-Weltverbands UCI, Ullrich lebenslang für alle Aktivitäten im Radsport zu sperren, folgten die CAS-Richter nicht. Sie strichen lediglich Ullrichs Ergebnisse ab dem 1. Mai 2005, also die beiden dritten Plätze im Gesamtklassement bei der Tour de Suisse und bei der Tour de France.

Im Frühsommer 2013 dann gestand auch Jan Ullrich in einem Interview mit dem Magazin *Focus*, jahrelang Eigenblutdoping betrieben zu haben und er bestätigte die Kontakte zu Eufemiano Fuentes. Aber er hatte auch wieder sein Mantra früherer Tage aus der Schublade gekramt und sagte: „Betrug fängt für mich dann an, wenn ich mir einen Vorteil verschaffe. Dem war nicht so. Ich wollte für Chancengleichheit sorgen." Die Einnahme von EPO, zu seiner Glanzzeit gang und gäbe im Spitzen-Radsport, wies er von sich.

Chance vertan, da waren sich all jene einig, die in deutschen Medien Ullrichs Geständnis kommentierten. Und auch die Fans und die aktuellen Rennfahrer waren enttäuscht von Ullrichs „Salamitaktik", wie John Degenkolb es nannte. Im Hinblick auf seinen früheren Rivalen Lance Armstrong, der zu Beginn des Jahres in einer Talkshow bei Oprah Winfrey jahrelanges, systematisches Doping - auch und insbesondere mit EPO - gestanden hatte, sagte Ullrich: „Beide sind wir nicht davongekommen und schuldig. Ich bin nicht besser als Armstrong, aber auch nicht schlechter." Und dann sagte Ullrich noch etwas selten Wahres: „Die großen Helden von früher sind heute Menschen mit Brüchen, mit denen sie klarkommen müssen."

Der Radsport war alles für Jan Ullrich. Als er aufhörte, fiel er ins Nichts. Von 2006 bis 2010 soll er nicht einmal auf dem Rennrad gesessen haben. Man sah es ihm an. Ab 2011 war er dann gelegentlich wieder bei Breitensportveranstaltungen zu sehen, beispielsweise dem Ötztaler-Marathon. Die Gemeinde der ambitionierten Hobby-Radsportler ließ sich in zwei Hälften teilen: Die einen hofierten „Ulle", die anderen mieden ihn.

Ullrich verbrachte jedenfalls fortan wieder mehr Zeit auf dem Rad, oft gemeinsam mit seinem Freund, dem ehemaligen Ski-Weltmeister Frank Wörndl. Und Radsportler konnten Radsportcamps mit ihm als „Trainer" buchen.

Aber Radfahren hin, Camps her: Der gefallene Held fiel und fiel immer tiefer. 2014 verursachte er unter Alkoholeinfluss einen Unfall und wurde dafür drei Jahre später in der Schweiz zu 21 Monaten Haft zu vier Jahren auf Bewährung sowie zu einer Geldstrafe in Höhe von 10.000 Schweizer Franken verurteilt. Wer Jan Ullrich sah in diesen Tagen, der ahnte, dass irgendetwas mit ihm nicht stimmte, auch wenn er immer noch versuchte, das Bild der heilen Welt aufrechtzuerhalten.

Er habe eine tolle Familie, ihm gehe es gut, er habe „alles richtig gemacht", hatte er noch wenige Wochen vor dem Unfall in einer Homestory behauptet. Doch wer auch nur ein wenig mit dem Thema vertraut war oder zumindest der Wahrheit ins Auge blickte – was Ullrich selbst definitiv nicht konnte – der erkannte, dass Jan Ullrich ein Alkoholproblem hatte. Mindestens das, denn auch andere Drogen waren im Spiel. Ohne sich zu betäuben, schien er das Leben jedenfalls nicht mehr meistern zu können.

Bereits seit 2016 lebte Jan Ullrich mit seiner Familie auf Mallorca. In Deutschland ließ er sich nur sporadisch blicken, wie beim Tour-Start 2017 in Düsseldorf. Er schaute sich das Einzelzeitfahren als Zaungast von der Strecke aus an. Eine offizielle Einladung hatte der Sieger von 1997 nicht erhalten. Jan Ullrich war unerwünscht.

Anderen überführten Dopingsündern hingegen – wie Richard Virenque – wurde beim Grand Départ in der Rheinmetropole der rote Teppich ausgerollt. Manchmal war es eben wirklich so, wie Ullrich es stets empfand: Er alleine musste als Sündenbock für die dopingverseuchte Vergangenheit des Radsports herhalten.

Im Mai 2018 verließ Sara Ullrich ihren Mann und zog mit den drei gemeinsamen Kindern von Mallorca zurück zu ihren Eltern ins Allgäu. Sie wollte nichts weiter dazu sagen. Ullrich sagte, er habe keine Erklärung dafür und präsentierte schon bald mit der Kubanerin Elisabeth Napoles seine neue Freundin.

Die Erklärung für das Aus seiner Ehe lieferte Jan Ullrich, wenn man so will, dann wenig später: Im Sommer 2018 kletterte er über den Zaun, der sein Grundstück von der Finca des Schauspielers Til Schweiger trennte. Die beiden waren befreundet, aber zu der Party Anfang August war Ullrich nicht eingeladen. Also lud er sich quasi selbst ein.

Schon bald begann Ullrich, Gäste seines Nachbarn zu beschimpfen, angeblich soll er einen Freund Schweigers mit einem Besenstiel attackiert haben. Der unerwünschte Partygast wurde vorübergehend von der mallorquinischen Polizei festgenommen

Til Schweiger sagte nach dem Vorfall etwas, das sich nicht besonders nett anhört, aber letztendlich goldrichtig war: „Ich wünsche mir, dass er aus dem Knast direkt in einen Entzug geht und zu dem Menschen zurückkehrt, der er eigentlich ist."

Jan Ullrich wurde gegen Auflagen auf freien Fuß gesetzt, er flog nach Deutschland, um dort nach ein paar Tagen schon wieder komplett durchzudrehen. Im Frankfurter Nobelhotel *Villa Kennedy* würgte er eine Prostituierte und landete erneut auf der Polizeiwache. In seinem Zimmer stellten die Beamten diverse illegale Rauschmittel sicher; dabei war Ullrich doch eigentlich auf dem Weg in eine Therapieeinrichtung gewesen.

Nun ging es von Frankfurt aus zunächst in eine psychiatrische Klinik und danach in die Betty-Ford-Entzugsklinik in Bad Brückenau. Ullrich war extrem in allem, was er tat. Er war, wie sich sein Freund Frank Wörndl einmal ausdrückte, „ein Grenzgänger". Früher hatte Ullrich öfter, von einem Tag auf den anderen, mit dem Trinken aufgehört. Jetzt konnte er es schon längst nicht mehr.

Als Ullrich 2018 in der Klinik in Bad Brückenau untergekommen war, hatte Mike Baldinger, wie sein Bruder Dirk ein langjähriger Freund Ullrichs, eine Idee. Eine Idee, die einem erst einmal vollkommen idiotisch vorkommen mag: Er kontaktierte Lance Armstrong. Baldinger sagte Ullrichs einstigem Erzrivalen: „Lance, du bist unsere letzte Hoffnung." Tatsächlich setzte sich Armstrong ohne Umschweife in ein Flugzeug nach Deutschland und besuchte den suchtkranken Jan Ullrich.

„Jan wusste nicht, dass ich komme. Und ich wusste nicht, wohin ich ging", sagte Armstrong in der Dokumentation *Being Jan Ullrich*. Und er sagte auch: „Ich sah einen Mann an einem Ort wie noch kein menschliches Wesen zuvor. Wir kennen alle ein paar verrückte Freunde. Aber in so einem Zustand hatte ich noch niemanden gesehen."

Ullrichs Ex-Kollege Udo Bölts zweifelte daran, ob der einstige Erzrivale wirklich nur als Menschenfreund und vollkommen selbstlos diese Mission antrat. Rolf Aldag hingegen sah es nicht ganz so skeptisch und sagte. „Wenn du haltlos bist, dann suchst du natürlich nach dem Fels in der Brandung und nicht nach dem Wattebausch." Ganz offensichtlich konnte Armstrong helfen und auch die Gebrüder Baldinger waren an der Seite ihres Freundes.

Ullrich erholte sich, er blieb trocken, ließ die Finger von allen anderen Drogen und kehrte langsam in sein neues Leben zurück. Lebensmittelpunkt nach der Zeit in der Klinik war wieder Merdingen, wo Dirk und Mike Baldinger ein Jan-Ullrich-Bike-Zentrum planten.

Ullrich selbst bot im Rahmen seines Projekts „Jan Ullrich Re:Tour22" unter anderem eine viertägige Tour durch die Provence inklusive Überquerung des Mont Ventoux an. Der stolze Preis für ein bisschen Radeln mit „Ulle": 25.000 Euro exklusive die Kosten für die Anreise.

2021 bereits, bei einem Treffen im Rahmen eines Charity-Rennens auf Mallorca mit Lance Armstrong und dessen langjährigen Teamkollegen George Hincapie, erklärte Ullrich: „Ich war auf demselben Weg wie Marco Pantani, fast schon tot." Und er sagte einmal mehr, er sei „very happy". Es war eines der wenigen Male, bei denen man es ihm wirklich glauben konnte. Und als Beobachter dieser Tragödie selbst „happy" war, dass der Sturz ins Bodenlose scheinbar ein Ende hatte.

In einem Beitrag für die *Bild am Sonntag* machte Ullrich noch einmal deutlich, dass Lance Armstrong in der schwersten Phase seines Lebens für ihn dagewesen sei: „Du hast mir unter die Arme gegriffen und gezeigt, dass der größte Rivale ein echter Freund sein kann." Armstrong hingegen twitterte: „Ich bin so stolz auf dich, Champ, und ich liebe dich zutiefst und werde immer für dich da sein." Mehr Pathos geht nicht. Aber wenn Jan Ullrich wirklich clean ist und es bleibt, dann kann es gar nicht genug Pathos sein.

Als Jan Ullrich im Oktober 2021 den *Marathon 312* auf Mallorca absolvierte und für die 312 Kilometer rund elf Stunden brauchte, sagte er: „Radsport ist jetzt meine Droge."

Anfang 2022 wurde publik, dass Ullrich während seines Rückflugs von Kuba nach Deutschland kurz vor Weihnachten des Vorjahres bei einem Zwischenstopp in Mexiko in eine Klinik eingeliefert worden war.

Prompt kursierten die ersten Schlagzeilen in Deutschland über einen Rückfall. Ullrich selbst gab Entwarnung und erklärte, er habe eine Blutvergiftung und eine Thrombose gehabt und sei einmal mehr dem „Tod von der Schippe" gesprungen. Aber die gute Nachricht lautete: Er war clean!

Lange Zeit hatte Jan Ullrich versucht, seine Suchtprobleme zu verharmlosen, er hatte sie negiert oder so getan, als habe er sie im Griff. Man könnte glatt behaupten, suchtkranke Menschen wie Jan Ullrich werden Jahr für Jahr bei den Oscar-Nominierungen vergessen; denn sie entwickeln sich im Laufe ihrer Erkrankung zwangsläufig zu grandiosen Schauspielern; aus der Scham heraus, sich und den Mitmenschen die Krankheit einzugestehen. Sie erfinden Geschichten, Ausreden und erzählen Lügen, nur um weiter konsumieren zu können. Und das Stigma des Versagers, des Säufers, des „Drogis" lastet enorm auf den Betroffenen.

Dabei ist der Alkoholismus bereits seit 1952 durch die Weltgesundheitsorganisation WHO offiziell als Krankheit anerkannt. Es ist eine nach wie vor rätselhafte Krankheit, definitiv aber ist es keine Charakterschwäche; es ist nichts, was man so einfach mal bewältigt, wenn man nur genug Willensstärke an den Tag legt, auch wenn viele Nichtbetroffene das nach wie vor glauben.

Fest steht zudem, dass Kinder von alkoholkranken Eltern nicht selten selbst Probleme bekommen, ob selbst als suchtkranke Menschen oder als sogenannte *Co-Alkoholiker*, die sich beispielsweise alkoholkranke Menschen als Partner suchen.

Ullrich war 2018 so am Boden, dass es wohl keinen anderen Ausweg gab. Und dennoch: gut, dass er letztendlich die Krankheit für sich selbst akzeptiert und schließlich auch die Hilfe von Fachleuten angenommen hat. Denn noch nicht einmal fünf Prozent der sucht- bzw. alkoholkranken Menschen in Deutschland suchen überhaupt eine Klinik auf.

Glücklicherweise scheint Jan Ullrich die Kurve gekriegt zu haben. Wobei man mit solchen Vorhersagen mehr als vorsichtig sein sollte. Nur ein Bruchteil schafft es, länger als zehn Jahre wirklich abstinent zu leben. Wie viele Fehler er auch gemacht hat; es wäre Jan Ullrich, dem Mann mit der vielleicht größten Fallhöhe in der Geschichte des deutschen Sports, so sehr zu wünschen, dass er endlich seinen Frieden mit sich selbst machen kann. Und dass er vielleicht erstmals überhaupt ein erwachsenes und selbstbestimmtes Leben leben kann.

1.10 LANCE ARMSTRONG – DAS EPIZENTRUM DES DOPINGS IM RADSPORT (*18.09.1971)

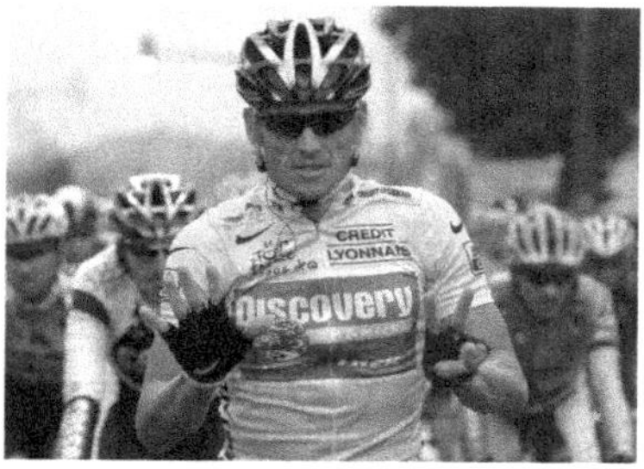

Lance Armstrong war sich des Mitgefühls der ganzen Welt sicher, als er 1998 in den Radsport zurückkehrte. Hatte er doch eine vermeintlich unheilbare Krebserkrankung besiegt. Respekt und Bewunderung flogen ihm nur so zu, nachdem er in seinem Buch Tour des Lebens den schwierigen Weg zurück beschrieben hatte. Aber Armstrong, der Auferstandene, der Abertausenden von Krebskranken weltweit Mut gemacht hatte mit seiner Geschichte, kehrte nicht einfach zurück.

Er kehrte als Dominator zurück und gewann von 1999 bis 2005 siebenmal hintereinander die Tour de France. Aber all das hatte am Ende keinen Wert mehr: Der US-Amerikaner gilt heute als der größte Betrüger in der Geschichte des Radsports, vielleicht als der größte Betrüger überhaupt in der Geschichte des Sports.

Wer im „System Armstrong" nicht mitspielte, wurde gefeuert, verklagt, verleumdet oder bedroht. Er galt als Leader, aber er war viel mehr ein Despot. Als solcher und als systematischer Doper ging der vermeintlich beste Rundfahrer aller Zeiten in die Geschichte ein, nachdem ihm nach dem Ende der aktiven Karriere unter anderem die Einnahme von EPO bei seinen sieben Tour-de-France-Siegen nachgewiesen wurde.

Sämtliche Erfolge, rückwirkend ab 1998, darunter die Triumphe bei der schwersten und wichtigsten Rundfahrt der Welt, wurden Armstrong aberkannt und er wurde lebenslang für alle Aktivitäten im Radsport gesperrt.

Lance Edward Armstrong, geboren in Plano im US-Bundesstaat Texas, begann seine sportliche Karriere zunächst als Schwimmer und wechselte im

Teenageralter zum Triathlon. Schon im Alter von 16 Jahren war er Profi und gewann 1989 und 1990 den Titel bei den US-Meisterschaften über die Sprintdistanz. Ab 1988 bestritt er parallel zum Triathlon seine ersten Radrennen und wechselte schließlich komplett in den Radsport.

Er wurde 1991 US-amerikanischer Meister bei den Junioren, fuhr ab August 1992 als Jungprofi für das Team *Motorola* und holte sich 1993 in Oslo als 21-Jähriger und damit als jüngster Profi aller Zeiten den Weltmeistertitel im Straßenrennen. Einen Tag zuvor hatte in der norwegischen Hauptstadt übrigens ein gewisser Jan Ullrich den Titel bei den Amateuren gewonnen.

Im Sommer 1993 hatte Lance Armstrong gleich bei seiner ersten Tour-de-France-Teilnahme eine Etappe gewonnen, kam aber nicht in Paris an. Der US-Boy entwickelte sich in den darauf folgenden Jahren zu einem Topfahrer bei schwierigen Eintagesrennen, wurde unter anderem 1994 und 1996 Zweiter bei Lüttich-Bastogne-Lüttich, 1996 gewann er den Flèche Wallonne. Als Rundfahrtspezialist trat der Texaner noch nicht groß in Erscheinung.

Bei der Tour de France 1995 gewann er zwar seine zweite Etappe, in der Gesamtwertung spielte er als 36. keine Rolle; im darauf folgenden Jahr stieg Armstrong nach der sechsten Etappe aus. Etwas mehr als 20 Jahre später erklärte Lance Armstrong während eines Vortrags an der University of Colorado, dass er bereits im Frühjahr 1995 mit dem Doping begonnen habe.

Im Oktober 1996, wenige Tage nach seiner Vertragsunterzeichnung beim französischen Team *Cofidis*, wurde bei Lance Armstrong Hodenkrebs diagnostiziert – im fortgeschrittenen Stadium. Es hatten sich bereits Metastasen im Bauchraum, in der Lunge und sogar im Gehirn gebildet. Der US-Amerikaner wurde operiert, es folgten mehrere Chemotherapien.

Sein erstbehandelnder Arzt, der Urologe Jim Reeves, verriet Jahre später, dass Armstrongs Überlebenschance eigentlich „bei null Prozent" gelegen habe. Röntgenbilder und Blutwerte hätten aus medizinischer Sicht keinen anderen Schluss zugelassen; trotzdem bezifferten sie Armstrong gegenüber die Heilungschancen auf 20 bis 50 Prozent – um ihrem todkranken Patienten die Hoffnung nicht zu rauben, die es eigentlich nicht gab.

Doch das Wunder wurde wahr und Armstrong wieder gesund. Bereits ein paar Wochen nach seiner letzten Chemotherapie Mitte Dezember 1996 machte er sich auf den Weg nach Europa, um mit den Kollegen des *Cofidis*-Teams zu trainieren. Einen Monat später, im Februar 1997, verkündeten seine Ärzte offiziell, dass Lance Armstrong den Krebs besiegt hatte.

Nachdem sein französischer Rennstall seinen Vertrag nicht verlängerte, unterzeichnete der inzwischen 26-jährige Lance Armstrong einen Vertrag beim *US-Postal-Team* und stieg im Januar ins Training für die Saison 1998 ein. Der von den Toten Auferstandene fuhr auf Anhieb wieder in der erweiterten Weltspitze mit, an der Tour de France nahm er 1998 noch nicht teil, dafür wurde er bei der Vuelta a España überraschend Gesamtvierter. Das unglaubliche Comeback gipfelte 1999 im ersten Gesamtsieg des Texaners bei der Tour de France.

Er wurde einerseits gefeiert für seinen Lebensmut und seine Willensstärke. Andererseits schaffte es dieser Armstrong, der wie ein programmierter Alien auf zwei Rädern die Berge hoch pedalierte, nie so richtig, die Herzen der Fans für sich zu gewinnen. Weil er schon bald nach seinem ersten Triumph bei der Tour so arrogant rüberkam; und auch, weil seine Erfolge schon damals von Dopinggerüchten begleitet wurden.

Der italienische Autor Giacomo Pellizzari schrieb, Armstrongs Auftreten sei eine Mischung gewesen „aus offensichtlicher Überlegenheit, Angeberei und polemischen Äußerungen gegen jeden, der seine Errungenschaften in Zweifel zog".

Lance Armstrong, der 2000 bei der Tour de France seinen Titel verteidigte, versuchte immer wieder aufs Neue, sein angekratztes Image aufzubessern. Zum einen, indem er immer wieder seine Arbeit für die von ihm gegründete Stiftung *Livestrong* und deren Kampf gegen den Krebs promotete. Zum anderen, indem er versuchte, sich als fairen Sportsmann zu inszenieren: So beispielsweise, als er bei der Tour de France 2001 auf den gestürzten Jan Ullrich wartete. Aber er konnte es sich auch leisten, zu warten, überlegen gewann der Profi vom Team *US Postal* zum dritten Mal in Folge die „Grande Boucle".

2002 spielte er in Abwesenheit Jan Ullrichs förmlich mit seinen Gegnern, 2003 dann musste er gegen einen wiedererstarkten Ullrich alles aufbieten, um zum fünften Mal die Tour zu gewinnen. 2004 triumphierte Armstrong zum sechsten Mal und war damit vor den legendären Anquetil, Merckx, Hinault und Indurain alleiniger Rekordsieger. 2005 gewann Lance Armstrong im Trikot des Teams *Discovery Channel* die Frankreich-Rundfahrt zum siebten Mal in Folge.

Lance Armstrong war ein Getriebener. Er war ein Mensch, der trotz seines fast pathologischen Wunschs, das Maß aller Dinge zu sein, stets kühl berechnend den Überblick behielt. Weil er alles diesem einen Lebenssinn unterordnete: zu gewinnen.

Sein ehemaliger Kollege Tyler Hamilton brachte es auf den Punkt, indem er sagte: „Wir alle wollten gewinnen. Aber Lance *musste* gewinnen." Als „Armstrong first" könnte man es in Anlehnung an den Slogan eines ähnlich narzisstisch veranlagten Landsmanns beschreiben.

An Skrupellosigkeit jedenfalls stand Armstrong dem späteren US-Präsidenten in kaum etwas nach, wenn es galt, seine eigenen Interessen durchzusetzen. Die Frau eines früheren Mentors sagte einmal über Armstrong: „Lance behandelt Menschen wie Bananen, nimmt sich, was er braucht und wirft die Schale dann einfach auf die Straße."

2006 beendete Lance Armstrong zum ersten Mal seine aktive Karriere, begleitet von weiterhin massiven Dopingvorwürfen. Bereits 2004, unmittelbar vor der Tour de France, war das Buch *L.A. Confidential* erschienen, in dem die Journalisten David Walsh und Pierre Ballester Armstrong des Dopings verdächtigten.

2005 veröffentlichte die französische Sportzeitung *L'Equipe* einen Artikel, in dem sie behauptete, in sechs Urinproben von Armstrong aus dem

Jahr 1999 sei das erst seit 2001 nachweisbare Dopingmittel EPO gefunden worden. Die Proben waren eingefroren worden und konnten dem Bericht zufolge eindeutig Armstrong zugeordnet werden. Wegen der fehlenden B-Probe konnte er sportrechtlich jedoch nicht belangt werden.

Im Mai 2006 sprach eine von der UCI eingesetzte Kommission Lance Armstrong in allen Anklagepunkten frei. Und selbstverständlich leugnete Armstrong nicht nur jegliche Anschuldigungen, sondern überzog seine Ankläger zum Teil mit Klagen und Schadensersatzforderungen.

2008 kündigte der inzwischen 37 Jahre alte Texaner seine Rückkehr in den Radsport an und nahm 2009 als Mitglied des *Astana*-Teams an der Tour de France teil. Armstrong hatte vor der Frankreich-Rundfahrt hoch und heilig versprochen, für seinen etatmäßigen Kapitän Alberto Contador zu fahren. Im Rennen scherte er sich einen Teufel darum und attackierte von Beginn an. Erst als Contador ins Gelbe Trikot gefahren war und er die Überlegenheit des Spaniers anerkennen musste, gab sich Armstrong zähneknirschend mit der Rolle des Edelhelfers zufrieden und belegte schließlich Platz drei im Gesamtklassement.

Nachdem Lance Armstrong 2010 im Trikot seines neuen Teams *RadioShack* nur Platz 23 bei der Tour de France belegt hatte, beendete er seine aktive Karriere nach der Teilnahme an der Tour Down Under im Januar 2011 endgültig.

Nach Vorwürfen seines ehemaligen Teamkollegen Floyd Landis, Lance Armstrong habe systematisches Doping betrieben, strengte die US-Anti-Doping-Behörde USADA unter Führung des US-Ermittlers Jeff Novitzky im Juni 2010 ein Verfahren gegen Armstrong und das *US-Postal-Team* an. Die Anklagepunkte lauteten: Betrug, Konspiration, organisierte Kriminalität, Bestechung ausländischer Funktionäre und Einschüchterung von Zeugen.

Bei den Untersuchungen ging es auch um die Frage, ob Sponsorengelder des Postdienstleisters *US Postal* eingesetzt worden waren, um Dopingmittel zu beschaffen. 2011 legte Ex-Teamkollege Tyler Hamilton nach und erklärte unter anderem in einem Interview mit dem Fernsehsender *CBS*: „Ich sah EPO in seinem Kühlschrank. Ich sah mehr als einmal, wie er es sich gespritzt hat." Er sagte aber auch: „Armstrong hat das gemacht, was wir alle gemacht haben."

Es dauerte, bis die Ermittler alle Unterlagen gesammelt, gesichtet und ausgewertet hatten. Das, was letztendlich dabei herauskam, nannte das Radsport-Magazin *TOUR* ein „Dokument des Schreckens". Mehr als 20 Zeugen hatten unter Eid ausgesagt und die Dopingpraktiken in Armstrongs Teams bestätigt. Im Juni 2012 erhob die USADA Anklage gegen den siebenmaligen Tour-de-France-Sieger. Armstrong, inzwischen als Triathlet unterwegs, wurde mit sofortiger Wirkung weltweit für alle Sportveranstaltungen gesperrt.

Die Ermittlungsunterlagen, mehrere hundert Seiten dick, stellte die Anti-Doping-Behörde gleichzeitig ins Netz, sodass wirklich jeder auf der Welt mit einem Internetanschluss Einblick in die Praktiken des „Systems Armstrong" bekam. Es handelte sich, so die Ermittler der USADA, um „das ausgeklügeltste, professionellste Dopingprogramm, das der Sport jemals gesehen hat".

Dazu gehörten, neben den tagtäglichen Spritzen, die Millionensummen, die an den italienischen Arzt Michele Ferrari („Dottore Epo") geflossen waren. Es wurde offensichtlich, wie gut Armstrong und seine Verbündeten, etwa sein langjähriger Teamchef Johan Bruyneel, stets über anstehende Dopingkontrollen Bescheid wussten.

Die Maschinerie lief wie geschmiert, auch weil geschmiert, gedroht und bedroht wurde. Man kann durchaus von mafiösen Strukturen sprechen, in denen Armstrong die Rolle des Paten einnahm. Er machte jedem der Beteiligten klar: Wer sich ihm und seinen Regeln unterwirft, der war sich des Schutzes der „Familie" sicher, der konnte erfolgreich, berühmt und reich werden.

Um das durchzusetzen, schreckte Armstrong auch vor Drohungen und Verleumdungen nicht zurück. Hamilton soll er gesagt haben: „Wir machen dein Leben zur verdammten Hölle!" Levy Leipheimers Frau habe er einschüchternde SMS geschrieben („Du sollst rennen und nicht laufen."). Zudem habe er mehrfach versucht, andere Fahrer zu falschen eidesstattlichen Aussagen zu nötigen. Den Italiener Filippo Simeoni mobbte er sogar während der Tour und sorgte dafür, dass Simeoni im Peleton isoliert war.

Der Italiener war nach seinen belastenden Aussagen zu „Dottore Epo" von Armstrong als Lügner bezeichnet worden und zeigte den US-Amerikaner seinerseits wegen Verleumdung an. Armstrong machte ihm damals unmissverständlich klar: „Du hättest nicht gegen Dr. Ferrari aussagen und mich vor allem nicht wegen Verleumdung verklagen sollen. Ich habe keine Probleme. Ich habe Zeit, ich habe Geld und ich kann dich zerstören, wann immer ich will."

Emma O'Reilly, seine einstige Masseurin, Physiotherapeutin und persönliche Assistentin, verleumdete er als Alkoholikerin und Diebin, nachdem sie das Team verlassen und von den Dopingpraktiken berichtet hatte. O'Reilly war übrigens nicht nur für das Entsorgen gebrauchter Spritzen verantwortlich, sondern auch dafür, die Nadelspuren bzw. die Einstichstellen an den Armen der Profis bestmöglich zu verbergen.

Das zuständige Gericht in Austin kam schließlich zu dem Schluss, dass alle sieben Siege bei der Tour de France auf systematisches Doping zurückzuführen seien. Die UCI folgte dem Gerichtsurteil und ließ im Oktober 2012 alle Ergebnisse Armstrongs nach 1998 streichen und sperrte ihn auf Lebenszeit.

Jahrelang war der Radsport-Weltverband allerdings blind gewesen auf beiden Augen. Sein langjähriger Präsident, Hein Verbruggen, von 1991 bis 2005 im Amt, vertrat bis zuletzt die Ansicht, Armstrong habe nie gedopt. Eine als Spende getarnte Schmiergeldzahlung Armstrongs in Höhe von insgesamt 125.000 US-Dollar könnte die Sicht Verbruggens getrübt haben. Später bezichtigte Armstrong Verbruggen sogar, dass dieser ihn bei mehreren Dopingvergehen gedeckt und ihm so unter anderem das Comeback 2009 ermöglicht hätte.

Nachrücker bei der Tour de France gab es übrigens keine, weil auch die jeweils Zweitplatzierten (darunter Jan Ullrich und Andreas Klöden) des Dopings verdächtigt und später teilweise auch überführt wurden.

Lance Armstrong hatte bereits im August 2012 erklärt, dass er auf eine Schiedsgerichtsverhandlung verzichtet und zudem nicht weiter gegen die Anschuldigungen vorgehen werde. Von Einsicht oder gar Reue zunächst keine Spur. Seine offizielle Erklärung lautete lapidar: „Ich bin fertig mit diesem Unsinn." Und er twitterte: „Was mache ich heute Abend? Ich verbringe Zeit mit meiner Familie, ungerührt."

Wenig später postete er in den sozialen Medien ein Foto von sich, auf dem er auf seinem Sofa herumlümmelte, über ihm an der Wand hingen seine sieben Gelben Trikots. Mit „Zurück in Austin, Zeit zum Ausruhen" hatte er das Foto untertitelt.

Im Januar 2013 war Lance Armstrong zu Gast bei Amerikas Top-Talkerin Oprah Winfrey. Über das Ambiente, das Winfrey und ihre Redaktion für das Gespräch gewählt hatten, schrieb die Wochenzeitung *DIE ZEIT* damals, es sähe „nach Kirchenfernsehen aus, und dieser Eindruck soll ja auch vermittelt werden: Lance Armstrong im Beichtstuhl der Entertainment-Mutter Amerikas".

Die Talkmasterin fackelte nicht lange, sie bat ihren Gast darum, nur mit Ja oder Nein zu antworten und die Sendung begann mit folgendem Dialog:

„Haben Sie je verbotene Substanzen zur Leistungssteigerung genommen?"
„Ja."
„War Epo eine?"
„Ja."
„Haben Sie auch Eigenblutdoping oder Bluttransfusion genutzt?"
„Ja."
„Haben Sie andere verbotene Substanzen wie Testosteron, Kortison oder Wachstumshormone genommen?"
„Ja."

„Haben Sie bei allen sieben Tour-de-France-Siegen verbotene Substanzen und Eigenblut genommen?"
„Ja."
„Ist es überhaupt möglich, die Tour siebenmal hintereinander ohne Doping zu gewinnen?"
„Ich glaube nicht."

Da hatte er also in der letzten Frage einmal gegen die Regeln Winfreys verstoßen; aber jetzt war es raus. Es war ihm allerdings nach den erdrückenden Beweisen, die die USADA vorgelegt hatte, auch kaum etwas anderes übrig geblieben. Letztendlich war die Veranstaltung genau das, was der Name versprach: eine Talk-*Show*.

Medien berichteten, dass der ehemalige Radprofi mit einer Entourage aus zwölf Mitarbeitern zu dem Termin angereist sei; Manager, Anwälte, Medienprofis, die offenbar munter mitschrieben am Drehbuch der Enthüllungsshow. Die Veranstaltung sollte dazu dienen, das arg ramponierte Image Armstrongs aufzupolieren, gleichzeitig musste man höllisch aufpassen, dass Armstrong nichts Falsches sagte, um Klagen und Schadenersatzforderungen zu vermeiden.

Winfrey hatte während der Übertragung eine ungeschnittene Ausstrahlung angekündigt. Doch im Schneideraum wurde schließlich doch fleißig gearbeitet, am Ende fehlten 30 Minuten.

Als Lance Armstrong nach der Ouvertüre mehr als Ja und Nein sagen durfte, beantwortete er noch die Frage, was ihn dazu verleitet hätte, jahrelang zu dopen. Er sagte: „Der unbändige Wille zu siegen. Das wurde zur Charakterschwäche." Und bezeichnete sich selbst als einen „arroganten Sack". So viel kalkulierte Selbstkritik durfte sein. Eine Entschuldigung aber bei all jenen, die er bedroht, genötigt und gedemütigt hatte, blieb aus. Namen von Mittätern, Verbandsmitgliedern, Offiziellen, Ärzten und Betreuern oder Kollegen nannte er nicht.

Auch wenn man weiß, dass zu den aktiven Zeiten Armstrongs fast alle Fahrer wissentlich mit EPO gedopt hatten, galt der US-Amerikaner als eine Art „Henker des Radsports", als Epizentrum des Dopings im Radsport. Der deutsche Ex-Profi Jörg Jaksche sagte allerdings: „Nicht Armstrong ist das Problem, sondern das System." Keiner allerdings wusste sich das System so zu eigen zu machen wie Armstrong.

Gleichzeitig, und das darf man nicht vergessen, war Armstrong aber auch ein außergewöhnlicher Sportler, trainierte so intensiv wie kein anderer. Kaum war der Schnee auf den Alpen- und Pyrenäenpässen halbwegs abgetaut, fuhr Armstrong, der während der Saison in Girona und Nizza gelebt hatte, sie ab. Er stand im Morgengrauen auf und trainierte, er ging früh ins Bett und ernährte sich – abgesehen von den zahlreichen Dopingpräparaten – vorbildlich.

„Die Abertausenden harten Trainingskilometer, die Askese, die Konzentration, die Taktik, die Teamarbeit, all das hat es ja auch gegeben", so Armstrong rückblickend.

Nach der Verurteilung und dem Geständnis folgte ein Prozess auf den anderen: Sponsoren forderten Geld von Armstrong zurück. Schätzungen gehen davon aus, dass er die Hälfte seines Privatvermögens von 100 Millionen US-Dollar verlor. Er selbst sagte später sogar, es habe ihn 111 Millionen US-Dollar gekostet und er hätte Angst darum gehabt, nicht mehr für seine Familie sorgen zu können.

Doch Armstrong war und ist eben auch ein gewiefter Geschäftsmann. Bereits 2009 hatte er 100.000 US-Dollar in einen Fonds des Anlegers Chris Sacca eingezahlt, der unter anderem in das damalige Start-up-Unternehmen *Uber* investierte. Aus den 100.0000 US-Dollar sollen im Laufe der Jahre 30 Millionen US-Dollar geworden sein.

2015 erschien das Biopic *The Program – Um jeden Preis* weltweit in den Kinos, das auf dem Buch *Seven deadly sins* von David Walsh basierte. Weitere Dokumentationen, die insbesondere das Verhalten Armstrongs gegenüber seinen Mitmenschen zum Thema machten, sind *Die Lance Armstrong Story* sowie *Stop at Nothing*. Alles unabhängige Produktionen, die die mehr als fragwürdigen Methoden im System Armstrong aufdeckten und bei Zuschauern wie Kritikern gleichermaßen gut ankamen.

2020 erschien die vom Medienunternehmen *ESPN* in Auftrag gegebene Dokumentation *LANCE* auf dem Markt, eine eher lauwarme Aufarbeitung der Armstrong-Geschichte. Die Dokumentation hatte auch deshalb kaum Zuschauer. Aber auch, weil die USA, eigentlich die ganze Welt, fertig war mit diesem Mann. Kaum jemand schien an die Läuterung dieses Tyrannen des Peletons, dieses Königs der Doper, zu glauben.

Nicht wenige Menschen wären daran komplett zerbrochen, wären in tiefe Depressionen verfallen. Armstrong nicht. Ihm war bewusst, dass er etwas dagegen tun musste, und er tat etwas dagegen. Er absolvierte eine Therapie, er blieb sportlich weiter aktiv, was - wie man weiß - eines der besten „Rezepte" gegen Depressionen ist. Und er suchte sich neue Betätigungsfelder, beispielsweise als Speaker.

Und er fand im Laufe der Zeit auch tatsächlich wieder Menschen, die ihm zuhören wollten. Häufig jedoch stieß er noch auf breite Ablehnung. In der Jan-Ullrich-Biografie *Ulle* beschreibt der Autor Sebastian Moll eine Situation, die Armstrong offenbar selbst gerne erzählte. Als er eines Tages eine Bar in Colorado betrat, begrüßten ihn alle Anwesenden mit dem Stinkefinger und skandierten „Fuck you". Und was machte Armstrong? Er gab eine Lokalrunde aus und trollte sich zufrieden.

Höchst erstaunlich ist dennoch, was 2018 passierte. Seinem einst größten Rivalen Jan Ullrich ging es gar nicht gut, Gerüchte über eine Suchterkrankung des ehemaligen Champions waren zur Gewissheit geworden.

Nachdem ihn im Mai 2018 seine Frau Sara verlassen hatte, stürzte Ullrich komplett ab. Erst bedrohte er, stark alkoholisiert und mit so einigen anderen Drogen vollgepumpt, als ungebetener Gast einer Party die Freunde seines Nachbarn, des Schauspielers Til Schweiger. Wenige Tage später würgte er im Frankfurter Nobelhotel *Villa Kennedy* eine Prostituierte. Ullrich wurde zunächst in eine psychiatrische Klinik und danach in die Betty-Ford-Entzugsklinik in Bad Brückenau eingeliefert. Tiefer als Ullrich konnte man nicht fallen.

Vielleicht war Lance Armstrong jemand, der das verstand, wenngleich sein eigener Absturz gänzlich andere Gründe hatte als der des einzigen deutschen Tour-de-France-Siegers.

Und vielleicht kam Ullrichs Freund Mike Baldinger auch deshalb auf die Idee, Armstrong zu kontaktieren. Lance, so sagte Baldinger in der *ARD*-Dokumentation *Being Jan Ullrich*, sei „die letzte Hoffnung", um Jan Ullrich noch zu retten. Und tatsächlich setzte sich Armstrong ohne Umschweife in ein Flugzeug nach Deutschland und besuchte den suchtkranken Jan Ullrich in der Klinik.

„Jan wusste nicht, dass ich komme. Und ich wusste nicht, wohin ich ging", sagte Armstrong. Und er fügte hinzu: „Ich sah einen Mann an einem Ort wie noch kein menschliches Wesen zuvor. Wir kennen alle ein paar verrückte Freunde. Aber in so einem Zustand hatte ich noch niemanden gesehen."

Nicht nur Jan Ullrichs Ex-Kollege Udo Bölts hatte so seine Zweifel an der Mission.

War dieser einst so menschenverachtende Egomane plötzlich zu einem hilfsbereiten und selbstlosen Menschenfreund mutiert?

Oder verfolgte er doch nur eigene Interessen damit?

So, wie es Ullrich später erzählte, war Lance Armstrong jedenfalls maßgeblich daran beteiligt, dass er trocken blieb, keine anderen Drogen mehr anrührte und in ein neues, weitgehend normales Leben zurückkehrte. Der Kontakt zwischen den beiden blieb bestehen.

Ein paar Jahre später, 2021, trafen sie sich im Rahmen eines Charity-Rennens auf Mallorca und Ullrich erklärte: „Ich war auf demselben Weg wie Marco Pantani, fast schon tot." Via *Bild am Sonntag* dankte er Armstrong noch einmal ausdrücklich und schrieb: „Du hast mir unter die Arme gegriffen und gezeigt, dass der größte Rivale ein echter Freund sein kann." Armstrong twitterte: „Ich bin so stolz auf dich, Champ, und ich liebe dich zutiefst und werde immer für dich da sein."

Bereits 2019 behauptete Lance Armstrong, er würde wieder genauso handeln, wenn er in derselben Situation sei. Verlieren ohne Doping oder gewinnen mit Doping; er würde sich für Zweiteres entscheiden. Ende 2022 erklärte Lance Armstrong im Podcast des Unternehmers und Investors Joe Pompliano, er habe sich nicht besser gefühlt nach dem Geständnis bei Oprah Winfrey. „Aber", so der inzwischen 51-Jährige, „ich habe mir gesagt, ich mache es lieber auf diese Weise und lasse den Ballon platzen."

Lance Armstrong, Vater von fünf Kindern von zwei verschiedenen Müttern – seiner ersten Frau Kristin und seiner heutigen Lebenspartnerin Anna Hansen – lebt heute überwiegend in Austin, wo er ein Fahrradgeschäft und ein Café betreibt. Den Fahrradshop hat er *Mellow Johnny's* genannt, in Anlehnung an das „Maillot jaune", das französische Wort für das Gelbe Trikot.

Der Coffeeshop mit dem Namen *Café Juan Pelota* ist eine Anspielung darauf, dass er seit seiner Operation nur noch einen Hoden hat. Das mit dem Laden und dem Café hört sich bescheiden an, aber man darf davon ausgehen, dass Armstrong, der noch ein Haus im mondänen Skiort Aspen und eine Ranch im Texas Hill Country besitzt, nicht am Hungertuch nagt. Einmal pro Woche ist der ehemalige Radprofi mit seinem eigenen Podcast online. Im Januar 2023 sagte Lance Armstrong dort. „Ich habe es geschafft, auf meinen Füßen zu landen. Ich würde nichts ändern."

★ 2 ★

DIE BELGIER

2.1 JOHAN MUSEEUW – DER LÖWE VON FLANDERN (*13.10.1965)

In seiner flämischen Heimat nannte man ihn respektvoll „Löwe von Flandern". Johan Museeuw war der beste Klassikerjäger der 1990er-Jahre, vielleicht einer der Besten aller Zeiten. Je dreimal gewann er Paris-Roubaix (1996, 2000 und 2002) sowie die Ronde van Vlaanderen (1993, 1995 und 1998), zudem wurde er 1996 Weltmeister im Straßenrennen.

Je härter, desto besser, das war das Motto des „Flandrien" Johan Museeuw. Immer wieder wurde der Belgier durch sturzbedingte Verletzungen zurückgeworfen. Aber er war ein Stehaufmännchen und kämpfte sich gleich mehrfach zurück in die Weltspitze.

1998 zertrümmerte Museeuw sich während Paris-Roubaix bei einem Sturz auf den Pavées im Wald von Arenberg die Kniescheibe; zwischenzeitlich drohte nach Komplikationen gar die Amputation seines linken Beins. Diese konnte schließlich abgewendet werden und Museeuw war wieder im Rennen. Er selbst sagte einmal: „Stürzen gehört zum Radsport wie das Weinen zur Liebe."

Nachdem er 1999 immerhin schon wieder Neunter bei Paris-Roubaix wurde, gewann er im Frühjahr 2000 zum zweiten Mal das vielleicht härteste aller Eintagesrennen im Radsport. Beim Überqueren der Ziellinie im altehrwürdigen Vélodrome zu Roubaix löste er sein linkes Bein aus dem Klickpedal, hob es an und erinnerte damit an die schwere Verletzung, die beinahe seine Karriere beendet hätte.

2002 triumphierte Johan Museeuw in der „Hölle des Nordens" zum dritten Mal – nachdem er sich zuvor bei einem Motorradunfall Rippen- und Beinbrüche sowie schwerste Kopfverletzungen und Hirnblutungen zugezogen hatte und für mehrere Tage im Koma lag. Das Sprachzentrum Museeuws hat sich nie ganz von den schweren Verletzungen erholt. Er selbst sagte einmal, er sei nach dem Unfall zumindest „ein halber Narr" geworden.

Rennen fuhr er natürlich weiter; der Mann war anscheinend unkaputtbar und gewann 2003 mit *Omloop Het Volk* seinen letzten Frühjahrsklassiker. An der Tour de France nahm Johan Museeuw elfmal teil: 1990 gewann er zwei Etappen. Aber die Berge waren nichts für das Kraftpaket aus Flandern, Platz 50 im Sommer 1993 war das beste Ergebnis Museeuws in der Gesamtwertung.

Unschön war das Karriereende des Belgiers bzw. die darauf folgenden Jahre: Bereits 2003 kursierten die ersten Dopinggerüchte um den Klassikerjäger. Obwohl keine stichhaltigen Beweise vorlagen, wurde er im Oktober 2004 von einem Sportgericht für zwei Jahre gesperrt. Was letztendlich eine Farce war. Denn Museeuw hatte seine aktive Karriere nach Platz fünf bei seinem letzten Ritt über die Pavés bei Paris-Roubaix und der anschließenden Teilnahme am Scheldeprijs bereits Mitte April 2004 endgültig beendet.

2006 erhob die Staatsanwaltschaft in Belgien Anklage gegen ihn und mehrere andere Fahrer. Im darauf folgenden Jahr gab der Ex-Profi zu, in seiner letzten Saison ein wenig geschummelt zu haben, um erfolgreich abtreten zu können. 2008 wurde Johan Museeuw wegen Verstößen gegen das Betäubungsmittelgesetz zu einer Haftstrafe von zehn Monaten auf Bewährung und zur Zahlung einer Geldstrafe in Höhe von 15.000 Euro verurteilt.

2012 folgte zunächst ein indirektes Geständnis Johan Museeuws, in dem er sagte, dass in seiner Generation eigentlich jeder Fahrer gedopt habe. Schließlich gab der „Löwe von Flandern" klipp und klar die Einnahme unerlaubter und leistungssteigernder Mittel während seiner gesamten aktiven Karriere zu und entschuldigte sich öffentlich dafür bei den belgischen Medien und den Fans.

Johan Museeuw gründete nach dem Karriereende eine Firma, die hochwertige Rennräder unter seinem Namen herstellte. Die Besonderheit an den Museeuw-Rennmaschinen war die Zusammensetzung des Materials, das zu einem bestimmten Prozentsatz aus dem natürlichen und nachwachsenden Rohstoff Flachs und aus Carbon bestand. Der Flachsanteil sollte für eine spezielle Dämpfung auf Kopfsteinpflasterpassagen sorgen, also auf genau jenem Terrain, wo Museeuw als Rennfahrer so erfolgreich war.

Der ehemalige Champion testete die edlen Rennmaschinen natürlich höchstselbst auf den Rüttelpisten in seiner Heimat. In den Tests der renommierten deutschen Radsportzeitung *TOUR* kamen die Räder Museeuws allerdings nicht besonders gut weg, inzwischen wurde die Produktion eingestellt.

Medien und Fans in Belgien hatten ihm übrigens schon bald seine Dopingvergangenheit längst verziehen. Museeuw ist gern gesehener Gast bei TV-Übertragungen von großen Rennen und arbeitete als Kolumnist unter anderem für die Zeitungen *Het Nieuwsblad* und *Het Laatse Nieuws*.

2.2 ROGER DE VLAEMINCK – MONSIEUR PARIS-ROUBAIX (*24.08.1947)

Roger De Vlaeminck ist neben seinen Landsleuten Rik Van Looy und Eddy Merckx der dritte Belgier, dem es gelang, alle fünf Monumente des Radsports *zu gewinnen. Damit schließt sich aber auch schon der illustre Kreis jener Radsportheroen, die in ihrer Karriere bei Mailand-San Remo, Lüttich Bastogne-Lüttich, der Flandern-Rundfahrt, Paris-Roubaix und der Lombardei-Rundfahrt triumphierten.*

Roger De Vlaeminck war als Schüler das Gegenteil eines Strebers. Er schmiss die Schule bereits als 14-Jähriger, um sich als Ungelernter in einer Klempnerei, einer Druckerei und einer Weberei zu verdingen. Nebenbei spielte der Youngster ziemlich gut Fußball, schon im Alter von 16 Jahren stand er in der ersten Mannschaft seiner Heimatstadt Eeklo, einem Städtchen, gelegen zwischen Gent und Brügge.

Angeblich soll der Vereinspräsident ihn beim Aussteigen aus dem Mannschaftsbus vor seinem ersten Spiel gefragt haben, was er denn überhaupt hier wolle. De Vlaeminck war zutiefst beleidigt. Er gab das Kicken auf der Stelle auf und beschloss, seinem älteren Bruder Erik nachzueifern, der auf dem Rennrad und dem Crossrad unterwegs war.

Aber nachdem die Erfolge zunächst ausblieben, haderte der Teenager auch mit der Karriere als Radsportler. Letztendlich blieb er doch dabei, wurde 1967 Amateur-Weltmeister im Cyclo Cros, wechselte 1969 ins Profilager und plötzlich nahm die Karriere so richtig Fahrt auf.

Roger De Vlaeminck gewann je einmal Lüttich-Bastogne-Lüttich und die Flandern-Rundfahrt, zweimal die Lombardei-Rundfahrt, dreimal Mailand-San Remo und schließlich gar viermal Paris-Roubaix, weshalb man den Flamen auch gerne „Monsieur Paris-Roubaix" nannte.

Bis 2012, als sein Landsmann Tom Boonen zum vierten Mal in der „Hölle des Nordens" siegte, war De Vlaeminck alleiniger Rekordhalter beim Ritt über die Kopfsteinpflasterpassagen im Norden Frankreichs. Wie sein älterer Bruder Erik versuchte sich auch Roger im Cyclo Cross (Querfeldein), wenn auch nicht ganz so erfolgreich. Während Erik mit sieben WM-Titeln bei den Profis bis heute Rekordweltmeister ist, holte sich Roger „nur" einmal im Jahr 1975 den Titel im Gelände.

1984 beendete Roger De Vlaeminck seine aktive Profikarriere. 2003 gründete der Belgier das Cyclo-Cross-Team *Allez Allez Simbabwe*, mit dem Ziel, afrikanische Talente in seiner Heimatstadt Eeklo auszubilden. Begleitet wurde das Projekt vom belgischen Fernsehsender *VTM*, der eine Doku über die jungen Cyclo-Crosser aus dem Süden Afrikas und ihren gestrengen belgischen Coach drehte.

Man muss wohl letztendlich sagen, dass die TV-Übertragungen mehr Erfolg hatten als das Projekt selbst. Die erste Staffel sahen Medienangaben zufolge fast eine Million Zuschauer im radsportverrückten Belgien; große sportliche Erfolge konnten die Zöglinge De Vlaemincks im Querfeldeinsport allerdings nicht einfahren.

2.3 RIK VAN STEENBERGEN – RIK I. (09.09.1924-15.05.2003)

Henrik Maria Constantia Van Steenbergen, von allen nur Rik genannt, holte sich dreimal den WM-Titel im Straßenrennen (1949, 1956 und 1957), was neben ihm bis heute nur vier anderen Rennfahrern gelang. Der Belgier triumphierte bei drei der fünf Monumente des Radsports, gewann Etappen bei der Tour de France, dem Giro d'Italia und der Vuelta a España; darüber hinaus war er ein exzellenter Bahnfahrer.

Rik Van Steenbergen wuchs in einfachen Verhältnissen als Sohn eines Zigarrenmachers im flämischen Arendonk auf. Nach dem Abschluss der Volksschule half er seinem Vater beim Drehen der edlen Glimmstengel und arbeitete nebenbei als Ausfahrer für eine Fleischerei. Die Steaks,

Schnitzel, Schweine- und Rinderbraten fuhr der Youngster nicht etwa mit dem Auto, sondern mit dem Fahrrad aus und legte so wohl die Grundlage für seine spätere Karriere als Radrennfahrer.

Bereits im Alter von 14 Jahren fuhr Rik Van Steenbergen seine ersten Rennen in der Juniorenklasse, sowohl auf der Straße als auch auf der Bahn. Inmitten der Wirren des Zweiten Weltkriegs, im Jahr 1943, wechselte der flämische Teenager ins Profilager, wurde auf Anhieb belgischer Meister im Straßenrennen und siegte 1944 sensationell als 19-Jähriger erstmals bei der Flandern-Rundfahrt.

Das 1,86 Meter große und rund 85 Kilogramm schwere Kraftpaket Van Steenbergen ist damit bis heute der jüngste Sieger in der mehr als hundertjährigen Geschichte des Frühjahrsklassikers. Zwei Jahre später triumphierte der Belgier erneut bei dem Monument in seiner Heimat, 1948 gewann der sprintstarke Klassikerspezialist erstmals Paris-Roubaix, wo er 1952 zum zweiten Mal als Erster über den Zielstrich fuhr.

Bei seinem ersten Weltmeistertitel 1949 in Kopenhagen setzte sich Van Steenbergen gegen Ferdy Kübler und den großen Fausto Coppi im Sprint durch. Bei der WM in Ballerup in der Nähe Kopenhagens 1956 hieß die Reihenfolge: Rik I. vor Rik II. Rik I. war Van Steenbergen, Rik II. war sein rund neun Jahre jüngerer Landsmann Rik Van Looy.

1957 dann verteidigte der inzwischen fast 33 Jahre alte Van Steenbergen das Regenbogentrikot durch einen Sprintsieg im belgischen Waregem. Das dritte *Monument des Radsports*, bei dem der Belgier reüssierte, war die „Classicissima" Mailand-San Remo im Frühjahr 1954.

Ende der 1950er-Jahre zog sich Rik Van Steenbergen, auch aufgrund des nicht gerade von Freundschaft geprägten Verhältnisses zu Van Looy, weitgehend aus dem Straßen-Radsport zurück und verdiente gutes Geld bei den damals noch häufig stattfindenden Sechstagerennen. Mit insgesamt 40 Sixdays-Siegen galt Van Steenbergen lange als der „Sechstagekönig", ehe sein Landsmann Patrick Sercu ihn nach Siegen übertraf und fortan als „Sechstagekaiser" bezeichnet wurde.

1961, nach fast 20 Jahren als Profi im Sattel, in denen er nach Berechnungen eines belgischen Journalisten mehr als eine Million Kilometer zurückgelegt hatte, beendete Rik Van Steenbergen im Alter von erst 43 Jahren seine aktive Karriere.

Der Belgier war einer der ersten Radprofis, die sich gezielt vermarkteten und richtig gutes Geld verdienten. So ließ er sich beispielsweise Klauseln in seine Verträge einarbeiten, nach denen er nach dem Gewinn eines Klassikers auf andere Rennen verzichten durfte. Doch der Übergang in den Ruhestand wollte dem einstigen Weltklasse-Profi nicht so recht gelingen.

Van Steenbergen geriet auf die schiefe Bahn, wurde unter anderem wegen Drogenhandels, Falschspielerei und Autoschieberei verhaftet, er kam jedoch erstaunlicherweise jedes Mal mit einer Geldstrafe davon. Als das Geld mal wieder knapp war, übernahm er sogar eine Rolle in einem Softporno.

Seine Frau, mit der er fünf gemeinsame Kinder hatte, ließ sich von ihm scheiden und man befürchtete, dass der ehemalige Champion komplett abstürzen könnte. Doch Rik Van Steenbergen kriegte noch einmal die Kurve. Mitte der 1970er-Jahre heiratete er ein zweites Mal.

Die Millionen, die er im Laufe seiner Karriere verdient hatte, waren zwar futsch. Aber im Marketing eines Bauunternehmens und später als Angestellter einer Möbelfirma fand er anständig bezahlte Jobs und lebte bis zu seinem Tod in der Villa Manderley in Zoersel bei Antwerpen.

1991 wurde erstmals der GP Rik Van Steenbergen (später Memorial Rik Van Steenbergen) zu Ehren des dreifachen Weltmeisters ausgetragen. 2013 waren den Organisatoren die Sponsoren und damit das nötige Geld ausgegangen, um das Profirennen weiter auszurichten; erst 2019 wurde es wieder ins Leben gerufen. Das Ziel liegt seitdem in Arendonk, dem Geburtsort Rik Van Steenbergens.

2.4 ALBERIC „BRIEK" SCHOTTE – DER EISERNE BRIEK (07.09.1919-04.04.2004)

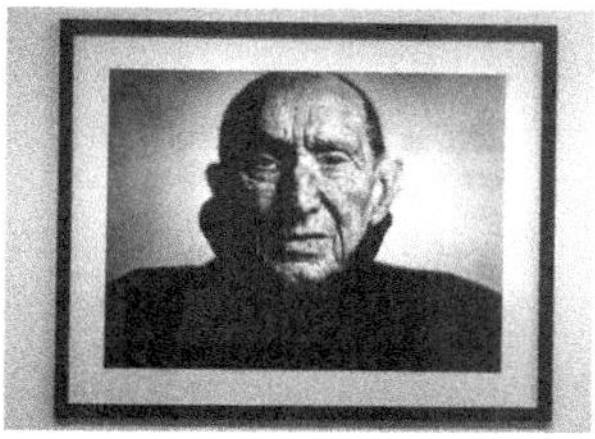

Alberic Schotte, von allen nur „Briek" genannt, war einer der ersten Superstars des belgischen Radsports. Der „ijzeren Briek" (eiserne Briek) gewann zweimal den WM-Titel und zweimal die Flandern-Rundfahrt und wurde von den belgischen Radsportfans als wahrer „Flandrien" verehrt. Kein Geringerer als Eddy Merckx bezeichnete Briek Schotte einmal als den „Vater des Radsports" in Belgien.

Der Begriff „Flandrien" steht für Rennfahrer, denen weder Regen, Hagel oder eisiger Wind etwas auszumachen scheint; die immer wieder attackieren und nie aufgeben. Genauso ein Fahrer war Briek Schotte. Ursprünglich galt die Bezeichnung „Flandrien" in der belgischen Hauptstadt Brüssel den westflämischen Bauernsöhnen und Saisonarbeitern, die schwer schufteten, um ihre Familien zu ernähren.

Auch die Rennfahrer in früheren Zeiten mussten schuften; und dennoch war es für viele junge Männer aus der belgischen Provinz die lukrativere Alternative zur harten Arbeit auf dem Feld. Und so fanden sich in den frühen Jahren des Radsports tatsächlich einige dieser flämischen Bauernjungs im Peleton wieder. Es waren Fahrer, so schrieb der Radsport-Journalist Walter Rottiers einmal, die „ihre Räder im Hühnerstall hinter der Küche warteten".

Auch Briek Schotte wurde auf einem Bauernhof im westflandrischen Kanegem groß. Und erst wenn er sein Tagewerk in der Landwirtschaft beendet hatte, ging er trainieren. Stundenlang, bei welchem Wetter auch immer, oft mehr als 150 Kilometer am Tag. 1939 wechselte er ins Profilager und nahm in 20 Profijahren überwiegend an Eintagesrennen teil.

Die Flandern-Rundfahrt gewann er zweimal. Insgesamt achtmal stand er bei seinen 20 Teilnahmen an der Ronde van Vlaanderen auf dem Podium; ein Rekord, den erst sein Landsmann Johan Museuuw in den 1990er-Jahren einstellen sollte.

Mit Gent-Wevelgem, Paris-Tours und Paris-Bruxelles gewann Briek Schotte drei weitere Klassiker je zweimal. An der Tour de France nahm der Flame viermal teil, 1947 gewann er eine Etappe, 1948 wurde er sogar Zweiter im Gesamtklassement, obwohl er alles andere als ein guter Bergfahrer war.

Nach dem Ende seiner aktiven Karriere blieb Schotte dem Radsport treu, er arbeitete fast 30 Jahre lang bei verschiedenen Rennställen als Sportlicher Leiter und führte Rennfahrer wie Walter Godefroot, Freddy Maertens oder Rik Van Looy zu WM-Titeln und Erfolgen bei den wichtigsten Klassikern im Radsport.

Briek Schotte starb am 4. April 2004 im Alter von 84 Jahren. Genau an dem Tag, an dem sein Lieblingsrennen, die Flandern-Rundfahrt, zum 88. Mal ausgetragen wurde. Ein TV-Kommentator sagte während der Live-Übertragung: „Gott muss einer der größten Fans von Briek gewesen sein."

Welche Bedeutung der „eiserne Briek" in Belgien hatte, wurde unter anderem dadurch deutlich, dass die meisten Zeitungen am nächsten Tag ein Foto von ihm auf der Titelseite und nicht vom Sieger der Flandern-Rundfahrt am Tag zuvor abdruckten. Bei Briek Schottes Trauerfeier trugen acht Radsportstars aus vier Generationen – Rik Van Looy, Benoni Beheyt, Eddy Merckx, Freddy Maertens, Roger De Vlaeminck, Eric Leman, Seán Kelly und Frank Vandenbroucke – den Sarg der belgischen Radsportlegende von der Kirche zu seiner letzten Ruhestätte.

2.5 TOM BOONEN – AUF DER ÜBERHOLSPUR (*15.10.1980)

Der Belgier Tom Boonen war einer der erfolgreichsten Klassikerspezialisten des neuen Jahrtausends und wurde in seiner radsportverrückten Heimat wie ein Popstar verehrt. Insgesamt siegte er siebenmal bei den sogenannten Monumenten des Radsports, *dreimal bei der Flandern-Rundfahrt und viermal bei Paris-Roubaix. Boonen ist darüber hinaus bislang der einzige Profi, dem in seiner Karriere gleich zweimal das Double aus der „Ronde van Vlaanderen" und Paris-Roubaix gelang, und zwar in den Jahren 2005 und 2012.*

Erstmals ins Rampenlicht fuhr Tom Boonen bei Paris-Roubaix im Frühjahr 2002. Der Youngster vom Team *Quick Step-Davitamon*, der seine Profikarriere bei Lance Armstrongs *US-Postal*-Team begonnen hatte, fuhr in der „Hölle des Nordens" endlose Kilometer als Helfer für seinen Kapitän George Hincapie im Wind, um am Ende als Drittplatzierter sogar noch vor dem US-Amerikaner ins Ziel zu kommen.

Nur Boonens Landsmann Johan Museeuw und der *Telekom*-Profi Steffen Wesemann erwiesen sich als zu stark für den Debütanten. Museeuw war nach dem Ritt über die Pavés voll des Lobes über den jungen Kollegen und sagte: „Du bist der neue Johan Museeuw." Doch der Neuling konterte frech und sagte: „Ich bin nicht Museeuw II., sondern ich bin Tom Boonen."

Drei Jahre später gewann Tom Boonen zunächst die Flandern-Rundfahrt und nur eine Woche später Paris-Roubaix. Spätestens jetzt wurde der Sunnyboy in seiner radsportbegeisterten Heimat wie ein Popstar verehrt und gefeiert. Wo auch immer er in Belgien an den Start ging, waren kreischende Teenager nicht weit. Boonen krönte die Saison 2005 mit dem Gewinn des Weltmeistertitels im Straßenrennen; auf dem Rundkurs in Madrid bezwang er den Spanier Alejandro Valverde im Sprint.

2006 triumphierte Tom Boonen zum zweiten Mal bei der Flandern-Rundfahrt. Bei Paris-Roubaix musste er sich dem Schweizer Fabian Cancellara geschlagen geben, der als Solist die altehrwürdige Radrennbahn in Roubaix erreichte. Ob Boonen, einer der Verfolger des Schweizers, Cancellara noch gestellt hätte, ist reine Spekulation.

Sicher ist, dass eine Szene des Rennens den Radsportfans auf ewig im Gedächtnis bleiben wird. Mehrere Fahrer, darunter Tom Boonen, mussten vor einer geschlossenen Bahnschranke warten und verloren dadurch wertvolle Zeit. Während Vorjahressieger Boonen brav wartete, schlüpften mit Leif Hoste, Peter Van Petegem und Vladimir Gusev drei Fahrer noch so eben vor dem heranfahrenden Güterzug an den Schranken vorbei und über die Gleise hinweg – sie wurden später disqualifiziert.

Bei der Tour de France gewann Boonen zwischen 2004 und 2007 insgesamt sieben Etappen. Aber so wenig ihm Wind und Wetter oder die brutalen Kopfsteinpflasterpassagen etwas anhaben konnten – die Berge zogen dem 1,92 Meter großen und rund 80 Kilogramm schweren Modellathleten stets den Zahn.

Bei seinen sechs Teilnahmen an der Frankreich-Rundfahrt kam er nur zweimal in Paris an, wobei er 2004 auf der prestigeträchtigen Schlussetappe auf den Champs-Élysées triumphierte.

Im April 2008 gewann Tom Boonen zum zweiten Mal Paris-Roubaix, ehe die glorreiche Karriere des Klassikerjägers einen gewaltigen Knick bekam. Ende Mai des Jahres wurde der Belgier bei einer Trainingskontrolle positiv auf den Konsum von Kokain getestet. Bei dem gegen ihn eingeleiteten Verfahren sagte Boonen, er gehe davon aus, dass ihm das „Koks" in einer Bar in seinen Drink gemischt wurde. Da der Konsum von Kokain zu dem Zeitpunkt nach dem Reglement des Welt-Radsportverbandes UCI nur dann als Doping gewertet wurde, wenn die Einnahme während eines Wettkampfs nachgewiesen wurde, blieb Boonen von einer Sperre verschont.

Nachdem er 2009 mit dem dritten Sieg in Folge den „Hattrick" bei Paris-Roubaix geschafft hatte und alles nach „Friede, Freude, Eierkuchen" aussah, folgte die nächste positive Probe. Als Wiederholungstäter drohten dem belgischen Superstar nun sogar mehrere Jahre Gefängnis.

Von seinem Team wurde er zunächst suspendiert, dann begnadigt und sogar für die Tour de France nominiert. Die Organisatoren der Tour, die Amaury Sport Organisation, wollte den Start des koksenden Stars zwar verhindern, doch schließlich setzte sich Boonens Rennstall in mehreren Gerichtsverfahren durch und der Belgier stand Anfang Juli in Monaco am Start der „Grande Boucle" – stieg aber ohne Etappensieg nach der 14. Etappe aufgrund eines Infekts vorzeitig aus.

2010 und 2011 blieb Tom Boonen ohne Sieg bei einem der *Monumente*, 2012 gewann der inzwischen 31-Jährige zunächst zum dritten Mal die Flandern-Rundfahrt und anschließend Paris-Roubaix sogar zum vierten Mal. Damit ist Boonen neben seinem Landsmann Roger De Vlaeminck Rekordsieger in der „Hölle des Nordens".

Danach wurde es deutlich ruhiger um den Popstar des belgischen Radsports. Wirklich große Erfolge konnte er nicht mehr feiern, aber erst 2017 im Alter von 36 Jahren beendete er seine Karriere als Profi mit einem Kriterium in seiner Heimatstadt Mol.

Der Radprofi Tom Boonen liebte den Radsport, aber er liebte auch das Leben; zumindest das, was für ihn das Leben auszumachen schien. In einem Interview mit einer belgischen Zeitung sagte er einmal: „Ich habe kein Problem damit, nach einem schweren Rennen gemeinsam mit meinen Supportern ein Bier zu trinken. Ob das den Ernährungsfanatikern gefällt oder nicht, ist mir egal. Wenn ich meine Sportlerkarriere beende, möchte ich nicht dastehen wie ein alt gewordener Asket, an dem das Leben vorbeilief."

Und Boonen liebte die Geschwindigkeit – auf dem Rennrad, aber auch auf vier Rädern. Allein zwischen 2008 und 2009 wurde ihm dreimal wegen Geschwindigkeitsübertretungen der Führerschein entzogen. Insider munkeln, dass er noch deutlich häufiger als Raser erwischt worden sei.

Das Leben auf der Überholspur ging auch nach dem Radsport weiter für den Privatmann Tom Boonen. „Tornado Tom", wie ihn die belgischen Medien gerne genannt hatten, löste eine Lizenz als Autorennfahrer, nahm an Langstreckenrennen des VW-Fun Cups, an Rennen der Euro-Nascar-Serie sowie an der Belcar-Meisterschaft teil und eröffnete gemeinsam mit einem Partner das exklusive Autohaus *Iconiccars*. Die wenigsten dieser sogenannten *Hypercars*, die Tom Boonen in seinem Showroom offeriert, sind unter einer Million Euro zu bekommen.

2.6 RIK VAN LOOY – DER KÖNIG DER CLASSIQUES (*20.12.1933)

Der Belgier Rik Van Looy ist neben seinen Landsleuten Eddy Merckx und Roger De Vlaeminck einer von nur drei Rennfahrern in der Geschichte des Radsports, die bei jedem der sogenannten fünf Monumente des Radsports *mindestens einmal siegten. Darüber hinaus wurde der sprintstarke Klassikerjäger zweimal Straßenweltmeister.*

Rik Van Looy holte sich schon früh die nötige Kondition, als er auf dem Fahrrad die Waren der väterlichen Metzgerei auslieferte. Trotzdem wollte er erst Fußballer werden und musste zu seinem ersten Radrennen überredet werden. Als das dann so gar nicht nach Wunsch verlief, kehrte der junge Belgier zunächst einmal zum Kicken zurück. Für eine Profikarriere im Fußball hätte es nie gereicht und wie bei seinem älteren Bruder wäre es beruflich für Rik Van Looy wohl auf Milchmann hinausgelaufen.

Aber schließlich landete das Talent doch auf dem Rennrad, gewann als Amateur zahlreiche Rennen und Titel und wurde 1953 schließlich Profi, nachdem er im Jahr zuvor bei den Olympischen Spielen in Helsinki mit dem belgischen Straßenvierer die Goldmedaille gewonnen hatte.

1957 gewann Rik Van Looy unter anderem den belgischen Halbklassiker Gent-Wevelgem sowie den Scheldeprijs, 1958 siegte er bei Mailand-San Remo, im darauf folgenden Herbst triumphierte Van Looy bei der Lombardei-Rundfahrt und bei der Flandern-Rundfahrt, wo er 1962 seinen zweiten Sieg feierte. 1961 siegte der Belgier in der Heimat auch noch bei Lüttich-Bastogne-Lüttich; Paris-Roubaix gewann Van Looy sogar dreimal (1961, 1962 und 1965), zudem wurde er 1960 und 1961 Weltmeister im Straßenrennen.

Bei großen Rundfahrten trat der „König der Classiques" nicht an. Um die Gesamtwertung zu gewinnen – dazu reichten weder seine Qualitäten am Berg noch im Zeitfahren. Was Van Looy jedoch nicht davon abhielt, bei den Grands Tours insgesamt 37 Etappen zu gewinnen, deren sieben bei der Tour de France, zwölf beim Giro d'Italia und gleich 18 bei der Vuelta a España, wo er als Dritter im Jahr 1959 sein mit Abstand bestes Ergebnis in der Gesamtwertung einer großen Landesrundfahrt einfahren konnte.

Gut zurecht kam Van Looy auch auf der Bahn; überwiegend an der Seite des Niederländers Peter Post gewann der Klassikerjäger zwölf Sechstagerennen. Nachdem er 1969 im Alter von 35 Jahren seine letzte Tour-de-France-Etappe gewann, beendete der „Kaiser von Herenthals", wie man den Mann aus dem gleichnamigen Ort östlich von Antwerpen auch nannte, seine Karriere als Radprofi.

Van Looy eröffnete in Herenthals eine Reitschule, er leitete eine Radsportakademie und war Präsident des örtlichen Fußballvereins. Seit 2017 schmückt eine fast drei Meter hohe Statue Van Looys den Marktplatz des Ortes, seit 2018 wird der „Grote Prijs Rik Van Looy" ausgefahren, ein UCI-Rennen der Kategorie 2.1 – von Van Looys Geburtsort Grobbendonk bis vor die Haustür seiner späteren Heimatstadt Herenthals; aus der mit Wout Van Aert übrigens ein weiterer belgischer Weltklasse-Profi stammt.

2.7 FREDDY MAERTENS – DER SCHWIERIGE CHAMPION (*13.02.1952)

Der Belgier Freddy Maertens galt bereits in den frühen 1970er-Jahren als legitimer Nachfolger seines legendären Landsmanns Eddy Merckx. Ganz konnte er die Erwartungen jedoch nie erfüllen, auch weil er sich bisweilen selbst im Weg stand.

Maertens' Glanzzeit begann in der zweiten Hälfte der 1970er-Jahre, als er 1976 erstmals Etappen bei der Tour de France sowie das Grüne Trikot des Punktbesten gewann. Insgesamt dreimal trug er das Jersey des besten Sprinters nach Paris. 1977 gewann er sage und schreibe 13 Etappen sowie die Gesamtwertung der Vuelta a España, 1976 und 1981 wurde Maertens Straßenweltmeister.

Freddy Maertens trainierte als Jugendlicher unter dem überaus strengen Regiment seines Vaters Gilbert. Der Trainer-Vater kontrollierte seinen Sohn Tag und Nacht, bestimmte den Speiseplan und achtete vor allem darauf, dass der Filius keinen Kontakt zu Mädchen hatte. Frauen, so Gilbert Maertens wahnwitzige Ansicht, seien das Werk des Teufels; das würde man schließlich schon im Alten Testament lernen. Als der Vater schließlich doch von einem Rendezvous Freddys Wind bekam, verarbeitete er kurzerhand das Rennrad seines Sohnes zu Schrott.

Trotz solcher Grausamkeiten trainierte Freddy Maertens zunächst weiter unter dem Vater. Seine Frau Carine sollte später einmal sagen, ihr Mann habe immer starke Führungspersönlichkeiten gebraucht; er selbst sei eher „wie ein Vogel, der auf eine Katze wartet".

So war es auch Vater Gilbert, der seinen Sohn Freddy dazu drängte, das besser dotierte Angebot des belgischen *Flandria*-Teams anzunehmen, statt die Offerte des italienischen Spitzenteams *SCIC*.

So hörig Freddy Maertens seinem Vater gegenüber war, so selbstbewusst trat der junge Belgier im Profigeschäft zumindest gegenüber seinen Kontrahenten auf. Andere fanden es nicht selbstbewusst, sondern eher dummdreist, wie sich der Youngster über die im Radsport geltenden „Gesetze" hinwegsetzte, beispielsweise einen älteren, erfahreneren Kapitän anzuerkennen.

So weigerte Maertens sich, bei den Weltmeisterschaften 1973 für Eddy Merckx zu arbeiten, was dieser ihm angeblich bis zu einem Gespräch im Jahre 2007 übel nahm. Mehrfach wurde Freddy Maertens bei Dopingkontrollen positiv getestet und – wie zu der Zeit üblich – für ein oder einige wenige Rennen gesperrt.

Er selbst machte nie einen Hehl daraus, gedopt zu haben und sagte diesbezüglich: „Mit Teigwaren und Steaks fährt man nicht 200 Tage im Jahr siebenstündige Rennen und gewinnt auch noch einen Teil davon."

Freddy Maertens war ein Sprinter, der allerdings auch bestens über die Berge kam, was er unter anderem mit dem Gesamtsieg bei der Vuelta a España im Jahr 1977 eindrucksvoll unter Beweis stellte. Er hätte wohl noch weit mehr als seine 142 Profisiege eingefahren, wenn er sich nicht im Verlauf des Giro d'Italia im Mai 1977 eine schwere Handverletzung zugezogen hätte, die eine längere Zwangspause nach sich zog. Maertens kam nicht klar ohne den Radsport, er war Dauergast auf ausschweifenden Partys, er begann zu trinken.

Man munkelte von Drogenexzessen und belgische Medien berichteten zudem von häuslicher Gewalt gegenüber seiner Frau Carine. 1979 war Maertens als Patient in den USA. Auf dem Flug von Amsterdam nach New York City nahm er merkwürdige Geräusche in einem der Triebwerke wahr.

Nachdem er am Flughafen JFK in New York ausgestiegen war, setzte der Passagier-Jet seine Reise nach Chicago fort. Das Flugzeug stürzte während des Starts nach einem Ausfall eines der Triebwerke ab und riss 279 Menschen an Bord in den Tod.

In den frühen 1980er-Jahren schaffte Freddy Maertens ein bemerkenswertes Comeback. Er wurde 1981 in Prag zum zweiten Mal Weltmeister und gewann vier Etappen bei der Tour de France. Das Problem mit dem Alkohol schien er nicht wirklich in den Griff zu bekommen.

Belgische Zeitungen berichteten davon, dass er sogar während der Rennen Champagner trank, den ihm einer seiner Sponsoren zur Verfügung stellte. Maertens wechselte das Team wie andere Fahrer die Reifen; viele Rennen fuhr er nicht zu Ende, bei manchen trat er gar nicht erst an.

Der Mann war definitiv angeschlagen, das war ihm inzwischen auch deutlich anzusehen. Hinzu kamen große finanzielle Sorgen: Maertens fiel mehrfach auf dubiose Berater herein und musste schließlich aus seiner Villa in Westende aus- und in eine Einzimmerwohnung einziehen.

Freddy Maertens arbeitete nach dem Ende der aktiven Karriere für den Schweizer Radbekleidungshersteller *Assos*, später im nationalen Radsportmuseum in Roselare und – wenn es die angeschlagene Gesundheit zulässt – bis heute auf Honorarbasis im Museum der Flandern-Rundfahrt in Oudenaarde.

★ 3 ★

DIE KLETTERER

3.1 FEDERICO BAHAMONTES – DER ADLER VON TOLEDO (*09.07.1928)

Sie nannten ihn den „Adler von Toledo" (el águila de Toledo), weil er die steilsten Pässe förmlich hinaufflog. Der Spanier Federico Bahamontes gilt als einer der besten Kletterer der Radsportgeschichte; sechsmal gewann er zwischen 1954 und 1964 die Bergwertung der Tour de France. Dass es bis 1959 dauerte, ehe Bahamontes den Gesamtsieg bei der wichtigsten Rundfahrt der Welt holte, lag in erster Linie wohl daran, dass er ein lausiger bzw. ein übervorsichtiger Abfahrer war. Angeblich, weil er als Kind auf einer Abfahrt einmal in einen Kaktus gekracht war. Der legendäre Journalist Hans Blickensdörfer schrieb dazu einmal: „Er klettert wie eine Gemse, aber er fährt ab wie ein Landbriefträger." Zudem schien Federico Bahamontes seinen Job nicht immer bierernst zu nehmen.

Als er während einer Tour-de-France-Etappe mit einem Vorsprung von einer Viertelstunde auf dem Pass angekommen war, soll er dort ein Eis gegessen haben. Der Spanier bestätigte die Meldungen später sogar, erklärte allerdings, dass er an der Passhöhe auf die Reparatur seines Rades warten musste und sich währenddessen halt ein Eis gegönnt hatte.

Der „Adler von Toledo" wurde in Santo Domingo-Caudilla in der Region Toledo geboren, seine Familie flüchtete in den Wirren des Bürgerkriegs 1936 allerdings nach Madrid und während heftiger Kämpfe zwischen Republikanern und den nationalistischen Franquisten anschließend in das Dorf Villarrubia de Santiago. Federicos Vater, ein überzeugter Demokrat, bekam unter den Faschisten kein Bein an den Boden - die Rente wurde ihm gestrichen - und er musste die Familie durch knochenharte Arbeit im Steinbruch ernähren.

Sohn Federico half auf seine Art und Weise mit, den Lebensunterhalt zu sichern. Unter anderem sprang er von einer Brücke auf die Ladefläche von Lastwagen, um Lebensmittel für sich und die Familie einzusacken und die Beute anschließend auf seinen Fahrrad zu verteilen. Angeblich soll er dabei bis zu 25 Kilogramm schwere Kartoffelsäcke auf seinem Vélo transportiert haben.

1947 nahm er eher zufällig an seinem ersten Radrennen teil; der Legende nach soll er sich nur mit einer Banane und einer Zitrone verpflegt haben, sein Material war eigentlich nicht wettbewerbstauglich - und dennoch wurde er auf Anhieb Zweiter.

Auch weil die Preisgelder lukrativer waren als der Erlös aus seinen illegalen Lebensmitteltransporten, entschloss sich Federico Bahamontes, es als Radrennfahrer zu versuchen. Als Amateur gewann er unter anderem die Andalusien-Rundfahrt, ehe er sich 1953 das Bergtrikot bei der Katalonien-Rundfahrt holte - zu diesem Zeitpunkt die wichtigste Rundfahrt in Spanien, da die Vuelta a España aufgrund finanzieller Probleme nicht ausgetragen wurde.

1954 nahm Bahamontes erstmals an der Tour de France teil. Zunächst war er gar nicht davon überzeugt; er könne kein Französisch und er habe schließlich auch gar keinen Koffer, so die Begründung des Spaniers. Er entschied sich schließlich doch für die Teilnahme an der Tour und gewann auf Anhieb die Bergwertung.

„Adler von Toledo" wurde er noch nicht genannt bei seiner ersten Frankreich-Rundfahrt, die anderen Fahrer verpassten ihm den Spitznamen „Gitano" (Zigeuner), weil er während der Rundfahrt versuchte, Fahrradteile an Konkurrenten zu verkaufen. Nachdem Bahamontes in den Folgejahren mit einigen Verletzungen zu kämpfen hatte, befand er sich 1958 wieder in Topform, gewann zum zweiten Mal die Bergwertung und im darauf folgenden Jahr nicht nur das gepunktete Trikot des besten Kletterers, sondern auch das Gelbe Trikot des Gesamtsiegers.

Federico Bahamontes hat als erster spanischer Gesamtsieger bei der Tour de France Radsportgeschichte geschrieben. Seine sechs Bergtrikots bedeuteten bis 2004 Rekord (den er gemeinsam mit dem Belgier Lucien van Impe hielt) – ehe der Franzose Richard Virenque mit sieben Siegen in der Bergwertung alleiniger Rekordhalter wurde.

Im Rahmen der Feierlichkeiten zum hundertjährigen Jubiläum der Tour wurde allerdings Bahamontes und nicht Virenque zum besten Bergfahrer aller Zeiten bei der Frankreich-Rundfahrt gekürt. Dass der von ihm wenig geschätzte Virenque in dem Ranking Zweiter wurde und nicht der Luxemburger Charly Gaul, passte Bahamontes überhaupt nicht in den Kram und er sagte: „Wenn Virenque die Nummer zwei der Bergfahrer bei der Tour ist, dann bin ich Napoleon."

Der „Adler von Toledo" gewann außerdem einmal die Bergwertung des Giro d'Italia (1956) sowie zweimal das Bergtrikot bei der Vuelta a España. Insgesamt holte sich der Kletterspezialist elf Etappensiege bei den drei großen Landesrundfahrten – allesamt natürlich im Hochgebirge. 1964 beendete er seine aktive Karriere und eröffnete in Toledo mehrere Fahrradgeschäfte.

Eine Rolle, wenn auch keine leibhaftige, spielte der ehemalige Radprofi in dem erfolgreichen französischen Kinofilm *Die fabelhafte Welt der*

Amélie. Die Hauptdarstellerin findet im Verlauf des Films in ihrer Wohnung eine kleine Schachtel, in der einst ein kleiner Junge seine Schätze aufbewahrte, unter anderem Souvenirs von der Tour de France 1959, darunter ein Modell und Fotos des damaligen Gesamtsiegers Bahamontes. 2022 feierte der Spanier seinen 94. Geburtstag und war zu diesem Zeitpunkt der älteste noch lebende Tour-de-France-Sieger.

3.2 CHARLY GAUL – „ENGEL DER BERGE“ (08.12.1932 – 06.12.2005)

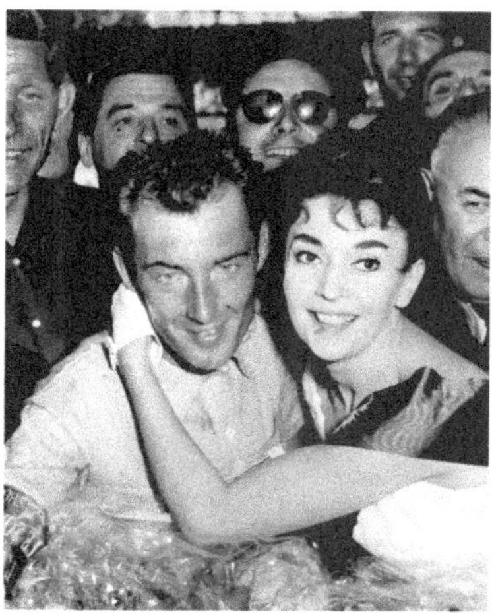

Charly Gaul ist nach François Faber (1909) und Nicolas Frantz (1927 und 1928) der dritte Luxemburger, dem der Gesamtsieg bei der Tour de France gelang. Aufgrund der Leichtigkeit, mit der Gaul die schwersten Anstiege geradezu hinaufflog, nannte man ihn auch den „Engel der Berge".

Gaul, der neben der Tour de France 1958 zweimal den Giro gewann, mochte seinen Spitznamen allerdings gar nicht und sagte: „Es ging mir ziemlich gegen den Strich, dass sie mich den ‚Engel der Berge' nannten. Ich war kein Engel. Ich war ein Krieger."

Legendär ist vor allem Charly Gauls knapp 90 Kilometer lange Solofahrt auf der 21. Etappe bei seinem ersten Giro-Erfolg im Jahr 1956. Bei dichtem Schneetreiben und Eiseskälte flog er auf dem Weg zur Passhöhe am Monte Bodone allen Konkurrenten davon und kam mit acht Minuten Vorsprung ins Etappenziel. Dort musste er von den Betreuern vom Rad gehoben und ins Warme getragen werden. Dreieinhalb Minuten Vorsprung auf den Italiener Fiorenze Magni rettete Gaul schließlich bis ins Ziel nach Mailand.

Auch bei der Tour de France 1958 legte der Luxemburger bei widrigen Wetterbedingungen den Grundstein für seinen Triumph. Ausnahmsweise war es nicht brütend heiß am Mont Ventoux, sondern es war kalt und regnete Bindfäden bei der schweren Bergetappe über den kahlen Riesen in der Provence. Ein Reporter der französischen Sportzeitung *L'Équipe* sollte später schreiben, die Rennfahrer seien durch „einen Wasservorhang gefahren, eine Sintflut ohne Arche". Gaul war es nur recht: Je ekeliger das Wetter war, desto wohler schien er sich zu fühlen; zumindest kam er besser mit dem Dreckswetter zurecht als andere. Und Zeitfahren konnte er außerdem, denn seinen Tour-de-France-Triumph im Sommer 1958 machte der Luxemburger mit einem exzellenten Einzelzeitfahren von Besançon nach Dijon klar.

Charly Gaul war definitiv einer der besten Kletterer in der Geschichte des Radsports. Man könnte fast meinen, er hätte Lance Armstrong als Vorbild gedient. Denn wie später der US-Amerikaner war der Luxemburger in den Anstiegen stets mit einer extrem kleinen Übersetzung unterwegs, ließ im Vergleich zu seinen Kontrahenten – wie etwa dem Spanier Federico Bahamontes – deutlich schneller die Beine fliegen.

Der echauffierte sich übrigens Jahrzehnte später sehr darüber, dass die Verantwortlichen der Tour de France nach ihm selbst nicht Gaul, sondern Richard Virenque zum zweitbesten Bergfahrer aller Zeiten bei der Frankreich-Rundfahrt nach Bahamontes auszeichneten.

1964 beendet Charly Gaul seine aktive Karriere und lebte zunächst in Luxemburg-Stadt, wo er in der Nähe des Bahnhofs ein Café eröffnete. Es ist nicht überliefert, dass der Laden schlecht lief, aber von einem auf den anderen Tag war der ehemalige Champion verschwunden. Gaul zog sich in die Wälder der Ardennen zurückzog und lebte dort in einer kleinen Hütte wie ein Eremit, ohne Strom und ohne fließendes Wasser.

Gesellschaft hatte er während der rund 20 Jahre lediglich von seinem Hund „Pocki" - abgesehen von kurzen Besuchen in den umliegenden Dörfern, um sich mit dem Nötigsten zu versorgen. Bei einer dieser flüchtigen Begegnungen lernte Gaul seine dritte Frau Josée kennen; sie war es, die ihn schließlich aus der bitteren Einsamkeit befreite.

Denn glücklich war Gaul als Eremit in den Wäldern nicht gewesen, das hatte er nach seiner Rückkehr in die Zivilisation zugegeben. Und auch, wenn er sich nun wieder unter Leute traute und sich sogar wieder häufiger als Gast bei Radrennen sehen ließ: Charly Gaul hat nie verraten, was ihn einst zu diesem Schritt bewegt hatte.

Luxemburgs „Sportler des Jahrhunderts" arbeitete fortan als Archivar im Luxemburger Sportministerium. Dort, so drückte es der Journalist Philippe Brunel einmal aus, „konnte er in die Vergangenheit eintauchen, Tag für Tag das Puzzle seines Lebens akribisch zusammensetzen".

Charly Gaul starb im Dezember 2005, zwei Tage vor seinem 73. Geburtstag, an einer Lungenembolie. Zu Ehren des wohl besten Radsportlers aller Zeiten aus dem Großherzogtum wird alljährlich das Jedermann-Rennen „La Charly Gaul" ausgetragen.

3.3 LUCIEN VAN IMPE – BELGISCHER BERGFLOH (*20.10.1946)

Lucien Van Impe sah man in den 1970er-Jahren Sommer für Sommer überwiegend im gleichen Outfit: einem weißen Trikot mit roten Punkten. Der Belgier war einer der besten Kletterer der Welt und gewann gleich sechsmal das gepunktete Trikot des besten Bergfahrers bei der Tour de France. Einmal, bei seinem Gesamtsieg 1976, stand er ganz oben auf dem Podest und tauschte das gepunktete Jersey gegen das Gelbe Trikot.

Lucien Van Impe gewann 1968 bei der Tour de l'Avenir, einer der weltweit wichtigsten Rundfahrten in der U23-Altersklasse, eine Etappe sowie die Bergwertung. Einer, der den jungen Belgier dabei beobachtete, war der Spanier Federico Bahamontes, seines Zeichens der bislang erfolgreichste Bergfahrer bei der Tour de France.

Bahamontes, gerne als „Adler von Toledo" bezeichnet, flog nicht nur wie ein Adler die Berge hinauf, er hatte offensichtlich auch Adleraugen für Talente. Der Spanier war es nämlich, der Van Impe ab 1969 einen Profivertrag beim Team *Sonolor-Lejeune* besorgte – weil er felsenfest überzeugt war, dass Van Impe einmal in seine Fußstapfen treten könnte.

Und genau das tat der belgische Bergfloh. Wie sein Vorbild Bahamontes gewann er zwischen 1971 und 1983 sechsmal die Bergwertung der Tour de France, 1982 und 1983 sicherte er sich darüber hinaus das Bergtrikot beim Giro d'Italia. Und wie Bahamontes gelang dem Kletterspezialisten ein Gesamtsieg bei der Frankreich-Rundfahrt. 1976, als Eddy Merckx seine Teilnahme an der Tour absagen musste und der Vorjahressieger Bernard Thévenet nicht in Form war, schlug die Stunde Van Impes und er nutzte sie.

Am Ende einer Tour de France, die mit Hochgebirgsetappen nur so gespickt war, hatte der Belgier einen Vorsprung von 4:14 Minuten auf seinen ärgsten Konkurrenten, den Niederländer Joop Zoetemelk, herausgefahren.

1977 dann galt der Vorjahressieger als Topfavorit und schien der Rolle zunächst gerecht zu werden. Van Impe siegte beim schweren Bergzeitfahren in Morzine-Avoriaz und war an den legendären Kehren hinauf nach L'Alpe d'Huez auf dem besten Weg, das Gelbe Trikot zu erobern. Dann jedoch wurde der Belgier von einem Begleitfahrzeug angefahren und musste ewig auf Ersatz für sein kaputtes Rad warten, weil das Begleitfahrzeug seines Teams nicht zu ihm durchkam.

Bernard Thévenet zog an ihm vorbei und schlüpfte ins Trikot des Gesamtführenden, das er bis Paris nicht mehr abgab. Van Impe behauptete anschließend steif und fest, die ganze Sache sei ein abgekartetes Spiel gewesen, um dem Franzosen Thévenet zum Gesamtsieg zu verhelfen.

Bei seinen 15 Teilnahmen an der Tour de France erreichte Van Impe jedes Mal Paris, achtmal war er unter den Top Fünf des Gesamtklassements zu finden. Lange teilten sich Van Impe und Bahamontes den Rekord, jeweils sechsmal das Bergtrikot bei der Tour gewonnen zu haben. Bis Richard Virenque es 2004 zum siebten Mal gewann. Doch sowohl Bahamontes als auch Van Impe wollten den Rekord des Franzosen nicht so recht anerkennen. Bahamontes erklärte: „Wenn Virenque die Nummer zwei der Bergfahrer bei der Tour ist, dann bin ich Napoleon." Und der Belgier behauptete, er hätte aus Ehrfurcht vor Bahamontes darauf verzichtet, den Rekord zu brechen.

1987 beendete der Weltklasse-Kletterer Lucien Van Impe, der bei Eintagesrennen so gut wie nie eine Rolle spielte, seine aktive Karriere. Nach einigen Jahren, in denen sich der einstige Tour-de-France-Sieger komplett zurückzog, arbeitete er als Sportlicher Leiter für verschiedene Profi-Rennställe, unter anderem für das Team *unibet.com* sowie für *Accent Jobs-Willems Verandas*, ein Vorgängerteam des heutigen UCI-WordTour-Teams *Intermarché-Wanty-Gobert Matériaux*.

3.4 RICHARD VIRENQUE – GELIEBT UND GEHASST (*19.11.1969)

Der Franzose Richard Virenque löste mit dem Gewinn seines siebten Bergtrikots bei der Tour de France 2004 die bisherigen Rekordhalter Federico Bahamontes und Lucien Van Impe ab, die das gepunktete Trikot jeweils sechsmal gewonnen hatten.

Zumindest der Spanier war keineswegs damit einverstanden und behauptete, man habe Virenque „im Schlafwagen an jeden Berg herangeführt". Vor allem aber ging Virenque nach der sogenannten Festina-Affäre *1998 als einer der notorischsten Lügner im dopingversuchten Radsport in die Geschichte ein.*

Richard Virenque wuchs in der marokkanischen Metropole Casablanca in gut situierten Verhältnissen auf. Der kleine Richard, seine Schwester Nathalie und sein älterer Bruder Lionel waren es gewohnt, Gärtner, Hausangestellte und sogar private Krankenschwestern um sich zu haben. Schon als Kleinkind düste Richard stundenlang auf einem Kinderrad ohne Bremsen durch den großen Garten des elterlichen Anwesens.

1979 musste sein Vater die Stellung als Repräsentant einer großen französischen Reifenfabrik in Marokko aufgeben, die Familie zog nach La Londe-les-Maures an der Côte d'Azur.

Bruder Lionel, später Richard Virenques Manager, war schon bald nach dem Umzug nach Europa dem Radsportklub Vélo Sport Hyérois beigetreten. Richard interessierte sich zunächst überhaupt nicht für den Radsport. Er schwärmte für Michael Jackson, wollte am liebsten selbst Popstar werden. Er schwänzte nicht selten die Schule und ging stattdessen Angeln, wie er es auch schon in Casablanca gemacht hatte.

Erst als Richard Virenque sein erstes Radrennen live erlebte, fing er Feuer und trat als 13-Jähriger dem Klub seines Bruders bei. Das schmächtige Bürschchen hatte zunächst reichlich Probleme, mit den anderen Jugendlichen in der Ebene mitzuhalten. Aber immer, wenn es in die Hügel des Massif des Maures im Hinterland der Cote d'Azur ging, dann ließ Richard Virenque die anderen Jungs förmlich stehen.

Langsam, aber sicher, wurde der Youngster auch im Flachen tempohärter, fuhr als Jugendlicher noch für das Mimosa Sprint Team *Mandelieu* und nach seiner Abkommandierung als Wehrdienstleistender zur Sportkompanie in Paris für die *ASPTT*.

Wirklich etwas gerissen hatte Richard Virenque – trotz seiner exzellenten Qualitäten als Kletterer – während seiner Amateurlaufbahn nicht. Dennoch träumte er von einer Karriere als Profi; auch weil er ansonsten so überhaupt nicht zu wissen schien, was er beruflich machen wollte. Die

Schule hatte er früh geschmissen, und die Ausbildung zum Klempner war wahrlich nicht die Erfüllung für den Jungen aus gutem Hause.

Und so war Richard Virenque mehr als happy, als er nach seinem achten Platz im Straßenrennen der Amateur-Weltmeisterschaften 1990 einen Profivertrag beim französischen Rennstall *RMO* erhielt. Gleich zu Beginn der Profilaufbahn verpasste er bei der Mittelmeer-Rundfahrt nur knapp einen Etappensieg, er durfte beim Amstel Gold Race und bei der Lombardei-Rundfahrt das Flair der großen Eintagesklassiker erleben, blieb aber ohne Sieg. Ein Profisieg gelang ihm auch 1992 noch nicht, aber mit seiner ersten Teilnahme an der Tour de France ändert sich fast alles für den Jungprofi.

Virenque heftete sich auf den schweren Bergetappen wie eine Klette an die Topfahrer, hielt fast immer mit der Spitzengruppe mit und wurde sowohl in der Wertung des besten Nachwuchsfahrers als auch in der Bergwertung Zweiter. Zudem hatte er auf der dritten Etappe für einen Tag das Gelbe Trikot erobert, fuhr eine weitere Etappe im Grünen Trikot des Punktbesten und wurde 25. in der Gesamtwertung.

Richard Virenque wechselte zur Saison 1993 zum *Festina*-Team und war mit Platz 19 im Gesamtklassement im Sommer des Jahres bereits zweitbester Franzose. Und endlich, Mitte August des Jahres, gelang ihm bei der Tour du Limousin auch sein erster Sieg als Profi. Den Durchbruch in die absolute Weltspitze der Rundfahrer schaffte Virenque dann jedoch bei der Tour de France 1994, als er als Solist die schwere Pyrenäen-Etappe nach Luz Ardiden gewann und sich erstmals das gepunktete Trikot des besten Bergfahrers holte.

1995 und 1996 gewann er das „maillot blanc à pois rouge" erneut und stand 1996 als Dritter der Gesamtwertung erstmals auf dem Podium der Frankreich-Rundfahrt. Der Plan des *Festina*-Teams für 1997 war schnell geschmiedet: Richard Virenque sollte erstmals die Gesamtwertung der Tour de France gewinnen.

Ein gewisser Jan Ullrich hatte bekanntlich etwas dagegen. Auf der 10. Etappe hinauf nach Andorra Arcalis stürmte der Deutsche ins Gelbe Trikot, baute seinen Vorsprung auf Virenque und die anderen Mitfavoriten im ersten Zeitfahren sogar noch aus – und sah bereits wie der sichere Sieger aus. Virenque attackierte ein ums andere Mal in den Bergen, um festzustellen: „Ich kann fahren, wie ich will, wenn ich mich umdrehe, ist Ullrich hinter mir."

Doch dann hatte der erkältete Ullrich auf der 18. Etappe von Colmar nach Montbéliard durch die Vogesen einen ganz schwachen Tag und Virenque schien die Gunst der Stunde nutzen zu können. Der Franzose attackierte am Col du Hundsrück und riss schnell eine Lücke von fast einer Minute zum angeschlagenen *Telekom*-Profi. Und es war noch reichlich zu fahren auf der Etappe.

Angeblich war es jener berühmte Satz von *Telekom*-Edelhelfer Udo Bölts, der Jan Ullrich letztendlich den Tour-Sieg sicherte und Virenques Triumph verhinderte. „Quäl dich, du Sau", soll Bölts seinen Kapitän angebrüllt haben; der gehorchte, fuhr die Lücke bis zum Grand Ballon wieder zu und baute schließlich – erneut im Einzelzeitfahren – seinen Vorsprung in der Gesamtwertung vor Virenque noch aus.

In Paris kam der Franzose schließlich mit 9:09 Minuten Rückstand auf den ersten deutschen Tour-de-France-Sieger an; so groß war der Rückstand des Zweiten auf den Sieger seit 1984 nicht gewesen. Das Bergtrikot gewann Virenque 1997 zum vierten Mal in Folge, aber der erste französische Gesamtsieg seit Bernard Hinault im Jahre 1985 blieb auch Virenque verwehrt.

Der neue Held der französischen Radsportfans startete 1998 einen nächsten Versuch; stimmte Training und Rennen im ersten Halbjahr komplett auf die Tour de France ab. Doch statt des Gelben Trikots sah Virenque quasi die Rote Karte. Er war eine der Hauptfiguren der sogenannten *Festina*-Affäre, des bis dato größten Dopingskandals im Radsport.

Wenige Tage vor dem Tour-Start geriet der *Festina*-Betreuer Willy Voet an der belgisch-französischen Grenze in eine Kontrolle. Auch die schicken Teamtrikots und Radmützen, die Voet wie immer als Mitbringsel für die

Grenzbeamten zurechtgelegt hatte, halfen ihm diesmal nicht. Voets Wagen wurde herausgewinkt und gefilzt. Es kamen 236 Ampullen EPO, 82 Packungen mit Wachstumshormonen, diverse Testosteronpräparate, Amphetamine und Kortikoide zutage; man hätte das gesamte Peleton mit diesen Mengen an leistungssteigernden Mitteln dopen können.

Die Nachricht von der Kontrolle und der Verhaftung Voets schwappte in Windeseile über den Atlantik bis nach Dublin, wo die Tour in diesem Jahr mit dem Prolog gestartet wurde. Angesprochen auf den Vorfall, gab Virenque nur lapidar zur Auskunft: „Ich bin nicht verantwortlich für Dinge, die unser Personal tut."

Doch nach mehreren Razzien in den Teamhotels stand schon bald fest: Beim Team *Festina* – und wie sich später herauskristallisierte, bei fast allen anderen Rennställen ebenfalls – wurde offensichtlich flächendeckendes Doping praktiziert. Die Tour de France 1998 war zur „Tour de Farce" mutiert.

Langsam, aber sicher bröckelte die Mauer des Schweigens. Ärzte- und Teammanager sowie Virenques Teamkollegen von *Festina* gaben schon bald systematisches Doping zu; nur Virenque stritt weiterhin alles ab. Erst Jahre später wird zur Gewissheit, was eigentlich jeder wusste: Richard Virenque war ein notorischer Lügner, er leugnete vor Richtern, in Interviews, vor den TV-Kameras. Vielleicht leugnete er es auch vor sich selbst?

Doch es hatte eher den Anschein, als würde Virenque ein mieses Schauspiel abziehen, wenn er mit viel Pathos und Krokodilstränen seine Unschuld beteuerte und sich selbst als Opfer darstellte. Und so lange, wie er glaubte und hoffte, selbst ungeschoren davonzukommen, belastete Virenque andere. Seinen ehemaligen väterlichen Freund Willy Voet nannte er einen „Dealer".

Als dieser dann beim Prozess im Herbst 2000 gegen Richard Virenque als Zeuge geladen war, brüllte er in Richtung seines ehemaligen Schützlings: „Du Bastard wärst tot, wenn ich dir alles injiziert hätte, was du wolltest." Der deutsche Radprofi Jens Voigt gab einmal zu Protokoll: „Mit Virenque rede ich grundsätzlich nicht, weil ich ihn nicht mag. Er ist ein Lügner, der auch noch ein Buch geschrieben hat mit dem Titel *Meine Wahrheit (Ma vérité)* – das muss man sich mal vorstellen."

Schließlich gab Richard Virenque, einmal mehr in Tränen aufgelöst, dann doch systematisches Doping während der 1990er-Jahre zu und wurde im Oktober 2000 zunächst für ein Jahr gesperrt. Später wurde die Sperre auf sieben Monate reduziert.

In den beiden Jahren zwischen der „Tour de Farce" 1998 und der Gerichtsverhandlung im Jahr 2000 war Virenque weiter als Profi unterwegs gewesen. Zum Jahresende 1998 fand der bei *Festina* gekündigte Franzose zunächst kein neues Team und verkündete sein Karriereende. Doch schließlich präsentierte er mit dem italienischen Rennstall *Polti* seinen neuen Arbeitgeber und wollte nie etwas von Rücktritt gesagt haben.

Virenque nahm an der Tour de France 1999 teil, als wäre nie etwas vorgefallen, er gewann zum fünften Mal die Bergwertung und erreichte Paris als Gesamtachter. Im Sommer 2000 wurde er Gesamtsechster und Dritter im Kampf um das gepunktete Trikot des besten Bergfahrers.

Erleichtert, endlich nicht mehr lügen zu müssen, schien Virenque nicht zu sein. Französische Medien berichteten von Depressionen in der Zeit der Suspendierung vom Profiradsport; Virenque hatte zehn Kilogramm zugenommen und so schien es auf das Karriereende hinauszulaufen.

Doch Virenque bekam noch einmal die Kurve, auch weil sein Landsmann Laurent Jalabert ihn aus seinem mentalen Loch holen konnte und gemeinsam mit ihm für das Comeback im Spätsommer 2001 trainierte. Das verlief zunächst nur bedingt erfolgreich: Bei der Vuelta belegte er Rang 24 im Gesamtklassement, bei der Tour im Sommer 2002 landete der Franzose auf Platz 16 der Gesamtwertung.

2003, inzwischen im Trikot des belgischen Teams *Quick Step-Davitamon*, zog Richard Virenque nach dem sechsten Gewinn des Bergtrikots mit dem Spanier Federico Bahamontes und dem Belgier Lucien Van Impe gleich. 2004, in seinem letzten Profijahr, überflügelte Richard Virenque den „Adler von Toledo" und den belgischen Kletterspezialisten und ist seitdem alleiniger Rekordhalter. Im Rahmen der Feierlichkeiten zum hundertjährigen Tour-Jubiläum im Jahr 2003 wurde allerdings Bahamontes und nicht Virenque zum besten Bergfahrer aller Zeiten bei der Frankreich-Rundfahrt gekürt.

Dass Virenque in dem Ranking Zweiter wurde und nicht der Luxemburger Charly Gaul oder Lucien Van Impe, passte Bahamontes überhaupt nicht in den Kram und der Spanier sagte: „Wenn Virenque die Nummer zwei der Bergfahrer bei der Tour ist, dann bin ich Napoleon."

Nach dem Ende der Karriere arbeitete Richard Virenque als TV-Experte unter anderem bei *Eurosport*, er nahm an einigen eher fragwürdigen TV-Shows teil, fuhr Autorennen und war doch tatsächlich Botschafter für *Festina*-Uhren. Er versuchte sich als Unternehmer in Sachen Immobilien. Die geplanten Luxusbauten an der Cote d'Azur konnten jedoch nie realisiert werden, weil Virenques Firma gegen geltendes Städtebaurecht und Umweltschutzbestimmungen verstieß.

Richard Virenque spaltet Frankreich nach wie vor in zwei Hälften: Die einen haben ihn schon immer geliebt für seine mutige und offensive Fahrweise, sind dem Charme des „Sunnyboys" erlegen und haben ihm selbstverständlich auch seine Dopingvergehen verziehen. Die anderen haben ihn stets verachtet für sein egozentrisches und geradezu narzisstisches Auftreten, und sie nehmen ihm nach wie vor krumm, dass er so lange gelogen hat in der *Festina*-Affäre. Dazwischen gibt es in Frankreich eigentlich nichts: entweder man liebt oder hasst Richard Virenque.

★ 4 ★

DIE ITALIENER

4.1 MARCO PANTANI – „IL PIRATA“ (13.01.1970-14.02.2004)

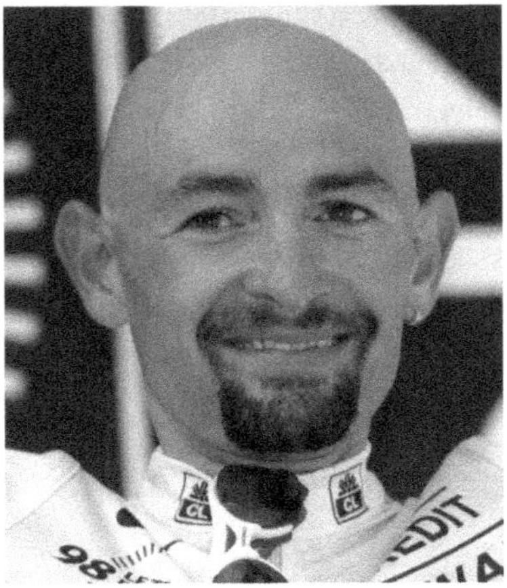

Der Italiener Marco Pantani war eine der schillerndsten, aber auch eine der tragischsten Figuren des Radsports. „Il pirata“, wie der Mann aus Cesenatico auch genannt wurde, besaß schon zu Lebzeiten Kultstatus. Er gewann 1998 als bislang letzter Profi die Tour de France und den Giro d'Italia in einem Jahr. Und er starb, einsam und psychisch schwer angeschlagen, im Februar

2004 im Alter von nur 34 Jahren in einem Hotel in Rimini, mutmaßlich an einer Überdosis Kokain.

Marco Pantani wuchs in Cesenatico an der italienischen Adriaküste auf. Wenn er aus der Schule kam, die für ihn kaum Erfolgserlebnisse bereithielt, lungerte er am Kiosk seiner Mutter an der Strandpromenade herum, ging fischen, kickte am Strand mit den anderen Jungs oder fuhr mit dem Rad durch seine Heimatstadt – als Anführer einer kleinen Jugendbande, die jede Menge „Dummer-Jungen-Streiche" im Kopf hatte.

Angeblich wurde er bei seinen Radtouren als Kind gleich mehrfach von Autos angefahren. Nichtsdestotrotz schenkte ihm sein Großvater Sotero ein Rennrad und der Zwölfjährige begann alsbald beim örtlichen Radsportklub, der Gruppo Ciclistico Fausto Coppi, mit dem Training. Er war auch als Jugendlicher einen Kopf kleiner als die anderen Jungs, aber er erwies sich als Talent, vor allem, wenn es bergauf ging.

An Sicherheit bzw. an der nötigen Konzentration, die es auf dem Rennrad bei höheren Geschwindigkeiten nun mal braucht, schien es ihm noch zu mangeln. Als 16-Jähriger raste der Youngster ungebremst in einen Lastwagen und lag danach 24 Stunden im Koma. Bei einem weiteren Unfall als Juniorenfahrer zog er sich mehrere Brüche zu. Die Segelohren, eines seiner Markenzeichen, hatte er übrigens damals schon; die Glatze, die zu Pantani genauso dazugehörte, hatte er ebenfalls schon als 17-Jähriger.

Gewann Marco Pantani in den späten 1980er-Jahren zunächst nur unbedeutende regionale Rennen, so nahm er 1990 erstmals am sogenannten *Baby-Giro* teil und beendete die Italien-Rundfahrt für Nachwuchsfahrer auf Platz zwei der Gesamtwertung, genauso wie im darauf folgenden Jahr. 1992 dann gewann der Nachwuchsfahrer aus Cesenatico den Giro d'Italia dilettanti und unterschrieb im August des Jahres einen Profivertrag beim Team *Carrera Jeans-Vagabond*, für das er als Neuprofi im Frühjahr beim Flèche Wallonne und Lüttich-Bastogne-Lüttich am Start stand und schließlich im Mai erstmals den Giro d'Italia in Angriff nahm.

Der damals 22-Jährige machte sich nicht schlecht als Helfer seines Kapitäns, des späteren Siegers Claudio Chiappucci, stieg allerdings selbst wenige Tage vor dem Ende der Rundfahrt aufgrund von Problemen an der Achillessehne aus. In der Gesamtwertung lag der Giro-Debütant zu diesem Zeitpunkt auf einem mehr als respektablen 18. Platz des Gesamtklassements.

Er war ein Talent, zweifelsohne. Aber den Sprung, den Marco Pantani dann innerhalb nur eines Jahres machte, hatten ihm selbst seine Teamchefs nicht zugetraut. Pantani gewann zwei Etappen beim Giro d'Italia und musste sich am Ende als Gesamtzweiter nur dem Russen Jewgeni Bersin geschlagen geben. Einen gewissen Miguel Induráin ließ Pantani bei der Rundfahrt in seiner Heimat hinter sich. Bei der Tour de France im Sommer des Jahres traf Pantani erneut auf den Spanier und hatte keine Chance gegen ihn.

Aber Pantani, der im Laufe der Rundfahrt die Kapitänsrolle des ausgeschiedenen Claudio Chiappucci übernommen hatte, wurde bei seinem Tour-Debüt immerhin Dritter im Gesamtklassement und gewann das Weiße Trikot des besten Jungprofis.

„Il diavoletto" (der kleine Teufel) war innerhalb kürzester Zeit in der absoluten Weltklasse der Rundfahrer angekommen und die italienischen Medien verglichen den kletterstarken Youngster aus Cesenatico bereits mit den ganz Großen des italienischen Radsports, mit Fausto Coppi, Gino Bartali und Felice Gimondi.

Marco Pantani wollte mit dem Gesamtsieg beim Giro d'Italia des Jahres 1995 beweisen, dass die Vergleiche mit den Champions früherer Zeiten ihre Berechtigung hatten. Die Organisatoren der Italien-Rundfahrt spielten mit, sie schnitten das Profil des Giro ganz auf den Kletterkünstler Pantani zu. Doch der musste passen. Bei einer Kollision mit einem Auto während einer Trainingsrunde im Frühjahr des Jahres zog sich der Italiener eine Knieverletzung zu, gab erst bei der Tour de Suisse im Juni sein Comeback und wollte anschließend bei der Tour den ganz großen Coup landen.

Allerdings war Marco Pantani nach der Verletzungspause noch nicht wieder in Bestform; er gewann zwar die Etappe hinauf nach L'Alpe d'Huez und später noch den Tagesabschnitt nach Guzet-Neige, aber landete in der Gesamtwertung auf einem für ihn enttäuschenden 13. Rang; sicherlich auch, weil er sich im Verlauf der Frankreich-Rundfahrt eine Lebensmittelvergiftung zugezogen hatte.

Als Trost blieb dem Italiener der erneute Gewinn des Weißen Trikots. Nach Platz drei im Straßenrennen bei der WM in Kolumbien folgte der nächste Rückschlag: Marco Pantani kollidierte beim Eintagesklassiker Mailand-Turin frontal mit einem Auto, brach sich Schien- und Wadenbein gleich mehrfach und musste gar um die Fortsetzung seiner Karriere fürchten.

Marco Pantani kehrte im Sommer des Jahres 1996 zurück, fuhr allerdings nur einige Rennen in Italien. Zur Saison 1997 wechselte Marco Pantani zum Team *Mercato Uno* und startete im Trikot seines neuen Rennstalls durchaus Erfolg versprechend in die Saison, sodass beim Giro d'Italia durchaus wieder mit ihm zu rechnen war. Ganz der Alte auf dem Rad war er noch nicht wieder, aber das Pech war ihm treu. Auf der achten Etappe lief ihm eine Katze ins Rad und er musste mit einem Muskelfaserrisss das Rennen aufgeben.

Beim Tour-de-France-Gesamtsieg von Jan Ullrich im Sommer des Jahres präsentierte sich „Il elefantino", wie Fans und Medien ihn wegen seiner abstehenden Ohren nannten, dann erstaunlich stark. Erneut gewann er die Etappe nach L'Alpe d'Huez, in Morzine-Avoriaz siegte er auf einer weiteren schweren Bergetappe und landete schließlich hinter Ullrich und dem Zweitplatzierten Richard Virenque auf Rang drei des Gesamtklassements.

In Richtung seiner Konkurrenten tönte der inzwischen 27 Jahre alte Italiener: „Ich bin noch längst nicht hundertprozentig wieder in Form. Der beste Pantani ist der Pantani der Zukunft."

Marco Pantani ließ seinen Worten Taten folgen: Er triumphierte Anfang Juni 1998 erstmals beim Giro und entschied sich mehr oder minder spontan dafür, im Sommer auch noch die Tour de France in Angriff zu nehmen. Zunächst schien das keine gute Idee zu sein: Der Italiener hatte wenig trainiert nach dem Giro und fuhr zunächst der Musik hinterher. Mit jedem Tag aber kam Pantani besser in Form; nach der 14. Etappe lag er bereits auf Platz vier, nur rund drei Minuten hinter dem Topfavoriten Jan Ullrich.

Der 27. Juli mit der Etappe von Grenoble nach Les Deux Alpes sollte die Sternstunde für Marco Pantani und der schlimmste Tag in der Karriere von Jan Ullrich werden. Es war regnerisch und lausig kalt, als es zunächst über den 2.600 Meter hohen Col du Galibier ging. Ullrich hatte alle Angriffe der Konkurrenten zuvor souverän gekontert.

Dann ging Pantani am Anstieg zum Galibier aus dem Sattel, Ullrich blieb sitzen. Nicht, weil das sein üblicher Fahrstil war, sondern weil er nicht mehr konnte. Regen und Kälte, das war noch nie Jan Ullrichs Wetter. Der Mann im Gelben Trikot verlor bis zur Passhöhe drei Minuten auf Pantani, doch das Drama - aus Sicht Ullrichs - sollte weitere Akte bereithalten.

„Ulle" verweigerte oben an der Passhöhe eine wärmende Jacke bzw. Weste, er vergaß zu essen, erlitt einen Hungerast und hatte auch noch einen Defekt. Pantani flog mit gewohnt kleiner Übersetzung und seinem unorthodoxen Fahrstil förmlich die letzte Steigung nach Les Deux Alpes hinauf, Ullrich schien zu stehen. Ausgemergelt, mit aufgedunsenem Gesicht quälte er sich ins Ziel.

Mit knapp neun Minuten Rückstand auf den Tagessieger kam er in Les Deux Alpes an. Dort mussten ihn seine Betreuer vom Rad heben, sie haben ihn in sein Hotelzimmer geschleppt, ihn ausgezogen und gefüttert, so fertig war der Vorjahressieger - während Marco Pantani nicht nur den Tagessieg feierte, sondern mit der Attacke auch noch ins Gelbe Trikot gefahren war.

Jan Ullrich erholte sich, er attackierte und versuchte, Pantani das begehrteste Leibchen im Radsport noch zu entreißen. Doch der erwies sich als zu stark und feierte bei der Tour de France den größten Erfolg seiner Karriere.

Überschattet wurde die Frankreich-Rundfahrt 1998 vom sogenannten *Festina-Skandal*. Fahnder hatten bei einem Betreuer des französischen Rennstalls *Festina* Unmengen an Dopingpräparaten gefunden; die Tour de France wurde zur „Tour de Farce"; es drohte zwischenzeitlich sogar der Abbruch der Rundfahrt.

Marco Pantani feierte in Paris, als wäre nichts gewesen. Doch da war etwas: Analysen der Dopingproben aus dem Sommer 1998 ergaben sechs Jahre später ein positives Ergebnis auf die Einnahme von EPO bei dem Italiener.

Den Giro d'Italia 1999 dominierte Marco Pantani geradezu nach Belieben, er hatte vor der vorletzten Etappe mit Start in Madonna di Campiglio mehr als fünf Minuten Vorsprung vor dem Zweitplatzierten Paolo Savoldelli. Der Gesamtsieg schien nur noch Formsache zu sein. Doch dann wurde der Dominator des Giro am Morgen vor dem Start aufgrund eines zu hohen Hämatokritwerts aus dem Rennen genommen. Dicker als Marmelade sei Pantanis Blut gewesen, sagte sein Betreuer Fabrizio Borra, der ihm die Nachricht vom Ausschluss überbrachte.

Zwei Wochen lang durfte Pantani ab sofort an keinem Rennen mehr teilnehmen, so die Regularien der UCI. Schutzsperre hieß das offiziell, doch Pantani fühlte sich alles andere als geschützt; er drehte durch auf dem Hotelzimmer, er zerschlug mit der Faust den Badezimmerspiegel und sagte später: „Die seelischen Schmerzen, die mir dieses Land zugefügt hat, werde ich nie vergessen."

Dabei hielt die Mehrzahl der Tifosi zu ihrem Idol und die Rennfahrer zu ihrem Kollegen; der bislang Zweitplatzierte des Giro, Paolo Savoldelli, weigerte sich auf der Etappe nach Pantanis Ausschluss demonstrativ, dessen Rosa Trikot überzustreifen.

Im selben Jahr veröffentlichte die italienische Zeitung *La Republica* einen Bericht, nach dem in mehreren italienischen Profi-Rennställen, auch in Pantanis Ex-Team *Carrera*, systematisches Doping mit EPO betrieben wurde. Pantani, der natürlich seine Unschuld beteuerte, zog sich nach dem Giro 1999 aus dem Renngeschehen und aus der Öffentlichkeit zurück. Sein Comeback gab er erst bei der Italien-Rundfahrt 2000; es war ein trauriges Comeback für den ehemaligen Champion.

Bereits während des zuvor absolvierten Höhentrainingslagers auf Teneriffa hatten italienische Medien von massiven psychischen Problemen berichtet, erstmals wurde zudem der Verdacht geäußert, Pantani sei kokainabhängig. Dass die physischen Voraussetzungen für eine dreiwöchige Rundfahrt nicht die besten waren, lag auf der Hand. Beim Giro d'Italia 2000 landete Marco Pantani lediglich auf Rang 28 der Gesamtwertung.

Bei der Tour de France im Sommer des Jahres gewann „Il pirata" immerhin zwei Bergetappen, die hinauf zum Mont Ventoux und die nach Courchevel, stieg aber nach der 16. Etappe mit einer Magen- und Darmerkrankung aus.

Fortan fuhr Marco Pantani bei den großen Rennen nur noch hinterher oder gab vorzeitig auf; von der Tour de France 2001 wurden er und sein Team gar ausgeladen. Jenseits der Rennen schrieb er eine Negativschlagzeile nach der nächsten. Pantani wurde wegen Sportbetrugs zu einer Bewährungsstrafe verurteilt, 2002 dann wegen Insulindopings für acht Monate gesperrt. Längst litt Pantani an schweren Depressionen, nahm Drogen und trank, zeigte sich aber weitgehend beratungsresistent gegenüber jeglicher professioneller Hilfe. Pantani war ein Sturkopf, ein Dickschädel.

Einer der wenigen Lichtblicke für Pantani: sein *Mercantone-Uno*-Team hielt zu ihm. Als Marco Pantani nach Ablauf der Sperre im Mai 2003 beim Giro d'Italia ein Comeback wagte, verlief dies angesichts seines desolaten Zustands erstaunlich erfolgreich. Pantani wurde immerhin 14. im Gesamtklassement, zudem wurde er im Berufungsverfahren in letzter Instanz vom Verdacht des Sportbetrugs freigesprochen. Es waren nicht mehr als zwei kleine Lichtblicke im Dunkel, in das der einst so strahlende Star abtauchte.

Der Mann aus Cesenatico wurde – im wahrsten Sinne des Wortes – seines Lebens nicht mehr froh. Sein Team *Mercantone-Uno* hatte ihm nun doch zum Ende des Jahres 2003 den Laufpass gegeben, seine Freundin verließ ihn, selbst den Kontakt zu seiner Familie, die stets zu ihm gehalten hatte, brach Pantani ab. Immerhin – das konnte man als Eingeständnis seiner psychischen Probleme werten – machte der inzwischen 33-Jährige im Sommer des Jahres 2003 im Parco die Tigli, einer Spezialklinik in Venetien, eine Therapie.

Auf Anraten des ehemaligen Weltklassefußballers Diego Maradona, selbst jahrelang kokainabhängig, suchte Pantani auch noch eine Entzugsklinik auf Kuba auf, in der der 2020 verstorbene Maradona gute Erfahrungen gemacht haben soll. Nachhaltig konnten beide Kliniken Pantani nicht helfen.

Im Februar 2004 wurde Marco Pantani tot in seinem Hotelzimmer an der Strandpromenade Riminis aufgefunden. Die Tür seines Appartements *La Mimosa* in der *Residence Le Rose* war verriegelt, angeblich hatte Pantani sich richtiggehend verbarrikadiert, verschiedene Möbel und Gerätschaften von innen vor die Tür gestellt. Neben dem leblosen Körper wurde eine Packung Antidepressiva gefunden.

Die Autopsie ergab jedoch, dass der ehemalige Radstar an einer Überdosis Kokain gestorben war. Italien trug Trauer, die Tifosi befanden sich geradezu in einer Art Schockstarre. Trotz oder gerade wegen seiner Eskapaden, seiner Launen und natürlich wegen seiner Angriffslust in den Rennen hatten sie „Il pirata" geliebt und verehrt. Zu Pantanis Beerdigung kamen 20.000 Trauergäste, um sich von ihrem Idol zu verabschieden.

2014 rollte die Staatsanwaltschaft Rimini den Fall zum ersten Mal neu auf. Pantanis Mutter Tonina Belletti hatte den Verdacht geäußert, ihr Sohn sei eines gewaltsamen Todes gestorben. Sie glaubte nicht an die Drogensucht, auch nicht an den Selbstmord ihres Sohnes und behauptete, vor dessen Tod sei jemand im Hotelzimmer gewesen und hätte ihm gewaltsam die Drogen verabreicht. Die Staatsanwaltschaft glaubte nicht so recht an die Version, leitete aber dennoch ein Verfahren ein.

Die Menge des Kokains, die bei der Autopsie in Pantanis Körper gefunden wurde, war geradezu absurd hoch; es war die sechsfache Menge einer tödlichen Dosis. Der Verdacht der Mutter: Ihr Sohn habe über die Dopingpraktiken in seinen Teams aussagen wollen und sei deshalb aus dem Weg geräumt worden. Letztendlich aber stellte die Staatsanwaltschaft das eingeleitete Verfahren ein; der Verdacht, Pantani sei Opfer eines Mordes gewesen, erhärtete sich nach ihrer Ansicht nach nicht.

Schon zuvor hatte es Mutmaßungen gegeben, die italienische Wettmafia sei verantwortlich für den Tod Pantanis und für seinen Ausschluss beim Giro d'Italia 1999. Nach Aussagen eines Zeugen hätten illegale Wettanbieter bei einem Sieg Pantanis große Verluste zu befürchten gehabt. Sie wären, so der Zeuge, verantwortlich dafür gewesen, dass bei Pantani der zu hohe Hämatokritwert festgestellt und der Rennfahrer anschließend vom Rennen ausgeschlossen wurde.

Das macht insofern sogar Sinn, weil die mehrheitlich gedopten Fahrer in den 1990er-Jahren fast immer in der Lage waren, ihren erhöhten Hämatokritwert durch bestimmte Maßnahmen wieder unter die kritische Marke zu drücken.

2021 wurde der Fall Pantani erneut aufgerollt. Pantanis einstiger Dealer sagte: „Marco wurde umgebracht. Ich kannte ihn fünf, sechs Monate vor seinem Tod und er wirkte auf mich nicht wie jemand, der sich umbringen wollte." Vielmehr sei Pantani auf der Suche nach der Wahrheit gewesen, auf der Suche nach den wahren Ursachen für seinen Ausschluss beim Giro d'Italia 1999. Die Staatsanwalt Rimini nahm daraufhin Mordermittlungen gegen unbekannt auf.

Ob Pantani sich selbst das Leben genommen hat oder ob er ein Opfer eines Mordkomplotts wurde, ist bis heute ungeklärt. Fest steht: Die Fans liebten den Mann mit der Glatze und dem Piratenkopftuch – deshalb übrigens der Spitzname „Il pirata". Pantani war ein Hasardeur, ein Draufgänger, ein Rennfahrer alter Schule; kein Taktierer, Wattzahlen oder sonstige wissenschaftliche Erkenntnisse interessierten Pantani nicht. Und auch die Vorgaben seiner Teamchefs ignorierte er in schöner Regelmäßigkeit.

Er fuhr nach Gefühl, attackierte, wenn er es wollte – und er wollte eigentlich immer. Genau das liebten die Tifosi an ihm.

Kaum führte die Straße bergauf, griff Pantani auf seine unnachahmliche Art und Weise an. Die Hände am Unterlenker fuhr er zackig und irgendwie unrhythmisch im Wiegetritt die brutalsten Anstiege hinauf, setzte sich kurz wieder, um wenige Sekunden später wieder aus dem Sattel zu gehen. An den steilsten Stellen hatte er immer wieder – um sich selbst zu motivieren – „facile, facile" gerufen. „Leicht, leicht" seien die Anstiege, für einen Kletterkünstler wie ihn kein Hindernis, kein wirklicher Gegner.

Die Voraussetzungen als Bergfahrer brachte er mit: nur 1,70 Meter groß, bei einem Gewicht unter 60 Kilogramm. Marco Pantani hält bis heute den Rekord für den legendären Anstieg hinauf nach L'Alpe d'Huez. 1997 brauchte er für die 21 Kehren gerade einmal 37:35 Minuten und raste mit einem Stundenmittel von 23,08 Stundenkilometern dem 13,8 Kilometer entfernten Ziel entgegen. Mutmaßlich gedopt.

Als Begründung, warum er so schnell die Berge hochfuhr, sagte Pantani selbst einmal: „Ich liebe die Berge, aber die Strapazen erfüllen mich zutiefst mit Hass, also versuche ich, das Leiden kurz zu halten." Lange Zeit, bis die Depressionen einsetzten, war Marco Pantani eine Kämpfernatur, ließ sich auch von den zahlreichen Stürzen und den daraus resultierenden schweren Verletzungen nie entmutigen und kämpfte sich jeweils zurück.

„Leute wie Ullrich erringen ihre Tour-Erfolge durch ein, zwei Schlüsseletappen – und ausschließlich beim Zeitfahren. Ansonsten fahren sie völlig defensiv. Ich hingegen führe an jedem Berg eine Art Guerillakrieg. Das ist ungeheuer strapaziös, laugt den ganzen Menschen aus", sagte Marco Pantani einmal. Er sagte aber auch: „Ich bin von Natur aus ziemlich verrückt, aber es ist diese Verrücktheit, die mich vor dem Untergang bewahrt." Er hat sich geirrt.

4.2 FELICE GIMONDI – DER KONKURRENT DES KANNIBALEN (29.09.1942-16.08.2019)

Der Italiener Felice Gimondi ist einer von nur sieben Radprofis, die alle drei Grands Tours gewinnen konnten. Als Debütant siegte er 1965, in seinem ersten Jahr als Profi, sensationell bei der Tour de France. Dreimal gewann Gimondi den Giro d'Italia (1967, 1969 und 1976) sowie einmal die Vuelta a España (1968). Bis zum Gesamtsieg des Kolumbianers Egan Bernal im Jahr 2019 war der Italiener zudem der jüngste Tour-de-France-Sieger der Nachkriegszeit.

Im Alter von sieben Jahren bekam der kleine Felice sein erstes Fahrrad geschenkt. Fortan begleitete er seine Mutter, einer Postbotin, auf ihren täglichen Routen. Definitiv hat er dabei die Grundlagen gelegt, denn in der bergigen Region des Val Brembana geht es ständig hoch und runter. Zunächst half er nur der Mutter, später übernahm er den Posten des Briefträgers selbst; und erst nach dem Tour-de-France-Sieg 1965 kündigte er den sicheren Job bei der „Poste Italiane".

Sein erstes echtes Rennrad hatte Felice Gimondi übrigens seinem gewieften Vater zu verdanken: Mosè Gimondi arbeitete als Lkw-Fahrer und lieferte überwiegend Kies aus. Als eines Tages ein Kunde, von dem Gimondi senior wusste, dass dieser ein Rennrad besitzt, nicht zahlen konnte, schlug er vor: „Ich gebe dir den Kies, und du gibst mir dein Rennrad, mein Sohn hier ist nämlich ziemlich fix unterwegs."

Nomen est omen; Felice (der Glückliche) begann 1959 verstärkt mit dem Training und gewann als Juniorenfahrer 1960 mit Bergamo-Celana sein erstes Rennen in der Heimat. 1964 siegte der Italiener bei der Tour de l'Avenir, der wichtigsten Rundfahrt in der U23-Altersklasse, im selben Jahr nahm er für Italien an den Olympischen Spielen in Tokio teil, wo er im Straßenrennen allerdings nur Platz 33 belegte.

Bei der Tour de France 1965 war der damals erst 22 Jahre alte Felice Gimondi erst kurz vor dem Start als Ersatzmann für den verletzten Teamkollegen Battista Babini auf den Tour-Zug aufgesprungen und eigentlich nur als Helfer für seinen Kapitän Vittorio Adorni vorgesehen. Doch ähnlich wie fast 40 Jahre später Jan Ullrich im Team *Telekom* erwies sich der Youngster als der Stärkere und bekam von der Teamleitung freie Fahrt.

Als Favorit auf den Tour-Sieg im Sommer 1965 galt nach der Absage des fünfmaligen Tour-Siegers Jacques Anquetil dessen Landsmann Raymond Poulidor. Doch auf den „ewigen Zweiten" Poupou war auch diesmal Verlass. Gimondi fuhr ausgerechnet auf der vierten Etappe nach Rouen ins Gelbe Trikot. Er ließ es sich nur noch einmal abnehmen, auf der achten Etappe, allerdings nicht von Poulidor, sondern von Bernard Van de Kerckhove.

Doch als der Belgier verletzt ausschied, war der Weg endgültig frei für den jungen Italiener. Der Tour-Debütant gewann die beiden noch folgenden Einzelzeitfahren, gab das „Maillot jaune" bis Paris nicht mehr ab und hatte nach insgesamt 4.177 Kilometern einen Vorsprung von 2:40 Minuten auf Raymond Poulidor herausgefahren.

Seine Weltklasse als Rundfahrer hatte Felice Gimondi also 1965 eindrucksvoll unter Beweis gestellt. Im Frühjahr 1966 bewies der Italiener, dass er auch bei den Klassikern zu den Besten der Welt zählte. Er gewann Mitte April mit Paris-Roubaix das wohl härteste Eintagesrennen der Welt und siegte anschließend auch noch bei Paris-Bruxelles. Statt der Tour de France fuhr Gimondi den Giro d'Italia, wo er Platz fünf in der Gesamtwertung belegte.

Im Herbst des Jahres gewann Gimondi mit der Lombardei-Rundfahrt bei sich vor der Haustür bereits sein zweites *Monument des Radsports*. 1966 gewann Gimondi beim Giro eine Etappe, im darauf folgenden Jahr siegte er erstmals bei der Rundfahrt in seiner Heimat. Er strebte das „Double" an, war bei der Tour de France jedoch durch eine Magen- und Darmerkrankung gehandicapt und wurde „nur" Siebter. Das „Triple" bei den drei großen Landesrundfahrten machte Gimondi 1968 mit dem Triumph bei der Vuelta a España perfekt.

Der Italiener war damit der erst zweite Radprofi nach Anquetil, dem dieses Kunststück gelang. Felice Gimondi gewann die Italien-Rundfahrt noch zweimal, 1969 und 1976 zum Ende seiner Karriere; neunmal stand er auf dem Podium bei der Italien-Rundfahrt – so oft wie kein anderer Rennfahrer.

Neben Paris-Roubaix und seinen zwei Erfolgen bei der Lombardei-Rundfahrt gewann Gimondi 1974 noch die „Classicissima" Mailand-San Remo, 1973 bereits hatte er sich in Barcelona den WM-Titel geholt.

Felice Gimondi war definitiv ein Alleskönner. Er war jedoch nicht nur aufgrund seiner Erfolge enorm beliebt bei den „Tifosi"; der Mann hatte Stil, er war ein Kämpfer auf dem Rad, ein Feingeist im normalen Leben. Gimondi kam sehr entspannt und wortgewandt rüber, wenn er sich gerade nicht auf dem Vélo schinden musste.

„Physische Stärke ist die Grundlage. Körper, Beine und Muskeln müssen fit sein. Aber wir sitzen Stunden um Stunden im Sattel. Also brauchen wir auch eine gewisse Vorstellungsgabe. Man braucht Intelligenz und Ruhe. Man braucht eine mentale Kontrolle. Es geht um Selbstbeherrschung", erklärte der Italiener seine Erfolge einmal.

Wäre ihm ab dem Ende der 1960er-Jahre nicht ein gewisser Eddy Merckx in die Quere gekommen, wären die Palmarès Gimondis sicherlich noch eindrucksvoller. In einem Porträt über Gimondi verglich der italienische Autor Giacomo Pellizzari Gimondi und Merckx mit Salieri und Mozart. Nie jedoch hatte sich Gimondi beklagt, sich mit dem „Kannibalen", dem besten und erfolgreichsten Rennfahrer aller Zeiten, messen zu müssen. Er nahm den Kampf an – und manches Mal gelang es ihm ja auch, den scheinbar unbesiegbaren Belgier zu bezwingen.

Beim Giro d'Italia 1969 profitierte Gimondi allerdings davon, dass Merckx nach einer positiven Dopingkontrolle disqualifiziert wurde. Der Rivalität der beiden widmete der italienische Barde Enrico Ruggeri gar das Lied *Gimondi e il Cannibale*.

1978 hängte Felice Gimondi sein Rennrad an den berühmten Nagel. Bereits parallel zum Profi-Radsport hatte er ein Wirtschaftsstudium begonnen und baute später eine große Versicherungsagentur auf. Gimondi arbeitete als Sportdirektor beim Team *Gewiss-Bianchi* und bei *Mercantone-Uno* und fungierte als Berater der italienischen Kultmarke *Bianchi*.

1998 reiste der inzwischen 57 Jahre alte Ex-Champion nach Paris, um den Sieg Marco Pantanis bei der Tour de France zu feiern: Pantani war nach 33 Jahren der erste Italiener, der die Frankreich-Rundfahrt nach Gimondi gewinnen konnte.

Auch im Alter saß Gimondi noch häufig auf dem Rad. Er hatte nach einem schweren Unfall, bei dem er sich einen Halswirbelbruch zuzog, allerdings die Rennmaschine gegen Mountainbike und E-Bike getauscht. Am 16. August 2019 starb Felice Gimondi im Alter von 77 Jahren bei einem Badeunfall vor der Küste Siziliens. Nachdem ihm zuvor bereits vier Bypässe eingesetzt wurden, hörte das Herz einfach auf zu schlagen.

Und nicht nur Abertausende von italienischen Radsportfans trauerten: Als Eddy Merckx vom Tod seines langjährigen Rivalen erfuhr, soll er hemmungslos geweint haben – um einen guten Freund und um einen der ganz Großen des Radsports.

4.3 COSTANTE GIRADENGO – DER BANDIT UND DER CHAMPION (18.03.1893-09.02.1978)

Costante Giradengo war der erste „Campionissimo" im italienischen Radsport. Sechsmal gewann er Mailand-San Remo, und er hätte den italienischen Frühjahrsklassiker wohl noch öfter gewonnen, wenn das Rennen nicht während des Ersten Weltkriegs mehrmals abgesagt werden musste. Zudem wurde ihm einer seiner Siege aberkannt, weil er 1915 bei der „Classicissima" geschummelt und eine Abkürzung genommen hatte.

Giradengo gewann darüber hinaus zweimal den Giro d'Italia (1919 und 1923), dreimal die Lombardei-Rundfahrt und insgesamt neunmal den italienischen Meistertitel im Straßenrennen, von 1919 bis 1925 siebenmal in Folge.

Costante Giradengo war das mittlere von sieben Kindern. Er wuchs in Novi Ligure im Piemont auf und arbeitete ab dem Alter von 17 Jahren beim Automobilhersteller Alfa-Romeo in Tortona. Die An- und Abfahrt zu seiner Arbeitsstelle bewältigte der junge Mann auf dem Fahrrad, täglich kamen da um die 40 Kilometer zusammen. Radfahren gefiel Giradengo, schnelles Radfahren noch viel mehr und so fuhr er ab 1910 seine ersten lokalen Rennen.

1912 bereits wechselte er ins Profilager und siegte im darauf folgenden Jahr erstmals im Straßenrennen bei den italienischen Meisterschaften. Bei seiner ersten Teilnahme am Giro d'Italia gewann er auf Anhieb eine Etappe und belegte in der Gesamtwertung Rang sechs. 1914 triumphierte Giradengo beim Klassiker Mailand-Turin, siegte erneut bei den nationalen Titelkämpfen auf der Straße und holte sich den Tagessieg auf der 430 Kilometer langen Giro-Etappe zwischen Lucca und Rom.

Mit dem Eintritt Italiens in den Ersten Weltkrieg im Jahr 1915 und der Einberufung in die Armee musste Giradengo eine Zwangspause einlegen; erst ab 1917 nahm er wieder regelmäßiges Training auf. Nach Kriegsende 1918 gewann er zum ersten Mal die „Classicissima" Mailand-San Remo; fünf weitere Siege bei der „Classicissima" sollten folgen. Mit insgesamt sechs Siegen war der Italiener 50 Jahre lang Rekordsieger des Rennens, ehe Eddy Merckx den Rekord 1976 knackte.

1919 gewann der inzwischen 26-jährige Costante Giradengo in Italien so gut wie alles, was es zu gewinnen gab: Beim Giro d'Italia holte er sich auf der ersten Etappe das Rosa Trikot und gab es bis zum Ziel in Mailand nicht mehr ab, er gewann sieben Etappen und mit einem riesigen Vorsprung von 50 Minuten vor dem Zweitplatzierten Gaetano Belloni auch die Gesamtwertung.

Giradengo gewann 1919 erstmals die Lombardei-Rundfahrt, neben Mailand-Turin noch weitere wichtige Eintagesrennen in Italien und wurde darüber hinaus zum dritten Mal italienischer Meister. Emilio Colombo, Herausgeber und Organisator des Giro d'Italia, nannte den erfolgreichsten Radfahrer des Landes einen „Campionissimo"; diesen Ehrennamen haben sich in der Folge nur ganz wenige im italienischen Radsport verdient.

Costante Giradengo war ein exzellenter Rundfahrer, noch stärker jedoch war der Mann aus dem Piemont bei Eintagesrennen. Er gewann bis zu seinem Karriereende allein neunmal den italienischen Meistertitel im Straßenrennen, sieben davon - von 1919 bis 1925 - in Folge. Beim Giro stand er nach einer längeren Durststrecke erst wieder 1923 ganz oben auf dem Podium.

Der Gewinn des WM-Titels war dem „Campionissimo" nicht vergönnt. Auf dem Nürburgring 1927 wurde er Zweiter, allerdings mit deutlichem Abstand auf seinen knapp zehn Jahre jüngeren Landsmann Alfredo Binda. Ende der 1920er-Jahre war Costante Giradengo allerdings nicht mehr die überragende Figur im italienischen Radsport; er fuhr vermehrt Sechstagerennen auf der Bahn, wo es damals gutes Geld zu verdienen gab.

Einen Schlussstrich unter seine mehr als 20 Jahre währende Profikarriere zog Giradengo erst 1936 im Alter von 43 Jahren, nach seiner letzten Teilnahme am Giro d'Italia. Gewonnen hat den Giro bei Giradengos Abschied der 21 Jahre jüngere Gino Bartali, einer der wenigen legitimen Nachfolger Costante Giradengos.

Einer seiner großen Fans, aber auch einer seiner Freunde, war Sante Pollastri, den Giradengo bereits aus Jugendjahren aus seiner Heimatstadt Novi Ligure kannte. Pollastri war einer der meistgesuchten Verbrecher Italiens zu dieser Zeit. Die Polizei schaffte es nie, den Ganoven festzunehmen; erst als sie von dessen Radsportbegeisterung erfuhr, hatte sie es leicht, ihn zu erwischen. Sie schnappte ihn am Ziel eines Rennens, wo Pollastri auf seinen Freund Giradengo wartete.

Der „Cantaudore" Francesco De Gregori widmete der außergewöhnlichen Freundschaft sogar ein Lied: *Il Bandito e il Campione* (der Bandit und der Champion), zudem kam ein Buch über die beiden heraus und der staatliche italienische TV-Sender *RAI* produzierte später eine Serie über den Radsportchampion und den Kriminellen.

Giradengo blieb dem Radsport nach dem Ende der aktiven Karriere weiterhin treu. Er arbeitete zunächst für den italienischen Verband und die Nationalmannschaft, gründete nach dem Zweiten Weltkrieg eine Firma, die Rennräder und Mopeds unter seinem Namen produzierte. Später fungierte er als Teammanager bei einem Profi-Rennstall. Der erste „Campionissimo" Italiens starb im Februar 1978 im Alter von 84 Jahren in Cassano Spinola unweit seiner Geburtsstadt Novi Ligure.

4.4 ALFREDO BINDA – DER „TROMPETER VON CITTIGLIO" (11.08.1902-19.07.1986)

Der Italiener Alfredo Binda war einer der erfolgreichsten italienischen Radrennfahrer der Geschichte. Er fuhr seine großen Erfolge, darunter fünf Siege beim Giro d'Italia, bereits vor dem Zweiten Weltkrieg ein. Mit 41 Etappensiegen beim Giro hielt Binda ewige Zeiten den Rekord, bis ihn 70 Jahre später sein Landsmann Mario Cipollini überflügelte.

Alfredo Bindas Karriere schien bereits beendet, bevor sie überhaupt angefangen hatte. Der kleine Alfredo, eines von zehn Kindern aus dem kleinen Ort Cittiglio in der Lombardei, begeisterte sich zwar schon früh für den Radsport, aber weil Geld knapp war, hatte Alfredo kein eigenes Rad. Eine Trompete hatte er, und regelmäßig musizierte Alfredo gemeinsam mit seinen Geschwistern, weshalb er später als Radprofi von den italienischen Medien gerne auch als „Trompeter von Cittiglio" bezeichnet wurde.

Erst als Alfredo im Alter von 16 Jahren gemeinsam mit einem seiner älteren Brüder aus dem Norden Italiens nach Nizza übersiedelte, um bei einem Onkel als Stukkateur zu arbeiten, fand er einen Unterstützer, der ihm ein Rennrad zur Verfügung stellte und Alfredo Bindas Karriere konnte beginnen.

Sie begann mit einem Sieg. Gleich sein erstes Rennen 1921 im bergigen Hinterland der Côte d'Azur gewann der Youngster mit einem Vorsprung von 17 Minuten auf seine Kontrahenten. 1922 bereits startete der junge Italiener im Trikot von *Nice Sport* seine Profikarriere. Binda war ein unfassbar guter Kletterer, er trainierte eisern, um seine Sprintfähigkeiten zu verbessern und galt alsbald als geradezu unschlagbar.

Nach zwei Jahren, 1923 und 1924, im Trikot des Teams *La Française*, für das er unter anderem die Tour du Sud-Est und Nizza-Marseille gewann, wechselte er 1925 zum italienischen Rennstall *Legnano*, dem Alfredo Binda bis zum Ende seiner Karriere treu blieb.

1925 nahm er erstmals am Giro d'Italia teil, gewann die Rundfahrt in seiner Heimat auf Anhieb und siegte schließlich auch noch beim „Rennen der fallenden Blätter", dem Eintagesklassiker „Giro di Lombardia". 1926 verhinderte ein schwerer Sturz während des Giros die Titelverteidigung, trotz des Handicaps wurde Binda noch Zweiter.

In den Jahren 1927 bis 1929 siegte er in solch souveräner und überlegener Art und Weise, dass ihn die Veranstalter vor der Italien-Rundfahrt 1930 baten, diesmal doch bitteschön auf die Teilnahme zu verzichten bzw. nach der ersten Etappe auszusteigen. Sie befürchteten, dass die Zuschauer aufgrund der Dominanz des Seriensiegers das Interesse verlieren könnten. Der Sportsmann Alfredo Binda musste lange überlegen. Aber schließlich kam er dem Wunsch der Veranstalter nach, nachdem diese ihm genau die Summe ausgezahlt hatten (22.500 Lire), die er auch im Falle eines erneuten Gesamtsiegs erhalten hätte.

1931 wurde von den Organisatoren das Rosa Trikot für den Führenden in der Gesamtwertung eingeführt. Rosa, weil es die Farbe des Papiers der *Gazetto dello Sport* war, des Ausrichters der Italien-Rundfahrt.

Binda war zwar nicht der erste Rennfahrer im „Maglia Rosa" - das war sein Landsmann Learco Guerra -, aber Binda nahm es ihm auf der dritten Etappe ab und war auf Kurs zu seinem fünften Triumph beim Giro. Doch dann stürzte er auf der Etappe von Neapel nach Rom und stieg am darauf folgenden Tag aufgrund der Sturzverletzungen aus.

1932 war der „Campionissomo" durch eine Krankheit geschwächt, aber - den eigenen Ambitionen beraubt - arbeitete er auf den letzten Etappen aufopferungsvoll für seinen Teamkollegen Antonio Pesenti und hatte maßgeblichen Anteil an dessen Gesamtsieg.

Ende August des Jahres präsentierte sich Binda bei der Heim-WM in Rom dann wieder topfit und holte sich zum dritten Mal nach 1927 und 1930 das Regenbogentrikot des Weltmeisters. Damit war Alfredo Binda der erste Rennfahrer, der dreimal das WM-Straßenrennen gewinnen konnte. Später gelang dies noch den Belgiern Rik Van Steenbergen und Eddy Merckx, dem Spanier Oscar Freire sowie dem Slowaken Peter Sagan.

1933 dann war Alfredo Binda wieder der große Dominator des Giro d'Italia; er gewann sechs Etappen, fuhr 13 der 17 Etappen im Rosa Trikot und eroberte am Ende auch noch das Trikot des besten Bergfahrers, das just zur Giro-Ausgabe im Jahr 1933 eingeführt worden war. 1934 stieg Binda vorzeitig aus, 1935 hatte der Rekordsieger der Italien-Rundfahrt ganz offensichtlich seinen Zenit überschritten und landete bei seiner letzten Teilnahme lediglich auf Rang 16 in der Gesamtwertung.

An der Tour de France nahm der „Campionissimo" nur einmal, im Jahr 1930, teil. Er gewann zwei Etappen, erreichte das Ziel nach einem Sturz jedoch nicht. 1936 beendete Alfredo Binda seine aktive Karriere. Der fünfmalige Giro-Sieger blickte auf insgesamt 120 Siege als Profi zurück. Er war definitiv der beste Rennfahrer seiner Generation, die Medien nannten in „Il Fuoriclasse", den Hochbegabten. Andere tauften ihn aufgrund seiner eleganten, ästhetischen Fahrweise „La Gioconda" - jener Person also, die Leonardo da Vinci Kunsthistorikern zufolge auf dem wohl berühmtesten Gemälde der Welt, der Mona Lisa, verewigt hat.

Alfredo Binda arbeitete danach jahrelang als italienischer Nationaltrainer und hatte als solcher unter anderem die Aufgabe, die Erzrivalen Fausto Coppi und Gino Bartali dazu zu bringen, sich halbwegs zu vertragen. In seiner Zeit als Nationalcoach von 1948 bis 1961 wurden Fausto Coppi und Ercole Baldini Weltmeister im Straßenrennen; vier Italiener führte Binda zum Gesamtsieg bei der Tour de France, bei der damals noch Nationalteams statt Profi-Rennställe an den Start gingen.

Alfredo Binda, der sich ab Mitte der 1950er-Jahre in der konservativen Partei Democrazia Cristiana (DC) engagierte, starb 1986 im Alter von 83 Jahren in seinem Geburtsort Cittiglio unweit des Lago Maggiore. Ihm zu Ehren wurde dort schon bald nach seinem Tod das Museo Alfredo Binda gegründet.

4.5 FRANCESCO MOSER – „FRANCESCO NAZIONALE“ (*19.06.1951)

Es ist schwer zu sagen, ob der Italiener Francesco Moser zu größerem Ruhm als aktiver Rennfahrer oder als Gründer seiner legendären Radmarke Moser Cicli *gelangte. Die Räder, die der einstige Giro-Sieger, Weltmeister und Klassikerjäger in seiner Edelschmiede in Trient herstellen lässt, besitzen Kultstatus unter Radsportlern – insbesondere die Retromodelle aus den 1980er-Jahren.*

Francesco Moser wuchs als eines von elf Geschwistern in Palù di Giovo unweit von Trento im Norden Italiens auf und begann relativ spät, erst im Alter von knapp 18 Jahren, mit dem Radsport. Drei seiner älteren Brüder, Enzo, Aldo und Diego, waren als Amateurrennfahrer unterwegs, ihr jüngerer Bruder Francesco hängte sie schon bald ab und nahm bereits 1972 an den Olympischen Spielen in München teil.

Mit dem italienischen Vierer landete er im Mannschaftszeitfahren auf der Straße auf Platz neun, im Straßenrennen wurde der Youngster aus dem Veneto Achter und wechselte im darauf folgenden Jahr ins Profilager.

Als Radprofi gewann der Allrounder und Zeitfahrspezialist Francesco Moser in den 1970er- und 1980er-Jahren so gut wie alles, was es zu gewinnen gab. Lediglich im Hochgebirge hatte der 1,81 Meter große Modellathlet Nachteile gegenüber anderen Weltklasse-Rundfahrern.

1977 wurde „Francesco Nazionale" Straßen-Weltmeister, er triumphierte 1984 beim Giro d'Italia, gewann bei der Rundfahrt durch seine Heimat insgesamt 23 Etappen und holte sich viermal das Trikot des Punktbesten. Moser siegte sechsmal bei den sogenannten *Monumenten des Radsports*, dreimal bei Paris-Roubaix, zweimal bei der Lombardei-Rundfahrt sowie einmal bei Mailand-San Remo.

Mit 273 Siegen auf der Straße ist er einer der zehn erfolgreichsten Rennfahrer der Radsportgeschichte. An der Tour de France nahm er nur einmal teil, gewann im Sommer 1975 zwei Etappen sowie das Trikot des besten Nachwuchsfahrers und wurde Siebter im Gesamtklassement.

Berühmt geworden ist Francesco Moser auch durch seinen Stundenweltrekord, den er im Januar 1984 aufstellte und dabei nicht nur die Bestmarke von Eddy Merckx aus dem Jahr 1972 verbesserte, sondern in der Höhenluft von Mexiko-City mit 50,808 Kilometern als erster Mensch die 50-Kilometer-Marke knackte. Vier Tage später verbesserte Moser seinen eigenen Rekord und schraubte die Bestzeit auf 51,151 Kilometer hoch. Jahre später gab er zu, dass er den Rekordversuch mithilfe von Bluttransfusionen angegangen war, damals laut UCI-Reglement kein Dopingvergehen.

Eddy Merckx saß bei seiner Rekordfahrt Anfang der 1970er-Jahre auf einer knapp sechs Kilogramm schweren Rennmaschine, einem Sportgerät, das ansonsten weitestgehend einem normalen Rennrad dieser Zeit entsprach. Der findige und experimentierfreudige Moser benutzte bei seinen Rekordversuchen eine vom Hersteller *Colnago* konzipierte Spezialmaschine mit Scheibenrädern, einem größeren Hinterrad und einem speziellen Lenker.

In den 1990er-Jahren knackten dann so einige Spezialisten, darunter der Schotte Graeme Obree und der Engländer Chris Boardman, auf futuristischen Maschinen den Rekord von Moser, Boardman kam 1996 als Erster gar auf mehr als 56 Kilometer pro Stunde.

Allerdings wurden sowohl der Weltrekord von Francesco Moser als auch die Bestmarken der beiden Briten vom Welt-Radsportverband UCI „einkassiert" und fortan nur noch als Weltbestleistungen geführt. Der Verband hatte eine Rückkehr zu traditionellen Rennrädern angeordnet, die in ungefähr dem Modell entsprachen, mit dem Merckx 1972 seinen Rekord geschafft hatte.

Im Mai 2014 dann ruderte die UCI zurück und verkündete eine weitere Reform: Von nun an durften die Athleten wieder spezielle Zeitfahrräder benutzen, sie mussten nur den allgemeinen Regeln für die offiziellen Rennen des Welt-Radsportverbandes entsprechen.

Francesco Moser beendete seine Karriere als Profi im Jahr 1988. Gemeinsam mit Freunden machte er eine Radtour durch das Trentino, um das Rad danach symbolträchtig an einen 75 Zentimeter großen Nagel auf dem Marktplatz seines Heimatortes Palù di Giovo zu hängen.

Sechs Jahre später schwang sich der inzwischen 43 Jahre alte Ex-Profi und erfolgreiche Unternehmer noch einmal in den Sattel eines von ihm mitentwickelten und produzierten Zeitfahrrads und nahm erneut den Stundenweltrekord in Angriff. Er schaffte es nicht ganz, den zu dieser Zeit bestehenden Rekord zu knacken, seine 51,84 Kilometer in einer Stunde brachten dem Radsportveteran aber immer reichlich Bewunderung ein.

Längst hatte Moser sich als Hersteller edler Rennräder einen Namen gemacht. Die Besonderheit der *Cicli Moser* waren damals die mit Silberlot zusammengefügten und komplett muffenlosen *Columbus*-Rahmen, wodurch deutlich Gewicht eingespart wurde. Etwas pathetisch schreibt der Chef noch heute auf der Firmen-Webseite: „Neue Wege zu beschreiten, schien von Anfang an meine Bestimmung zu sein."

Langweilig jedenfalls wurde es Francesco Moser nie nach der aktiven Karriere als Rennfahrer. Er führte gemeinsam mit seinen Kindern Francesca, Carlo und Ignazio das Weingut seines Vaters auf dem Familiengut Maso Villa Warth im Val di Cembra bei Trento und arbeitete für den Veranstalter des Giro d'Italia.

Als leidenschaftlicher Jäger war er Gastgeber einer TV-Serie namens *A Caccia con Moser* (Jagen mit Moser), zudem engagierte sich „Checco", wie man ihn in der Region Trentino liebevoll nennt, für die Partito Autonomista Trentino Tirolese (Autonomistische Trentiner Tiroler Partei) in der Kommunalpolitik.

Von 1999 bis 2007 fungierte der Italiener als Präsident der Cyclistes Professionnels Associés (CPA), der „Fahrergewerkschaft" der Radprofis. Stundenweltrekorde nimmt Moser nicht mehr in Angriff, aber der inzwischen über 70-Jährige ist immer noch topfit. Und wenn es seine Zeit erlaubt, setzt er sich auf eines seiner Kult-Räder und schraubt sich die steilen Rampen zwischen den Weinbergen seiner Heimat hinauf; gerne auch mal gemeinsam mit dem 20 Jahre jüngeren Gilberto Simoni, einem weiteren ehemaligen Weltklasse-Profi aus seinem Heimatort Palù.

4.6 MARIO CIPOLLINI – SCHRILL, SCHRILLER, CIPOLLINI (*22.03.1967)

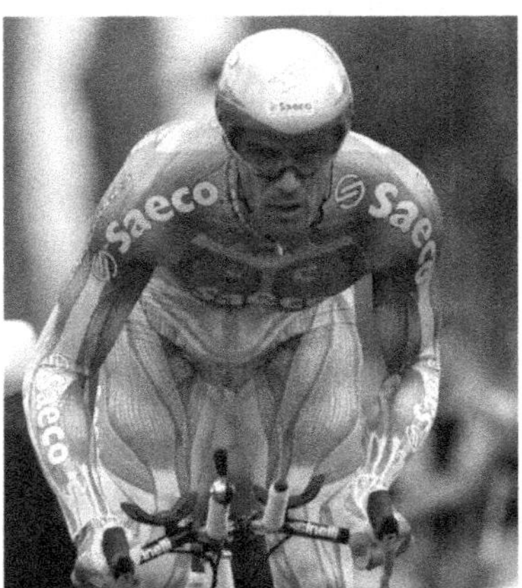

Mario Cipollini war der Popstar des Radsports in den 1990er-Jahren. Der Weltklassesprinter trug unter anderem ein Tigershirt, ein Jersey mit Zebramuster, einen sogenannten Skinsuit, *bei dem nur Knochen, Muskeln und Sehnen zu sehen waren – je schriller und auffälliger, desto besser.*

„Cipos" extravagante und egozentrische Auftritte haben nicht jedem

gefallen, aber die meisten Radsportfans verziehen ihm seine Eskapaden, weil er in sportlicher Hinsicht zuverlässig ablieferte.

Der Italiener wurde Weltmeister, gewann Mailand-San Remo, siegte auf zwölf Etappen bei der Tour de France und ist mit 42 Etappensiegen Rekordhalter beim Giro d'Italia.

Unverzeihlich hingegen sind seine Gewaltausbrüche nach dem Ende der aktiven Karriere gegenüber seiner damaligen Frau. Im Oktober 2022 wurde der ehemalige Radstar in erster Instanz zu drei Jahren Haft verurteilt.

Dass aus dem kleinen Mario Cipollini später einmal „Super-Mario", der weltbeste Sprinter, werden würde, war zunächst geradezu undenkbar. Der Junge aus Lucca in der Toskana litt als Kind an einer Lungenkrankheit, die ihm das Atmen schwermachte. Erst als Ärzte das Problem erkannten und dementsprechend behandelten, konnte Mario gemeinsam mit seinem Vater Vivaldo, seinem acht Jahre älteren Bruder Cesare und seiner Schwester Tiziana Rennrad fahren.

Marios Vater war ein leidenschaftlicher und guter Amateurrennfahrer, musste die Karriere aber nach einem schweren Sturz aufgeben, Cesare schaffte es sogar ins Profigeschäft; das größte Talent in der Radsportfamilie Cipollini aber war definitiv Mario. Nur schien der sein Talent zunächst zu verschleudern, trieb sich gern und viel in Diskotheken herum, anstatt zu trainieren.

Erst nach der Unterzeichnung seines ersten Profivertrags zur Saison 1989 beim italienischen Rennstall *Del Tongo* nahm er es mit dem Sport wirklich ernst. Als Amateur hatte er zwar zahlreiche kleinere Rennen in Italien gewonnen; wirklich große Erfolge aber hatte er als Youngster nicht vorzuweisen. 1985 wurde Cipollini Junioren-Weltmeister im Mannschaftszeitfahren, 1987 gewann er die Regio-Tour im Dreiländereck Deutschland-Schweiz-Frankreich.

Doch gleich in seiner ersten Saison als Profi holte Mario Cipollini auf der zwölften Etappe des Giro d'Italia seinen ersten Tagessieg, 1990 siegte er bereits bei zwei Etappen während der Italien-Rundfahrt, 1991 war er gar bei drei Giro-Etappen der Schnellste. So schien es in schöner Regelmäßigkeit weiterzugehen, denn nach seinem Wechsel zum Team *GB-MG-Maglificio* konnte er während des Giro 1992 bei vier Etappenankünften jubeln.

1993 jedoch verzichtete der Italiener auf die Rundfahrt in der Heimat, versuchte erstmals sein Glück bei der Tour de France und triumphierte dort auf Anhieb auf der ersten Etappe von Luçon nach Les Sables. Etapensieg Nummer zwei bei der Frankreich-Rundfahrt holte der damals 26-Jährige im Teamzeitfahren; in Paris kam er nicht an. Die Berge waren wahrlich nicht der Freund des Mario Cipollini; während der elften Etappe hinauf in den Skiort Isola 2000 verschwand „Cipo" im Besenwagen.

Es sollte zur schönen Regelmäßigkeit werden, dass der Sprintstar immer dann ausstieg, wenn es ins Gebirge ging. Jürgen Kindervater, ehemals Chef der *Deutschen Telekom* und durch das Sponsoring des Teams *Telekom* nah dran am Radsport, sagte einmal über Cipollini: „Er war bunt, schillernd und grell, dann hat er die Berge gesehen und sich an den Strand gelegt. Die Leistung erbringen die, die nach Paris kommen." Kindervater war nicht der Einzige, der den Italiener kritisierte.

Man nannte Cipollini trotz seiner Sprinterfolge ein „Weichei" und einen Schönwetterfahrer - was der natürlich nicht auf sich sitzen lassen wollte und für 1994 einen Sieg auf der Schlussetappe in Paris ankündigte. Doch ein schwerer Sturz Ende April, bei dem er mit 70 Stundenkilometern ungebremst in die Barrieren knallte und zwischenzeitlich sogar im Koma lag, verhinderte sowohl die Teilnahme am Giro als auch an der Tour.

Nach zwei Etappensiegen beim Giro 1995 dann strotzte Mario Cipollini wieder nur so vor Selbstvertrauen und verkündete: „Der Fahrer, der mich im Sprint schlagen kann, ist noch nicht geboren." Der Cipollini, der es über die Berge bei der Tour de France schaffte, war allerdings auch noch nicht geboren. Bei der Frankreich-Rundfahrt 1995 gewann er erneut zwei Etappen bei Massenankünften, trug kurzfristig gar das Gelbe Trikot, aber diesmal zwangen ihn die Kehren hinauf nach L'Alpe d'Huez zur Aufgabe.

Nach fünf Etappensiegen beim Giro d'Italia 1997 siegte er im Sommer des Jahres auf zwei Tagesabschnitten bei der Tour; bei den Feierlichkeiten auf den Champs-Élysées mussten die Kollegen wie gewohnt ohne den Italiener auskommen.

Mario Cipollini war in den 1990er-Jahren das Maß aller Dinge im Sprint, was auch damit zu tun hatte, dass er quasi der „Erfinder" des Sprintzugs war. Der Italiener schonte im Windschatten seiner Kollegen die „Körner" für den finalen Sprint; seine Anfahrer lieferten den Topsprinter dann möglichst im genau richtigen Moment und in exzellenter Position auf der Zielgeraden ab – der muskelbepackte Supersprinter erledigte den Rest.

1999 bei der Tour de France klappte das gleich auf vier Etappen in Folge, beim Giro gewann er ebenfalls auf vier Tagesabschnitten und schaffte 2000 bei der Italien-Rundfahrt seinen bereits 30. Etappensieg. Besser waren nur noch seine beiden Landsmänner Learco Guerra und Alfredo Binda, der 41 Etappensiege eingefahren hatte.

2001 zog er nach vier Etappensiegen an Guerra vorbei, aber dass Cipollini Binda einholen könnte, daran glaubte – außer ihm selbst – wohl kaum jemand; schließlich war der Sprinter bereits 34 Jahre alt.

Doch „Re Leone", der „König der Löwen", wie ihn italienische Medien gerne nannten, übertraf sich selbst. Er gewann 2002 gleich sechs Etappen und knackte im Mai 2003 schließlich den Uralt-Rekord Bindas aus den 1930er-Jahren, als er in Montecatini-Terme seinen 42. Tagessieg beim Giro feierte. Im Frühjahr 2002 hatte sich „Ciplinissimo" darüber hinaus endlich seinen Traum erfüllt und Mailand-San Remo gewonnen.

„Dieser Sieg heute, das ist fast so, als ob man Vater wird", erklärte „Cipo" pathetisch. Im Oktober desselben Jahres hatte er auf der Rennstrecke im belgischen Zolder zudem erstmals den WM-Titel im Straßenrennen gewonnen.

Ab 2004 wurde es zwar nicht wirklich ruhiger um den wohl eitelsten Pfau der Radsportgeschichte, die sportlichen Erfolge hingegen waren deutlich rarer gesät. Den großen Auftritt, die Show, das Blitzlichtgewitter genoss Cipollini immer noch. 2005 gab er seinen Abschied vom Radsport bekannt, um 2008 sein Comeback zu geben. Der inzwischen 40-Jährige unterschrieb einen Vertrag beim drittklassigen, aber zahlungskräftigen US-amerikanischen Team *Rock & Republic*.

Cipollini, den Steuerschulden in seiner italienischen Heimat plagten, konnte die Jahresgage von einer Million US-Dollar offensichtlich gut gebrauchen. Im Februar 2008 nahm er an der Kalifornien-Rundfahrt teil, gab sich selbstverständlich optimistisch vor dem Rennen und sagte: „Wieso sollte ich mit fast 41 ein Wrack sein? Ich verbringe regelmäßig sechs Stunden im Sattel" (*WELT*, 21.1.2008).

Doch bei der Rundfahrt im Südwesten der USA sah er überwiegend nur die Hinterräder der zum Teil halb so alten Konkurrenten. „Müder Schönling", titelten die Zeitungen über den einstigen Supersprinter; der Vertrag wurde wenige Wochen später aufgelöst.

Mario Cipollini war ein gnadenloser Selbstdarsteller, er protzte mit Luxusklamotten und Luxusaccessoires, und auch bei den Rennen gab es für ihn nur ein Motto: auffallen um jeden Preis. 1999 erschien der Sprinter bei der Einschreibung zur Tour de France verkleidet als Julius Cäsar, 2001 fuhr er den Prolog beim Giro d'Italia in einem Zeitfahranzug, auf dem Sehnen und Muskeln aufgedruckt waren, im darauf folgenden Jahr war es ein Anzug im Leopardenlook.

Dann wieder tauchte er im Trikot des brasilianischen Fußballers Ronaldo zur Siegerehrung auf. Die Strafen, die ihm die UCI aufbrummte, weil seine Kleidung nicht den Vorschriften entsprach, juckten den Topverdiener unter den Radprofis nicht im Geringsten.

Man mag all diese skurrilen Auftritte ja noch als Macke oder als Show akzeptieren; allerdings fiel Mario Cipollini bereits während seiner Zeit als Rennfahrer mehrfach durch Gewalttätigkeiten auf. Während der Vuelta a España verprügelte der Italiener seinen spanischen Kollegen Francisco Cerezo und wurde von der Spanien-Rundfahrt ausgeschlossen. 2004 muss der Sportreporter Beppe Conti während eines Interviews aus dem Teambus fliehen, nachdem Cipollini ihm Schläge angedroht hatte.

2008 wurde er wegen Steuerhinterziehung zu einer Zahlung von 1,6 Millionen Euro verurteilt, im Februar 2020 soll er seine Schwester bei einem Streit geschlagen haben. Und im Oktober 2022 schließlich wurde der inzwischen 55 Jahre alte Cipollini in erster Instanz zu einer Haftstrafe von drei Jahren verurteilt. Ein Gericht in seiner Heimatstadt Lucca befand den ehemaligen Radstar für schuldig, seine Ex-Frau Sabrina Landucci bedroht und geschlagen zu haben.

Landucci hatte ihren Ex-Mann im Januar 2017 angezeigt. Darüber hinaus sprach das Gericht Cipollini schuldig, den neuen Mann seiner Ex-Frau, den ehemaligen Fußballprofi Silvio Giusti, massiv bedroht zu haben. Aus dem ehemaligen „König der Löwen", so schrieben Menschen in Italien in den sozialen Medien, sei eine „ratto codardo", eine feige Ratte geworden. Cipollini, der zudem eine Geldstrafe von 85.000 Euro zahlen musste, hatte die Vorwürfe vor Gericht zurückgewiesen.

★ 5 ★

DIE FRANZOSEN

5.1 LAURENT FIGNON – ACHT SEKUNDEN FÜR DIE EWIGKEIT (12.08.1960-31.08.2010)

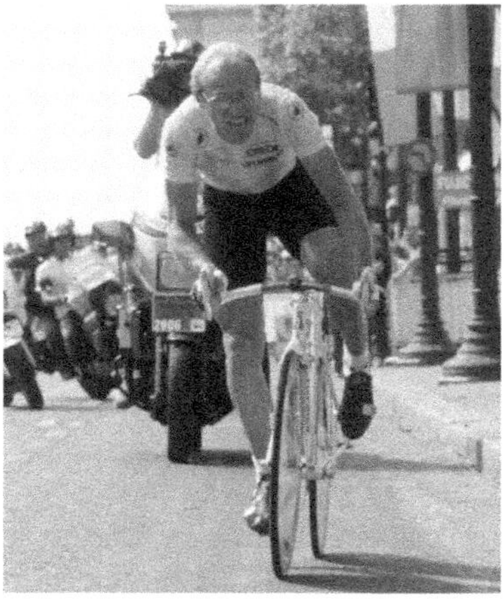

Laurent Fignon sah mit seiner Nickelbrille und seinem Zopf eher aus wie ein Student oder ein Literaturprofessor als ein Radrennfahrer. Aber er war ein Rennfahrer, einer der Besten, die Frankreich je hervorgebracht hat.

Zweimal, 1983 und 1984, gewann Fignon die Tour de France. 1989 war er drauf und dran, die Frankreich-Rundfahrt ein drittes Mal zu gewin-

nen. Nach 3.285 Kilometern fehlten ihm ganze acht Sekunden zum Sieg; es war und ist bis heute die knappste Entscheidung in der Geschichte der Tour. Laurent Fignon starb im August 2010 im Alter von gerade einmal 50 Jahren an den Folgen einer Krebserkrankung.

Laurent Fignon kam in Paris zur Welt, zog aber als Dreijähriger mit seinen Eltern nach Tournan-en-Brie, einem kleinen Ort im Südosten der Hauptstadt. Der kleine Laurent hatte zunächst rein gar nichts mit dem Radsport zu schaffen, spielte viel lieber Fußball. Erst als 15-Jähriger fand er Gefallen am Radsport, nachdem er bei einem Rennen zugeschaut hatte, bei dem einige seiner Freunde am Start waren. Sein Vater hatte die Begeisterung des Filius mitbekommen, schenkte Laurent sein Rennrad und der saß alsbald bei seinen ersten lokalen Rennen im Sattel.

Der schmale und introvertierte Bursche machte sich gar nicht mal schlecht, obwohl seine Kumpels und die meisten Kontrahenten in den Rennen ihm so einige tausend Trainingskilometer voraushatten. Seine Karriere als Juniorenfahrer nahm ab 1978 Fahrt auf, als er bei fast 20 Rennen ganz oben auf dem Podest stand, unter anderem wurde Fignon Juniorenmeister der Region Île-de-France.

Daran, Radprofi zu werden, verschwendete er zu diesem Zeitpunkt noch keinen Gedanken. Nach seinem mit Ach und Krach bestandenen Abitur begann er zunächst ein Studium mit dem Titel „Die Wissenschaft der Strukturen der Materie". Aber irgendwie – Studenten-Outfit hin, lange Haare her – konnte sich Laurent Fignon nicht so recht mit dem Studium anfreunden. Er las zwar viel und gerne, durchaus auch Gehaltvolles, wissenschaftliche Texte, Bücher über Philosophie, aber ganz offensichtlich brauchte Fignon klare Strukturen; er schwänzte häufig die Vorlesungen und überhaupt: am liebsten saß Laurent Fignon auf dem Rennrad.

1981 entschied er sich, die Profilaufbahn einzuschlagen und unterzeichnete beim Team *Renault-Elf-Gitane* einen ab Januar 1982 gültigen Vertrag. Es war der Rennstall, in dem ein gewisser Bernard Hinault, zu dem Zeitpunkt bereits dreimaliger Tour-de-France-Gesamtsieger, als unumstrittener Kapitän das Sagen hatte. Fignon war als Helfer und Wasserträger für Hinault vorgesehen. Ausgerechnet für jenen Kollegen, der den jungen und schüchternen Fignon bei der Tour de Corse im Jahr zuvor noch so gnadenlos abgebügelt und damit zutiefst verletzt hatte, als dieser ein gemeinsames Erinnerungsfoto schießen wollte.

Dieser bretonische Dickschädel Hinault und der feingeistige Querdenker Fignon; das passte von Anfang an nicht zusammen. Und wirklich zueinander finden sollten die beiden auch nie während ihrer gemeinsamen Zeit als Radprofis.

Sportlich gab es auch für Bernard Hinault nichts auszusetzen an dem Neuprofi mit der Nickelbrille. Beim Giro d'Italia 1982 gewannen sie zum Auftakt gemeinsam das Mannschaftszeitfahren, nach seinem zweiten Platz auf der zweiten Etappe ergatterte Laurent Fignon sogar für einen Tag das Rosa Trikot des Gesamtführenden und sorgte im weiteren Verlauf der Italien-Rundfahrt dafür, dass Hinault es sich holte und bis zum Ziel in Turin nicht mehr abgab. Fignon belegte in der Gesamtwertung Platz 15 und Rang zwei in der Wertung des besten Nachwuchsprofis.

Im Frühjahr 1983 verhalf der Edeldomestike Laurent Fignon seinem „Chef" Hinault zum Gesamtsieg bei der Vuelta a España (bis in die 1990er-Jahre fand die Spanien-Rundfahrt im April/Mai statt). Hinault zog sich in Spanien allerdings eine Knieverletzung zu und musste die Teilnahme an der Tour de France im Sommer absagen. Das *Renault*-Team ging ohne Kapitän in die „Grande Boucle", der Youngster Fignon schien noch nicht reif genug für die Rolle des Leaders zu sein.

Er hatte sich vor dem Start vorgenommen, eine Etappe zu gewinnen, unter die Top Ten des Gesamtklassements zu fahren und das Weiße Trikot des besten Nachwuchsfahrers zu holen. Doch zunächst sah es gar nicht gut aus. Fignon überstand beim Mannschaftszeitfahren so gerade einen Hungerast, auf den Pavés während der vierten Etappe durch den Norden Frankreichs holte er sich üble Blasen an den Händen und schließlich zog er sich auch noch eine Bindehautentzündung zu.

Doch der Youngster steckte all das weg, hielt in den Pyrenäen mit den Besten der Besten mit und schob sich nach der 11. Etappe bereits auf Platz zwei hinter seinem Landsmann Pascal Simon vor. Als dieser sich bei einem Sturz während der 17. Etappe das Schlüsselbein brach und aufgeben musste, war der Weg frei für den erst 22 Jahre alten Fignon. Mit einem Sieg im Einzelzeitfahren sicherte sich der Franzose gleich bei seinem Tour-de-France-Debüt den Gesamtsieg vor dem Spanier Ángel Arroyo.

Frankreich hatte einen neuen Liebling, nur Bernard Hinault war alles andere als begeistert und wechselte zur Saison 1984 zum neu gegründeten Rennstall *La Vie Claire-Terraillon*. Bei der Frankreich-Rundfahrt traten Fignon, Giro-Zweiter des Jahres, und Hinault als erbitterte Konkurrenten gegeneinander an. Hinault setzte gleich mal ein Zeichen und fuhr beim Prolog ins Gelbe Trikot. Doch insbesondere in der zweiten Hälfte der Rundfahrt schwächelte der „Dachs", wie ihn die Franzosen nannten und Fignon kontrollierte zusehends das Rennen.

In L'Alpe d'Huez tauschte er sein französisches Meistertrikot mit dem „Maillot jaune", gewann drei der letzten sechs Etappen und verteidigte seinen Titel mit etwas mehr als zehn Minuten Vorsprung auf Bernard Hinault. Die französischen Radsportfans träumten von einem Seriensieger namens Fignon, doch ihr Held geriet in eine veritable Krise.

1985 war er aufgrund einer Achillessehnenverletzung zum Zuschauen verdammt. 1986, bereits seit dem Frühjahr durch einige Krankheiten geschwächt, stieg er nach der zwölften Tour-Etappe erschöpft aus. Das Radsportjahr 1987 verlief ebenfalls nicht besonders erfolgreich, zudem wurde Laurent Fignon beim GP de Wallonie bei einer Dopingkontrolle positiv getestet – was zu jener Zeit jedoch höchstens zu kurzen Sperren und allenfalls zur Aberkennung des Ergebnisses führte, bei dem der jeweilige Fahrer erwischt worden war. Bei der Tour de France im Sommer 1987 wurde Fignon Siebter.

Mit dem Sieg bei Mailand-San Remo meldete er sich Anfang 1988 wieder in Topform zurück, bei der Frankreich-Rundfahrt musste Laurent Fignon aufgeben, nachdem er sich einen Bandwurm im Darm eingefangen hatte. Fignon triumphierte auch im März 1989 bei der „Classicissima" zwischen Mailand und San Remo, gewann in beeindruckender Manier den Giro d'Italia und zählte bei der Tour de France 1989 plötzlich wieder zu den Topfavoriten – neben dem Vorjahressieger Pedro Delgado und dem US-Amerikaner Greg LeMond, der sich inzwischen wieder von seinem schweren Jagdunfall aus dem Jahr 1987 erholt hatte.

Die Tour wurde schließlich zu einem epischen Duell zwischen LeMond und Fignon. Abgesehen von den ersten Tagen trugen abwechselnd nur die beiden das Gelbe Trikot; auf der Alpenetappe hinauf nach L'Alpe d'Huez entriss der Franzose es seinem Widersacher zum zweiten Mal im Verlauf der Rundfahrt und ging schließlich mit 50 Sekunden Vorsprung auf das alles entscheidende Einzelzeitfahren von Versailles nach Paris.

Pedro Delgado, der aus dem Zweikampf noch einen Dreikampf hätte machen können, kam übrigens aus bis heute unerfindlichen Gründen 2:42 Minuten zu spät zum Start des Zeitfahrens; die Verspätung wurde ihm auf seine Fahrtzeit aufgebrummt und der Spanier war endgültig raus aus dem Titelkampf. Fignon schien sich nicht zu sorgen: 50 Sekunden waren für den exzellenten Zeitfahrer genügend Vorsprung, zumal nur 24 Kilometer zurückzulegen waren. Dachte er, dachten die Experten.

Doch dann zauberte Greg LeMond einen aerodynamischen Helm aus dem Ärmel und stattete seine Rennmaschine mit einem zuvor im Windkanal getesteten, speziellen Zeitfahrlenker aus. Der US-Amerikaner flog nur so in Richtung Champs-Élysées. Er pulverisierte die bestehende Bestzeit, raste mit einem Schnitt von 54,545 Stundenkilometern ins Ziel – der bislang schnellsten Durchschnittsgeschwindigkeit, die bis dahin bei der Tour de France gefahren wurde.

Fignon startete als Führender mit kurzem Abstand nach LeMond. Ohne Helm, was damals noch normal war. Seine blonden langen Haare, zum Pferdeschwanz gebunden, wippten bei jeder Pedalumdrehung hin und her. Kilometer für Kilometer schmolz der Vorsprung dahin wie Butter in der Sonne. Als Laurent Fignon ins Ziel kam, hatte er acht Sekunden Rückstand auf seinen Konkurrenten und den sicher geglaubten dritten Tour-de-France-Sieg noch aus der Hand gegeben.

Acht Sekunden fehlten ihm zur Glückseligkeit; ziemlich genau 82 Meter nach insgesamt 3.285 absolvierten Kilometern, das hatte man schnell ausgerechnet.

Es gab nie vorher und bis heute keinen so knappen Vorsprung des Gesamtsiegers bei der Frankreich-Rundfahrt auf den Zweitplatzierten. Und man hat wohl nie zuvor und nie wieder einen Tour-Zweiten gesehen, der so demoralisiert, der so – im wahrsten Sinne des Wortes – am Boden war, wie Laurent Fignon an diesen 23. Juli 1989. Nach der Zielankunft sank er zusammen; er lag auf dem Pflaster, die Augen fest verschlossen.

Die Fotografen, die über ihm standen, schien er nicht wahrzunehmen; vor allem wollte er sie nicht wahrnehmen. „Ich wusste nichts mehr – nicht, wer ich war und nicht, wo ich war. Dann nahm der Schock Form an in meinem Kopf. Er begann, Realität zu werden", schrieb Laurent Jahre später in seiner Autobiografie. Schon damals ahnte man es; heute weiß man es ganz sicher: Greg LeMond hat das Zeitfahren und damit die Gesamtwertung aufgrund seines Equipments gewonnen; der futuristisch anmutende Tropfenhelm und die windschlüpfrige Sitzposition aufgrund des Lenkers hatten ihm den entscheidenden Vorteil gebracht.

Seit LeMonds Triumph und Fignons traumatischer Niederlage wird auf der letzten Tour-Etappe nicht mehr über Sieg und Niederlage in der Gesamtwertung entschieden. Die Schlussetappe ist inzwischen eine sogenannte *Tour d'Honneur*; es ist ein ungeschriebenes Gesetz der Tour de France, dass der Führende im Gesamtklassement nicht mehr angegriffen wird. Es wird Sekt während der Fahrt gereicht, die Fotografen bekommen reichlich schöne Motive geliefert; erst auf den Schlussrunden rund um die Champs-Élysées nimmt das Rennen wieder Fahrt auf.

Laurent Fignon versuchte Ende August 1989 bei der Heim-WM in Chambéry, Revanche zu nehmen, musste aber als Sechster stattdessen mitanschauen, wie sich LeMond auch noch das Regenbogentrikot des Weltmeisters holte.

Fignon hat sich nie mehr so ganz erholt von der Niederlage. 1990 musste er bei der Frankreich-Rundfahrt verletzungsbedingt nach einem Sturz aufgeben, im darauf folgenden Jahr wurde Fignon Sechster, 1992 landete er auf dem 23. Rang des Gesamtklassements, ehe er im Sommer 1993 mit Knieschmerzen zunächst das Rennen und bald danach auch seine aktive Karriere beendete.

Der Franzose, der stets offen damit umging, dass er während der gesamten Karriere gedopt habe („Machen Sie eine Wertung für saubere und nicht saubere Fahrer: Ich würde beide Wertungen gewinnen."), ging als großer Verlierer in die Geschichte des Radsports ein, wegen dieser acht Sekunden im Juli 1989. Dabei hatte er zweimal die Tour de France, einmal den Giro d'Italia und zweimal Mailand-San Remo sowie zahlreiche andere Rennen in seiner Laufbahn als Berufsrennfahrer gewonnen.

Laurent Fignon versuchte sich danach als Organisator von Radrennen, bekam aber nicht wirklich ein Bein an den Boden in dem Metier bzw. fühlte sich, wie er selbst sagte, „ausgebootet von den mächtigen Veranstaltern, die einen unbequemen Kritiker kaltstellten". Besser lief es für ihn als TV-Experte: Fignon lieferte messerscharfe Analysen von den Rennen ab. Fachlich war das vom Feinsten, was er den Fernsehzuschauern erzählte, Unterhaltungswert hatte es kaum.

Laurent Fignon war ein introvertierter und schweigsamer Zeitgenosse, mit der Presse sprach er selten bis gar nicht. Definitiv sagte er nie das, was die Journalisten gerne gehört hätten, sondern stets seine Meinung, die durchaus auch etwas krude Ansichten beinhaltete. So sprach es sich stets vehement gegen den Frauen-Radsport aus. 1989 verliehen ihm französische Journalisten im Anschluss an die Tour de France den „Prix Citron", den Preis für den unbeliebtesten Fahrer des Peletons.

Laurent Fignon war ein Eigenbrödler, der mit Gesellschaft nichts anfangen konnte, der aber auch die meiste Zeit seines Lebens mit sich selbst zu hadern schien. Im Peleton galt er einerseits als untadeliger Sportsmann, auf der anderen Seite war er nicht sonderlich beliebt unter den Kollegen. Fignon, den die Italiener „Il Professore" und die Franzosen „Le Prof" nannten, sah nicht nur aus wie ein Literaturprofessor, er war tatsächlich zeit seines Lebens ein Bücherwurm, las oft mehrere Bücher gleichzeitig, sogar nach den schweren Etappen steckte er seine Nase hinein.

Bei einer Routineuntersuchung im Frühjahr 2009 stellten die Ärzte bei Laurent Fignon Krebs im fortgeschrittenen Stadium fest. Er gab sich kämpferisch, er saß weiter hinter dem Mikro, wenngleich seine Stimme schon bald immer krächzender und schwächer wurde.

Er sagte: „Ich habe keine Angst vor dem Tod. Mir fehlt lediglich die Lust zum Sterben. Aber wenn der Tod unvermeidbar ist, kann ich nichts dagegen machen." Und er arbeitete, so gut es ging, daran, seine Autobiografie mit dem Titel *Wir waren jung und unbekümmert* zu beenden. Im Sommer 2010 kam das Buch heraus und ein sichtlich gezeichneter Laurent Fignon präsentierte es dennoch stolz der Öffentlichkeit; wenige Wochen später starb er im Alter von nur 50 Jahren.

5.2 LOUISON BOBET – DER ERSTE HATTRICK (12.03.1925-13.03.1983)

Louison Bobet war der erste Rennfahrer, der den „Hattrick" schaffte. Der Franzose gewann die Tour de France in den Jahren 1953 bis 1955 als erster Fahrer dreimal in Folge. Darüber hinaus siegte der Bretone bei vier der fünf Monumente des Radsports *und wurde 1954 Weltmeister im Straßenrennen.*

Louison Bobet, Sohn eines Bäckers aus Saint-Méen-le-Grand in der Bretagne, bekam bereits im Alter von zwei Jahren ein Kinderfahrrad geschenkt. Der kleine Louison konnte kaum laufen, aber mit dem Rad düste er auf Anhieb ohne Stützräder durch die Gassen der Altstadt – was sogar die Regionalzeitung *L'Ouest-Éclair* zu einem Artikel inspirierte.

Aber trotz der offensichtlichen Begabung spielte Louison Bobet in seiner Kindheit lieber Fußball und Tischtennis, wo er es immerhin zum bretonischen Jugendmeister brachte. Kurz vor und während des Zweiten Weltkriegs dann war Bobet junior häufig auf dem Rad unterwegs, um das Brot seines Vaters Louis auszuliefern und er bestritt schließlich doch als 13-Jähriger seine ersten lokalen Rennen. Bobet fand zunehmend Gefallen am Radfahren, nahm bereits in den letzten Kriegsjahren an weiteren regionalen Radrennen teil.

Sein erstes Rennen als lizensierter Nachwuchsfahrer gewann Bobet 1943. Daraufhin reduzierte Vater Louis die Arbeitszeiten seines Sohnes in der Bäckerei und ließ ihn nicht mehr tagtäglich in der Früh die mehr als 50 Kilogramm schweren Mehlsäcke schleppen. Befreit von der Plackerei, fand Louison Bobet immer mehr Spaß am Training und überraschte 1946 mit dem Gewinn des französischen Meistertitels im Straßenrennen der Amateure.

Zur Saison 1947 wagte er den Sprung ins Profilager und startete im Sommer des Jahres erstmals ins Abenteuer Tour de France. Nach einem Sturz auf der Abfahrt hinunter vom Col d'Izoard musste der unerfahrene und äußerst ungestüm fahrende Bobet das Rennen jedoch aufgeben.

Dennoch entschied er sich ganz für die Profikarriere und gab den kleinen Lebensmittelladen, den er gemeinsam mit seiner Frau Celine führte, wieder auf. Bei der Tour de France 1948 gewann der Bretone erstmals eine Etappe, schlüpfte zwischenzeitlich ins Gelbe Trikot und verpasste das Podium als Vierter nur knapp. 1949 musste er das Rennen verletzungsbedingt aufgaben, aber bereits im darauf folgenden Jahr stand er als Gesamtdritter erstmals auf dem Podium und gewann darüber hinaus die Bergwertung.

Seinen ersten Sieg bei einem der *Monumente des Radsports* holte sich der Franzose im Frühjahr 1951 bei Mailand-San Remo, im Herbst des Jahres folgte der Triumph bei der Lombardei-Rundfahrt.

Nachdem er 1952 aufgrund von Atemwegsproblemen und einer anschließenden Operation an der Nase nicht an der Tour de France teilnehmen konnte, schlug 1953 bei der 50. Ausgabe der „Grande Boucle" die große Stunde des Louison Bobet. Zunächst allerdings sah es gar nicht nach einem Sieg des Bretonen aus, der für die französische Nationalmannschaft an den Start ging.

Nachdem zunächst der Schweizer Fritz Schär das Gelbe Trikot trug, übernahm es auf der 11. Etappe Bobets Landsmann Jean Robic vom rivalisierenden französischen Regionalteam *Ouest*. Robic, Gesamtsieger der Tour 1947, fuhr mit einer abenteuerlichen Aktion ins „Maillot jaune": Auf den Abfahrten in den Pyrenäen behängte er sich mit zehn Kilogramm schweren Bleigewichten, um schneller herunterzurasen und fuhr damit tatsächlich einen Vorsprung auf Bobet hinaus.

Nachdem der ins Alter gekommene Robic auf der nächsten Etappe jedoch einbrach, übernahmen zunächst François Mahé und schließlich Jean Malléjac das Führungstrikot, ehe Bobet es ihm nach der Alpenetappe von Gap nach Briançon abnahm und es souverän bis Paris verteidigte.

Ohne die Leistung Bobets zu schmälern – profitiert hatte der Franzose bei seinem ersten Triumph bei der Tour sicherlich von der Absage Fausto Coppis. Und auch im darauf folgenden Jahr musste Bobet die Konkurrenz des vielleicht besten italienischen Rennfahrers aller Zeiten nicht fürchten. Nachdem die Asse aus Italien beim Giro 1954 in einen Bummelstreik getreten waren, hatte der Verband sie kurzerhand für die Teilnahme an der Tour de France gesperrt.

Der Weg war frei für Bobet, der aufgrund seiner herausragenden Qualitäten am Berg und als exzellenter Zeitfahrer seinen zweiten Gesamtsieg in Folge perfekt machte. In die Tour 1955 ging Bobet als amtierender Straßenweltmeister und schaffte schließlich Historisches. Der Franzose gewann als erster Rennfahrer zum dritten Mal in Folge die wichtigste Rundfahrt im Radsport.

Drei Siege hatte zuvor bereits der Belgier Philippe Thys eingefahren (1913, 1914 und 1920), aber eben nicht drei hintereinander. Das sollte erst Jahre später Jacques Anquetil und Eddy Merckx gelingen (je vier Siege in Folge), ehe Miguel Indurain von 1991 bis 1995 in fünf aufeinanderfolgenden Jahren bei der Frankreich-Rundfahrt triumphierte. Der vierte Rennfahrer, dem drei Siege hintereinander gelangen, war Chris Froome in den Jahren 2015 bis 2017.

Nach seinem dritten Gesamtsieg verzichtete Louison Bobet in den beiden darauf folgenden Jahren auf die Teilnahme an der Tour de France und gewann 1956 Paris-Roubaix, nachdem er im Vorjahr bereits bei der Flandern-Rundfahrt triumphiert hatte. Damit fehlte dem Franzosen lediglich noch ein Sieg beim fünften *Monument des Radsports*, bei Lüttich-Bastogne-Lüttich. Doch der Sieg bei „La Doyenne" blieb ihm ebenso verwehrt wie ein weiterer Erfolg bei der Tour.

1958 wurde Bobet Siebter, 1959 gab er vollkommen ermattet an der Auffahrt zum Col d'Iseran das Rennen auf. Es war ein trauriger Abschied eines großen Champions, der die Fans vor allem mit seiner fast bedingungslosen Hingabe an den Sport und seinem großen Kämpferherzen begeistert hatte. In den beiden letzten Jahren seiner Karriere als Profi blieben die ganz großen Erfolge aus; er beendete seine Laufbahn jedoch nicht freiwillig.

Am 15. Dezember 1961 verunglückten Louison Bobet und sein jüngerer Bruder Jean – von 1952 bis 1959 ebenfalls als Profi am Start – auf der Heimfahrt von Brüssel bei einem Autounfall; beide erlitten schwere Beinverletzungen. Im Sommer des Jahres 1962 erklärte der dreimalige Tour-de-France-Sieger dann endgültig das Ende seiner Profilaufbahn.

Schon bald startete er eine zweite, ebenfalls sehr erfolgreiche, Karriere als Geschäftsmann. Während seiner Reha in Roscoff an der bretonischen Atlantikküste hatte Louison Bobet die Heilkraft des Meeres am eigenen Körper erfahren dürfen und gründete 1962 gemeinsam mit Bruder Jean ein großes Thalassotherapie-Zentrum in Quiberon; schon bald folgten weitere Einrichtungen in ganz Frankreich. Bobet saß für die konservative RPR im Gemeinderat, als begeisterter Hobbyflieger gründete er später mit der *Thalass Air* sogar eine eigene Fluggesellschaft, mit deren Flugzeugen er die häufig gut betuchten Gäste seiner Thalassoeinrichtungen hin- und herfliegen ließ.

Im März 1983 erlag der dreimalige Tour-de-France-Champion einem Krebsleiden in seiner Wahlheimat Biarritz. Louison Bobet erhielt zahlreiche Auszeichnungen für sein Schaffen und sein Lebenswerk; an seine herausragenden Leistungen als Rennfahrer erinnern eine Statue am Anstieg zum Col d'Izoard (gleich neben der Fausto Coppis) sowie das ihm gewidmete Museum „Tous à vélo avec Louison Bobet" in seiner Heimatsstadt Saint-Méen-le-Grand.

5.3 RAYMOND POULIDOR – „POUPOU" – DER SIEGER DER HERZEN (15.04.1936-13.11.2019)

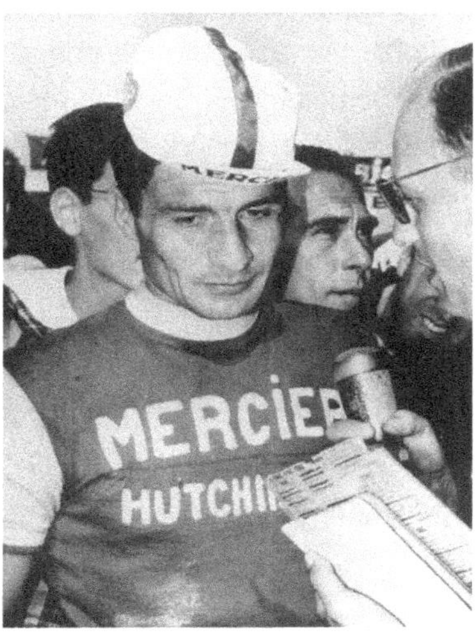

Raymond Poulidor wurde von den französischen Radsportfans liebevoll nur Poupou *genannt. Sie liebten ihn, obwohl er – oder eben gerade – weil er der „ewige Zweite" war. Poulidor nahm insgesamt 14-mal an der Tour de France teil, elfmal davon landete er im Gesamtklassement unter den Top-Ten, gleich dreimal wurde Poupou Zweiter und die französischen Medien nannten* Poupou *bisweilen auch* le malheureux *(den Unglücklichen).*

Raymond Poulidor wuchs in äußerst einfachen Verhältnissen auf einem Bauernhof im Département Creuse als Jüngster von fünf Brüdern auf. Bereits im Alter von 14 Jahren verließ er trotz ausgezeichneter Noten die Schule und half auf dem elterlichen Pachtbetrieb mit. Seine Zukunft als Landwirt schien vorgezeichnet zu sein, wenngleich er zunächst davon geträumt hatte, Boxer zu werden. Aber auch der Radsport spielte früh eine Rolle im Leben des Raymond Poulidor.

Er bewunderte insbesondere den mehrfachen Tour-de-France-Champion Louison Bobet, und seine beiden älteren Brüder André und Henri fuhren bereits im Jugendalter Radrennen in der Umgebung. Manchmal nahmen sie Raymond mit, der die Rennen auf dem Damenrad seiner Mutter bestritt. Die war nicht besonders begeistert davon, sie hatte Angst um ihr Fahrrad und außerdem kehrten die Jungs von den Rennen nicht selten mit Schürfwunden zurück auf den Hof.

Als Raymond Poulidor 14 Jahre alt war, schenkte ihm der Besitzer des örtlichen Fahrradgeschäfts ein Rennrad und der inzwischen 16-Jährige begann zu trainieren; heimlich, denn seine Mutter hatte nach wie vor große Bedenken. Schließlich gab sie doch ihr Einverständnis. Poulidor gewann einige lokale Rennen in der Umgebung und wurde zu einem Rennen eingeladen, an dem auch sein Idol Louison Bobet teilnahm. Und als er nach Platz zwei beim GP de Peyrat-le Chateau im Sommer 1956 sein Preisgeld zählte, da rechnete er sich selbst vor, dass er mit dem einen Rennen mehr Geld verdient hatte als in einem ganzen Jahr auf dem Bauernhof.

Im weiteren Verlauf des Jahres wurde Raymond Poulidor zum Wehrdienst eingezogen und trainierte weiter fleißig in jeder freien Minute. Doch als er von der Armee in den Algerienkrieg abkommandiert wurde, war es vorübergehend vorbei mit dem Radtraining und Poulidor nahm während seiner Zeit in Nordafrika rund zwölf Kilogramm zu.

Zurück in Frankreich trainierte er sich innerhalb des Winters 1958/59 in Rekordzeit die überschüssigen Pfunde ab und gewann im Frühjahr prompt das erste Rennen, an dem er teilnahm – mit acht Minuten Vorsprung auf den ehemaligen Profi Roger Buchonnet.

Nach weiteren erstklassigen Ergebnissen als Amateur wurden die Verantwortlichen des Rennstalls *Mercier-BP-Hutchinson* auf den jungen Mann aufmerksam und statteten Poulidor mit einem Profivertrag aus. Der Youngster schlug sich prächtig, beendete den GP Fourmies als Dritter und wurde im WM-Straßenrennen im damaligen Karl-Marx-Stadt (heute Chemnitz) Fünfter.

Einen seiner größten Erfolge feierte Poulidor gleich in seiner zweiten Saison. Er gewann den Frühjahrsklassiker Mailand-San Remo und damit eines der fünf *Monumente des Radsports.* Aufhalten bei der „Classicissima" ließ sich der junge Franzose weder von einem Defekt noch davon, dass ihn ein italienischer Polizist kurz vor dem Ziel in die falsche Abbiegung leitete.

1962 nahm Raymond Poulidor erstmals an der Tour de France teil und wurde auf Anhieb Dritter der Gesamtwertung. Nach einer eher schwächeren Vorstellung 1963 (Platz acht) kam es 1964 zum legendären Duell mit seinem Landsmann Jacques Anquetil, der die Tour bis dahin bereits viermal gewonnen hatte. Poulidor blieb bis zum Ende der Rundfahrt in „Schlagdistanz" zum großen Favoriten, obwohl er auf der Etappe nach Toulouse nach einem Speichenbruch und einem Sturz zwei Minuten verloren hatte.

Vor der alles entscheidenden 20. Etappe von Brive hinauf zum Puy de Dôme in der Auvergne trennten Poulidor gerade einmal 56 Sekunden vom Spitzenreiter Anquetil. Am Schlussanstieg, gesäumt von einer halben Million Zuschauer, war der Mann im Gelben Trikot vollkommen am Ende, doch es gelang ihm, seinen Kontrahenten zu bluffen, Stärke vorzugaukeln, obwohl er beinahe kollabiert wäre. Poulidor zögerte mit der Attacke.

Ellbogen an Ellbogen – ein Bild, das um die Welt ging – quälten sich die beiden Hauptdarsteller dieses Dramas die steilen Rampen hinauf. Erst einen Kilometer vor dem Zielstrich setzte Poulidor sich von seinem Kontrahenten ab und verkürzte den Rückstand auf den Gesamtführenden um 14 Sekunden. Anquetil gab später zu: „Hätte er mir das Gelbe Trikot auf der Etappe abgenommen, wäre ich nach Hause gefahren." So aber baute der beste Zeitfahrer seiner Epoche den Vorsprung beim „contre la montre" zwischen Versailles und Paris noch aus und gewann am Ende mit 55 Sekunden Vorsprung vor Poulidor die Tour de France.

In Paris, damals mit Ziel im Prinzenparkstadion, fielen sich die beiden erbitterten Gegner um den Hals; der fünfmalige Sieger der „Grande Boucle" und der Sieger der Herzen, Raymond Poulidor.

Raymond Poulidor konnte im Verlauf seiner Karriere zwar sieben Etappen bei der Frankreich-Rundfahrt gewinnen, trug aber nicht einen einzigen Tag das Gelbe Trikot. Zweimal noch, 1965 und nochmals fast zehn Jahre später, 1974, wurde Poulidor Zweiter bei der wichtigsten Rundfahrt der Welt. Im Alter von 40 Jahren, im Sommer 1976, fuhr „Poupou" seine letzte Tour de France und landete als Dritter sogar noch einmal auf dem Podium. Das Stigma des ewigen Zweiten bzw. des ewigen Verlierers schien an dem freundlichen Franzosen abzuperlen.

Konnte es auch, denn schließlich hatte Poulidor durchaus große Siege vorzuweisen. Er gewann neben Mailand-San Remo gleich zu Beginn seiner 17 Jahre währenden Profilaufbahn 1964 die Vuelta, 1966 und 1969 das Critérium du Dauphiné Libereé sowie 1972 und 1973 die Fernfahrt Paris-Nizza. Im Rückblick auf seine Profikarriere sagte Poulidor einmal: „So, wie es war, war es wunderbar."

Raymond Poulidor blieb dem Radsport immer verbunden, wenngleich er nie als Sportlicher Leiter bei einem Rennstall arbeitete. Gemeinsam mit verschiedenen Autoren verfasste er mehrere autobiografische Bücher, Fahrräder trugen seinen Namen und er trat in zahlreichen TV-Spots auf.

Den vielleicht denkwürdigsten Job nach der Profikarriere hatte der Träger des französischen Verdienstordens wohl als Repräsentant für die *Crédit Lyonais*; also ausgerechnet für den Sponsor des Gelben Trikots, das „Pou-Pou" bei seinen 14 Teilnahmen an der Frankreich-Rundfahrt nie tragen durfte.

Raymond Poulidor war der Schwiegervater des ehemaligen niederländischen Rennfahrers Adrie van der Poel und der Großvater des heutigen Weltklassefahrers Mathieu van der Poel. Als Schwiegersohn Adrie 1984 für einen Tag bei der Tour de France das „Maillot jaune" trug, konnte sich Raymond noch mitfreuen. Als sein Enkel Mathieu es sich im Sommer 2021 überstreifen durfte und es unter Tränen seinem Großvater widmete, war der Opa bereits tot. Raymond „Poupou" Poulidor verstarb im November 2019 im Alter von 83 Jahren im Kreis seiner Familie.

★ 6 ★

DIE SCHWEIZER

6.1 FERDY KÜBLER – DER ADLER VON ADLISWIL (24.07.1919-29.12.2016)

Ferdinand „Ferdy" Kübler ist der erste Schweizer und neben Hugo Koblet auch der einzige Eidgenosse, der die Tour de France gewinnen konnte. Kübler, zudem unter anderem zweimaliger Sieger bei Lüttich-Bastogne-Lüttich und Straßenweltmeister 1951, wurde 1983 von den Schweizern zum populärsten Schweizer Sportler der vergangenen 50 Jahre gekürt.

Ohne die Leistungen von „Ferdy National" auch nur einen Deut schmälern zu wollen; Kübler profitierte bei seinem Triumph 1950 bei der Frankreich-Rundfahrt definitiv auch von den unglaublichen Ereignissen, die sich während der 11. Etappe in den Pyrenäen abgespielt hatten.

Französische „Fans" – verbohrte und überaus dumme Nationalisten – hatten auf dem Col d'Aspin die italienischen Fahrer angegriffen und vom

Rad gezerrt. Auf den Topfavoriten Gino Bartali prügelten die angetrunkenen Franzosen sogar noch ein, als dieser schon am Boden lag. Das italienische Team – damals fuhren keine Profirennställe um den Sieg, sondern Nationalmannschaften – zog sich am nächsten Tag von der Tour zurück.

Der Weg war frei für den starken Ferdy Kübler, der in den Bergen bis dahin mit den Besten hatte mithalten können und schon das erste Einzelzeitfahren für sich entschieden hatte. Auf der 12. Etappe übernahm der Schweizer das Gelbe Trikot und gab es bis zum Ende der Tour nicht mehr ab. Anständig und sportlich fair, wie Kübler war, weigerte er sich nach dem Skandal allerdings zunächst, das „Maillot jaune" des Gesamtführenden zu tragen.

Der „Adler von Adliswil", wie die Schweizer ihren Landsmann nannten, stammte aus einfachen Verhältnissen. Geboren in Marthalen, unweit der deutsch-schweizerischen Grenze bei Schaffhausen, träumte er bereits als Junge von einer Karriere als Radprofi. Eine Legende erzählt, dass er 1933 während der Tour de Suisse als 13-Jähriger auf einem Damenrad mehrere Kilometer hinter dem Führenden der Etappe hinterhergefahren sei.

1940 war es schließlich so weit: Kübler wurde gegen den Willen seines Vaters Profi, musste sich aber während der Nazi-Diktatur und des Zweiten Weltkriegs zunächst auf regionale und nationale Rennen beschränken. 1947 gewann er seine ersten beiden Tour-Etappen, im darauf folgenden Jahr fuhr er den ersten von drei Gesamtsiegen bei der Tour de Suisse ein.

Kübler, der sich während seiner gesamten Karriere spannende und hochemotionale Duelle mit Hugo Koblet, dem zweiten damaligen Weltklassefahrer aus der Schweiz, lieferte, gewann darüber hinaus zweimal den Frühjahrsklassiker Lüttich-Bastogne Lüttich (1951 und 1952) und wurde 1951 Straßenweltmeister. Bis ihn 2009 sein Landsmann Fabian Cancellara überholte, war Kübler zudem der Schweizer Rennfahrer, der am häufigsten, nämlich zwölfmal, das Gelbe Trikot bei der Tour de France trug.

1957 beendete Kübler, wegen seiner Vorliebe für Hüte der Marke Stetson auch „Cowboy" genannt, seine aktive Karriere. Fortan verdiente er sein Geld als Skilehrer und arbeitete im Marketing der Tour de Suisse. Auch wenn seine zweite große sportliche Liebe dem Golfen gehörte – dem Radsport blieb er treu und er saß weit über das Rentenalter hinaus im Rennradsattel. Kübler starb 2016 im biblischen Alter von 97 Jahren in einem Krankenhaus in Zürich – als damals ältester noch lebender Tour-de-France-Sieger.

Dass er bei den Eidgenossen so beliebt war und seine Landsleute ihn 1983 zum populärsten Schweizer Sportler der vergangenen 50 Jahre kürten, hatte mit der natürlichen Ausstrahlung des Naturburschen und seinem entwaffnenden Humor zu tun. Und ganz offensichtlich verziehen die Schweizer ihrem „Ferdy National", dass auch er wohl zu verbotenen und leistungssteigernden Mitteln gegriffen hatte.

Bei der Tour de France 1955 griff Kübler am Mont Ventoux an, fuhr aber schon bald im Zickzackkurs den mythischen Berg in der Provence hinauf und vor allem hinunter. Der Schweizer wurde alsbald von den Kontrahenten eingeholt und wurde schließlich abgehängt. Kübler wollte zwischenzeitlich sogar vom Rad steigen und hatte mit dem Ausgang des Rennens nichts mehr zu tun. Später soll er wie von Sinnen gebrüllt haben: „Ferdi ist mit Dynamit geladen, Ferdi wird explodieren."

„Dynamit" nannten die Radprofis früherer Zeiten ihr Doping, überwiegend waren dies Amphetamine, aber auch Strychnin oder Kokain. Ob in seinem Zimmer, wie in einigen Reportagen aus dieser Zeit zu lesen war, tatsächlich Präparate und Utensilien zur verbotenen Leistungssteigerung gefunden wurden, ist nicht belegt.

6.2 HUGO KOBLET – DAS TRAGISCHE ENDE DES „PÉDALEUR DE CHARME" (21.03.1925-06.11.1964)

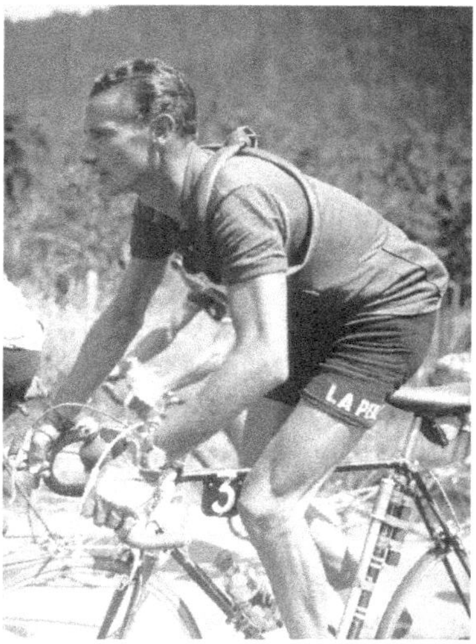

Hugo Koblet war einer der größten Rennfahrer der Schweiz, aber auch eine der tragischsten Figuren überhaupt im internationalen Radsport. Der Gesamtsieger des Giro d'Italia 1950 und Tour-de-France-Sieger von 1951 wurde in einem Chanson als Pédaleur de Charme *besungen und hatte vor allem zahlreiche weibliche Fans.*

Doch dann musste Koblet seine Karriere aus gesundheitlichen Gründen früh beenden. Er geriet in eine Lebenskrise und starb mit nur 39 Jahren bei einem Autounfall. Es ist nicht bewiesen, aber es wird davon ausgegangen, dass der „schöne Hugo" sich selbst das Leben genommen hatte.

Hugo Koblets Vater Adolf, Bäckermeister aus Zürich, starb bereits 1934, als Hugo gerade einmal neun Jahre alt war. Mutter Helene führte die Bäckerei im Züricher Arbeiterviertel Aussersihl weiter. Der ältere Bruder Adolf junior stand mit am Ofen, „Hugi", wie die Mutter ihren Jüngsten nannte, übernahm neben der Schule das Ausfegen der Backstube und das Ausfahren der Brote und Kuchen.

Schon früh organisierten er und sein Bruder in den Altstadtgassen Zürichs kleinere Rennen, bei denen Hugo fast immer die Nase vorne hatte. Im Alter von 17 Jahren begann Hugo Koblet eine Mechanikerlehre im legendären Vélodrom von Oerlikon und fungierte als „Mädchen für alles" für den Radprofi Léo Amberg.

Dieser sah, wie Hugo beim Hasenberg-Klubrennen des Radfahrer-Vereins Zürich den Konkurrenten das Hinterrad zeigte und ermutigte ihn, eine Karriere als Amateur-Rennfahrer zu starten – wobei Amberg seinen Schützling vor allem auf der Bahn sah. Koblet folgte dem Rat seines väterlichen Freundes und wurde 1945 Schweizer Meister in der Einerverfolgung.

1946, ein Jahr nach dem Ende des Zweiten Weltkriegs, wagte Koblet gar den Sprung ins Profilager und bildete gemeinsam mit Armin von Büren ein erfolgreiches Sechstage-Duo. Für die Sixdays in Chicago und New York, die das Schweizer Duo gewann, hatte Koblet extra Englisch gelernt, indem er sich englischsprachige Filme im Original anschaute. Von 1947 bis 1954 gewann Koblet achtmal in Folge den Schweizer Meistertitel in der Einerverfolgung, 1947 holte er bei den Weltmeisterschaften Bronze, 1951 und 1954 wurde er jeweils WM-Zweiter in dieser Disziplin.

Parallel dazu bestritt der Jungprofi bereits ab 1947 Straßenrennen, nahm unter anderem an der Tour de Suisse und an der Tour de Romandie in der Heimat teil, stand aber auch bereits bei Klassikern wie Mailand-San Remo am Start. Im internationalen Radsport war er Ende der 1940er-Jahre eher noch ein unbeschriebenes Blatt.

Das änderte sich schlagartig, als Hugo Koblet 1950 erstmals am Giro d'Italia teilnahm. Koblet, der eigentlich in Ferdi Küblers *Tebag*-Team fuhr, von diesem aber nicht nominiert wurde, war auf den letzten Drücker als Ersatzfahrer ins Aufgebot des *Learco-Guerra*-Teams gerutscht. Der Debütant gewann völlig überraschend vor Gino Bartali die Italien-Rundfahrt, als erster Nicht-Italiener überhaupt; was dem Schweizer – obwohl protestantischen Glaubens – sogar eine Audienz beim Papst bescherte. Wenige Wochen nach dem Giro gewann Koblet auch noch die Gesamtwertung der Tour de Suisse.

1951 wurde Hugo Koblet Gesamtsechster beim Giro und musste sich bei der Tour de Suisse nur Ferdi Kübler geschlagen geben, ehe er im Juli des

Jahres erstmals bei der Tour de France an den Start ging – als krasser Außenseiter trotz des Vorjahreserfolgs beim Giro. Die Favoriten waren der dreimalige Sieger Louis Bobet, Gino Bartali, der die Tour bereits zweimal gewonnen hatte, sowie der große Fausto Coppi, der allerdings nach dem Tod seines Bruders Serse im Frühjahr des Jahres in tiefer Trauer antrat.

Hugo Koblet fuhr sie alle in Grund und Boden, scheinbar mit spielerischer Leichtigkeit pedalierte er die steilsten Rampen hinauf. Er dominierte die Zeitfahretappen, er pfiff auf die Ansagen seines sportlichen Leiters und attackierte nach Lust und Laune. Aber er hatte ganz offensichtlich auch die Beine dazu: Koblet gewann bei der Frankreich-Rundfahrt nicht nur fünf Etappen, sondern sensationell auch die Gesamtwertung mit 22 Minuten Vorsprung auf den Gesamtzweiten Raphaël Geminiani aus Frankreich.

Dieser soll nach dem Rennen gesagt haben: „Wenn er so weitermacht, bleibt uns nichts anderes übrig, als den Beruf zu wechseln." Bartali wurde Vierter, Coppi Zehnter und Bobet landete gar nur auf dem 20. Platz der Gesamtwertung. Hugo Koblet war der neue Stern am Radsporthimmel, die Frauenwelt himmelte den blonden Schweizer an, manch einer verglich ihn gar mit dem legendären US-Schauspieler James Dean. Der „Pedaleur de Charme", der stets einen Kamm bei sich trug, um sich für die Siegerehrung schick zu machen, war geboren.

Es sollte der mit Abstand größte Erfolg des „schönen Hugos" bleiben. Es gibt keine Beweise dafür, aber man geht heute davon aus, dass eine Spritze alles veränderte. Koblet bekam während der Tour de Suisse 1952 hohes Fieber, ein Arzt diagnostizierte eine Nierenbeckenentzündung, was das Ausscheiden bedeutet hätte. Doch Rennarzt und Rennleiter Carl Senn überzeugten Koblet zum Weitermachen. Der Arzt, so wurde Senn später zitiert, sollte den Star der Rundfahrt „um jeden Preis" wieder fitbekommen.

Der „schöne Hugo" war immer auch ein harmoniebedürftiger Hugo; Neinsagen fiel ihm schwer und so ließ er sich fitspritzen. Was der Arzt ihm verabreichte, wusste der bislang untadelige Sportsmann Koblet nicht; er hatte sich stets gegen Doping positioniert: „Eines Tages klopft der ‚Hammermann' an, und du probierst es mit der Pille, um den toten Punkt hinauszuschieben. So fängt's an und endet nicht selten im Schlamassel", sagte Koblet einmal zum Thema Doping.

Es stellte sich später heraus, dass der Arzt Koblet das Amphetamin Akzedron verabreicht hatte - mit verheerenden Folgen. Koblets Hausarzt und später auch renommierte Kardiologen stellten eine Herzerweiterung fest, die den Rennfahrer nicht nur behinderte, sondern sogar gefährliche Folgen hätte haben können.

„Sprengung der Herzkammer und Ventile, Beeinträchtigung der Funktion der Aortaklappe und Verlust eines Viertels der Herzkapazität", lautete die Diagnose. Und der Rat eines der Züricher Koryphäen an den Vertrauensarzt Koblets lautete: „Herr Kollege, der Mann darf nicht mehr Vélo fahren." Doch Koblet konnte nichts so gut wie Radfahren und fuhr weiter. Und das zunächst immer noch auf Weltklasseniveau.

1953 musste sich der Schweizer beim Giro d'Italia nur dem überragenden Coppi geschlagen geben, 1954 seinem Landsmann Carlo Clerici. Koblet gewann 1953 und 1955 die Gesamtwertung der Tour de Suisse und 1954 die Meisterschaft von Zürich, einst eines der wichtigsten Eintagesrennen im Radsport. Bei der Tour de France stieg Koblet in den Jahren 1953 und 1954 jeweils vorzeitig aus.

Spätestens ab 1956 ging es bergab für den Schweizer. Er gewann zwar noch eine Etappe bei der Vuelta a España, doch die ganz großen Erfolge blieben aus. Nach der Saison 1957 beendete er im Alter von 32 Jahren seine Karriere als Profi. In Erinnerung blieb den Fans dennoch ein stets strahlender Siegertyp; ein wortgewandter und kulturell interessierter Mensch, der selbst eine künstlerische Ader besaß. Ein „Pedaleur de Charme" eben.

Hugo Koblet versuchte sich anschließend als Vertreter italienischer Automobilmarken in Argentinien, kehrte aber aufgrund der schweren Krankheit seiner Mutter 1960 in die Schweiz zurück. Er arbeitete zeitweise als Reporter und übernahm zwei Tankstellen in Zürich. Doch zum Unternehmer taugte Hugo Koblet ganz offensichtlich nicht.

Schon immer war er extrem freizügig gewesen. Man könnte auch sagen, dass der Lebemann Koblet das Geld stets zum Fenster herausgeworfen hat. Er leistete sich einige Fehlinvestitionen, unterstützte beispielsweise seinen Bruder Adolf, dessen Restaurants alles andere als gut liefen. Zudem hatte Hugo Koblet kein Vertrauen in das Bankwesen, er soll stets einen Koffer mit Bargeld dabeigehabt haben.

Medienangaben zufolge hatte der ehemalige Radprofi jedenfalls einen Schuldenberg von rund einer halben Million Schweizer Franken angehäuft. Seine Frau Sonja Bühl reichte 1964 die Scheidung ein, auch weil sie genug hatte von den zahlreichen Seitensprüngen des „schönen Hugos".

Am 1. November 1964 wurde Hugo Koblet noch einmal bei seinem ehemaligen Sechstage-Partner und Freund Armin von Büren vorstellig und bat ihn um einen Kredit über 20.000 Schweizer Franken. Die Pachtverträge der Tankstellen waren bereits gekündigt, der Scheidungstermin stand vor der Tür, als Hugo Koblet sich am Vormittag eines sonnigen Herbsttages in seinen Alfa-Romeo Giulia setzte.

Gegen 10.45 Uhr krachte der Wagen bei Mönchaltdorf in voller Fahrt gegen einen Birnbaum. Zeugen zufolge hatte der Fahrer zuvor mehrfach gewendet und war die Straße ein ums andere Mal abgefahren. Hugo Koblet wurde in seinem Auto eingeklemmt, er trug schwere Kopfverletzungen davon, Organe waren betroffen. Sein langjähriger Vertrauensarzt Eugen Rupf gab dem Patienten eine Überlebenschance von zwei Prozent.

Um 1.44 Uhr in der Nacht des 6. Novembers 1964 verstarb Hugo Koblet, das vielleicht größte Talent des Schweizer Radsports, im Krankenhaus von Uster im Alter von nur 39 Jahren an den Folgen einer Fettembolie. Am Unfallort fand man keinerlei Bremsspuren. Es soll einen Abschiedsbrief gegeben haben, aufgetaucht ist er jedoch nie. Koblet hatte zuvor jedoch einem Journalisten gegenüber erklärt, er sähe sich „am Ende eines Weges angekommen". Über Selbstmord aber sprach man in der Schweiz der 1960er-Jahre nicht; es war ein Tabuthema. Einen Beweis gibt es nicht, aber viele Indizien sprechen dafür, dass Hugo Koblet seinem Leben selbst ein Ende gesetzt hat.

6.3 FABIAN CANCELLARA – SPARTACUS AUF DEM RAD (*18.03.1981)

Wenn er zum Zeitfahren antrat, dann spulte er sein Pensum so perfekt ab wie das sprichwörtliche Schweizer Uhrwerk. Wenn er bei den schweren Eintagesrennen antrat, dann tat er es so kraftvoll, dass ihm sein Teamkollege Roberto Petito den Spitznamen „Spartacus" verpasste.

Der Schweizer Fabian Cancellara ist vierfacher Weltmeister im Einzelzeitfahren und gemeinsam mit Tony Martin Rekordhalter in dieser Disziplin, zweifacher Olympiasieger im Kampf gegen die Uhr und er triumphierte je dreimal bei Paris-Roubaix und der Flandern-Rundfahrt sowie einmal bei Mailand-San Remo.

Ursprünglich wollte Fabian Cancellara Fußballer werden. Doch dann entschied er sich, nachdem er im Keller das Rennrad seines Vaters entdeckt hatte, doch für den Radsport. Bereits im Alter von zwölf Jahren fuhr der Junge aus Hinterkappelen bei Bern seine ersten Rennen für den Klub Cyclo International in Ostermundigen. Und fast jedes Rennen, bei dem er an den Start ging, gewann er auch.

Als 17-Jähriger nahm Cancellara erstmals am Straßenrennen bei den Junioren-Weltmeisterschaften teil und belegte Platz 20. Im selben Jahr hatte Cancellara erstmals auf einem Zeitfahrrad gesessen und war begeistert. Vor allem aber erkannte der Schweizer Junioren-Nationaltrainer Yvan Girard, welche Symbiose der Youngster und die Spezialmaschine schon damals bildeten und empfahl seinem Schützling, verschärft in das Training im „contre la montre" zu investieren.

Aber so viel schien der Teenager gar nicht investieren zu müssen, gleich bei seinem ersten Zeitfahren im Rahmen der Schweizer Juniorenmeisterschaften fuhr er die Konkurrenz in Grund und Boden und wiederholte diesen Erfolg ein Jahr später bei den Weltmeisterschaften in Verona.

Längst hatte Cancellara den Plan gefasst, Profi zu werden. Das italienisch-belgische Team *Mapei-Quick Step* machte ihm Avancen; gemeinsam entschied man, dass Cancellara im Jahr 2000 zunächst für das Team *MG Boys Aqua Mema* fahren sollte, das U23-Team des italienisch-belgischen Profirennstalls. Ende des Jahres 2000 nahm Cancellara als jüngster Teilnehmer am Einzelzeitfahren der U23-WM teil und musste sich im französischen Plouay lediglich dem Russen Jewgeny Petrow geschlagen geben.

Seine Lehre zum Elektriker brach er ab und startete 2001 dann in seine Profilaufbahn. Bei *Mapei-Quick Step* baute man das Talent behutsam auf; der Schweizer nahm an kleineren Rennen und Rundfahrten teil und überzeugte insbesondere weiter bei den Zeitfahrwettbewerben. 2002 gewann er an der Seite von László Bodrogi das Paarzeitfahren beim GP Eddy Merckx sowie die nationalen Meisterschaften im Einzelzeitfahren.

Nach positiven Dopingproben im Team während des Giro d'Italia 2002 zog sich der Sponsor *Mapei* zurück, Cancellara wechselte zur Saison 2003 zum italienischen Rennstall *Fassa Bortolo*.

Dort war Fabian Cancellara in erster Linie als Teil des Sprintzugs für den Italiener Alessandro Petacchi vorgesehen, den zu der Zeit schnellsten Mann im Peleton. Aber bereits 2004 fuhr der junge Schweizer bei seinem Tour-de-France-Debüt ins Rampenlicht: Cancellara gewann den Prolog in Lüttich mit zwei Sekunden Vorsprung auf keinen Geringeren als Lance Armstrong und durfte sich das Gelbe Trikot des Spitzenreiters überstreifen. Er konnte es auf der ersten Etappe nach Charleroi verteidigen; am Ende der Rundfahrt landete Cancellara auf Platz 109 der Gesamtwertung.

Ein Weltklasse-Zeitfahrer war er damals schon, ein Weltklasse-Rundfahrer sollte er nie werden. Dafür aber einer der besten Klassikerfahrer der Welt.

Schon im Frühjahr 2004 hatte Cancellara das mit Platz vier bei Paris-Roubaix angedeutet. Im April 2006, inzwischen im Trikot des Teams *CSC* unterwegs, triumphierte Fabian Cancellara dann erstmals in der „Hölle des Nordens" und hatte nach seiner Zieleinfahrt im altehrwürdigen Vélodrome zu Roubaix eine ganz und gar einfache Erklärung für seinen Sieg beim wohl härtesten Eintagesrennen der Welt. „Je schneller ich fahre, desto weniger schmerzen die pavés."

Bei dem Ritt über die historischen Kopfsteinpflasterpassagen im Norden Frankreichs siegte der Schweizer 2010 zum zweiten Mal. Unwiderstehlich war sein Antritt rund 50 Kilometer vor dem Ziel, beeindruckend war seine Tempohärte auf den letzten Kilometern; die Radsportfans waren aus dem Häuschen.

Doch dann spuckte ihnen ein gewisser Michele Bufalino in die Suppe. Der Italiener behauptete, Cancellara hätte bei seinen Siegen bei Paris-Roubaix und kurz zuvor bei seinem Triumph bei der Flandern-Rundfahrt auf eine Art Motordoping zurückgegriffen. Zuvor hatte bereits Bufalinos Landsmann, der ehemalige Rennfahrer und spätere TV-Kommentator Davide Cassani, im italienischen Fernsehen davon gesprochen, dass so etwas denkbar sei.

Und der US-Amerikaner Phil Gaimon stieß ins selbe Horn, wiederholte die Verdächtigungen sogar mehrere Jahre später in einem Buch nochmals und behauptete zudem, Cancellara hätte schon bei seinem Sieg 2008 bei Mailand-San Remo auf einen versteckten Hilfsmotor zurückgegriffen.

Bufalino versuchte im Frühjahr 2010, die Vorwürfe mittels eines Videos, das bei YouTube® millionenfach geklickt wurde, zu beweisen. Die unnormalen Handbewegungen, die Cancellara während seiner Attacke gemacht habe, erklärte Bufalino damit, dass der Schweizer Rennfahrer einen kleinen, in der Sattelstütze versteckten Motor per Knopfdruck aktiviert habe. Gaimon wollte gesehen haben, dass Cancellara sich aufgrund der plötzlichen Turbobeschleunigung kaum in den Klickpedalen hätte halten können.

Der Schweizer wies die Vorwürfe zurück und sagte: „Mein Körper ist mein Motor." Der französische Dopingjäger Antoine Vayer wollte an den versteckten Motor nicht so recht glauben, aber dass alles mit rechten Dingen zuging bei Cancellara, glaubte indes auch er nicht und sagte: „Seine übermenschlichen Leistungen sind der lebende Beweis dafür, dass er sich dopt. Sie nennen ihn Spartacus, für mich ist er eher Darth Vader."

Cancellaras ärgster Rivale Tom Boonen sah es wieder ganz anders und erklärte vorausschauend auf Paris-Roubaix im Frühjahr 2011: „Cancellara ist stark, aber nicht unschlagbar. Schließlich haben sie ihm auch nicht zwei Düsentriebwerke am Arsch installiert."

Die Untersuchungen hinsichtlich des angeblich versteckten Motors verliefen im Sande, der Welt-Radsportverband UCI mochte den Verschwörungstheoretikern nicht so recht glauben. Aber die UCI führte dennoch in diesem Jahr Magnetscannertests ein, mit deren Hilfe solche Motoren ausfindig gemacht werden können.

Fabian Cancellara schaffte 2013 noch einmal das „Double" aus der „Ronde van Vlaanderen" und Paris-Roubaix, 2014 gewann er die Flandern-Rundfahrt zum dritten Mal und hatte damit sieben Siege bei den wichtigsten Eintagesrennen der Welt auf seinem Konto. Den vierten Erfolg in Flandern, womit er zum alleinigen Rekordhalter aufgestiegen wäre, verpasste Cancellara als Zweiter hinter Peter Sagan Anfang April 2016 nur knapp.

Seine vier Weltmeistertitel im Einzelzeitfahren holte sich der zehnfache Schweizer Zeitfahrmeister in den Jahren 2006, 2007, 2009 und 2010. Bei den Olympischen Spielen 2008 in Peking holte er Gold, genauso wie 2016 bei seinem letzten Rennen als Profi in Rio de Janeiro. Am Ende seiner glorreichen Karriere blickte Fabian Cancellara auf acht Etappensiege bei der Tour de France zurück, er fuhr 29 Tage in Gelb, so oft wie kein anderer Rennfahrer aus der Schweiz.

Das „Maillot jaune" nach Paris zu tragen, war allerdings illusorisch für ihn. In den Bergen hatte der 1,86 Meter große und rund 80 Kilogramm schwere Modellathlet keine Chance gegen die fast 30 Kilogramm leichteren Kletter- und Rundfahrtspezialisten. Doch immer wieder glänzte der

Schweizer bei der „Grande Boucle" als Helfer, fuhr mit Highspeed in die Anstiege hinein, um das Feld im Sinne seiner Kapitäne auseinanderzureißen. War ihm das gelungen, klinkte Fabian Cancellara sich aus und kam bei den Bergetappen und Bergankünften häufig erst mit dem „Gruppetto" ins Ziel.

In Belgien war der Schweizer nach seinem ersten Sieg bei der Flandern-Rundfahrt quasi so etwas wie ein eingebürgerter Nationalheld. Kein Geringerer als der ehemalige Klassikerjäger Rik Van Looy gründete bereits 2006 den Fanclub *Spartacus,* dem sich Tausende von begeisterten Radsportfans aus Flandern anschlossen.

Erst Jahre später gründeten auch Radsportfans in seiner Heimat einen Fanclub für „Fäbu", wie Cancellara im Bernerdeutsch genannt wird. 2011 erschien seine Biografie mit dem Titel *Fabian Cancellaras Welt. Die Geschichte eines Radrennfahrers*, geschrieben wurde sie von den renommierten Journalisten der *Neuen Zürcher Zeitung,* Benjamin Steffen und Christo Gertsch.

Im *Schweizer Tagesanzeiger* war zu lesen: „Die Biografie kurz zusammengefasst: Cancellara ist ein Phänomen mit einem starken Kopf, stolz, sensibel, verletzlich, treu, eitel, bescheiden, selbstbewusst, schwatzhaft, patriotisch, phlegmatisch, zielstrebig, perfektionistisch und viel mehr."

Nach dem Ende der aktiven Karriere fungierte der ehemalige Radstar als Markenbotschafter für den Bekleidungshersteller *Gore Bike Wear*, als Teilhaber der Triathlon-Serie *TriStar* in der Schweiz, als Manager des Schweizer WorldTour-Profis Marc Hirschi und engagierte sich als Mentor der *Swiss Racing Academy*, ein Continental-Team, in dem fast ausschließlich Schweizer Talente fuhren.

Vor dem Start der Tour de Romandie im Frühjahr 2022 gab Cancellara die Gründung des Profi-Rennstalls *Tudor Pro Cycling* mit ihm als Teamchef bekannt. Der Rennstall – von der UCI mit der ProTeam-Lizenz ausgestattet – ging ab 2023 als Zweitdivisionär bei internationalen Rennen an den Start.

★ 7 ★

DIE MÄNNER VON DEN INSELN

7.1 TOM SIMPSON – DRAMA AM MONT VENTOUX (30.11.1937-13. 07.1967)

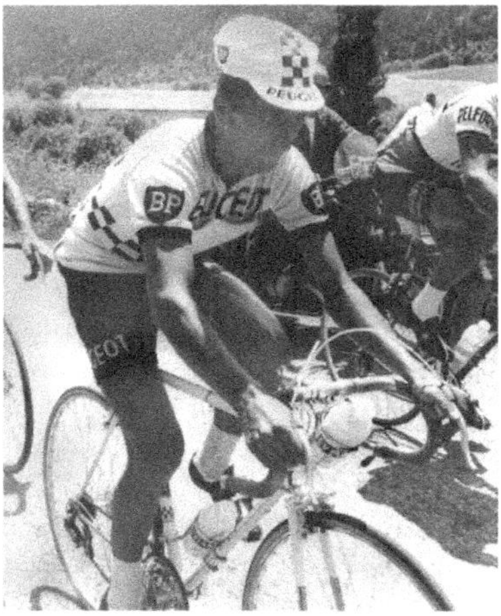

Tom Simpson wurde 1965 Weltmeister, er war der erste Brite, der bei der Tour de France das Gelbe Trikot trug und er gewann mit der Flandern-Rundfahrt 1961, Mailand-San Remo 1964 und der Lombardei-Rundfahrt 1965 drei sogenannte Monumente des Radsports.

Zu einer Legende, einer durch und durch traurigen Legende, wurde Simpson aber, als er während der Tour de France 1967 bei der Auffahrt zum Mont Ventoux nach einem Herzstillstand verstarb – vollgepumpt mit einem Cocktail aus Amphetaminen und Alkohol.

Tom Simpson, jüngster Sohn eines Bergarbeiters aus Haswell im County Durham, begann als 13-jähriger mit dem Radsport. So richtig lief es allerdings nicht für den hageren Burschen des Harworth & District Cycling Clubs; meistens wurde er abgehängt. Doch das war für den ehrgeizigen Jungen nur noch mehr Ansporn. Er trainierte nicht nur im Verein, sondern auch tagtäglich, indem er für einen Lebensmittelladen Waren auslieferte und sich dabei stets ordentlich quälte.

Langsam, aber sicher zahlte sich das harte Training aus und Simpson gewann zahlreiche lokale Rennen in der Heimat. Ab 1954 für das Team *Scaa Wheelers* in Rotherham am Start, hätte ihn eine rote Ampel beinahe die Karriere gekostet. Simpson hatte die Ampelschaltung nämlich während eines Rennens ignoriert, war für ein halbes Jahr gesperrt worden und wandte sich dem Motocrosssport zu. Beinahe wäre er dabeigeblieben, doch er konnte sich das Material nicht leisten und kehrte zum Radsport zurück; allerdings auf Rat eines Freundes zunächst auf die Bahn.

Nur dort, so glaubte sein Ratgeber, könne sich Simpson die nötige Rennhärte für die Straßenrennen holen. Simpson tat, wie ihm geheißen und gewann bei den Olympischen Spielen 1956 in Melbourne die Bronzemedaille in der Mannschaftsverfolgung und zwei Jahre später bei den Commonwealth Games im walisischen Cardiff Silber in der Einerverfolgung.

1959 beschloss Tom Simpson offensichtlich, dass er genügend Rennhärte besaß. Er steckte seine Ersparnisse von 100 Britischen Pfund ein, verstaute seine beiden Rennräder und ging nach Frankreich, in der Hoffnung, dort eine Karriere als Profi einzuschlagen.

Der Brite ließ sich in Saint Brieuc in der Bretagne nieder – wo er seine spätere Frau Helen kennenlernte – und gewann zahlreiche Amateurrennen in der Region. Im Alter von 21 Jahren wechselte der Brite zunächst zum zweitklassigen französischen Rennstall *Saint-Raphaël-R.Geminiani-Dunlop* und verpasste im selben Jahr bei den Weltmeisterschaften der Profis im niederländischen Zandvoort als Vierter nur knapp eine Medaille.

Ab 1960 startete Simpson für das Topteam *Rapha-Gitane-Dunlop*, nahm erstmals an den großen Eintagesklassikern teil und gab bei der Tour de France sein Debüt im Trikot der Nationalmannschaft Großbritanniens (bis 1961 sowie noch einmal 1967 und 1968 traten bei der Frankreich-Rundfahrt Nationalteams und keine Profi-Rennställe an). Der sowieso schon hagere Brite hatte während der Tour noch einmal 13 Kilogramm abgenommen und kam als radelnde Vogelscheuche auf Platz 29 des Gesamtklassements in Paris an.

Tom Simpson gewann im Frühjahr 1961 die Flandern-Rundfahrt und katapultierte sich damit in die absolute Weltspitze; in einer Zeit, in der britische Teams und Profis noch so gut wie keine Rolle im Straßenradsport spielten. Die Tour de France 1961 fuhr Simpson nicht zu Ende, dafür trug er im darauf folgenden Jahr auf der 12. Etappe von Pau nach Saint Gaudens als erster Brite überhaupt für einen Tag das Gelbe Trikot und beendete die Rundfahrt im Sommer 1962 als Sechster der Gesamtwertung.

Tom Simpson wechselte 1963 zum Team *Peugeot-BP-Englebert* und gewann im Trikot seines neuen Rennstalls Bordeaux-Paris, damals noch eins der wichtigsten Eintagesrennen im Kalender der Profis, und er triumphierte im Frühjahr 1964 bei Mailand-San Remo. Im September 1965 schrieb der inzwischen 27-Jährige endgültig Geschichte, als er bei den Weltmeisterschaften in San Sebastian ins Regenbogentrikot fuhr – einmal mehr als erster Brite überhaupt.

Simpson hatte sich gemeinsam mit Rudi Altig vom Feld abgesetzt und gewann den Sprint gegen den Deutschen, der seinerseits im darauf folgenden Jahr Straßen-Weltmeister wurde. Nachdem Tom Simpson wenig später auch noch bei der Lombardei-Rundfahrt triumphierte, wurde er in der Heimat als *BBC Sports Personality of the Year* ausgezeichnet und war damit der erste Radsportler in Großbritannien, dem diese Ehre zuteilwurde.

Nachdem er verletzungsbedingt nach einem Skiunfall 1966 kaum Erfolge feiern konnte, gewann Tom Simpson im März die Fernfahrt Paris-Nizza und im April zwei Etappen bei der Vuelta a España. Der Mann war im besten Rennfahreralter, er war in Topform und wollte bei der Tour de France im Sommer 1967 aufs Podium.

Nach der 12. Etappe hatte Tom Simpson als Gesamtsiebter einen Rückstand von gut acht Minuten auf den Mann im Gelben Trikot, den Franzosen Roger Pingeon. Mehr als ihm lieb war, Simpson hatte auf den Alpenetappen zuvor mit Magen- und Darmproblemen zu kämpfen. Sein Teamarzt, aber auch die Mannschaftskollegen rieten ihm, auszusteigen. Aber Simpson wollte weiterfahren und gab sich beim Etappenstart in Marseille geradezu ausgelassen; er machte Witze mit Journalisten und Kollegen.

Der Deutsche Rolf Wolfshohl sagte später über Simpson: „Tom war ein Engländer, der französisch geprägt war, er hat ja auch in Frankreich gelebt. Und er war wirklich ein aufgeschlossener Typ, der lustig war, der das Leben geliebt hat. Und ansonsten, er war ehrgeizig, was den Radsport anbelangte, er hatte alle Qualitäten, die ein guter Mensch haben kann."

Andere wiederum berichteten, Tom Simpson habe vor dem Start der Etappe abwesend gewirkt und müde ausgesehen. Wie auch immer: Auf Tom Simpson und seine Konkurrenten wartete am 13. Juli 1967 die 13. Etappe von Marseille nach Carpentras, 211, 5 Kilometer lang; das war und ist kein Problem für Profis. Aber diese Etappe führte über den Mont Ventoux, den legendären weißen Riesen, der fast 2.000 Meter aus der Provence emporragt.

Deutlich mehr als 40 Grad im Schatten waren angesagt für diesen Tag, aber unterhalb des Gipfels gibt es keinen Schatten. „Wir fuhren keinen Berg, sondern einen glühenden Kohleofen hinauf", sagte Raymond Poulidor später einmal.

Tom Simpson war zunächst in der Spitzengruppe vertreten, dann fiel er zurück in die Verfolgergruppe, die circa eine Minute Rückstand auf die Besten hatte. Rund anderthalb Kilometer unterhalb des Gipfels fuhr Simpson plötzlich im Zickzack; ein paar hundert Meter später kippt er vom Rad. Sein Teammanager Alec Taylor und der Mechaniker Harry Hall waren sofort bei ihm, sie versuchten, Simpson erneut davon zu überzeugen, das Rennen aufzugeben.

Beide hatten weiter unterhalb des Anstiegs mitbekommen, wie Simpson kein Wasser, sondern mutmaßlich Cognac in seine Trinkflasche gefüllt hatte. Außerdem sah ihr Mann besorgniserregend aus. Aber er wollte nicht aufgeben, er wollte weiterfahren, für den Traum, als erster Brite das größte Radrennen der Welt zu gewinnen.

„Put me back on my bike!" – „Setzt mich wieder aufs Rad", soll Simpson gesagt haben. Immer wieder wurde dieser vermeintlich letzte Satz des britischen Radprofis zitiert. Aber er hat ihn nicht gesagt; ausgedacht hatte ihn sich der Journalist Sidney Saltmarsh von der englischen Boulevard-Zeitung *The Sun*.

Fakt ist, Hall und Taylor setzten Simpson wieder auf seine Rennmaschine. Tom Simpson fuhr weiter, er kam nicht weit, ein paar hundert Meter. Dann taumelte er erneut, wurde zunächst von einigen Zuschauern im Sattel gehalten. Aber er brauchte Hilfe, er war am Ende. Als die Helfer kamen, umkrallten seine Finger so fest den Lenker, dass ein Teambetreuer sie einzeln vom Lenker lösen musste. Erst dann konnten die Helfer den bewusstlosen Tom Simpson an den Straßenrand tragen.

Ein Zuschauer und Harry Hall begannen umgehend mit Mund-zu-Mund-Beatmung, rasch war auch der Tour-Arzt Pierre Dumas zur Stelle und versuchte, Simpson mittels einer Sauerstoffmaske und einer Herzmassage wiederzubeleben.

Zwölf Jahre zuvor hatte Dumas den kollabierten und bewusstlosen Jean Malléjac wiederbeleben können. Bei Tom Simpson konnte er es nicht. Nach einer knappen Dreiviertelstunde landete der Helikopter an der Unfallstelle, auch der Notarzt im Hubschrauber auf dem Weg ins Hôpital Sainte Marthe in Avignon versuchte, Simpson zu reanimieren. Doch alle Mühen waren umsonst; jedwede Hilfe kam zu spät. Um 17.40 Uhr gaben die Ärzte den Tod Tom Simpsons bekannt.

Dehydrierung wurde später als Todesursache genannt, Herzversagen heißt es in anderen Quellen. Fakt ist, dass Tom Simpson vollgepumpt war mit Amphetaminen, Betäubungsmitteln und Alkohol. Schon an der Unfallstelle hatte der Tour-Arzt Dumas Röhrchen mit verschiedenen Amphetaminen, synthetischen und bisweilen gefährlichen Wachmacherpillen aus den Trikottaschen des Engländers gefischt. Doping, insbesondere mit verschiedensten Aufputschmitteln, war üblich zu jener Zeit im Peleton. Dopingkontrollen gab es seit Kurzem, aber sie waren in der Regel zu lasch, brachten kaum etwas zutage.

Tom Simpson war zunächst skeptisch, was das Doping anbelangte. Nicht skeptisch, ob man mit den Mitteln besser, härter und länger Radfahren kann. Er war skeptisch, ob er es sich und seinem Körper zumuten wollte. Später legte er die Scheu ganz offensichtlich ab, gab systematisches Doping zu und trieb es offensichtlich ziemlich arg.

Zu den Rundfahrten fuhr Simpson laut seinem Biografen William Fotheringham mit einem Koffer für seine Ausrüstung und einem Koffer für seine Drogen. Bis heute wird gestritten, ob der Cocktail, den Tom Simpson am 13. Juli 1967 intus hatte, zum Tode geführt hat.

Sein Biograf fasste es ganz gut zusammen, indem er schrieb: „Die Aufputschmittel sorgten dafür, dass seine Körpertemperatur anstieg. Sie beeinträchtigten die Fähigkeit seines Organismus, mit der Situation umzugehen. Und sie hinderten Simpson daran, sich seiner Lage bewusst zu werden." Die Amphetamine ließen Tom Simson zu lange im roten Bereich fahren, ohne dass er seine Erschöpfung wahrnahm – an diesem 13. Juli 1967, einem der schwärzesten Tage in der Geschichte des Radsports.

Die Tour-Direktoren verneigten sich eine Stunde nach Simpsons Tod vor dessen sterblichen Überresten; am Morgen des 14. Juli 1967 fiel in Carpentras der Startschuss zur 14. Etappe zurück in Richtung Mittelmeer nach Sète. Die Kollegen waren nicht wirklich in der Lage, ein Rennen zu fahren. Viele dieser harten Kerle hatten Tränen in den Augen. Sie beschlossen, dass Barry Hoban, Simpsons Landsmann und bester Freund im Peleton, die Etappe gewinnen sollte.

Hoban heiratete übrigens später Simpsons Witwe Helen. Sie enthüllte 1968 zu Ehren ihres verstorbenen Mannes auf dem Mont Ventoux einen Gedenkstein. Der Berg ist eine Kultstätte des Radsports, längst auch für Tausende von Hobbyradlern, die sich aufmachen, um den Gipfel des kahlen Riesen zu erklimmen. Die Gedenkstätte Simpsons hat sich zu einer Art Wallfahrtsort entwickelt.

Insbesondere natürlich die britischen Hobbyradler erweisen ihrem verstorbenen Landsmann dort die Ehre. Ende der 1980er-Jahre brachten Simpsons Töchter Jane und Joane eine Tafel am Gedenkstein an. „There is no mountain too high" („Kein Berg ist zu hoch") ist darauf zu lesen. Für ihren Vater war der Mont Ventoux im Juli 1967 zu hoch.

7.2 BRADLEY WIGGINS – DER ROCKSTAR AUF DEM RAD (*28.04.1980)

Bradley Wiggins ist der erste britische Rennfahrer, der die Gesamtwertung der Tour de France gewinnen konnte. Im Dezember 2012, nach Wiggins' Tour-Triumph und dem Gewinn der Goldmedaille im Einzelzeitfahren bei den Olympischen Spielen in London, schlug Queen Elizabeth II. ihn zum Ritter und der Radprofi darf sich seitdem Sir Bradley Wiggins nennen.

Ursprünglich kam der im belgischen Gent geborene Brite von der Bahn, wurde unter anderem Weltmeister und Olympiasieger in der Einer- und in der Mannschaftsverfolgung. Zwischenzeitlich hatte der Mann mit der Rockstar-Attitüde und den markanten Koteletten massive Alkoholprobleme, überwand sie aber und konzentrierte sich ab 2009 vermehrt auf den Straßen-Radsport.

Vor den Olympischen Spielen 2016 kehrte Wiggins zum Bahnradsport zurück, gewann in Rio seine vierte olympische Goldmedaille auf der Bahn, ehe er Ende des Jahres seine aktive Karriere beendete.

Bradley Marc Wiggins wurde im belgischen Gent geboren, wo sein aus Australien stammender Vater als Radprofi seinem Beruf nachging. In der Ehe knirschte es bald nach Bradleys Geburt gewaltig; Vater Gary trank eindeutig zu viel, er verließ Frau und Kind und Mutter Linda ging daraufhin mit Bradley zurück in ihre Heimatstadt London.

Der Junge wuchs im Arbeiter-Stadtteil Kilburn im Nordwesten der britischen Hauptstadt auf und sagte später einmal: „Kinder aus Kilburn werden gewöhnlich kein Tour-Favorit. Du wirst eher Milchmann, Postbote oder arbeitest im Spielsalon." Zunächst hatte der kleine Bradley mit dem Radsport nichts am Hut; er spielte Fußball und konnte sich nicht so recht entscheiden, welchem Londoner Profiklub er die Daumen drücken sollte: den „Gunners" des FC Arsenal oder den „Spurs" von Tottenham.

Als Bradley Wiggins zwölf Jahre alt war, schaute er sich auf Empfehlung seiner Mutter das Finale der Einerverfolgung bei den Olympischen Spielen 1992 in Barcelona an – und war hin und weg.

Als ihm nach einem Verkehrsunfall 1.700 Britische Pfund an Schmerzensgeld gezahlt wurden, schenkte er einen Teil seiner Mutter und kaufte sich selbst sein erstes Rennrad von dem Rest des Geldes. Fortan trainierte Wiggins fleißig im London's Herne Hill Velodrome, fuhr Straßenrennen in London und Umgebung. Der Youngster hatte definitiv das Talent von seinem Vater geerbt. Er nahm 1997 erstmals an Junioren-Weltmeisterschaften teil, wo er im Punktefahren nur knapp an der Bronzemedaille vorbeischrammte, im darauf folgenden Jahr wurde der 18-Jährige Junioren-Weltmeister in der Einerverfolgung und feierte mit dem britischen Junioren-Bahnvierer den Gewinn der Silbermedaille bei den Commonwealth Games in Kuala Lumpur.

2000 bei den Olympischen Spielen in Sidney gewann er Bronze im Mannschaftszeitfahren, bei den Weltmeisterschaften 2000 musste sich der britische Vierer nur dem deutschen Quartett in der Mannschaftsverfolgung geschlagen geben. Wiggins war in der Weltelite der Verfolger angekommen; auf den ersten Titelgewinn bei einem Großereignis musste er allerdings bis 2003 warten, als er Weltmeister in der Einerverfolgung wurde.

Es folgten Titel um Titel bis 2008: dreimal wurde Wiggins Weltmeister in der Einerverfolgung, zweimal Weltmeister mit dem britischen Bahnvierer, hinzu kamen drei olympische Goldmedaillen: in Athen 2004 und Peking 2008 in der Einerverfolgung, bei den Sommerspielen in China gewann er obendrein Gold in der Mannschaftsverfolgung.

Parallel zur Karriere auf der Bahn fuhr Bradley Wiggins für verschiedene Profi-Rennställe auf der Straße; mit eher bescheidenem Erfolg zunächst. Es sei denn, er saß auf seiner Zeitfahrmaschine; im Kampf gegen die Uhr zählte der Brite damals bereits zur erweiterten Weltspitze. Bei seiner ersten Teilnahme am Giro d'Italia 2003 flog der Ausdauerspezialist von der Bahn allerdings noch aus der Karenzzeit, 2005 landete er auf Rang 123 des Gesamtklassements, bei seinem Tour-de-France-Debüt im darauf folgenden Sommer beendete er die Rundfahrt auf Rang 122.

2007, bei seiner zweiten Teilnahme an der Tour, zog sich Wiggins' Team *Cofidis* aus der Tour zurück, nachdem Teamkollege Cristian Moreni bei einer Dopingprobe positiv getestet wurde. Wiggins war „not amused". Bei der Abreise aus Frankreich stopfte er demonstrativ am Flughafen sein *Cofidis*-Trikot in einen Mülleimer und schwor sich, nie mehr für den Rennstall anzutreten. Der Schwur hielt nicht allzu lange, Wiggins fuhr weiter für *Cofidis*, gab aber im Herbst seinen Wechsel zum US-amerikanischen Team *High Road*, später Team *Columbia*, bekannt – dem Nachfolgeteam des aufgelösten deutschen *T-Mobile*-Teams.

Doch nach nur einem Jahr zog er weiter zum Team *Garmin-Slipstream*. Bereits im Herbst 2008 hatte Bradley Wiggins, einer der besten Bahnfahrer der Welt, einen Plan gefasst: Er wollte auch auf der Straße ganz vorne dabei sei. Wiggins stellte sein Training komplett um, er zog nach Girona in Katalonien, trainierte vermehrt in den Bergen und verlor über den Winter reichlich an Gewicht. Anstatt „Wiggo" wie bislang üblich, nannten ihn britische Medien nun spöttisch „Twiggo", in Anlehnung an „Twiggy", das extrem magere britische Supermodell der 1960er-Jahre.

Zu Beginn des Radsportjahrs 2009 schien Bradley Wiggins' Plan noch nicht so recht aufgehen zu wollen. Bei den Rundfahrten gewann er mehrfach in seiner Paradedisziplin, dem Einzelzeitfahren, aber ging es in die Berge, wurde der Brite abgehängt. So landete er beim Giro d'Italia 2009 beispielsweise nur auf Rang 71 der Gesamtwertung.

Umso überraschender war seine Performance bei der Tour de France im Sommer des Jahres. Plötzlich hielt er auch im Hochgebirge mit den besten Kletterern mit und verpasste in Paris das Podium als Vierter der Gesamtwertung nur knapp. Drei Jahre später wurde das Ergebnis korrigiert, der Gesamtdritte Lance Armstrong wurde aufgrund seiner Dopingvergehen rückwirkend aus allen Ergebnislisten gestrichen und Wiggins rückte auf Rang drei vor.

Dass man auch Wiggins' Auftritten mit Skepsis begegnete, lag nur auf der Hand; noch längst hatte sich der Radsport nicht von seinem ramponierten Image befreien können. Bradley Wiggins sagte hinsichtlich der Dopingverdächtigungen gegen ihn im Sommer 2009: „Behaltet den Glauben an mich. Ich weiß, dass ich sauber bin. Man kann die Tour hervorragend mit Wasser und Brot meistern." Und er versprach, seine Leistungsdaten und Blutwerte öffentlich zu machen.

Hinsichtlich seiner herausragenden Fähigkeiten im Zeitfahren sagte Bradley Wiggins später einmal: „Ich glaube, ich hatte eine ausgeprägte Fähigkeit, meinen Körper von innen heraus zu verstehen. Es lag weniger an meinen physischen Voraussetzungen, sondern daran, dass ich stets eine Balance gefunden habe. Ich konnte es steuern – wie der Tempomat eines Autos. Das war ein Zusammenspiel von Körper und Geist."

Nach seinem Wechsel 2010 zum britischen Team *Sky ProCycling* lief es zunächst gar nicht nach Plan. Bradley Wiggins verpasste sowohl beim Giro als auch bei der Tour eine Top-Ten-Platzierung. 2011 gewann Wiggins mit dem Critérium du Dauphiné die Generalprobe für die Tour de France, doch bei der „Grande Boucle" stürzte er auf der sechsten Etappe, brach sich das Schlüsselbein und musste das Rennen aufgeben. Bei der Vuelta a España im Spätsommer meldete sich der *Sky*-Kapitän zurück und fuhr auf Rang drei des Gesamtklassements.

Jahre später wurde dem Sieger Juan José Cobo aufgrund von Dopingvergehen der Sieg aberkannt. Der Zweitplatzierte Chris Froome wurde nachträglich zum Sieger erklärt, Wiggins rückte auf Rang zwei vor. Ende September 2011 musste sich Wiggins bei den Weltmeisterschaften in Kopenhagen im Einzelzeitfahren nur dem Deutschen Tony Martin geschlagen geben.

2012 schien Bradley Wiggins bereit für den ganz großen Coup: Er gewann Paris-Nizza, die Tour de Romandie und das Critérium du Dauphiné. Das 2008 gegründete Team *Sky* schien seinen „Fünf-Jahres-Plan" bereits früher umsetzen zu können, als gedacht. Mit einem Millionenbudget des Bezahlsenders *Sky* und dem Know-how britischer Radsporttrainer kontinuierlich aufgebaut, lautete das Ziel, erstmals einen Briten zum Gesamtsieg bei der Tour de France zu führen. *Sky*-Manager Dave Brailsford, gleichzeitig Leistungssportdirektor des britischen Radsport-Verbandes, erklärte damals: „Wir wollen Helden hervorbringen."

Und der Held Großbritanniens im späten Juli des Jahres hieß Bradley Wiggins. Der inzwischen 32-jährige ehemalige Bahnspezialist gewann die Tour de France vor seinem Landsmann und Teamkollegen Chris Froome und dem Italiener Vincenzo Nibali. Wiggins hatte es ungefähr so gemacht wie einst der große Miguel Indurain: Er dominierte die Einzelzeitfahren und kontrollierte mithilfe seines überragenden Teams die schweren Bergetappen.

Wobei der Vergleich mit dem fünfmaligen Tour-Sieger aus Spanien auch wieder hinkt. Machte Indurain stets einen souveränen Eindruck, geriet Wiggins gleich mehrfach in Schwierigkeiten. Sein Adjutant und Edelhelfer Chris Froome verschärfte einige Male an den steilsten Anstiegen das Tempo; schnell hatte er ein paar Meter Vorsprung herausgefahren. Doch nicht nur die Konkurrenz hatte Probleme, auch Wiggins konnte Froome nicht folgen.

Aufreizend lässig schaute dieser zurück zu seinem Kapitän, als wollte er sagen: „Sieh her ‚Wiggo', ich bin der Stärkere." Doch der Heißsporn Froome wurde von der Teamleitung zurückgepfiffen: Die Stallorder sah einen

Tour-Sieger Wiggins und keinen Tour-Sieger Froome vor – noch jedenfalls nicht.

Der Sieg Bradley Wiggins bei der Tour de France war historisch, keine Frage. Noch nie hatte ein britischer Rennfahrer das wichtigste Radrennen der Welt gewonnen. Es war aber auch ein Sieg Bradley Wiggins gegen die inneren Dämonen. Denn als Bradley Wiggins 2012 auf dem Olymp im Straßen-Radsport angekommen war, hatte er ein paar Jahre zuvor schon einmal in der Hölle angeklopft.

Nach seinem Olympiasieg 2004 in Athen hatte Wiggins mit massiven Alkoholproblemen zu kämpfen. „Ich hatte mit 24 alles erreicht, da blieb mir nur noch das Bier, eine Flasche nach der anderen. Ein gutes Jahr lang“, beschrieb Wiggins Jahre später in seiner Autobiografie *My time* seinen Absturz. Er hatte ganz offensichtlich nicht nur das Talent als Rennfahrer von Vater Gary geerbt, sondern offensichtlich auch dessen Hang zum Alkohol.

Erst die Geburt seines Sohnes Ben habe Bradley Wiggins nach eigenen Aussagen „ernüchtert“ und er schaffte den „Turnaround“. Sein Vater schaffte es nicht. Der Mann, der bereits als Profi mit Amphetaminen gedealt und sie sogar in den Windeln seines Sohnes Bradley versteckt haben soll, kam auch nach dem Ende seiner aktiven Karriere nicht weg vom Alkohol.

2008 wurde Gary Wiggins mit schweren Kopfverletzungen auf einer Landstraße in Australien gefunden und verstarb wenig später im Krankenhaus. Sein Sohn Bradley nahm nicht an der Beerdigung teil. Zu frustrierend und desillusionierend waren die Treffen in den Jahren 1999 und 2000 gewesen, nachdem Vater und Sohn zuvor 14 Jahre lang gar keinen Kontakt gehabt hatten.

Bradley Wiggins wurde nach dem Triumph bei der Tour de France 2012 auch noch Olympiasieger im Einzelzeitfahren, anschließend zur *Sports Personality of the Year* in Großbritannien gekürt und schließlich im selben Jahr von Queen Elizabeth II. zum Ritter geschlagen. Mit seinem typisch trockenen Humor sagte er danach: „Ich bestehe darauf, dass mich meine Frau und Kinder zu Hause ‚Sir' nennen. Alle anderen können weiter Bradley zu mir sagen."

Bradley Wiggins, einst Anhänger der sogenannten *Mod-Bewegung*, trug während seiner Erfolge 2012 äußerst markante Koteletten, die so etwas wie sein Markenzeichen wurden. Sein Tour-Sieg hatte in Großbritannien einen nie dagewesenen Radsportboom ausgelöst. Doch nicht nur Rennräder wurden knapp. Als er in London zum Olympiasieg fuhr, waren in seinem Heimatland plötzlich sämtliche künstlichen Koteletten ausverkauft; und auf den Straßen Londons liefen plötzlich Hunderte von „Wiggos" herum.

Sir Bradley Wiggins genoss beim Team *Sky* nach seinem Erfolg bei der Tour de France zwar große Anerkennung und Achtung, allerdings war er bereits im Jahr nach seinem Tour-Sieg die Kapitänsrolle bei der Frankreich-Rundfahrt los. Die hatte Chris Froome übernommen, Wiggins sollte als Edeldomestike mithelfen, den zweiten Tour-Sieg eines Briten unter Dach und Fach zu bringen. Immerhin durfte Wiggins beim Giro d'Italia zuvor noch als Kapitän starten, musste aber nicht nur dort nach einer Bronchitis aufgeben, sondern aufgrund einer Knieverletzung auch die Teilnahme an der Tour absagen – die Chris Froome dann auch ohne Wiggins' Helferdienste gewann.

Ende 2013 kündigte Sir Bradley Wiggins erstmals an, sich in Zukunft wieder verstärkt dem Bahnradsport zu widmen – mit dem Fernziel Olympische Spiele 2016 in Rio de Janeiro. Doch ganz fertig hatte er auf der Straße noch nicht: Bei den Weltmeisterschaften 2014 im spanischen Ponferrada gewann er erstmals WM-Gold im Einzelzeitfahren und er visierte den Sieg bei Paris-Roubaix im April 2015 an. Bis dahin wollte er noch für das Team *Sky* fahren, anschließend in das von ihm gegründete und nach ihm benannte Team *Wiggins* wechseln.

Der Traum vom Sieg in der „Hölle des Nordes" erfüllte sich nicht – Wiggins landete bei Paris-Roubaix auf Platz 18 –, aber der Traum von seiner fünften Teilnahme an Olympischen Spielen nahm langsam, aber sicher Gestalt an. In Rio war Wiggins, trainiert vom deutschen Trainer Heiko Salzwedel, schließlich nicht nur dabei. Er gewann gemeinsam mit von Ed Clancy, Owain Duull und Steven Burke die Goldmedaille in der Mannschaftsverfolgung. Zudem holte er sich bei der Bahnrad-WM im selben Jahr an der Seite des britischen Weltklasse-Sprinters Marc Cavendish den Titel im Madison.

Mit der Tour of Britain fuhr der inzwischen 36-jährige Wiggins anschließend sein letztes Straßenrennen und beendete seine aktive Karriere. Bereits im Juni 2015 hatte Wiggins im Lee Valley Velodrome zu London mit 54,526 Kilometern einen neuen Stundenweltrekord aufgestellt.

Ob Bradley Wiggins alle seine Erfolge tatsächlich nur mit „Wasser und Brot" eingefahren hatte, wie er 2012 nach seinem Tour-de-France-Sieg beteuerte hatte oder auch mithilfe verschiedener hoch dosierter Asthmamittel, ist bis heute nicht geklärt. Eine russische Hackergruppe hatte kurz vor dem Ende von Wiggins' Karriere Dokumente der Welt Anti-Doping Agentur WADA ins Netz gestellt, aus denen hervorging, dass der Brite bei nahezu all seinen großen Erfolgen das Mittel Triamcinolon eingenommen hatte. Und das in deutlich höherer Dosierung, als zugelassen.

Die britische Anti-Doping-Agentur (Ukad) nahm im September 2016 Untersuchungen auf, die sich unter anderem mit einer ominösen Medikamentenlieferung an Wiggins im Juni 2011 beschäftigten. Es bestand der Verdacht, das Päckchen habe, anders als von der *Sky*-Teamleitung angegeben, nicht nur Hustenlöser, sondern auch Steroide enthalten. Die Ermittlungen wurden später aus Mangel an Beweisen eingestellt.

Im März 2018 veröffentlichte ein Sonderausschuss des britischen Sportministeriums eine Untersuchung, in der auch der Name Wiggins auftauchte. Es ging erneut um das Thema Asthma und die Ausnahmegenehmigung für den Radprofi. Laut der Untersuchung soll Wiggins von den Teamärzten bei *Sky* neben Triamcinolon auch das Asthmamittel Glukokortikoid in einer hohen Dosierung injiziert worden sein, einer Dosierung, die eindeutig leistungssteigernd sei.

Die Studie kam zu dem Schluss, dass die medizinische Ausnahmegenehmigung mindestens im Jahr 2011 von Wiggins und den Verantwortlichen beim Team *Sky* zur Leistungssteigerung missbraucht worden sei. Wiggins schrieb daraufhin auf Twitter®, er weise die Behauptung entschieden zurück, je ein Medikament ohne medizinische Notwendigkeit eingenommen zu haben und sprach von einer „Hexenjagd", nachdem sogar seine Kinder in der Schule aufgrund der Verdächtigungen angefeindet würden.

Ende 2017 setzte sich der ehemalige Weltklasse-Radprofi in den Kopf, eine Karriere als Ruderer mit dem Fernziel Olympische Spiele 2020 in Tokio zu starten. Doch nach eher frustrierenden Ergebnissen bei Testwettkämpfen legte er das Kapitel 2018 schon wieder ad acta. Muskelmasse hatte er durch das Training allerdings reichlich zugelegt; überhaupt war der Mann kaum wiederzuerkennen: Wiggins präsentierte sich inzwischen ohne Koteletten, dafür mit Vollbart, zahlreichen Tattoos und neuer Freundin.

Die Ehe mit seiner Frau Catherine, die an einer bipolaren Störung litt, war 2020 in die Brüche gegangen. Bereits im Sommer 2019 hatte Wiggins, ansonsten als Experte beim TV-Sender *Eurosport* im Einsatz, ein Fernstudium der Sozialarbeit an der Open University aufgenommen.

Als Begründung sagte er: „Als Jugendlicher habe ich schreckliche Dinge erlebt. Nichts kann mich mehr schockieren, diese mentale Stärke möchte ich nutzen, um als Sozialarbeiter zu arbeiten." Bradley Wiggins war stets offen damit umgegangen, schon als Kind und Jugendlicher depressive Schübe erlebt zu haben. Seine Kindheit sei schrecklich, sein Stiefvater sei nicht viel besser als der leibliche Vater gewesen und habe ihn regelmäßig geschlagen.

Eines allerdings trug Sir Bradley Wiggins jahrzehntelang mit sich herum. Erst 2022 in einem Interview mit dem Magazin *Men's Health* machte er öffentlich, dass er als 13-Jähriger von einem seiner Jugendtrainer sexuell missbraucht worden sei. Die Rockstar-Attitüde, das betont coole und lässige Auftreten, die Tattoos, sein vergleichsweise schräges Outfit; alles das war wohl eher Fassade, eine Art Schutzschild für einen zutiefst verletzten Menschen.

7.3 SEAN KELLY – VON DER GRÜNEN INSEL INS GRÜNE TRIKOT (*24.05.1956)

John James Kelly, stets nur Sean genannt, ist neben seinen Landsmann Steven Roche der zweite irische Profi, der Radsportgeschichte geschrieben hat. Der sprintstarke Klassikerjäger gewann in den 1980er- und frühen 1990er-Jahren vier der fünf Monumente *mindestens zweimal, die Lombardei-Rundfahrt sogar dreimal. Lediglich bei der Flandern-Rundfahrt verpasste er den Sieg.*

Der schweigsame Bauernsohn von der Grünen Insel gewann zwar „nur" fünf Etappen bei der Tour de France, sicherte sich aber viermal das Trikot des Punktbesten, genauso oft wie bei der Vuelta a España.

Zum Radsport kam Sean Kelly, aufgewachsen auf einem Bauernhof in Curraghduff im County Waterford, weil er einmal mehr seinem älteren Bruder Joe nacheifern wollte. Dieser fuhr Ende der 1960er-Jahre in einer von den lokalen Schulen ausgerichteten Radsportliga seine ersten Rennen. 1970, als 14-Jähriger, saß dann auch Sean zum ersten Mal bei einem Nachwuchsrennen im Sattel – und gewann. Zwei Jahre später holte sich der Teenager erstmals den Titel im Straßenrennen der irischen Juniorenmeisterschaften.

Im Winter 1975/76 unternahm Sean Kelly mit seinem Radsportverein, dem Carrick Wheeler Club, eine Reise nach Südafrika, um dort an der Rapport Tour teilzunehmen. Allerdings unter falschem Namen und mit einem Team, das sie *Mum for Men* nannten. Kelly trug sich gleich mehrfach in die Siegerlisten ein, was ihm zwar ein wenig Ruhm, aber noch viel mehr Ärger einbrachte.

Denn als der irische Radsportverband von dem Südafrikatrip und den Mauscheleien erfuhr, sperrte der Verband Sean Kelly zunächst für sechs Monate und schließlich auch für die Olympischen Spiele 1976 in Montreal. Der Grund: Kelly und seine Kollegen hatten sich darüber hinweggesetzt, dass sämtliche Sportveranstaltungen in Südafrika mit seinem zu dieser Zeit brutalen Apartheitsregime von westlichen Staaten boykottiert wurden.

Kelly war stinksauer auf den irischen Radsportverband und zog 1976 auf eigene Faust nach Frankreich, wo er sich dem Vélo Club Metz-Woippy anschloss, zahlreiche Amateurrennen gewann und sich so für den belgischen Profi-Rennstall *Flandria* empfahl. Sein erster Sieg als Profi gelang ihm auf der ersten Etappe der Tour de Romandie im Mai 1977. Zahlreiche Siege sollten folgen, darunter der erste Etappensieg gleich bei seinem Tour-de-France-Debüt im Sommer 1978.

Sean Kelly gewann bei der Tour de France zwar „nur" fünf Etappen, sicherte sich aber viermal das Grüne Trikot des Punktbesten. Bei der Vuelta a España war der Ire bei insgesamt 16 Etappen erfolgreich, holte sich ebenfalls viermal das Punktetrikot – und gewann 1988 im Herbst seiner Karriere überraschend sogar die Gesamtwertung. Vor allem aber machte sich Kelly einen Namen als Klassikerjäger und als nimmersatter Siegfahrer. Hätte nicht bereits Eddy Merckx den Spitznamen „Kannibale" verpasst bekommen – für Sean Kelly hätte er definitiv auch gepasst.

1982 gewann der Ire erstmals die Fernfahrt Paris-Nizza, bei der er in den sechs darauf folgenden Jahren ebenfalls triumphieren sollte und damit bis heute Rekordsieger beim „Rennen zur Sonne" ist. 1983 gewann er mit der Lombardei-Rundfahrt sein erstes *Monument*, mit Paris-Roubaix und Lüttich-Bastogne-Lüttich im Frühjahr 1984 folgten die beiden nächsten Erfolge bei den großen Klassikern des Radsports.

Bis 1992, als er Mailand-San Remo zum zweiten Mal gewann und damit seinen insgesamt neunten Erfolg bei einem der *Monumente* einfuhr, zählte der Ire zur absoluten Weltklasse. Mehrfach führte er am Ende des Jahres die Weltrangliste an – nur ein WM-Sieg gelang dem Iren in seiner Radsportkarriere, die er 1994 beendete, nie.

Sean Kelly hatte keine Hobbys, er reiste nicht, er war selten bei öffentlichen Auftritten zu sehen. Er ordnete alles dem Radsport unter. Er selbst hatte allerdings so seine Probleme, sich im Team unterzuordnen. Sobald das Rennen gestartet wurde, kannte das 1,80 Meter große Kraftpaket nur noch eins: gewinnen um jeden Preis, Stallorder hin oder her.

Der Erfolg gab ihm schließlich recht, allzu beliebt war er bei seinen zahlreichen Teams nicht. Der US-amerikanische Radsportjournalist Robin Magowan schrieb in seinem Buch *Kings of the road*, Sean Kelly sei „leidensbereit, zielstrebig und hart, hart, hart". Kelly habe all das von seiner irischen Kleinbauernherkunft in sich: „Das Außenklo; die Hunde, die angekettet werden müssen, bevor man aus dem Auto steigen kann; die einzig mögliche Karriere als Maurer auf einer Baustelle, die sich immer weiter in den grauen Nebel erstreckt."

Ein Interview mit dem Rennfahrer Sean Kelly zu führen, erwies sich während dessen aktiver Karriere als schwierig bis unmöglich. Kelly sagte wirklich nur das Nötigste, antwortete in „Ein-Wort-Sätzen" und machte unmissverständlich klar, dass er keine Lust hatte, sich mit den Medien abzugeben.

Umso erstaunlicher ist es, dass der ehemalige Champion später als TV-Kommentator bei *Eurosport* anheuerte und sich als durchaus gesprächiger und vor allem extrem kenntnisreicher Experte einen Namen machte; er wurde sogar als der „Rolls-Royce" der Radsportkommentatoren in englischsprachigen TV-Sendern bezeichnet.

Kelly, der darüber hinaus ein Nachwuchsteam sowie eine Radsportbekleidungsfirma gründete, lebt seit dem Karriereende wieder in Irland. Bereits seit 1985 findet in seiner alten Wahlheimat Belgien mit den „Sean Kelly Classics" ein Jedermannrennen statt, bei dem der Namensgeber häufig selbst am Start war.

7.4 STEVEN ROCHE – EIN IRE IN GELB UND ROSA (*28.11.1959)

Steven Roche ist neben Sean Kelly einer von zwei irischen Weltklasse-Rennfahrern, die in den 1980er-Jahren große Erfolge feierten. So schaffte Roche als erster Rennfahrer nach Eddy Merckx im Jahr 1987 das „Triple" aus dem Gesamtsieg bei Giro d'Italia, der Tour de France und dem Gewinn des Weltmeistertitels im Straßenrennen.

Die Karriere des Iren wäre beinahe daran gescheitert, dass seine Familie kein Geld hatte, um ihm ein Rennrad zu kaufen. Erst als im Lebensmittelladen in Roche' Heimatort Dundrum eine Sparbüchse aufgestellt wurde und die Gemeinde fleißig spendete, konnte sich der Youngster seinen Traum erfüllen. Roche fuhr zunächst als Jugendlicher und als Amateur für das Team *Orwell Wheelers* und wurde 1977 irischer Juniorenmeister im Straßenrennen.

Unter anderem, um sich auf die Olympischen Spiele 1980 in Moskau vorzubereiten, wechselte Roche 1979 nach Frankreich und fuhr dort für das Amateurteam des Athletic Clubs de Boulogne-Billancourt. Er gewann Paris-Roubaix in der U23-Altersklasse, bei den Sommerspielen in Moskau – die Irland im Gegensatz beispielsweise zur damaligen Bundesrepublik Deutschland nicht boykottierte – landete er gehandicapt durch eine Knieverletzung nur auf Platz 45 im Straßenrennen.

Zur Saison 1981 unterschrieb Steven Roche dennoch seinen ersten Profivertrag beim französischen *Peugeot*-Rennstall und feierte erste Etappensiege bei kleineren Rundfahrten. In seinem zweiten Jahr als Profi kratzte der junge Ire bereits an der Weltklasse, wurde Zweiter beim Amstel Gold Race. 1983 und 1984 siegte der kletterstarke Allrounder bei der Tour de Romandie, seinen ersten Etappensieg bei der Tour de France fuhr Roche auf der 18. Etappe im Sommer 1985 ein und beendete die „Grande Boucle" als Dritter auf dem Podium – als erster Ire in der Geschichte des Radsports.

Nachdem Roche 1986 einmal mehr mit hartnäckigen Knieproblemen zu kämpfen hatte und keinen einzigen Sieg einfahren konnte, kehrte er 1987 wie Phönix aus der Asche zurück in den internationalen Radsportzirkus und gewann das „Triple" aus Giro d'Italia, Tour de France und der WM. Das war zuvor, 1974, bislang nur Eddy Merckx gelungen und nach Roche keinem anderen Fahrer mehr.

Für großen Unmut in seinem Team sorgte die Entscheidung des Iren, die Siegprämie von damals umgerechnet 300.000 D-Mark nicht wie üblich unter seinen Teamkollegen aufzuteilen, er teilte seine Prämie lediglich mit seinem Edelhelfer Eddy Schepers, was die Trennung vom Team *Carrera* zur Folge hatte. 1994 hing Stephen Roche, der 1992 seine dritte und letzte Etappe bei der Tour gewann, seine Rennmaschine an den berühmten Nagel. 2014 wurde Roche in die Hall of Fame des Giro d'Italia aufgenommen, wo er 1987 zwei Etappen gewonnen hatte.

Während der aktiven Karriere lebte Roche in Sagy im Val-d'Oise unweit von Paris. Mit seiner Frau Lydia, einer Französin, hat er vier gemeinsame Kinder. Sohn Nicolas versuchte, in die zweifelsohne großen Fußstapfen seines Vaters zu treten, nahm zehnmal an der Tour de France teil, einen Etappensieg verpasste Roche junior 2009 nur denkbar knapp, immerhin gewann er zwei Etappen bei der Vuelta a España.

Sein Cousin Dan Martin, also Steven Roche' Neffe, gewann als Radprofi die Lombardei-Rundfahrt und Lüttich-Bastogne-Lüttich. Mit seinem Bruder Lawrence fuhr Stephen Roche einmal gemeinsam die Tour de France.

Stephen Roche lebte nach der Trennung von seiner Frau im Jahr 2004 überwiegend in Antibes an der Côte d'Azur, wo er ein Hotel besaß und eine stattliche Oldtimersammlung sein Eigen nennt. Seit 2017 ist der Ire Botschafter der Amaury Sport Organisation (ASO) bei Paris-Nizza.

Zudem gründete Roche ein Radreiseunternehmen mit einem Standort auf Mallorca, das allerdings pleiteging. 2022 sprach ein spanisches Gericht Roche in einem Betrugsprozess für schuldig und verurteilte ihn zur Rückzahlung von 733.866 Euro an zahlreiche Gläubiger seines in Konkurs gegangenen Unternehmens.

★ 8 ★

REKORDHALTER UND EXOTEN

8.1 ABDEL-KADER ZAAF – FALSCHE RICHTUNG (27.01.1917-22.09.1986)

Der Algerier Abdel-Kader Zaaf hat Radsportgeschichte geschrieben. Nicht, weil er große sportliche Erfolge feierte. Sondern weil er den Mythos der Tour de France und damit den Radsport insgesamt mit seiner persönlichen (Leidens-)Geschichte bereicherte.

Es war brütend heiß im Sommer 1950 auf der Etappe von Perpignan nach Nîmes, deutlich über 40 Grad Celsius. „Canicule" sagen die Franzosen zu diesen drückenden Tagen. Genau das richtige Wetter für den Algerier Zaaf und seinen Landsmann Marcel Molinés zum Attackieren. Schon bald hatten die beiden Nordafrikaner einen Vorsprung von knapp 20 Minuten auf das Peleton herausgefahren, als sie an einem Café anhielten, um ihren Durst zu löschen.

Zaaf schnappt sich der Legende nach von einem der Tische eine Flasche Weißwein und leerte sie „auf ex". Doch der Durst schien noch nicht gelöscht zu sein, also runter mit der zweiten Flasche.

Die Wirkung des Alkohols in der Mittagshitze ließ nicht lange auf sich warten. Zaaf, zweifacher algerischer Meister im Straßenrennen, eierte in Schlangenlinien ein paar Meter weiter, dann wurde er von Rennkommissären vom Rad geholt und unter einen Baum gelegt. Es ist unklar, ob es Fans an der Strecke oder offizielle Tour-Mitarbeiter waren, die Zaaf nach einer Stunde Schlaf weckten.

Auf jeden Fall schwang Abdel-Kader Zaaf sich auf sein Rad und fuhr weiter – leider in die falsche Richtung! Am Abend bat der Nordafrikaner die Kommissäre, die letzten 25 Kilometer zum Ziel nachholen zu dürfen. Doch die Jury blieb hart, der Algerier war raus aus dem Rennen.

Abdel-Kader Zaaf erlangte durch dieses Missgeschick im Sommer 1950 ungeahnte Berühmtheit. Im darauf folgenden Jahr nahm er erneut an der Frankreich-Rundfahrt teil und und kam in Paris an. Als Letzter des Gesamtklassements wurde er fast so gefeiert wie der Gesamtsieger Hugo Koblet aus der Schweiz. Zaaf wurde schon nach seinem Missgeschick 1950 zu vielen gut dotierten Rennen in Europa eingeladen, für nordafrikanische Verhältnisse wurde er gar zu einem reichen Mann.

Lange dann hörte man nichts mehr von ihm. Doch im Jahr 1982 tauchte Abdel-Kader Zaaf plötzlich in Paris auf. Er hatte inzwischen – aller Wahrscheinlichkeit nach unschuldig – für zwei Jahre in einem algerischen Gefängnis gesessen. Er kam als armer, alter und gebrochener Mann nach Frankreich, mit der Bitte um eine Behandlung für seine Augenkrankheit, die in Algerien nicht zu heilen war.

Und er kam mit einer anderen Version seiner legendären Geschichte: Als praktizierender Moslem habe er natürlich damals keinen Wein getrunken. Vielmehr sei er aufgrund der Hitze – und aufgrund des Konsums von Amphetaminen – zusammengebrochen. In Ermangelung von Wasser bespritzten einige Fans den Algerier mit Wein, um ihn zu erfrischen.

Als er schließlich bei seiner Fahrt in die falsche Richtung auf den Besenwagen traf, stank er entsetzlich nach Wein - woraus die Legende des betrunkenen Falschfahrers gestrickt wurde.

8.2 DSCHAMOLIDIN ABDUSCHAPAROW – „TERROR VON TASCHKENT" (*28.02.1964)

Der Spitzname des Usbeken Dschamolidin Abduschaparow lässt nichts Gutes vermuten. Die Medien nannten ihn aufgrund seines äußerst rücksichtslosen Fahrstils auch „Terror von Taschkent". Nicht selten verursachte er durch seine Schlenker auf den letzten und entscheidenden Metern Massenstürze und so war es kein Wunder, dass die Kollegen nicht gerade gut auf ihn zu sprechen waren.

Nicht nur der große Eddy Merckx bezeichnete Abduschaparow als Gefahr für das gesamte Fahrerfeld, während der Sprinter selbst sich offensichtlich keiner Schuld bewusst war und hinsichtlich seiner Zickzacksprints erklärte: „Da sehe ich niemanden mehr und nichts anderes als das Zielband. Ich schaue nicht nach links und nicht nach rechts, nur noch geradeaus."

Dschamolidin Abduschaparow, genannt „Abdu", war der wohl erste Superstar unter den reinen Sprintern. Als sowjetischer Staatsamateur nahm er in den späten 1980er-Jahren mehrfach an der Internationalen Friedensfahrt teil, wo ihm sechs Etappensiege gelangen. 1990, im Zuge der Perestroika, wechselte Abduschaparow ins Profilager und nahm im selben Jahr erstmals an der Tour de France teil.

Der erste Etappensieg gelang dem usbekischen „Kamikaze-Sprinter" allerdings erst im darauf folgenden Jahr, in dem er sich erstmals auch das Grüne Trikot des Punktbesten sicherte. Ein reichlich lädierter Abduschaparow stand damals auf dem Podium auf den Champs-Élysées in Paris. Ausnahmsweise mal hatte nicht er seine Konkurrenten in Gefahr gebracht, sondern war selbst nach einem Fahrfehler mit dem Pedal in der

Bande eingefädelt, krachte nach einem veritablen Salto in eine Werbefigur und brach sich dabei das Schlüsselbein.

Um sich das Grüne Trikot zu sichern, musste der Usbeke dennoch die letzten Meter zum Ziel noch bewältigen; er tat das halb humpelnd, halb rollend, nachdem ihn seine Teamkollegen wieder aufs Rad gesetzt hatten.

1993 und 1994 durfte er sich auf den Champs-Élysées ebenfalls im „Maillot vert" feiern lassen, jeweils ohne nennenswerte Blessuren. Bereits 1989 während der Friedensfahrt wurde Dschamolidin Abduschaparow positiv auf die Einnahme Ephedrins getestet, auch bei der Tour de France 1997 fielen gleich zwei Dopingproben positiv aus. Abduschaparow beendete daraufhin seine Karriere.

Der einstige „Kampfsprinter" lebt seitdem in Italien. Gelegentlich besucht er seinen einstigen Dauerrivalen Olaf Ludwig; einst erbitterte Konkurrenten auf den letzten Metern vor dem Zielstrich, sind die beiden heute gute Freunde. Denn, wenn Abduschaparow nicht auf dem Rad sitzt, soll er ein eher ruhiger, durch und durch sympathischer und humorvoller Zeitgenosse sein.

8.3 CADEL EVANS – DER ERSTE AUSTRALIER (*14.02.1977)

Cadel Evans ist der erste und bislang einzige Australier, der die Gesamtwertung der Tour de France gewinnen konnte; zudem der erste Rennfahrer aus „Down Under", der bei den Profis einen WM-Titel im Straßenrennen holte.

Cadel Evans kommt ursprünglich vom Mountainbikesport, wo er 1998 und 1999 den Gesamt-Weltcup gewann. Nachdem der Australier 2001 im Alter von 24 Jahren auf die Straße gewechselt war, fuhr er bereits im darauf folgenden Jahr einige Tage im Rosa Trikot beim Giro und beendete die Italien-Rundfahrt – nachdem er auf der 17. Etappe komplett eingebrochen war – schließlich auf Rang 14 des Gesamtklassements.

Evans war auf der einen Seite ein kompletter Radfahrer, er konnte Zeitfahren, klettern und passabel sprinten. Auf der anderen Seite war er aber auch ein wahrer „Bruchpilot". Walter Godefroot, Teamchef beim Team *Telekom* und dessen Nachfolger Team *T-Mobile*, nannte den Mann aus „Down Under", der 2003 und 2004 für den magentafarbenen deutschen Rennstall fuhr, ein Sicherheitsrisiko.

Nachdem Evans sich in einem Jahr nach Stürzen gleich dreimal das Schlüsselbein gebrochen hatte, nominierte die Teamleitung Evans „sicherheitshalber" nicht für die Tour de France des Jahres 2004.

Cadel Evans wechselte daraufhin zur Saison 2005 zum belgischen Team *Davitamon-Lotto*, entwickelte sich dort zu einem der besten Rundfahrer der Welt und beendete die Tour de France sowohl 2007 als auch 2008 auf Platz zwei des Gesamtklassements. 2009 im schweizerischen Mendrisio holte sich der „Aussie" das Regenbogentrikot im WM-Straßenrennen. Nach Jack Hoobin, der 1950 den Titel bei den Amateuren gewann, war Evans der erst zweite Straßen-Weltmeister überhaupt aus Australien, der Erste, der das Rennen der Profis für sich entscheiden konnte.

2011 dann triumphierte Cadel Evans, inzwischen beim *BMC Racing Team* unter Vertrag, bei der Tour de France. Schon im Jahr zuvor hatte er sich extrem stark präsentiert und fuhr auf der achten Etappe ins Gelbe Trikot. Einmal mehr stürzte er jedoch und zog sich dabei einen Ellbogenbruch zu. Evans biss auf die Zähne, fuhr die Frankreich-Rundfahrt trotz der Fraktur zu Ende und landete auf Rang 26 des Gesamtklassements.

2011 dann passte alles für den Australier. Mit einer Vielzahl an tempoharten und kletterstarken Helfern im Rücken konnte der *BMC*-Kapitän den Schaden bei den Attacken der Schleck-Brüder Fränk und Andy und des später wegen Dopings disqualifizierten Alberto Contador in Grenzen halten. Evans schlüpfte schließlich nach einem erstklassigen Einzelzeitfahren auf der vorletzten Etappe ins Gelbe Trikot und machte damit den größten Erfolg seiner Karriere perfekt.

Lange Zeit war Cadel Evans auch aufgrund seines wenig eleganten Fahrstils belächelt oder gar verspottet worden. Der nicht eben besonders charismatisch daherkommende Australier galt als eine Art „Ritter der traurigen Gestalt", aufgrund der vielen Stürze, aber auch, weil er beim Fahren „wie ein Wackeldackel auf der Hutablage im Auto" den Kopf hin- und herbewegte, wie ein Zeitung einmal über ihn schrieb.

Der mit 34 Jahren älteste Tour-de-France-Sieger der Nachkriegszeit hängte noch ein paar Jahre dran; mal fuhr er noch in der Weltklasse mit – wie bei seinem dritten Platz beim Giro 2013 – dann wieder landete er unter „ferner liefen" wie bei der Tour im selben Jahr, wo er lediglich auf Rang 39 landete. Am 1. Februar 2015 beendete Evans mit der Teilnahme an dem nach ihm benannten Cadel Evans Great Ocean Road Race seine aktive Karriere.

Gewinnen ließ man den Altmeister, der 2020 in die Hall of Fame des australischen Sports aufgenommen wurde, nicht. Evans wurde beim Sieg des Belgiers Gianni Meersmann Fünfter.

8.4 SYLVAIN CHAVANEL – DER DAUERBRENNER BEI DER TOUR DE FRANCE (*30.06.1979)

Sylvain Chavanel war kein absoluter Weltstar; das beste Ergebnis, das der Franzose bei einer der Grands Tours einfuhr, war der 16. Platz bei der Vuelta a España 2007. Zwei Jahre später belegte er im Gesamtklassement der Tour de France den 20. Rang.

Eine Legende des Radsports ist er dennoch: Keiner startete öfter bei der Tour de France als Sylvain Chavanel. Mit 18 Teilnahmen – und die auch noch hintereinander von 2001 bis 2018 – ist der Allrounder Rekordteilnehmer bei der „Grande Boucle" – vor George Hincapie, Jens Voigt und Stuart O' Grady, die jeweils 17-mal dabei waren.

Sylvain Chavanel stammt aus einer Radsportfamilie; von den fünf Brüdern war Sylvain allerdings eindeutig der erfolgreichste. Wobei Sébastian Chavanel es immerhin auf drei Tour-Teilnahmen brachte und 2015 als Letzter des Gesamtklassements die bei den Fahrern tatsächlich begehrte „Rote Laterne" holte. Sylvain hingegen gewann drei Etappen bei seinen 18 Tour-de-France-Starts, trug bei der Tour 2010 jeweils nach seinen beiden Etappensiegen für einen Tag das Gelbe Trikot und wurde sowohl im Jahr 2008 als auch im Sommer 2010 als kämpferischster Fahrer der Frankreich-Rundfahrt mit der roten Rückennummer geehrt.

Mit dem Team *Omega Pharma-Quick Step* gewann der erstklassige Zeitfahrer 2012 und 2013 den WM-Titel im Teamzeitfahren; sechsmal gewann er das „contre la montre" bei den nationalen Meisterschaften in Frankreich. Einmal, im Jahr 2011, wurde er französischer Meister im Straßenrennen.

Einen Sieg bei einem der fünf *Monumente des Radsports* verpasste Chavanel 2011 bei der Flandern-Rundfahrt nur um Reifenbreite, als er sich im Sprint dem Belgier Nick Nuyens geschlagen geben musste.

Bei den Radsportfans war der Tour-de-France-Dauerbrenner überaus beliebt, weil er immer wieder sein Heil in der Flucht suchte und beispielsweise seine drei Tour-Etappen als Ausreißer gewann. Er liebte es, so sagte Chavanel nach dem Ende der Karriere einmal, Chaos im Peleton anzurichten. Im Oktober 2018 fuhr der Tour-de-France-Rekordteilnehmer mit dem Chrono des Nations sein letztes Rennen als Profi. Seit 2020 versucht sich der ehemalige Radprofi als Trabrennfahrer, seit 2021 ist er offizieller Botschafter der Tour de France.

8.5 ALEJANDRO VALVERDE – WELTMEISTER MIT 38 (*25.04.1980)

Der Spanier Alejandro Valverde krönte seine höchst erfolgreiche Radsportkarriere im stolzen Alter von 38 Jahren mit dem Weltmeistertitel 2018 im Straßenrennen von Innsbruck und ist damit nach dem Niederländer Joop Zoetemelk der zweitälteste Weltmeister in der Geschichte des Radsports.

Bei der WM 2018 in Innsbruck brachte der Spanier alle seine Qualitäten ein, die ihn in seiner 25-jährigen Profikarriere auszeichneten: Er fuhr taktisch klug, er kletterte wie eine junge Gämse über die bis zu 28 Prozent steilen Anstiege und er war im Sprint nach 260 Kilometern der Stärkste. Genau diese Vielseitigkeit hat den vielleicht besten Allrounder der 2000er-Jahre stets ausgezeichnet.

Begonnen hat Alejandro Valverde mit dem Radfahren in seiner Heimat, der spanischen Region Murcia, bereits im Alter von neun Jahren. Er war schon als Kind und als Jugendlicher so gut, dass die Eltern von anderen Teilnehmern ihn vor dem einen oder anderen Rennen inständig baten, nicht an den Start zu gehen. Schon aus dieser Zeit, als er 50 Jugendrennen in Folge gewann, stammt der Spitzname „Il imbatido" (der Unschlagbare). So ganz stimmte das natürlich nicht, denn bei den spanischen Juniorenmeisterschaften 1997 und 1998 musste sich Valverde im Straßenrennen jeweils als Zweitplatzierter geschlagen geben.

2002 wechselte Valverde ins Profilager, nachdem er 2001 in der U23-Altersklasse seinen ersten nationalen Titel gewonnen hatte und fuhr zunächst für das spanische Team *Kelme-Costa Blanca*. Schon im darauf folgenden Jahr gewann der Jungprofi bei der Vuelta a España zwei Etappen und fuhr als Dritter aufs Podium.

Es war der Beginn einer Karriere, deren Palmarès sich wahrlich sehen lassen können. Valverde holte Etappensiege bei allen drei Grands Tours – allein zwölf bei der Vuelta, wo er 2009 auch die Gesamtwertung gewann;

er landete mehrfach unter den Top Ten beim Giro d'Italia und der Tour de France. Er hält den Rekord mit fünf Erfolgen beim Flèche Wallonne und siegte obendrein viermal beim *Monument* Lüttich-Bastogne-Lüttich, dem ältesten Eintagesrennen der Welt. Damit teilt sich „el Bala" (das Geschoss), wie er von spanischen Medien gern genannt wurde, in der Liste der erfolgreichsten Teilnehmer an der „Doyenne" Platz zwei mit dem Italiener Moreno Argentin.

Was dem Allrounder zum Ende seiner Karriere noch fehlte, war der Gewinn des Weltmeistertitels. Siebenmal hatte Valverde bereits auf dem WM-Podium gestanden, ins Regenbogentrikot des Weltmeisters schlüpfte stets ein anderer. Bei der WM 2018 in Innsbruck war der Spanier bereits 38 Jahre alt und zählte im Straßenrennen definitiv nicht zu den Topfavoriten.

Aber er fuhr einmal mehr taktisch clever; er hatte nach 258 Kilometern und fast 5.000 Höhenmetern noch genug Reserven, um an der 28 Prozent steilen Rampe der Höttinger Höll nicht abreißen lassen zu müssen. Und er hatte auf der Zielgeraden in Innsbruck noch die Körner, um den Sprint gegen seine drei Mitausreißer zu gewinnen.

Von der Redewendung, dass man aufhören soll, wenn es am schönsten ist, hatte der Spanier anscheinend noch nie etwas gehört. Kaum trug er das Regenbogentrikot des Weltmeisters auf den Schultern, verkündete Valverde, dass er mindestens noch bis zum Alter von 40 Jahren weiterfahren wollte. Warum auch nicht? Der Oldie des Peletons fuhr weiter auf höchstem Niveau Radrennen, er beendete die Vuelta 2019 und die Lombardei-Rundfahrt jeweils auf Platz zwei.

Und auch als Ü-40-Fahrer fuhr der *Movistar*-Profi noch munter in der Weltspitze mit: Wenige Wochen vor seinem 42. Geburtstag siegte Valverde beim GP Miguel Indurain und schaffte es beim Flèche Wallonne als Dritter aufs Podium. Doppelt so alt wie einige seiner Kontrahenten bestritt Valverde auch noch die komplette Saison 2022 und beendete seine 25 Jahre währende Profikarriere mit dem sechsten Platz bei der Lombardei-Rundfahrt im Oktober des Jahres – nach mehr als 220.000 Rennkilometern, 133 Profisiegen und noch weit mehr Podiumsplatzierungen bei großen Rennen.

Der Altmeister verdrückte bei seinem Abschied im Oktober 2022 ein paar Tränen und man hätte durchaus gerührt sein können bei der Verabschiedung Alejandro Valverdes – wären da nicht die Verwicklungen in den Dopingskandal um den spanischen Arzt Eufemanio Fuentes gewesen. Bereits 2006 fand die spanische Guardia Civil bei Fuentes Blutkonserven mit dem Namen „Valv. (Piti)". „Piti" hieß der Schäferhund von Alejandro Valverde.

In Valverdes Heimat hatte man offensichtlich kein Interesse daran, den so erfolgreichen und beliebten Profi aus dem Verkehr zu ziehen, das Verfahren hatte das Italienische Olympische Komitee (CONI) eingeleitet. Erst nach einigen Pannen der zuständigen Untersuchungsbehörden in Spanien bestätigte schließlich der Internationale Sportgerichtshof CAS in Lausanne das vorangegangene Urteil der italienischen Sportgerichtsbarkeit und Valverde wurde von 2010 bis 2012 gesperrt. Er selbst hat stets seine Unschuld beteuert.

8.6 ÓSCAR FREIRE GOMÉZ – EIN CHAOT MIT DREI WM-TITELN (*15.02.1976)

Der Spanier Óscar Freire Goméz war nach Eddy Merckx, Alfredo Binda und Rik Van Steenbergen der erst vierte Rennfahrer, der dreimal den WM-Titel im Straßenrennen gewinnen konnte. Zu dem illustren Kreis gesellte sich später noch der Slowake Peter Sagan hinzu, der als erster Fahrer dreimal in Folge Weltmeister wurde.

Óscar Freire Gómez, wie der Spanier mit vollständigem Namen heißt, war nicht gerade mit einem guten Orientierungssinn gesegnet. Man erzählt sich bis heute Anekdoten, dass Freire bei Ausfahrten in unbekanntem Terrain jenseits der Heimat mehrfach ein Taxi bestellen musste, weil er den Weg zurück ins Hotel nicht mehr fand.

Dieses Problem stellte sich dem spanischen Sprinter bei den Rennen natürlich nicht; im Gegenteil. Irgendwie fand der langjährige Profi des niederländischen *Rabobank*-Teams im finalen Sprint häufig eine Lücke, durch die er durchschlüpfen und das Rennen für sich entscheiden konnte. So wie bei den drei WM-Titeln, die er 1999, 2001 und 2004 gewann.

Bei seinem ersten WM-Triumph in Verona war Óscar Freire Goméz ein 23 Jahre alter Nobody im Profi-Radsport, auch wenn er bereits 1997 Vizeweltmeister in der U23-Altersklasse geworden war. 2001 gewann er in Lissabon seinen zweiten WM-Titel in der Eliteklasse. Und 2004, abermals in Verona, schrieb Freire Goméz schließlich Geschichte mit dem Gewinn des dritten Regenbogentrikots. Ebenfalls in die Geschichtsbücher ging sein Triumph bei Mailand-San Remo im März desselben Jahres ein.

Der deutsche *T-Mobile*-Profi Erik Zabel bejubelte auf der Via Roma bereits seinen Sieg, als Freire Goméz noch an ihm vorbeischoss und „Ete" Zabel den fünften Sieg bei dem italienischen Frühjahrsklassiker vermasselte.

Der sprintstarke Klassikerjäger Freire Goméz gewann auch die „Classicissima" dreimal im Laufe seiner aktiven Karriere. Er holte sieben Etappensiege bei der Vuelta a España, deren vier bei der Tour de France und 2008 durfte sich Óscar Freire Goméz als erster Spanier in der mehr als 100-jährigen Geschichte der Frankreich-Rundfahrt auf den Champs-Élysées das Grüne Trikot des Punktbesten überstreifen. Mit Gent-Wevelgem im selben Jahr gewann er einen wichtigen Frühjahrsklassiker, mit Paris-Tours einen der traditionsreichsten Herbstklassiker im Radsport.

Óscar Freire Goméz musste aufgrund von zahlreichen Verletzungen, vor allem wegen chronischer Rückenprobleme, immer wieder längere Zwangspausen einlegen. Doch selbst wenn er topfit war, war der dreimalige Weltmeister alles andere als ein Trainingsweltmeister. Man weiß es nicht so genau, ob es eher eine Ausrede war, weil er eigentlich ein bisschen faul war. Oder ob es wirklich seine Überzeugung bzw. eine Art Philosophie war? Auf jeden Fall schwor er darauf, höchstens halb so viel wie seine Kollegen zu trainieren.

2012 beendete der Mann aus Kantabrien seine aktive Karriere; in seiner Geburtsstadt Torrelavega wurde das Vélodrome nach ihm benannt; Freire Goméz arbeitete als TV-Experte bei wichtigen Radrennen, er selbst hatte inzwischen das Rennrad gegen PS-starke Automobile getauscht und unter anderem an den spanischen Rallyemeisterschaften teilgenommen. Trotz seiner Affinität zu schnellen Autos fuhr Óscar Freire während seiner Zeit als gut bezahlter Profi stets einen klapprigen Opel Corsa, während seine Kollegen gerne mit ihren PS-starken Luxuskarossen prahlten.

Der sympathische und im Peleton äußerst beliebte Spanier sagte einmal rückblickend: „Ich lebte nicht wie der typische Radprofi. Ich bin das wandelnde Chaos, und ich kann auch nicht gut planen." Vielleicht nahm er auch deshalb wieder Abstand davon, sich für den Posten des spanischen Nationaltrainers zu bewerben, wie 2018 ursprünglich angekündigt. Wie man Weltmeisterschaftsrennen gewinnt, hätte ihnen Óscar Freire Goméz auf jeden Fall sagen können ...

★ 9 ★

DEUTSCHE LEGENDEN

9.1 JOSEF FISCHER – DER ERSTE DEUTSCHE RADSPORTSTAR (20.01.1865-03.03.1953)

Josef Fischer war der erste Weltklasse-Radsportler Deutschlands. Geboren 1865 in Atzlern bei Neukirchen beim Heiligen Blut in der Oberpfalz, gewann er im Olympiajahr 1896 die Erstaustragung des Eintagesklassikers Paris-Roubaix und blieb bis zum Sieg John Degenkolbs 2015 auch der einzige deutsche Sieger in der „Hölle des Nordens".

Josef Fischer, der Mann mit dem markanten Schnauzer, war ein Draufgänger. Konnte ihm bergauf schon kaum jemand folgen, so war Fischer bergab geradezu unschlagbar. Und vor allem war er nicht kaputt zu bekommen: Fischer gewann zahlreiche Distanzrennen wie Wien-Berlin, Mailand-München oder Bordeaux-Paris; Rennen, die zum Teil über 500 Kilometer und mehr führten.

Bei der Fernfahrt von Wien nach Berlin konnte Fischer aufgrund einer Fußverletzung angeblich nur den rechten Fuß benutzen und gewann mit einer Fahrtzeit von etwas mehr als 31 Stunden dennoch. Der Radsport-Journalist Walter Rütt schrieb damals, man habe Fischer nach der Zieleinfahrt auf dem Tempelhofer Feld einen Sitzplatz angeboten, was dieser in seiner bayrischen Mundart dankend ablehnte und sagte: „I hob gnua gsessen." Der Bayer war zudem der einzige deutsche Fahrer bei der Premiere der Tour de France im Jahr 1903, belegte am Ende aber „nur" Platz 15.

Bei Paris-Roubaix 1896 war der Vorsprung des Deutschen so groß, dass er die letzten Runden im Vélodrom zu Roubaix mit einem Glas Sekt in der Hand drehen konnte. Zuvor allerdings hatte er wenigstens zwei Schrecksekunden zu überstehen. Zunächst brach ein Pferd von der Weide aus, offenbar erschrocken vom herannahenden Peleton, und Fischer konnte dem Gaul nur knapp ausweichen. Einige Kilometer später blockierten Kühe den Weg des späteren Siegers.

Apropos Pferd: Mehrfach trat Fischer in den damals sehr beliebten Duellen Pferd gegen Radfahrer an – und hatte dabei meistens die Nase vorn. 1893 siegte er auf der Münchener Rennbahn am Schyrenplatz über die Distanz von 4.000 Meter mit fünf Sekunden Vorsprung vor dem Traber. Im darauf folgenden Jahr lieferte er sich auf dem Rennplatz des Münchner Velozipedklubs ein Duell mit dem US-Amerikaner Samuel Franklin Cowdery – angeblich einem Sohn des berühmten Buffalo Bill –, was sich jedoch später als Betrug herausstellte.

Jedenfalls war Fischer nach der festgelegten Zeit von sieben Rennstunden, verteilt auf zwei Tage, deutlich schneller als der Reiter auf seinen wechselnden Pferden und legte eine Strecke von 258 Kilometer zurück. 1899 nahm Fischer zudem am ersten Sechstagerennen der Welt im New Yorker Madison Square Garden teil und wurde Vierter.

Nach seinem Rücktritt vom aktiven Radsport arbeitete er in Paris als Chauffeur. Während des Ersten Weltkriegs musste er Frankreich verlassen und kehrte nach Deutschland zurück. Fischer starb 1963 im Alter von 88 Jahren in München.

9.2 KURT STÖPEL – „LE PHILOSOPHE“ – DER ERSTE DEUTSCHE IN GELB BEI DER TOUR (12.03.1908 – 11.06.1997)

Kurt Stöpel war 1932 der erste deutsche Radrennfahrer, der bei der Tour de France eine Etappe gewann und der erste Deutsche, der das Gelbe Trikot erobern konnte. Stöpel hatte durchaus Chancen, das Trikot bis nach Paris zu tragen. Nach sieben Reifenpannen auf der dritten Etappe musste er jedoch die Führung an den späteren Sieger André Leducq abgeben und wurde schließlich Zweiter im Gesamtklassement.

Über die Torturen während der Frankreich-Rundfahrt erzählte Stößel später: „Mein damaliger Tour-Start war eine einzige ‚Entfettungskur'. Ich hatte mir vor dem Start der Tour bei einem der besten Pariser Herrenschneider einen modernen Einreiher bestellt. Als ich vier Wochen später nach dem Rennen meinen Anzug abholte, war aus dem Einreiher ein Zweireiher geworden: Ich hatte auf Frankreichs Straßen 30 Pfund verloren!"

Kurt Stöpel bretterte schon als Kind begeistert mit dem Rad über die Kopfsteinpflasterstraßen seiner Heimat Berlin-Kreuzberg und träumte von einer Karriere als Radprofi. Seine Eltern hatten jedoch kein Geld für eine Rennmaschine, erst mit 14 Jahren – nachdem er als Lehrling bei der Nachrichtenagentur *United Press* seinen ersten Lohn erhielt – konnte er sich davon ein Rennrad kaufen und fuhr erfolgreich Amateurrennen. Trainieren ging der Youngster stets vor Dienstbeginn. Er stand um drei Uhr in der Früh auf und drehte seine Runden, überwiegend in der Havelregion im Westen der Hauptstadt.

Seine ersten Erfolge als Amateur feierte Kurt Stöpel 1927, unter anderem mit dem Straßenvierer des RC Diamant Berlin bei deutschen Meisterschaften im Mannschaftszeitfahren und als Etappensieger bei der Deutschland Tour. 1930 erfüllte er sich dann seinen Kindheitstraum, wurde Profi und auf Anhieb WM-Vierter und Zweiter bei der Deutschland-Rundfahrt. 1931, bei seiner ersten Tour-Teilnahme, landete er auf dem 16. Rang der Gesamtwertung.

Im Sommer 1933, nach seinem zweiten Platz im Jahr zuvor, wurde der Berliner Zehnter, 1934 kam er als 21. der Gesamtwertung in Paris an und siegte im selben Jahr bei den deutschen Meisterschaften sowie bei den Traditionsrennen *Rund um Köln* und *Rund um Berlin*. 1935, bei seiner fünften und letzten Teilnahme an der Frankreich-Rundfahrt, stürzte Stöpel und musste das Rennen aufgeben.

Von seinen französischen Kontrahenten als „le philosophe“, von den deutschen Medien als „Professor“ bezeichnet, schrieb Kurt Stöpel Erlebnisberichte von fast jedem Rennen. Jahrzehnte später wurden die Geschichten über seine Erlebnisse bei der Tour de France von einem deutschen Radsportverlag als Buch aufgelegt. Sicherlich auch, weil Kurt Stöpel, der einst überlegt hatte, Journalist zu werden, genauso viel Sprachgefühl wie Kraft in den Beinen besaß:

„Es ist eine tragische Nacktheit, das zerklüftete Felsgestein scheint uns angrinsen zu wollen“, *schrieb* Stöpel über eine Pyrenäenetappe. „Jetzt kann man nicht mehr in das violett schimmernde Tal hinabblicken, die Wolken hüllen uns ein, als hätten sie Mitleid mit uns keuchenden Ameisen, die es gewagt haben, die Riesen der Bergwelt herauszufordern.“

Und Stöpel hatte reichlich Humor; so berichtete er etwa davon, dass die französische Wochenschau einen Film über ihn drehte, in dem er, der Deutsche, einen Riesenberg Sauerkraut vor der Kamera verputzen sollte. Stöpels Kommentar dazu: „Wenn ich das gegessen hätte, wäre ich nach Paris geflogen ...“

Er positionierte sich stets gegen Doping und sagte beispielsweise: „Doping? Nein! Die Natur lässt sich nicht ungestraft vergewaltigen. Jeder Organismus, der durch eine solche Dosis Gift aufgepeitscht wird, muss eines Tages versagen; deshalb nein!“ An anderer Stelle hingegen räumte er ein: „Nee, nur misch ick mir manchmal een bisken Arsen mang den Kaffe mang!“

Mehr als 60 Jahre lang war der Berliner, der nach dem Karriereende 1937 als Übersetzer und Taxifahrer in Berlin lebte und arbeitete, mit seinem zweiten Platz bei der Tour de France 1932 bester Deutscher beim bedeutendsten Radrennen der Welt. Erst 1996 landete ein junger, zunächst weitgehend unbekannter Fahrer aus Deutschland ebenfalls auf Rang zwei in der Gesamtwertung. Dazu konnte Kurt Stöpel jenem Jan Ullrich noch persönlich gratulieren.

Als Ullrich 1997 gar als erster und bislang einziger deutscher Profi die Tour gewann, konnte Stöpel nicht mehr gratulieren. Am 11. Juni 1997, drei Wochen vor dem Start der Tour de France, wollte er sich in der Küche seines Altersheims in Berlin-Kladow etwas zu trinken holen. Aber er verwechselte die Wasserflasche mit einer Flasche mit Reinigungsmittel und starb noch am selben Tag. Im Mai 2008 wurde Kurt Stöpel posthum in die Hall of Fame des deutschen Sports aufgenommen.

9.3 GUSTAV-ADOLF „TÄVE" SCHUR – „GAGARIN DER LANDSTRASSE" (*23.02.1931)

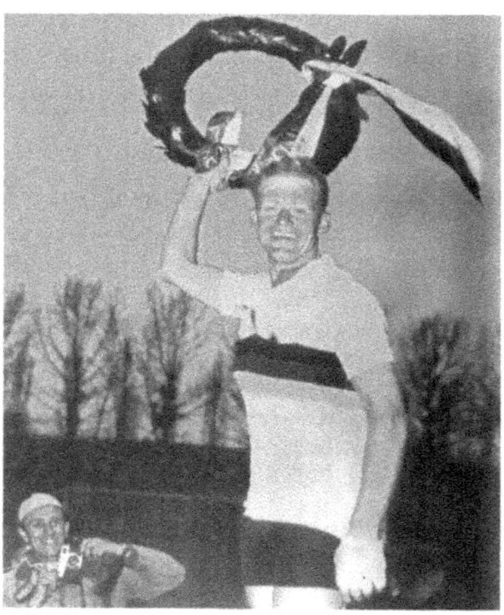

Gustav-Adolf Schur, von allen nur Täve *genannt, war ein Volksheld in der ehemaligen DDR und ist es in den neuen Bundesländern immer noch. Keiner wurde in der DDR öfter zum Sportler des Jahres gewählt als er, nämlich gleich neunmal. Und trotz zahlreicher Weltmeister und Olympiasieger, die der DDR-Sport hervorbrachte, wurde Schur nach der Maueröffnung im Jahr 1989 zum besten Sportler in der 40-jährigen Geschichte des Arbeiter- und Bauernstaats gekürt.*

Der gebürtige Sachsen-Anhaltiner Täve Schur, aufgewachsen in einfachen Verhältnissen als Sohn eines Heizers mit vier Geschwistern im kleinen Ort Heyrothsberge, begann in den frühen 1950er-Jahren mit dem Radsport. Parallel dazu machte er eine Ausbildung zum Brunnenbauer. Schon bald zeigte sich das außergewöhnliche Talent des Youngsters auf dem Rad; das Kraftpaket Schur war vor allem für seine unnachahmlichen Antritte bekannt, die er mit einer extrem großen Übersetzung fuhr.

Er gewann zweimal (1955 und 1959) die Friedensfahrt und holte sich 1958 und 1959 den Weltmeistertitel im Straßenrennen der Amateure. Als er 1960 seine eigenen Ambitionen beim WM-Rennen auf dem Sachsenring zurückstellte, damit auf den „Hattrick" verzichtete und für seinen Mannschaftskameraden Bernhard Eckstein fuhr, hatte Schur endgültig Heldenstatus erreicht bei den Fans.

Die *taz* sollte ihn später einmal den „Gagarin der Landstraße" nennen (nach dem sowjetrussischen Kosmonauten Juri Gagarin), wozu passt, dass im Jahr 2000 ein neu entdeckter Asteroid nach Täve Schur benannt wurde.

Ende 1964, auch aufgrund von Herzbeschwerden, beendete Täve Schur seine aktive Karriere und arbeitete jahrelang als Trainer bzw. als Funktionär in der DDR. Eine Karriere als Profi im Ausland kam für den überzeugten Sozialisten, dem Experten damals durchaus einen Tour-de-France-Sieg zugetraut hatten, nie infrage. Sein Sohn Jan, ältestes von Täve Schurs vier Kindern, trat in die enorm großen Fußstapfen seines Vaters und wurde 1988 Olympiasieger mit dem DDR-Straßenvierer, im darauf folgenden Jahr wurde Schur jun. Weltmeister im 100-Kilometer-Mannschaftszeitfahren.

Nach der Wiedervereinigung engagierte Täve Schur sich für die PDS (*Partei des Demokratischen Sozialismus*), für die er sogar im Bundestag saß. Für die einen war er ein aufrechter Anwalt des Sports, der seine Aufgabe vorrangig darin sah, insbesondere ostdeutsche Interessen zu vertreten. Andere nannten Schur, der 35 Jahre lang in der Volkskammer der DDR gesessen hatte, einen Muster-Mann des DDR-Sports, der sich als willfähriges Werkzeug von den SED-Strategen hatte einspannen lassen. „Gysis Fahrradkurier" wurde Schur spöttisch zu Zeiten genannt, als sich die PDS noch mehrheitlich aus ehemaligen SED-Mitgliedern zusammensetzte.

In den neuen Bundesländern wird Täve Schur bis heute verehrt. Zu seinem 70. Geburtstag im Februar 2001 kamen 5.000 Gratulanten ins Berliner Velodrom an der Landsberger Allee, darunter 60 ehemalige Weltmeister und Olympiasieger. Im Westen bzw. im vereinten Deutschland sah man Schur deutlich kritischer.

Die Deutsche Post wollte Schur anlässlich seines 70. Geburtstages mit einem Sonderstempel ehren, nahm aber bald wieder Abstand davon – mit der Begründung, dass eine solche Ehrung für noch lebende Persönlichkeiten nicht vorgesehen sei. Allerdings hatte das Unternehmen zuvor die aus den alten Bundesländern stammenden Rudi Altig, den Fußballer Fritz Walter oder auch den Boxer Max Schmeling mit genau so einem Stempel gewürdigt – obwohl sie zu dem Zeitpunkt noch lebten.

Eine gesamtdeutsche Kommission lehnte darüber hinaus im Jahr 2007 die Aufnahme Täve Schurs in die Hall of Fame des deutschen Sports ab. 2017 stand erneut zur Debatte, ob der zweifache Weltmeister in die Ruhmeshalle aufgenommen wird. Und wieder fand sich nicht die erforderliche 50-Prozent-Mehrheit in dem Gremium.

Maßgeblich dafür waren wohl in erster Linie die Äußerungen Schurs zum Thema des staatlich verordneten Dopings in der ehemaligen DDR, das er negierte oder zumindest herunterspielte. Aber wohl auch seine politische Vergangenheit.

9.4 HANS „HENNES" JUNKERMANN – „HÄTT ICH MISCH DOCH DÄ FISCH NIT JEJESSE" (06.05.1934-11.04.2022)

Hennes Junkermann zählte zweifelsohne zu den besten deutschen Rundfahrern der Nachkriegsgeschichte. Seine größten Erfolge feierte er bei der Tour de Suisse, wo er 1959 und 1962 die Gesamtwertung gewann. Im Sommer 1962 besaß er durchaus gute Chancen, die Tour de France zu gewinnen. Eine Lebensmittelvergiftung machte ihm jedoch einen Strich durch die Rechnung. „Hätt ich misch doch dä Fisch nit jejesse", erklärte Hennes damals in seinem typisch niederrheinischen Dialekt. Er glaubte zeit seines Lebens, dass das Essen manipuliert worden sei.

Am Niederrhein in St. Tönis geboren und aufgewachsen, spielte der kleine Hans, der sein Leben lang nur „Hennes" genannt wurde, zunächst begeistert Fußball. Erst als er als Teenager ein Radrennen gesehen hatte, fing Junkermann Feuer, begann mit dem Radsport und entpuppte sich nach anfänglichen Schwierigkeiten als außerordentliches Talent. 1955, im Alter von 21 Jahren, unterschrieb Junkermann seinen ersten Profivertrag und belegte auf Anhieb Platz drei bei der Deutschland-Rundfahrt.

Seinen ersten großen Sieg als Berufsrennfahrer bei einem Eintagesklassiker, der Meisterschaft von Zürich, feierte er 1957. 1959 gewann Junkermann erstmals die Tour de Suisse, wo er im Vorjahr bereits Zweiter geworden war. Im darauf folgenden Jahr verpasste der kletterstarke Allrounder das Podium bei der Tour de France als Gesamtvierter nur knapp, im darauf folgenden Jahr wurde er Fünfter. Experten trauten dem kletterstarken Deutschen sogar zu, die Gesamtwertung der Tour zu gewinnen.

1962 schien Junkermann auf Kurs zu sein, ehe er sich nach dem Fisch zum Abendessen den Magen verrenkte und mit hohem Fieber aufgeben musste. „Die wollten nicht, dass ein Deutscher gewinnt", mutmaßte Junkermann und witterte Sabotage.

Junkermann, der 1963 mit dem Rennen *Rund um den Henninger Turm* seinen zweiten Eintagesklassiker gewann, nahm insgesamt 17-mal an Weltmeisterschaften teil und war ab Mitte der 1960er-Jahre auch auf der Bahn sehr erfolgreich; unter anderem gewann er 1965 an der Seite von Rudi Altig den Europameistertitel im Madison.

Offiziell beendete Hennes Junkermann nach den Weltmeisterschaften 1972 seine aktive Karriere und konnte auf Top-Ten-Platzierungen bei allen drei Grands Tours zurückblicken. Das ist nicht vielen deutschen Radprofis gelungen und war vielleicht trotzdem zu wenig für das große Rundfahrttalent Junkermann. Experten jedenfalls monierten stets, dass Junkermann zu passiv gefahren sei, dass er nie ins Risiko gegangen und zu wenige Attacken gefahren sei, um die ganz großen Rundfahrten zu gewinnen.

Im Frühjahr 1973 nahm der inzwischen 39 Jahre alte Hennes Junkermann bei einem Derbyrennen Abschied von seinen Fans; 40.000 Zuschauer jubelten dem so bescheidenen und sympathischen Rheinländer auf seinen letzten Runden zu.

Hennes Junkermann blieb dem Radsport auch nach der aktiven Karriere treu. Er arbeitete erfolgreich als Trainer und Teamleiter beim RSV City Neuwied und beim RC Olympia Dortmund, wo er die späteren *Telekom*-Profis Rolf Aldag, Udo Bölts und Erik Zabel trainierte. Junkermann war stolz darauf, dass er auch mit über 85 Jahren - wenn auch etwas langsamer - noch um die 20.000 Kilometer pro Jahr auf dem Rennrad abspulte. Erst in den letzten beiden Lebensjahren verschlechterte sich seine Gesundheit; er starb Anfang April 2022 wenige Wochen vor seinem 88. Geburtstag.

9.5 RUDI ALTIG – „SACRÉ RUEDI“ (18.03.1937-11.06.2016)

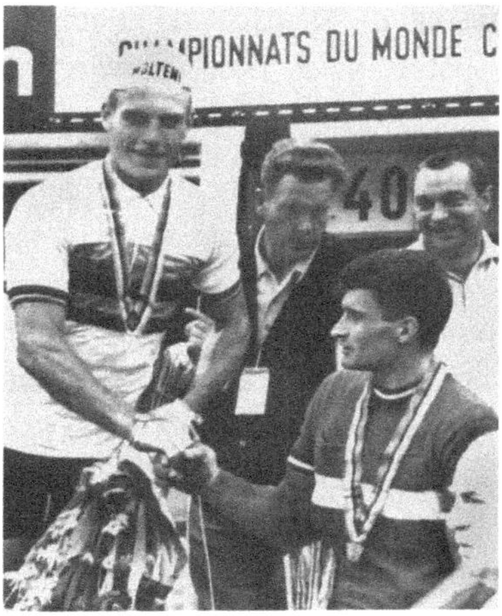

Fußballweltmeister wurde Deutschland 1966 nicht. Ein Tor, das keines war und als „Wembley-Tor" in die Geschichte einging, verhinderte den Erfolg der DFB-Elf bekanntlich bei der WM 1966 in England. Dafür gewann Rudi Altig bei der Weltmeisterschaft im selben Jahr als erster deutscher Rennfahrer den Titel im Straßenrennen. Seither warten die deutschen Radsportfans auf seinen Nachfolger.

Rudi Altig, der zunächst Fußball spielte, dann aber seinem zwei Jahre älteren Bruder Willi nacheiferte und aufs Rennrad umstieg, begann seine Karriere Anfang der 1950er-Jahre beim RRC Endspurt Mannheim. Er fuhr auf der Straße, bestritt Querfeldeinrennen und startete vor allem gemeinsam mit Bruder Willi auf der Bahn. Medien bezeichneten die beiden Kurpfälzer als „Die Ochsen", wobei Willi eher als der Taktiker und Rudi als der draufgängerische Kraftbolzen galt.

1958 und 1959 gewannen die Gebrüder Altig den deutschen Meistertitel im Madison, im August 1959 trat Rudi bei den Weltmeisterschaften im Amsterdamer Olympiastadion in der 4.000-Meter-Einerverfolgung an und gewann seinen ersten WM-Titel als Amateur. Der damals 22-Jährige erregte nicht nur durch seinen Sieg Aufmerksamkeit, sondern auch, weil er sich vor dem entscheidenden Rennen mit Kopfstand und Yogaübungen entspannte; eine Empfehlung seines Trainers und Förderers Karl Ziegler.

Dieser war es auch, der Rudi Altig davon überzeugte, bereits zur Saison 1960 einen Profivertrag zu unterschrieben – und das, obwohl der frisch gebackene Amateur-Weltmeister bei den Olympischen Spielen in Rom durchaus Chancen auf eine Medaille besaß. Bereuen sollte Altig den Schritt nicht: Gleich im ersten Profijahr wurde er Weltmeister in der Einerverfolgung und verteidigte seinen Titel im darauf folgenden Jahr. Nachdem Altig bereits 1960 eine Etappe bei der Deutschland-Rundfahrt gewonnen hatte, konzentrierte er sich spätestens ab 1962 überwiegend auf die Straße.

Yoga hin, Yoga her, im Rennen war Rudi Altig alles andere als entspannt; er war enorm ehrgeizig und siegeshungrig. Der Schweizer Willy Trepps sagte einmal über ihn: „Mir rutscht schon das Herz in die Hose, wenn er mich bloß anschaut." Als der Jungspund Altig 1962 für seinen ersten Profi-Rennstall *Rapha-Gitane-Dunlop* bei der Vuelta a España antrat, pfiff er auf die sogenannte *Stallorder* bzw. die Hierarchien im Team und schnappte dem mehrfachen Tour-de-France-Sieger Jacques Anquetil sogar den Gesamtsieg weg. Der Franzose war reichlich angefressen, während die internationale Presse den jungen Deutschen feierte.

Bei der darauf folgenden Tour de France (damals fand die Spanien-Rundfahrt noch im Frühjahr statt) wurde die Reihenfolge wiederhergestellt: Anquetil gewann die Gesamtwertung, Altig landete auf Rang 31. Dafür holte er drei Etappensiege, trug mehrere Tage das Gelbe Trikot und holte sich am Ende der Frankreich-Rundfahrt als erster deutscher Rennfahrer überhaupt das Grüne Trikot des Punktbesten.

Rudi Altig gewann mit der Flandern-Rundfahrt (1964) und Mailand-San Remo (1968) zwei sogenannte *Monumente des Radsports* und holte sich bei allen drei Grands Tours mindestens einen Etappensieg; deren acht bei der Tour de France, sechs bei der Vuelta und vier beim Giro d'Italia.

Bei den Weltmeisterschaften in San Sebastian Anfang September 1965 war Altig nach einer Verletzungspause aufgrund eines Oberschenkelbruchs nicht sonderlich in Form. Auf dem Weg ins Baskenland beschloss er, rund 200 Kilometer vor San Sebastian aus dem Auto auszusteigen und fuhr im strömenden Regen mit dem Rad weiter. Man weiß nicht, wie es ohne die Sonderschicht gelaufen wäre, aber Altig präsentierte sich in

Topform und musste sich am Ende im Sprint nur dem Briten Tom Simpson geschlagen geben. Aber Vizeweltmeister hörte sich nicht gut an für Rudi Altig.

Bei der Heim-WM 1966 auf dem Nürburgring wollte er mit aller Macht den Titel holen. Der Druck war groß, die Erwartungen der Fans noch größer. Als Altig vor der letzten Runde 40 Sekunden Rückstand auf die Spitze hatte, gab es sogar Pfiffe. In einer ungeheuren Kraftanstrengung schloss er nicht nur die Lücke, sondern übersprintete auf der Zielgeraden auch noch die beiden französischen Superstars Anquetil und Raymond Poulidor. Spätestens jetzt war der „deutsche Herkules" geboren; Altig war ein Weltstar auf dem Rad und wurde als erster Radprofi überhaupt zu Deutschlands Sportler des Jahres gewählt.

Zum vierten und letzten Mal an der Tour de France nahm Rudi Altig 1969 teil, er war der Schnellste im Prolog und fuhr damit ein weiteres Mal ins Gelbe Trikot. 18 Tage lang insgesamt durfte Altig es bei seinen vier Teilnahmen an der Frankreich-Rundfahrt tragen; so viele Tage in Gelb schaffte nach ihm nur noch ein weiterer deutscher Profi, ein gewisser Jan Ullrich.

Mit *Rund um den Henninger Turm* gewann der inzwischen 33-jährige Rudi Altig am 1. Mai 1970 seinen letzten Eintagesklassiker. Im Herbst seiner Karriere nahm der Mannheimer vermehrt an den damals höchst lukrativen Sechstagerennen teil und errang – überwiegend an der Seite von Sigi Renz – 23 Sixdays-Siege. Seinen Abschied von der aktiven Karriere gab „Sacré Ruedi" (Heiliger Rudi), wie ihn die Franzosen nannten, beim Sechstagerennen 1971 in Frankfurt.

Rudi Altig war anschließend unter anderem Sportlicher Leiter beim Team *Puch*, sportlicher Leiter bei *Rund um Köln* und *Rund um den Henninger Turm* sowie deutscher Bundestrainer der Amateure. Später trat er vermehrt als TV-Experte auf. Und als solcher sorgte Altig durchaus für Irritationen, wenn er auf seine direkte und bisweilen recht poltrige Art seine Ansichten zum Thema Doping vortrug.

Als Profi galt Altig gar als „rollende Apotheke" und schien sich keiner Schuld bewusst zu sein. Schon Ende der 1960er-Jahre hatte Altig erklärt: „Ich bin schlau genug, Mittel zu benutzen, die keine Spuren im Urin hinterlassen." Und auch im Ruhestand polterte Altig gegen die Mahner, die Dopingfahnder und Kritiker seines Sports.

Er ging in die Gegenoffensive über und schob den seiner Ansicht nach viel zu kritischen Medien in Deutschland den schwarzen Peter zu. „Ich weiß, was ich gemacht habe. Mit Doping hatte das nichts zu tun. Wir haben gut trainiert, viel geschlafen und gut gegessen, und wenn wir Kopfweh hatten, gab's vom Arzt eine Tablette. Das haben doch alle so gemacht. Doping ist, wenn man Blut panscht", sagte Altig. Seine uneinsichtige Haltung kostete ihn nicht nur Sympathien, sondern auch den Job als WM-Botschafter vor den Titelkämpfen 2007 in Stuttgart.

Rudi Altig erkrankte 1994 an Magenkrebs; er schien die Krankheit besiegt zu haben, ehe der Krebs 2016 zurückkehrte. Er starb am 11. Juni des Jahres im Alter von 79 Jahren in einem Hospiz in Remagen.

9.5 ROLF WOLFSHOHL – LE LOUP – DER WOLF (*27.12.1938)

Die Franzosen nannten ihn respektvoll „le loup", den Wolf. Abgeleitet natürlich von seinem Nachnamen, aber auch, weil der gebürtige Kölner Rolf Wolfshohl ein großer Kämpfer war. Er gewann sowohl auf der Straße als auch im Cyclo Cross – zu Wolfshohls Zeiten noch Querfeldeinsport genannt – zahlreiche Titel, holte Etappensiege bei der Tour de France und der Vuelta a España, wo er 1965 sogar die Gesamtwertung gewann.

Zum Radsport kam Rolf Wolfshohl wohl nur, weil er bei einem Turnfest im Jahr 1953 – im Gegensatz zu seinen Freunden – keine Medaille bekam. Wenn es mit dem Turnen nicht klappte, dann, so hatte es sich der damals 14-Jährige überlegt, wollte er es auf dem Rad versuchen. Er flehte seine Mutter so lange an, bis sie sich das Geld pumpte und ihrem Sohn für 530 D-Mark ein Rennrad kaufte. Viel Geld für die nicht gerade auf Rosen gebettete, alleinerziehende Mutter von zwei Kindern.

Auf dem Rad erwies sich Rolf Wolfshohl dann tatsächlich als Ausnahmetalent. Neben der Lehre zum Zerspanungsmechaniker, die Wolfshohl bereits im Alter von 14 Jahren begann, trainierte er fleißig in der Trainingsgruppe des RC Tempo Mülheim, sowohl auf der Straße als auch im Querfeldeinsport. 1956 gewann er die deutschen Juniorenmeisterschaften im Cyclo Cross, 1958 triumphierte der Kölner in der Eliteklasse. Dreimal gewann er in den frühen 1960er-Jahren den WM-Titel bei den Querfeldeinfahrern, doch Wolfshohl, der bereits 1959 ins Profilager gewechselt war, träumte von der Tour de France und den Klassikern im Straßenradsport.

Zumal er schon 1962 gesehen hatte, wie gut er war. Gleich bei seiner ersten Teilnahme im Frühjahr 1962 bei Lüttich-Bastogne-Lüttich, einem der *Monumente des Radsports*, wurde er Zweiter. Im März des darauf folgenden Jahres bei Mailand-San Remo schien der Traum wahr geworden zu sein. Auf der Via Roma sprintete der Rheinländer mit dem Franzosen Joseph Groussard um den Sieg. Wolfshohl wurde zunächst nach einem hauchdünnen Finish zum Sieger der „Classicissima" erklärt, obwohl das offizielle Zielfoto unbrauchbar war und nicht zu erkennen war, wer wirklich die Nase vorn gehabt hatte.

Die Franzosen verlangten die Auswertung einiger Pressefotos, und die ergaben schließlich nach 288 Kilometern einen Vorsprung von sieben Zentimetern für Wolfshohls Kontrahenten. Nichtsdestotrotz: Der Kölner war in der Weltelite angekommen, was sich auch an Platz vier im Straßenrennen bei den Weltmeisterschaften Anfang September 1962 am Gardasee widerspiegelte.

Nach zwei weniger erquicklichen Jahren gewann Rolf Wolfshohl 1965 als zweiter deutscher Fahrer nach Rudi Altig 1960 die Gesamtwertung der Vuelta a España. Drei Jahre später übernahm der Kölner bei der Tour de France auf der 16. Etappe das Gelbe Trikot des Gesamtführenden, verlor es aber auf der 18. Etappe wieder, nachdem er auf einer Abfahrt bei Grenoble stürzte und minutenlang auf den Materialwagen warten musste.

Letztendlich fuhr Wolfshohl auf der Rennmaschine seines Teamkollegen Dietrich Puschel weiter, konnte die Lücke jedoch nicht mehr zufahren und beendete die Frankreich-Rundfahrt auf Platz sechs der Gesamtwertung. Wolfshohl, der im selben Jahr Paris-Nizza gewonnen hatte und bei der Tour zwei Etappensiege einfahren konnte, beendete seine aktive Karriere 1972.

Danach fungierte er als Teammanager des deutschen Rennstalls *Rokado*, eröffnete ein Radgeschäft (*ROWONA Zweiradwelt*), half für einige Jahre mit bei der Organisation des deutschen Eintagesklassikers *Rund um Köln* und gründete mit dem RSC le loup Köln-Rath seinen eigenen Radsportverein. 1997 wurde er für seine Verdienste um den Radsport mit dem Bundesverdienstkreuz ausgezeichnet.

Einen schweren Schicksalsschlag erlebte Rolf Wolfshohl, als sein Sohn Rolf-Dieter während der deutschen Meisterschaften der Amateure im Jahr 1984 auf einer Abfahrt bei Tempo 70 stürzte, sich eine Halswirbelfraktur zuzog und fortan vom Hals an abwärts gelähmt blieb. 2011 starb Wolfshohl junior im Alter von nur 51 Jahren.

9.7 WOLFGANG LÖTZSCH – EIN OPFER DES SYSTEMS (*18.12.1952)

Wolfgang Lötzsch hätte ein ganz Großer des internationalen Radsports werden können. Das war nicht nur die Einschätzung seiner Trainer. Das belegten auch die Leistungstests, bei denen er sogar die DDR-Radsportlegende Täve Schur überflügelte.

Aber unter anderem Lötzsch' Weigerung, in die SED einzutreten, führte dazu, dass die Stasi ihn drangsalierte, wo es nur ging, dass das Jahrhunderttalent vom Leistungssport ausgeschlossen wurde und Lötzsch in der DDR kein Bein mehr an den Boden bekam. 1976 wurde er sogar wegen angeblicher Staatsverleumdung zu einer zehnmonatigen Gefängnisstrafe verurteilt.

Wolfgang Lötzsch war von Kindesbeinen an vom Radsport fasziniert, stand bei der legendären Friedensfahrt in Chemnitz – damals noch Karl-Marx-Stadt – am Straßenrand. Er jubelte den besten Staatsamateuren der Ostblockstaaten zu und träumte davon, irgendwann einmal selbst an der Friedensfahrt teilzunehmen. Bei der sogenannten *Kleinen Friedensfahrt* sorgte er als Jugendlicher für Furore und wurde in die Kinder-Jugendsportschule seiner Heimatstadt delegiert.

Im November 1971 wurde der dreifache Spartakiade-Sieger und vierfache Juniorenmeister des SC Karl-Marx-Stadt schließlich sogar in den Kader für die Friedensfahrt 1972 und die Olympischen Spiele in München berufen. Parallel dazu wurde ihm „empfohlen", in die SED einzutreten. Der damals erst 17-jährige Wolfgang Lötzsch bat um Bedenkzeit.

Bedenkzeit war im Arbeiter- und Bauernstaat nicht vorgesehen. Obwohl Lötzsch im Frühjahr 1972 bei Leistungstests die ein Jahrzehnt lang unerreichten Werte von Täve Schur verbesserte, wurde er aus dem SC Karl-Marx-Stadt „ausdelegiert" – wie es auf DDR-Deutsch hieß. Das Ministerium für Staatssicherheit (MfS) hatte Wind davon bekommen, dass Lötzsch Kontakt zu seinem Cousin Dieter Wiedemann hatte, der 1964 „rübergemacht" hatte in den Westen. Die Stasi sah die Gefahr, dass Lötzsch bei einem Start im Ausland, also beispielsweise bei den Olympischen Spielen, ebenfalls Republikflucht begehen würde.

Anstatt also für die DDR-Nationalmannschaft bei Olympischen Spielen, Weltmeisterschaften oder der Friedensfahrt an den Start zu gehen, verschwand das Jahrhunderttalent Lötzsch in der Versenkung. Er durfte nur noch als sogenannter *Volkssportler* ohne jedwede staatliche Förderung für die Betriebssportgemeinschaft Wismut Karl-Marx-Stadt starten. Aufgeben war aber nicht die Sache von Wolfgang Lötzsch. Er trainierte nach selbst zusammengestellten Trainingsplänen weiter hart, wurde 1973 und 1974 DDR-Meister in der Einerverfolgung und bezwang in der Qualifikation zu den Olympischen Spielen 1976 in Montreal die komplette DDR-Radsportelite.

Diese Schmach wollten die DDR-Radsportfunktionäre nicht noch einmal erleben und sperrten Lötzsch für solche Events - mit der Begründung, er sei kein Kaderathlet. Lötzsch legte dagegen Protest ein, der Verband änderte daraufhin kurzerhand die Wettkampfbestimmungen und Lötzsch war einmal mehr isoliert. Frustriert und ohne sportliche und berufliche Perspektive - die Stasi hatte dafür gesorgt, dass er seinen Studienplatz verlor - stellte Wolfgang Lötzsch Mitte der 1970er-Jahre einen Ausreiseantrag nach dem anderen; keiner wurde bewilligt.

1976 wurde er in der Ständigen Vertretung der BRD vorstellig, mit der Bitte, seine Ausreise aus der DDR zu unterstützen. Er kontaktierte westdeutsche Medien und informierte sie über sein Schicksal. Als die Stasi davon erfuhr, wurde der bereits 1972 angelegte sogenannte *operative Vorgang* namens „Speiche" noch einmal intensiviert. Lötzsch wurde verschärft observiert, seine Wohnung wurde verwanzt und abgehört. Der Blick in seine 2.000 Seiten dicke Stasi-Akte nach der Wiedervereinigung offenbarte Wolfgang Lötzsch, dass er von 50 verschiedenen Stasi-Mitarbeitern beobachtet wurde.

Als Wolfgang Lötzsch im Herbst 1976 auf dem Rückweg von einem Polterabend von der Polizei kontrolliert wurde, schimpfte er auf die Beamten („Alles Scheiße hier, Scheiß Polente") und wurde daraufhin wegen „staatsverleumdenden Aussagen" zu einer Haftstrafe von zehn Monaten verurteilt, die er in der berühmt-berüchtigten Abschiebehaftanstalt Kaßberg verbrachte. Während Lötzsch inhaftiert war, dachte die Staatssicherheit darüber nach, wie sie mit dem „Querulanten" verfahren sollte, wenn dieser wieder auf freiem Fuß sei.

Ein Vorschlag lautete: Sportmediziner sollten in umfangreichen Tests prüfen, zu welchen Leistungen Lötzsch nach dem Verbüßen der Strafe in der Lage wäre, erst dann würde man über eine mögliche Ausreise aus der DDR befinden. Doch den Leistungstest musste Wolfgang Lötzsch nie machen. Die DDR-Funktionäre hatten einfach zu viel Angst davor, dass

Lötzsch den DDR-Athleten bei zukünftigen Großereignissen die Medaillen wegschnappen könnte.

Aus der Haft entlassen, schlug Lötzsch sich als Gärtner, als Mechaniker und Testfahrer der VEB Textima Karl-Marx-Stadt durch, wo unter anderem die Rennräder der DDR-Marke *Diamant* gebaut wurden, trainieren konnte er bei der BSG Ausbau Centrum Leipzig. 1985 trat er schließlich, zermürbt vom Psychoterror der Stasi, doch noch in die SED ein. Nach der Wende fuhr Lötzsch noch für den Hannoverschen RC in der Bundesliga und wurde im Alter von 37 Jahren Deutscher Meister mit dem Straßenvierer. 2012 wurde Wolfgang Lötzsch von der Stiftung Deutsche Sporthilfe (DSH) in die Hall of Fame des deutschen Sports aufgenommen.

Die Stiftung würdigte nicht nur seine rein sportlichen Leistungen, sondern insbesondere seinen Einsatz für die Werte des Sports und seine Zivilcourage in einer Diktatur.

9.8 DIETRICH THURAU – DER GEFALLENE BLONDE ENGEL (*09.11.1954)

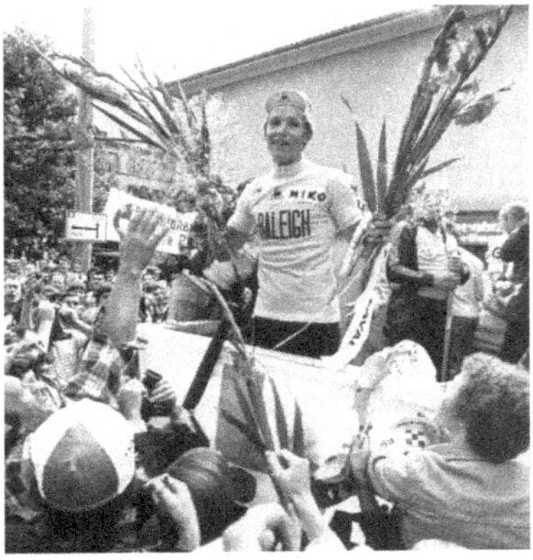

Der Frankfurter Dietrich Thurau versetzte Deutschland im Sommer 1977 geradezu in Entzücken, als er bei der Tour de France als Debütant ins Gelbe Trikot fuhr. Thurau, bald nur noch „Didi" genannt, wurde zu einem Volkshelden und man träumte vom ersten deutschen Tour-de-France-Sieger. Am Ende wurde der „blonde Engel" Fünfter und die Fans hofften auf eine Fortsetzung der Heldengeschichte aus dem Sommer 1977.

Doch gemessen an dem Potenzial, das der Allrounder Thurau mitbrachte, enttäuschte er seine Fans in der Folgezeit. Spätestens nach dem Ende der aktiven Karriere schrieb „Didi" dann als Privatmann reichlich Negativschlagzeilen; als insolventer Unternehmer und als verurteilter Betrüger.

Dietrich Thurau war gerade einmal neun Jahre alt, als ihn sein Onkel Alois mit zu einem der renommiertesten Radrennen Deutschlands nahm, dem Rennen *Rund um den Henninger Turm*, heute als *Eschborn-Frankfurt* neben den *Cyclassics* in Hamburg das einzige UCI-WorldTour-Rennen in Deutschland. Der kleine „Didi" war hin und weg und war sich sicher: Irgendwann einmal wollte er bei einem solchen Rennen starten. Im Alter von elf Jahren nahm er selbst an seinen ersten Radrennen teil und fuhr die Konkurrenz in Grund und Boden.

Bei den Erfolgserlebnissen konnte es ihm auch völlig gleichgültig sein, dass die Lokalpresse von den Siegen eines gewissen „Jochen" Thurau berichtete. Und die Erfolgsstory ging weiter; Thurau wurde mehrfacher deutscher Jugendmeister und nahm 1971 als 16-Jähriger mit einer Sondergenehmigung an den ersten Amateurrennen in der Eliteklasse teil. Bis 1974 hatte der Youngster bereits mehr als 150 Siege in seinen Palmarès stehen, ehe es erstmals Ärger gab.

Thurau wurde vom damaligen Bundestrainer Rudi Altig nicht für die Straßen-Weltmeisterschaften der Amateure nominiert, weil er zuvor nicht an der Rheinland-Pfalz-Rundfahrt teilnehmen wollte. Eigentlich war Altig das Idol des Frankfurter Jung, doch das Verhältnis der beiden war fortan nachhaltig zerstört. Der legendäre Bahntrainer Gustav Kilian nutzte die Gunst der Stunde und holte Thurau ins Aufgebot der deutschen Bahn-Asse bei den Weltmeisterschaften 1974 im kanadischen Montreal.

In der Einerverfolgung langte es nach einem verpatzten Halbfinale „nur" zu Platz vier; mit dem Bahnvierer des Bundes Deutscher Radfahrer (BDR) gewann Dietrich Thurau den WM-Titel in der Mannschaftsverfolgung.

Anschließend sagte Dietrich Thurau den Amateuren „Adieu" und unterschrieb zur Radsportsaison 1975 einen Vertrag beim niederländischen

Raleigh-Rennstall von Teamchef Peter Post. Und gleich in seiner ersten Saison als Berufsrennfahrer mischte Thurau in der erweiterten Weltspitze mit, er wurde unter anderem Dritter bei der Ruta del Sol in Andalusien, Zweiter beim Scheldeprijs und triumphierte beim GP de Fourmies im Norden Frankreichs. Der 20-Jährige entpuppte sich als bärenstarker Allrounder: Er konnte gut sprinten, er kam gut über die Berge und er war ein ausgezeichneter Zeitfahrer; Experten trauten dem Frankfurter eine große Karriere zu.

Aber hatte er auch das Stehvermögen, bei den großen dreiwöchigen Landesrundfahrten vorne mitzumischen?

Er hatte es, wie er eindrucksvoll bei der Vuelta a España 1976 unter Beweis stellte. Thurau gewann bei der Spanien-Rundfahrt den Prolog und gleich vier Etappen sowie das Trikot des Punktbesten; den Sprung aufs Podium im Gesamtklassement verpasste er als Vierter um lediglich drei Sekunden.

Die öffentlich-rechtlichen TV-Sender – andere gab es zu der Zeit schlichtweg noch nicht – berichteten über die Spanien-Rundfahrt wenig bis gar nicht. In der *Sportschau* zu jenen Zeiten wurde die Bundesliga im Ringen gezeigt, Schifferstadt gegen Aalen. Galopprennen aus Iffezheim und Handball aus Gummersbach oder Großwallstadt. Von Thuraus Leistungen bekam man in Deutschland kaum etwas mit.

Doch das änderte sich schlagartig mit der Tour de France im Sommer des Jahres 1977. „Didis" Heldentaten während der Frankreich-Rundfahrt flimmerten live über den Bildschirm in die deutschen Wohnstuben und das Land erlebte einen Radsportboom, wie es ihn später nur noch einmal bei Jan Ullrichs Tour-Sieg 1997 geben sollte.

Der 22-jährige Dietrich Thurau gewann überraschend den Prolog in Fleurance und trug damit das Gelbe Trikot. Er sollte es 15 Tage lang verteidigen; und mit jedem Tag, den Thurau in Gelb fuhr, drehte Deutschland ein kleines bisschen mehr durch. Und nicht mehr nur beinharte Radsportfans träumten vom ersten deutschen Tour-de-France-Sieger. Auf der dritten Etappe, als es über den berühmt-berüchtigten Tourmalet ging, schien Thurau bereits abgehängt. Doch kein Geringerer als der große Eddy Merckx schloss die Lücke zur Spitzengruppe, Thurau im Schlepptau.

Und als der fünfmalige Tour-de-France-Sieger Merckx und der Tour-Debütant Thurau die Spitze erreicht hatten, startet der Jungspund aus Frankfurt durch und gewann die Etappe. Thurau war ganz offensichtlich selbst euphorisiert von seinen Erfolgen; er fuhr aggressiv, wagemutig und zeigte im Laufe der Frankreich-Rundfahrt ungeahnte Höchstleistungen. So nahm er beispielsweise im Einzelzeitfahren von Bordeaux Eddy Merckx fast eine Minute ab.

Als der Tour-Tross am 14. Juli in Freiburg im Breisgau Station machte und „Didi" immer noch das Gelbe Trikot auf den Schultern trug, verglich der damalige TV-Kommentator Herbert Watterott die Stimmung gar mit der Begeisterung nach dem WM-Sieg der deutschen Fußballer im Jahr 1954.

Drei Tage später, nach dem Bergzeitfahren hinauf nach Avoriaz in den französischen Alpen, schien der Traum vom ersten deutschen Tour-de-France-Gesamtsieger ausgeträumt. „Thuro", wie die französischen Reporter ihn aussprachen, kam als 15. ins Ziel und musste das Gelbe Trikot an den späteren Sieger Bernard Thévenet abgeben. Auf dem 17. Tagesabschnitt hinauf nach L'Alpe d'Huez brach der Shootingstar aus Deutschland dann endgültig ein. Thurau quälte sich die legendären Kehren zu dem Wintersportort hinauf und verlor zwölf Minuten auf die Spitze.

Am Ende seiner ersten Tour de France belegte Dietrich Thurau einen mehr als respektablen fünften Platz in der Gesamtwertung und sicherte sich das Weiße Trikot des besten Jungprofis. In Deutschland wurden die Kinder vermehrt Dietrich genannt, Thurau wurde zum Radsportler des Jahres und gar zu Deutschlands Sportler des Jahres gekürt. So richtig blond war Thurau eigentlich nicht, aber das war den französischen Medien egal und sie nannten den deutschen Senkrechtstarter den „blonden Engel".

Der damalige Pariser Bürgermeister Jacques Chirac und spätere Präsident Frankreichs behauptete bei der Siegerehrung sogar: „Seit Konrad

Adenauer hat keiner mehr für die deutsch-französische Freundschaft getan als Didi Thurau." In Deutschland hoffte man auf die Tour de France 1978, zumal sich „Didi" zum Ende der Saison bei den Weltmeisterschaften im kolumbianischen San Cristobal im Straßenrennen nur Francesco Moser geschlagen geben musste und die Silbermedaille gewann.

Dietrich Thurau wechselte den Rennstall, ging von *TI-Raleigh* zum belgischen Team *Ijsboerke*; er wollte die Kapitänsrolle, die ihm Peter Post beim enorm stark besetzten *TI-Raleigh*-Team nicht versprechen konnte. An der Tour 1978 nahm Thurau nicht teil, holte sich stattdessen zwei Etappensiege beim Giro d'Italia und triumphierte bei der Meisterschaft von Zürich, einst eines der wichtigsten Eintagesrennen im internationalen Radsport.

1979 gewann Thurau mit Lüttich-Bastogne-Lüttich sein erstes *Monument des Radsports*, zudem triumphierte er bei der Deutschland Tour und wurde erneut WM-Zweiter.

Zur Saison 1980 wechselte Dietrich Thurau erneut den Rennstall, fuhr nun für das Team *Puch*, aber so langsam, aber sicher schien der Stern unterzugehen, der so hell am Radsporthimmel geleuchtet hatte. Immerhin wurde der Frankfurter in seinem ersten Jahr bei *Puch* noch Dritter bei Paris-Roubaix, gleichzeitig schrieb er Negativschlagzeilen, als er beim Eintagesklassiker Gent-Wevelgem eine Dopingprobe verweigerte.

Thurau wurde zum Wandervogel, wechselte Jahr für Jahr den Rennstall und hatte alsbald nicht den besten Ruf in der Branche. Der Frankfurter galt als beratungsresistent bzw. schien auf eher dubiose Berater zu hören, sein Selbstbewusstsein driftete nicht selten in Arroganz ab. Selten nur noch – wie bei einem starken Giro d'Italia 1983 – passten die Leistungen zum Auftreten des einstigen Hoffnungsträgers des deutschen Radsports.

1985 bei der Tour de France wurde Thurau gar vom Rennen ausgeschlossen, weil er einen Funktionär tätlich angegriffen haben soll. Es war nicht das einzige Mal, dass Thurau ausrastete und gewalttätig wurde. Bereits

1982 hatte er den Leiter des Dortmunder Sechstagerennens verprügelt und wurde vom Rennen ausgeschlossen, ebenfalls 1985 erhielt Thurau einen Strafbefehl wegen nächtlichen Telefonterrors gegenüber seinen Mietern.

1990 trat er einen Hund und musste 7.000 D-Mark an ein Tierheim überweisen. 1991 schließlich beleidigte er einen Taxifahrer, demolierte dessen Auto und wurde zu einer Geldstrafe von 10.000 D-Mark verurteilt.

Die Kapitänsrolle stand Dietrich Thurau Mitte der 1980er-Jahre schon längst nicht mehr zu. Er musste sich überwiegend mit der Rolle des Edeldomestiken begnügen, wobei er die durchaus annahm und zwischenzeitlich immer wieder sein enormes Potenzial abrufen konnte.

So flammte die „Didi-Manie" bei der in Berlin gestarteten Tour de France im Jahr 1987 noch einmal auf und Thurau verpasste es auf der 10. Etappe nur um Sekunden, zehn Jahre nach seiner Triumphfahrt 1977, zum zweiten Mal das „Maillot jaune" zu übernehmen. Eine Woche später stieg Thurau in den Pyrenäen vom Rad, offiziell aufgrund einer Verletzung, doch nicht wenige glaubten, Thurau sei erneut vor den Dopingkontrollen geflüchtet.

In seiner letzten Straßensaison, 1988, fuhr der inzwischen 33 Jahre alte Dietrich Thurau noch einmal unter Peter Post bei dessen Team *Panasonic*, doch er bekam kein Bein an den Boden und beendete seine Karriere auf der Straße mit dem GP Didi Thurau in seiner Heimatstadt Frankfurt. Die letzten Rennen seiner Karriere bestritt er auf den Winterbahnen bei den damals höchst lukrativen Sechstagerennen.

Um die 50.000 D-Mark soll Thurau in seinen besten Zeiten pro Sixdays-Veranstaltung kassiert haben. Immer wieder wurde behauptet, dass die Teilnahme über all die Jahre an den Sechstagerennen im Winter ihn eine Weltkarriere auf der Straße gekostet hätten. Das ist jedoch eher unwahrscheinlich; andere Weltstars des Straßenradsports wie Eddy Merckx, Francesco Moser oder Rik Van Steenbergen waren häufig auf den Winterbahnen im Einsatz und präsentierten sich im Frühjahr jeweils wieder topfit bei den Straßenrennen.

Vielmehr dürfte Thurau der Hype um seine Person nach der Tour de France 1977 – wie 20 Jahre später bei Jan Ullrich – zu Kopf gestiegen sein und das trug maßgeblich dazu bei, dass er sein zweifelsohne großes Potenzial nicht konstant ausschöpfen konnte. Für einen letzten Skandal sorgte der Rennfahrer Thurau im Winter 1988, als er bei Rennen in Südafrika an den Start ging; ein „No-Go", da westliche Staaten sich auf einen Boykott von Sportveranstaltungen in Südafrika aufgrund des dort herrschenden brutalen Apartheidsystems geeinigt hatten.

Finanziell schien Dietrich Thurau ausgesorgt zu haben. Er selbst sowie seine Berater hatten es bestens verstanden, den Radstar zu vermarkten und Thurau beendete seine Karriere als wohlhabender Mann. Er ließ sich mit seiner zweiten Frau Birgit und den Söhnen aus der zweiten Ehe, Björn und Urs, in einer Villa in einem Frankfurter Nobelvorort nieder. Reichlich Marmor, vergoldete Wasserhähne, opulente Ölgemälde und Perserteppiche umgaben den gelernten Schriftsetzer und ehemaligen Berufsrennfahrer in seinem Domizil.

Thurau gründete eine Immobilienfirma und führte in Bad Vilbel ein großes Hotel, die Zimmer wurden nach Radsportgrößen wie Merckx oder Hinault benannt. Doch bereits im Jahr 2000 wurde die Villa zwangsversteigert, 2005 musste Thurau Insolvenz anmelden. 2012 dann folgte der Tiefpunkt im Leben des ehemaligen Superstars.

Dietrich Thurau wurde von einem Gericht in Frankfurt zu einer Geldbuße von knapp 40.000 Euro verurteilt. Er wurde für schuldig befunden, seinen eigenen Vater, der inzwischen als Pflegefall in einem Heim lebte, um knapp 50.000 Euro betrogen zu haben.

Längst hatte Dietrich Thurau in Interviews zugegeben, über Jahre als Radprofi gedopt zu haben. Mit normaler Ernährung, so erklärte er bereits kurz nach dem Ende der aktiven Karriere, würde man nicht weit kommen. „Sonst gehst du nach sieben Tagen in die Luft. Du wirst zwangsläufig mit Doping konfrontiert, wenn du ans Limit kommst." Thuraus zweiter Sohn Björn fuhr bis 2019 als Profi für verschiedene Teams und wurde 2021 mit einer Rekordsperre von fast zehn Jahren für alle Funktionen im Radsport gesperrt.

Die außergewöhnlich lange Sperre lag darin begründet, dass es die Nationale Anti Doping Agentur NADA als erwiesen ansah, dass Björn Thurau verbotene Mittel nicht nur selbst gebrauchte, sondern auch erwarb und vertrieb.

9.9 OLAF LUDWIG – EIN STAR VOR UND NACH DER WENDE (*13.04.1960)

Olaf Ludwig ist ein Kind der DDR, besuchte aber nie eine der Kinder- und Jugendsportschulen, die mit bisweilen fragwürdigen Mitteln Spitzenathleten heranzüchteten. Seine Mutter hatte die Delegierung ihres Sohnes nach Berlin verhindert, was ganz offensichtlich keine negativen Folgen für dessen Entwicklung hatte: Olaf Ludwig gewann in den 1980er-Jahren zweimal die Friedensfahrt. 1988 holte er die Goldmedaille im Straßenrennen bei den Olympischen Spielen in Seoul und gewann nach der Wende drei Tour-de-France-Etappen sowie 1990 das Grüne Trikot des Punktbesten.

Es war einmal mehr die im Osten so ungemein populäre Friedensfahrt, die auch den kleinen Olaf Ludwig inspirierte und motivierte, Radsportler zu werden. Er schaute sich 1972 in Gera die Zieleinfahrt im Stadion der Freundschaft an und bejubelte den Sieg des DDR-Fahrers Karl-Heinz Oberfranz. Auf dem Weg nach Hause spielte er mit seinen Freunden die Friedensfahrt nach, wobei Ludwig sozusagen den Oberfranz gab und mit Abstand der Schnellste von den Jungs war.

Im Alter von zwölf Jahren fuhr er für die SG Dynamo Gera seine ersten Rennen in der Jugendklasse und zeigte auch dort den anderen Nachwuchsfahrern zumeist das Hinterrad. Das Talent blieb den Radsportfunktionären natürlich nicht verborgen und sie versuchten Olaf Ludwig, nach Berlin aufs Sportinternat zu holen – was allerdings an Mutter Siglindes ablehnender Haltung scheiterte. Ihr Olaf sollte zunächst einmal in Gera sein Abitur machen, dann bitteschön könne er immer noch losziehen.

Nach der Auflösung seines ersten Radsportklubs Dynamo schloss Ludwig sich der SG Wismut Gera an und entwickelte sich unter Trainer Werner Marschner, der gleichzeitig eine Art Ersatzpapa für den früh verstorbenen Vater Olaf Ludwigs war, zu einem der besten Juniorenfahrer der DDR.

1977 wurde Olaf Ludwig Mitglied der DDR-Juniorennationalmannschaft und gewann mit ihr auf Anhieb den WM-Titel im 75-Kilometer-Mannschaftsfahren, den das Team im darauf folgenden Jahr verteidigte. Bei den Olympischen Spielen 1980 in Moskau holte Ludwig, inzwischen Sportstudent an der Uni Leipzig, mit dem DDR-Vierer die Silbermedaille. Zuvor bereits nahm er erstmals an der Friedensfahrt teil, gewann vier Etappen und fuhr in der Gesamtwertung als Dritter aufs Podium. Insgesamt holte sich Ludwig 38 Etappensiege bei der Friedensfahrt.

Hätte Ludwig die Prämien dafür behalten dürfen, er hätte einen imponierenden Fuhrpark sein Eigen nennen können. Denn die Etappensieger erhielten jeweils ein Auto als Prämie. Aber ob sie bei Zielankünften in der DDR einen Trabi oder einen Wartburg oder bei Etappenzielen in der damaligen Tschechoslowakei einen Skoda erhielten - sie durften damit bei der Siegerehrung dreimal im Kreis fahren - dann mussten sie das Auto wieder abgeben.

1982 und 1986 gewann der Sprintspezialist sogar die Gesamtwertung der „Tour de France des Ostens".

Bei Olaf Ludwigs zweitem Triumph im Gesamtklassement startete die Friedensfahrt in der heutigen Ukraine, nicht allzu weit vom Atomkraftwerk Tschernobyl entfernt, wo es kurz zuvor zum bislang schwersten Unfall in der Geschichte der zivilen Nutzung der Atomenergie gekommen war. Fast alle Mannschaften aus dem Westen hatten ihre Teilnahme abgesagt; die Staatsamateure aus den Ostblockstaaten hatten keine Wahl; sie mussten fahren.

Hinterher verbaten sich die staatlichen Medien der DDR die Formulierung, Olaf Ludwig sei der „strahlende Sieger" der Friedensfahrt 1986.

An den Olympischen Spielen 1984 in Los Angeles durfte Olaf Ludwig aufgrund des Boykotts zahlreicher sozialistischer Staaten nicht teilnehmen; 1988 war er nicht nur am Start, sondern wurde erster Olympiasieger im Straßenrennen in der Geschichte der DDR. Ludwig setzte sich in Seoul vor den beiden westdeutschen Konkurrenten Bernd Gröne und Christian Henn durch.

Nach dem Mauerfall 1989 und schon vor der Wiedervereinigung im darauf folgenden Jahr unterschrieb der ehemalige DDR-Staatsamateur Olaf Ludwig einen Profivertrag beim niederländischen Rennstall *Panasonic*. Dass er nicht beim deutschen Team *Telekom* landete, war übrigens einer Panne seines Anrufbeantworters geschuldet.

Sein damaliger Manager Hans Hindelang hatte Ludwig eine Nachricht hinterlassen, dass das Team *Stuttgart* – das Vorgängerteam des Team *Telekom* – ihn verpflichten wolle. Dumm nur, dass der Apparat einen Aussetzer hatte. Ludwig konnte nicht verstehen, wo genau er die *Telekom*-Verantwortlichen treffen sollte.

Handys gab es damals noch nicht und so kam das Treffen nicht zustande. Kurz darauf flatterte das Angebot des niederländischen Teams *Panasonic* ins Haus Ludwig und er unterzeichnete dort einen gut dotierten Zwei-Jahres-Vertrag. Der Anrufbeantworter mit der Macke war übrigens ein Gerät der Marke *Panasonic* ...

Gleich in seinem ersten Profijahr 1990 startete Olaf Ludwig bei der Tour de France. Vorgesehen war, dass der Sprinter eine Woche bei den Flachetappen um Etappensiege mitfährt und dann aussteigen sollte. Doch der Neuprofi war beim größten Radsportspektakel der Welt nicht nur dabei, sondern gleich mittendrin. Er gewann mit dem Team am dritten Tag das Mannschaftszeitfahren, auf der achten Etappe sprintete er zum Sieg und durfte sich das Grüne Trikot überstreifen.

Im Team war man sich einig: Einen Mann im Grünen Trikot lässt man nicht gehen und so quälte sich Ludwig tapfer über die Berge, schaffte es mehrfach so gerade, in der Karenzzeit zu bleiben und gab das Grüne Trikot bis zum Finale auf den Champs-Élysées nicht mehr her. Knapp 30 Jahre nach Rudi Altig war Ludwig der erst zweite Deutsche, der die Punktewertung bei der Tour gewinnen konnte.

Bei der Frankreich-Rundfahrt 1991 schaffte es Olaf Ludwig sechsmal aufs Podium, ein Etappensieg blieb ihm verwehrt. Nachdem er 1992 die prestigeträchtige letzte Etappe in Paris gewonnen und nach einigen weiteren Top-Ergebnissen die Weltcup-Gesamtwertung geholt hatte, wechselte der Sprinter zur Saison 1993 im zweiten Anlauf zum Team *Telekom* und gewann im Sommer des Jahres für den magentafarbenen Rennstall aus Bonn seine dritte Tour-de-France-Etappe. Nach drei zweiten Plätzen 1994 erreichte er 1995 das Ziel der Bergankunft in La Plagne außerhalb der Karenzzeit und wurde aus dem Rennen genommen.

1996, in dem Jahr, als das Team *Telekom* mit dem Dänen Bjarne Riis den Tour-Sieger stellte und der Stern eines gewissen Jan Ullrich aufging, zählte Ludwig nicht mehr zum Tour-Aufgebot seines Rennstalls und beendete im Herbst des Jahres seine aktive Karriere. Zum Abschied sagte der Sprinter: „Ich habe absolut keine Lust mehr, mich bei ein paar Grad unter Null irgendwelche Scheißberge hinaufzuquälen."

Im Februar 1997 musste er keine Berge fürchten; bei einer Abschiedsgala in Stuttgart verabschiedete sich der Thüringer auf der Bahn von seinen Fans. In seiner Zeit als Profi von 1990 bis 1996 hatte Olaf Ludwig unter anderem noch den Frühjahrsklassiker Amstel Gold Race gewonnen, er wurde Zweiter bei Paris-Roubaix im Frühjahr 1992, gewann bei der WM 1993 in Oslo Bronze im Straßenrennen der Profis und siegte 1994 beim deutschen Traditionsrennen *Rund um den Henninger Turm*.

Nach dem Ende der aktiven Karriere übernahm Olaf Ludwig 1997 das Amt des Vizepräsidenten beim Bund Deutscher Radfahrer (BDR) und war in dieser Funktion in Arbeitsgruppen des Welt-Radsportverbandes UCI vertreten. Er leitete das „Jan-Ullrich-Nachwuchsteam", war Sportlicher

Leiter der Deutschland Tour und fungierte als TV-Experte bei verschiedenen Sendern.

2000 wurde Olaf Ludwig zunächst Pressesprecher beim Team *Telekom*, ehe er 2005 gemeinsam mit Walter Godefroot die sportliche Verantwortung bei dem Team übernahm, das inzwischen unter dem Namen Team *T-Mobile* firmierte.

Im darauf folgenden Jahr wurde der Rennstall von der von Olaf Ludwig gegründeten Firma *Olaf Ludwig Cycling GmbH* betrieben. Ende Juli 2006, nach einer enttäuschend verlaufenen Tour de France, gab *T-Mobile* bekannt, die Zusammenarbeit mit Ludwig zum 31. Oktober des Jahres zu beenden.

Inzwischen verdient Olaf Ludwig sein Geld unter anderem als „Speaker", als Botschafter des Hamburger Radsportunternehmens *STEVENS Bikes* und als Importeur italienischen Weins. Gemeinsam mit dem früheren Friedensfahrt-Organisator Jörg Strenger veranstaltet Ludwig Radreisen in Bulgarien, im Erzgebirge und auf der Ostseeinsel Rügen.

Der einstige Weltklasse-Sprinter sitzt selbst noch häufig bei verschiedensten Radsportevents als „Promi" im Sattel und hat sich nach eigener Aussage den Titel „König der Cappucinogruppe" erarbeitet. Bis 2015 wohnte er mit der Familie in Stolberg bei Aachen, ehe es ihn wieder in die Heimat nach Gera zog.

9.10 UDO BÖLTS – „QUÄL DICH, DU SAU" (*10.08.1966)

Udo Bölts war kein Weltstar auf dem Rad. Aber er war absolute Weltklasse als Helfer. Sein langjähriger Teamchef, der Belgier Walter Godefroot, sagte einmal über den Edeldomestiken: „Die Bölts, die ist so stark, die geht niemals kapütt." Beim Tour-de-France-Sieg Jan Ullrichs im Sommer 1997 spielte Udo Bölts eine entscheidende Rolle.

Als Ullrich auf der 17. Etappe schwächelte, spornte der Helfer seinen Kapitän mit den legendären Worten: „Quäl dich, du Sau", an. „Ulle" quälte sich und gewann als erster deutscher Radprofi die wichtigste Rundfahrt der Welt. Ob er den Satz damals wirklich genauso gesagt hat, wusste hinterher noch nicht einmal Bölts selbst. Aber seine Autobiografie hat der Pfälzer dennoch Quäl dich, du Sau *genannt.*

Inspiriert durch seinen älteren Bruder Hartmut, begann Udo Bölts bereits als Zwölfjähriger mit dem Radsport. Ein Riesentalent schien der etwas pummelige Pfälzer Junge aus Heltersberg nicht gerade zu sein; bei den ersten Rennen musste er vollkommen erledigt bereits vor dem Ziel aufgeben. Später sollte er einmal sagen: „Ich bin nicht mit zwölf auf ein Sportinternat gekommen. Ich habe angefangen, Rad zu fahren, um abzunehmen."

Gleichaltrige hatten ihn wegen seines dicken Hinterns unter der Dusche aufgezogen und Bölts beschloss: Denen zeige ich es! Außerdem schien er bereits als Teenager ein gewisses Verantwortungsgefühl besessen zu haben. Seine Eltern hatten für seine Ausrüstung einiges an Geld hingelegt, da konnte er doch nicht einfach in den Sack hauen.

Die ersten Jahre war Udo Bölts als Juniorenfahrer überwiegend bei Rennen in der pfälzischen Heimat unterwegs und stand weiterhin im Schatten des fünf Jahre älteren Bruders, der 1984 bei den Olympischen Spielen in Los Angeles im Straßenvierer des Bundes Deutscher Radfahrer am Start war und 1988 deutscher Meister im Straßenrennen wurde. Aber Udo wurde von Jahr zu Jahr besser, trainierte ab Mitte der 1980er-Jahre unter dem legendären Hennes Junkermann beim RC Olympia Dortmund und hoffte seinerseits auf eine Nominierung für die Sommerspiele 1988 in Seoul.

Doch die BDR-Verantwortlichen entschieden sich gegen eine Nominierung Bölts', der daraufhin zur Saison 1989 seinen ersten Profivertrag beim Team *Stuttgart* unterschrieb, dem Vorgängerteam des Teams *Telekom*. Der 23-jährige Jungprofi feierte Ende des Jahres mit einem Etappensieg und Platz drei in der Gesamtwertung der Herald Sun Tour in Australien seinen bis dahin größten Erfolg. Nach dem Gewinn des deutschen

Meistertitels im Juni 1990 gewann Bölts die Rundfahrt in „Down Under" sogar und wurde zur Radsportsaison 1991 ins neu gegründete Team *Telekom* übernommen.

Udo Bölts nahm 1991 an der Tour de Suisse teil, mit der Vuelta a España an seiner ersten Grand Tour und war als Zehnter in der Schweiz sowie als 17. in Spanien jeweils bester deutscher Starter. 1992 beim Giro d'Italia gewann er als Helfer von Uwe Ampler sogar eine Etappe und musste anschließend bei der Tour de France für den nächsten Klassementfahrer im magentafarbenen Trikot, diesmal für Jens Heppner, schuften. Er selbst belegte bei seiner ersten Teilnahme an der Tour de France einen respektablen 35. Platz.

Wohin die Reise für Udo Bölts gehen würde, war weder ihm selbst noch seinem Teamchef Godefroot klar. Der stellte damals die Frage: „Bleibt er ein Guter oder wird er ein Großer?" Die Ergebnisse beim Giro d'Italia (Platz 33) und bei der Tour de France (Platz 25) ließen eher Zweiteres vermuten.

1994 dann kratzte Udo Bölts tatsächlich an der absoluten Weltklasse. Bei der Tour de France wurde er Dritter auf der Etappe hinauf nach L'Alpe d'Huez und beendete die Rundfahrt als bester Deutscher auf Platz neun; es war das beste Ergebnis eines deutschen Rennfahrers seit Dietrich Thurau im Sommer 1977. Beim Herbstklassiker „Il Lombardia" im selben Jahr wurde Bölts Achter und Godefroot musste sich die Frage erneut stellen: „Hatte Bölts wirklich das Zeug zum Kapitän oder nicht?"

Das Radsportjahr 1995 gab letztendlich die Antwort: Udo Bölts startete zwar im Trikot des deutschen Meisters in die Tour de France, aber nach Platz 38 in der Gesamtwertung konnte er kaum noch Ansprüche auf die Kapitänsrolle anmelden. Zumal sich das Team *Telekom* verstärkt hatte mit dem Tour-Dritten des Jahres 1995, dem Dänen Bjarne Riis, sowie mit dem als Jahrhunderttalent gepriesenen Youngster Jan Ullrich. Also hieß es für Bölts: ab in die zweite Reihe, die Rolle des Edelhelfers so gut ausfüllen, wie es geht.

Und das machte „die Bölts" bereits 1996 beim Gesamtsieg von Riis hervorragend – was ein bisschen unterging in Deutschland, weil der erst

22 Jahre alte Ullrich als Gesamtzweiter ins Rampenlicht fuhr und Erik Zabel das Grüne Trikot holte. Platz 14 im Sommer 1996 war bei zwölf Teilnahmen an der „Grande Boucle" das zweitbeste Ergebnis in der Karriere des Pfälzers. Angekommen in Paris ist Bölts übrigens jedes Mal, „die Bölts" geht eben nicht „kapütt".

Auch 1997 nicht. Der inzwischen 31-Jährige, der 1996 mit der Clasica San Sebastian einen Eintagesklassiker und 1997 vor der Tour de France mit dem Critérium du Dauphiné Libéré eine schwere Rundfahrt in den Alpen gewonnen hatte, sollte Bjarne Riis zur Titelverteidigung verhelfen. Riis jedoch war nicht in Topform, Jan Ullrich schon.

Als dieser auf der zehnten Etappe hinauf nach Andorra Arcalis von der sportlichen Leitung freie Fahrt bekam und ins Gelbe Trikot fuhr, hatte Udo Bölts zwar keine neue Aufgabe, aber mit „Ulle" einen neuen Kapitän, den es ab sofort zu beschützen galt. Bölts war fast immer an der Seite Ullrichs. Der war in Topform, bis zur 18. Etappe von Colmar nach Montbéliard durch die Vogesen.

Jan Ullrich war erkältet und schwächelte. Sein ärgster Rivale, der Franzose Richard Virenque schien die Gunst der Stunde nutzen zu können. Der Franzose attackierte am Col du Hundsrück und riss schnell eine Lücke von fast einer Minute zum angeschlagenen *Telekom*-Kapitän und dem treuen Udo Bölts an seiner Seite.

Angeblich war es jener berühmte Satz von Bölts, der Jan Ullrich letztendlich den Tour-Sieg sicherte. „Quäl dich, du Sau", soll Bölts seinen Kapitän angeraunzt, nein, geradezu angebrüllt haben. Ullrich tat, wie ihm geheißen, fuhr die Lücke bis zum Grand Ballon wieder zu und baute schließlich im zweiten Einzelzeitfahren seinen Vorsprung in der Gesamtwertung vor Virenque noch aus. Ohne die Motivationshilfe seines Edelhelfers, so erklärte Ullrich es später, hätte er die Tour nicht gewonnen.

Ob Bölts nun wirklich genau die Worte benutzt hat, ist nicht zu hundert Prozent verbürgt. Bei einem Interview im Ziel in Montbéliard sagte Bölts damals, er hätte: „Reiß dich zusammen, du Sau", gerufen. In die Annalen der Radsportgeschichte ging aber jenes: „Quäl dich, du Sau", ein und Udo Bölts nannte sogar seine 2006 erschienene Autobiografie so.

Und ein Anbieter von Radreisen samt einem Portal für die härtesten Pässe, die man als Rennradler in Angriff nehmen kann, findet man im Internet unter der Webadresse www.quaeldich.de

Udo Bölts quälte sich weiter. Aber bei der Tour de France 1998 konnte auch er Jan Ullrich nicht mehr helfen. Sein Kapitän fuhr in Gelb, alles sah nach der erfolgreichen Titelverteidigung aus. Doch dann kam die 15. Etappe, eine schwere Bergetappe von Grenoble nach Les Deux Alpes. Es war ein absolutes Dreckswetter, es war saukalt und regnete. Bölts machte das rein gar nichts aus, aber Ullrich hasste es.

Fünf Kilometer vor dem Galibier attackierte Marco Pantani, Ullrich mit seinen Helfern Bölts und Riis an der Seite, konnte nicht folgen. Bis zum Galibier verlor er drei Minuten; oben angekommen, ignorierte „Ulle" den Ratschlag Bölts', sich eine wärmende Weste überzuziehen. Auch den von Bölts angebotenen Energieriegel wollte Ullrich nicht haben.

Am Anstieg nach Les Deux Alpes erlitt „Ulle" einen Hungerast, hatte obendrein noch einen Defekt; mit fast neun Minuten Rückstand auf Pantani kam er in Les Deux Alpes ins Ziel, eskortiert von Bjarne Riis und Udo Bölts. An diesem Tag hatte Jan Ullrich die Tour verloren.

In den darauf folgenden vier Jahren machte Udo Bölts weiterhin seinen Job als Edelhelfer beim Team *Telekom*, 2002 wurde sein Vertrag nicht mehr verlängert. Der inzwischen 36-Jährige wechselte zum Team *Gerolsteiner* und fuhr für den Rennstall aus der Eifel 2003 seine letzte Tour de France und beendete im September des Jahres seine aktive Karriere.

Im selben Jahr erhielt Udo Bölts bei der Wahl zu Deutschlands Sportler des Jahres den „Sonderpreis für Vorbilder im Sport". Es ist davon auszugehen, dass ihm dieser Preis nicht zugesprochen worden wäre, hätte Bölts zu diesem Zeitpunkt schon regelmäßiges Doping gestanden.

Das tat Udo Bölts 2007, als es in Deutschland geradezu eine Welle von Geständnissen gab, die Bölts' ehemaliger Kollege Bert Dietz mit seinen Aussagen in der *ARD*-Sendung *Beckmann* ausgelöst hatte. Bölts erklärte, er habe 1996 angefangen, EPO und Wachstumshormone zu nehmen und sagte: „Ich habe viele Menschen belogen. Es war sicher der größte Fehler meines Lebens." Folgen für seine Gesundheit habe er damals nicht gefürchtet.

„Die Angst, zu versagen, aus meinem Sportlerleben rausgerissen zu werden, ohne Vertrag dazustehen, war größer", sagte er später. Laut Bölts war EPO-Doping in den späten 1990er-Jahren „eigentlich unumgänglich", wollte man auch nur halbwegs mithalten. Nach seinem Geständnis kündigte Bölts seinen Posten als Sportlicher Leiter beim Team *Gerolsteiner*, den er direkt im Anschluss an sein Karriereende angetreten hatte.

Udo Bölts stand, wie er selbst sagte, „vor dem Nichts". Als Werkzeugmacher konnte er nichts mehr werden; seine Ausbildung lag mehr als 15 Jahre zurück. Aber so wie auf dem Rad kämpfte Bölts auch im wirklichen Leben. Er gründete in seiner geliebten pfälzischen Heimat zunächst eine Firma, die sich der Waldpflege widmete. Mit der Hilfe seiner Familie fasste er Fuß im normalen Leben und blickte einerseits stolz und andererseits mit einer kritischen Distanz zurück auf seine Zeit als Profi.

So sagte er: „Du denkst als junger Fahrer, dass sich alles um dich dreht, dass du unersetzlich bist. Aber letztlich bist du nur ein Werbeträger, ein Körper, der ein Trikot durch die Landschaft fährt." Aber er sagte auch: „Ich hatte ein schönes und erfolgreiches Leben als Radprofi und ich bin auch mal in die Scheiße getreten. Aber ich habe mich berappelt. Das Leben verläuft halt nicht auf einer Geraden."

Der unkaputtbare Edelhelfer Udo Bölts, der sich quälen konnte wie kaum ein anderer, war der „Inbegriff des Teamplayers", wie sein letzter Teamchef Hans-Michael Holczer ihn nannte. Bölts hatte über all die Jahre kein Problem mit der Rolle im Schatten der Stars, denen er reichlich Windschatten spendete. Auch wenn er einmal mit seinem typischen trockenen

Humor sagte: „Wenn ich abends meinen Namen noch nicht einmal auf der zweiten Ergebnisseite finde, erzeugt das schon Depressionen."

Bölts war hart zu sich selbst, aber durchaus auch zu anderen, zumindest kannte er bisweilen noch nicht mal im Training Pardon mit den Kollegen. „Ich habe Spaß am Radfahren, und das heißt für mich, auch ins Training mal ein bisschen Wettkampfcharakter zu bringen. Ich gucke da nicht auf die Pulsuhr. Wenn's wehtut und ich hör nebendran einen pumpen, dann trete ich halt noch mal rein", sagte er einmal.

Nachdem er im Jahr 2000 nicht für die Olympischen Spiele in Sydney nominiert worden war, erfüllte sich Udo Bölts im Herbst des Jahres einen lang gehegten Traum und nahm am Ironman® auf Hawaii teil. Beim Schwimmen konnte er sich nach eigener Aussage „über Wasser halten" und nachdem er sich mit einer Zeit von 10:02:42 Stunden für 3,8 Kilometer Schwimmen, 180 Kilometer Radfahren und einen Marathon über 42,195 Kilometer ins Ziel gekämpft hatte, sagte Bölts: „Die Laufstrecke erschien mir manchmal endlos. Der Herrgott und meine Psyche haben mich ins Ziel gebracht."

Apropos Psyche: Den wahrscheinlich schlauesten Satz über Udo Bölts (und Jan Ullrich) hat deren langjähriger Teamkollege Rolf Aldag gesagt: „Jan Ullrich bräuchte den Kopf von Udo Bölts, dann würde kein anderer ein Rennen gewinnen."

Seit der Gründung des Mountainbikeparks Pfälzerwald 2005 fungiert Udo Bölts als dessen Markenbotschafter und arbeitet inzwischen als fest angestellter Förster beim Naturpark Pfälzer Wald, kümmert sich um das weitläufige Netz an MTB-Trails. Rennrad fährt er schon noch, aber meistens ist er in seiner Heimat, dem größten zusammenhängenden Waldgebiet Deutschlands, auf dem Mountainbike unterwegs.

Achtmal hat er nach dem Ende der aktiven Profikariere das Cape Epic, ein legendäres Mountainbike-Etappenrennen in Südafrika bestritten, dreimal hat er mit seinem jeweiligen Partner in seiner Altersklasse gewonnen. Die Bölts geht eben nie kaputt ...

9.11 ERIK ZABEL – NICHT ALLES IM GRÜNEN BEREICH (*07.07.1970)

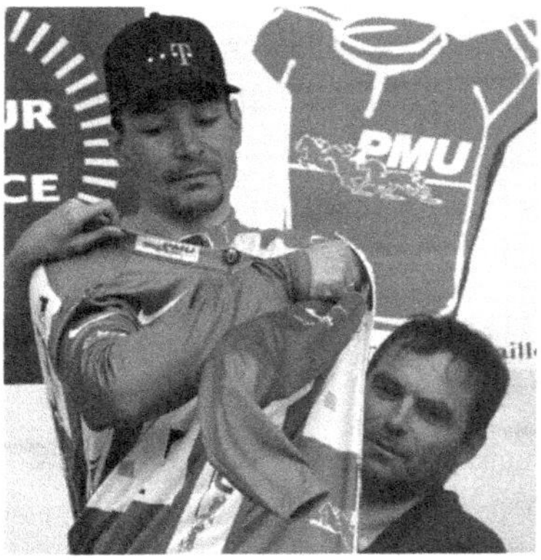

Wenn man sich die Ergebnislisten von Erik Zabel im Internet anschauen möchte, dann kommt man aus dem Scrollen gar nicht mehr raus. Mehr als 200 Profisiege sind auf den einschlägigen Seiten zu finden. Manche zählen 201 Siege, andere 211, aber bei der Menge kann man schon einmal durcheinanderkommen.

Einfacher verhält es sich mit den Grünen Trikots: Sechsmal gewann der Berliner die Punktewertung bei der Tour de France, von 1996 bis 2001 in Folge. Das war noch keinem Radprofi zuvor gelungen; inzwischen hat der Slowake Peter Sagan den Berliner mit sieben Grünen Trikots als Rekordhalter abgelöst.

Zabels zwölf Etappensiege bei der Tour waren die Bestmarke eines deutschen Profis, ehe ihn 2017 Marcel Kittel (14) übertrumpfte. Dass „Ete" Zabel nicht allen in ausschließlich guter Erinnerung blieb, hat mit seiner Dopingbeichte zu tun. Weniger damit, dass er zugab, getan zu haben, was alle taten, sondern vielmehr damit, dass er 2007 unter Krokodilstränen nur die halbe Wahrheit sagte, ehe sechs Jahre später die ganze Wahrheit ans Tageslicht kam.

Erik Zabel ist nicht der einzige spätere Weltstar auf dem Rennrad, der zunächst gar keine Lust hatte, in die Fußstapfen seines Vaters zu treten. Detlef Zabel war als Staatsamateur in der ehemaligen DDR unterwegs, vielfach als Wasserträger des DDR-Superstars Täve Schur. Erik Zabel aber versuchte sich erst als Fußballer und sogar als Ringer, ehe er 1981 im Alter von elf Jahren dann doch seine Karriere auf dem Rennrad bei der BSG Rotation Berlin begann.

Erik Zabel hatte definitiv das Talent des Vaters geerbt, er gewann nationale Titel im Nachwuchsbereich, holte mehrere Siege bei der Jugend-Spartakiade und fuhr mit der Bronzemedaille bei den Juniorenweltmeisterschaften in der Mannschaftsverfolgung 1987 seinen ersten Erfolg auf internationaler Bühne ein. Zwei Jahre später zählte Zabel als 19-Jähriger zur DDR-Nationalmannschaft und gewann mit dem Bahnvierer des TSC Berlin den nationalen Titel in der Mannschaftsverfolgung.

1990, nach dem Fall der Mauer, aber noch vor der Wiedervereinigung, gewann Zabel mit der Ardennen-Rundfahrt sein erstes Etappenrennen.

Die Bedingungen in Ost-Berlin waren keine schlechten nach der Wende, dennoch zog es den Youngster aus Ostberlin in den Westen. Wobei er zunächst noch brav sein Abitur machte, eines der letzten, das noch einen Stempel der DDR-Schulbehörden trug. Doch als er das Abi in der Tasche hatte, wechselte Erik Zabel zum RC Olympia Dortmund, wo er unter dem legendären Hennes Junkermann trainierte und 1991 deutscher Vizemeister im Straßenrennen wurde.

Bei der Friedensfahrt 1992 gewann Zabel eine Etappe, ehe er im Sommer 1992 an seinen ersten Olympischen Spielen teilnahm. Er gewann in Barcelona den Sprint des Hauptfeldes und wurde Vierter. Die guten Leistungen des Youngsters waren auch Walter Godefroot nicht entgangen und der Teamchef des Teams *Telekom* verpflichtete den damals 21-jährigen zur Saison 1993.

Zabel fuhr plötzlich gegen alle jene Fahrer Rennen, die er zuvor nur im Fernsehen bewundert hatte – was den Neuprofi keinesfalls davon abhielt, gleich im März 1993 bei der Fernfahrt Tirreno-Adriatico seine erste Etappe als Berufsrennfahrer zu gewinnen. Zum großen Ärger des enorm ehrgeizigen Youngsters kam im ersten Profijahr allerdings nur noch ein Sieg bei der eher unbedeutenden Tour de Berne hinzu.

Nachdem Erik Zabel zu Beginn des Radsportjahrs 1994 gleich mehrere Siege eingefahren hatte, nominierte Godefroot den Sprinter für das Tour-de-France-Aufgebot im Sommer. Noch war Zabel allerdings ziemlich weit von dem entfernt, was er in den darauf folgenden Jahren in Frankreich abliefern sollte; auf keiner einzigen Etappe schaffte er es bei seinem Debüt in die Top Ten.

Aber nachdem Zabel zum Ende der Saison 1994 mit Paris-Tours seinen ersten Klassiker gewonnen hatte, nominierte Godefroot den Sprinter 1995 dann sogar als *Telekom*-Kapitän. Um aufs Gesamtklassement zu fahren, fehlte dem magentafarbene Rennstall aus Bonn zu dieser Zeit einfach noch das entsprechende Personal.

Aber der Stratege Godefroot hatte die richtige Idee, die Ausrichtung mit Zabel als Sprintkapitän ging auf: Der Berliner holte sich in Charleroi seinen ersten Etappensieg bei der Tour; und weil's so schön war und die Beine es hergaben, gewann Zabel auf der 17. Etappe von Pau nach Bordeaux erneut. Und, das war dem Sprinter enorm wichtig, er schaffte es bis nach Paris.

Für das Team *Telekom* waren die Siege insofern enorm wichtig, da die Teamchefs dem Geldgeber *Telekom* gegenüber nun deutlich bessere Argumente besaßen. Das Unternehmen machte die Schatulle auf und Godefroot und Co. verpflichteten zur Saison 1996 mit dem Dänen Bjarne Riis unter anderem den Tour-de-France-Dritten des Vorjahres.

Telekom fuhr mit Riis also aufs Gesamtklassement; was dann ja auch mit dem Sieg des Dänen gelang. Ganz nebenbei war die Tour de France 1996 die Geburtsstunde des als Jahrhunderttalent gehandelten Jan Ullrich, der bei seinem Debüt Gesamtzweiter wurde. Für Erik Zabel bedeutete die neue Situation, dass er sich bei den Massensprints mehr oder minder alleine durchwurschteln musste, dass er auf verhältnismäßig wenig Support seiner Teamkollegen bauen konnte.

Aber es war definitiv mehr als „Wurschteln": Ein grandios aufgelegter Erik Zabel gewann zwei Etappen und erstmals das Grüne Trikot des

Punktbesten. Plötzlich war der Junge aus Ostberlin ein Weltstar des Radsports. Zabel hatte eine echte Berliner Schnauze, im Team gab er nicht selten die Stimmungskanone.

Auf der großen Bühne aber war er schüchtern und zurückhaltend. Und eine Medienschulung hatte es beim Team *Telekom* anscheinend auch nicht gegeben. Im *Aktuellen Sportstudio* des *ZDF* erzählte Zabel von seinem besonderen Faible für seine Rennmaschinen und sagte vor einem Millionenpublikum den etwas unglücklichen Satz: „Meine Frau sagt immer, wenn ich an ihr nur so viel rumschrauben würde wie an den Rädern ..."

Das Grüne Trikot und Erik Zabel waren in den darauf folgenden Jahren geradezu unzertrennlich. Nach 1996 holte er sich noch fünfmal von 1996 bis 2000 in Folge das „Maillot vert", wobei er es 1998 und 1999 gewann, ohne einen einzigen Etappensieg eingefahren zu haben. Der Sprinter Zabel hatte immer wieder sehr anschaulich erzählt, wie sehr er in den Bergen – den „natürlichen Feinden des Radfahrers" – leiden würde. Wie groß sein Respekt war vor den Hochgebirgsetappen und dass er manchmal regelrecht Panik hatte vor einer solchen Etappe.

„Am Berg kann es Momente geben, in denen ich sogar Pfützen austrinken würde, nur um Flüssigkeit zu bekommen", sagte er einmal, um zu verdeutlichen, was für eine Schinderei es für ihn war. Aber im Vergleich zu anderen Topsprintern kam er sogar verhältnismäßig gut über die Pässe in den Alpen und in den Pyrenäen. Und dadurch war er bei der Tour de France in der Lage war, fleißig Punkte zu sammeln bei den Zwischensprints – während seine Konkurrenten im Kampf ums Grüne Trikot oft schon vollkommen platt waren oder früher als Zabel abgehängt im Gruppetto herumfuhren.

2002 musste Zabel sich bei der Tour de France im Kampf um Platz eins in der Punktewertung dem Australier Robbie McEwen geschlagen geben, dafür gewann der deutsche Ausnahmesprinter das entsprechende Trikot bei der Vuelta a España im Spätsommer des Jahres und verteidigte es in den beiden darauf folgenden Jahren. Bei der Frankreich-Rundfahrt 2003 stürzte Zabel; er kämpfte sich tapfer bis Paris durch – auf Platz drei der Punktewertung und ohne Etappensieg.

Und langsam, aber sicher musste sich der einst weltbeste Sprinter damit abfinden, dass andere besser waren als er. „Ich konnte von Anfang an anständig gewinnen. Aber ich musste erst lernen, mit Anstand zu verlieren", sagte Zabel einmal über sich selbst. Auch als Routinier im Peleton fiel ihm das mit dem Verlieren nicht gerade leicht. Aber er war bei allem Ehrgeiz eben auch stets ein sehr anständiger Sportsmann, der die Leistung seiner Konkurrenten anerkennen konnte.

Auf Klassiker-Terrain fühlte sich „Ete" mit zunehmendem Alter hingegen immer wohler. Er gewann einmal das Amstel Gold Race, dreimal Paris-Tours und gleich viermal Mailand-San Remo. Die italienischen Fans nannten Zabel ehrfurchtsvoll „Signore San Remo". Man weiß nicht, welchen noch klangvolleren Namen sie sich ausgedacht hätten, wenn Zabel im Frühjahr 2004 ein fünftes Mal gewonnen hätte.

Er hatte das Kunststück eigentlich schon so gut wie vollbracht: Zabel bezwang den Italiener Alessandro Petacchi, seinen vermeintlich größten Konkurrenten, im Sprint. Er riss auf der Via Roma die Arme hoch – und hatte sich zu früh gefreut. Denn während Zabel schon jubelte, huschte der Spanier Óscar Freire mit einem „Tigersprung" noch am Deutschen vorbei. Und Zabel mutierte in den italienischen Medien vom „Signore San Remo" zur „zimbello", zu einer Lachnummer.

Nach Jan Ullrichs Rückkehr zum Team *T-Mobile* zur Saison 2004 und der verschärften Fokussierung des Rennstalls auf die Gesamtwertung bei großen Rundfahrten spielte „Ete" nur noch eine Nebenrolle; 2005 zählte er erstmals nach elf Teilnahmen in Folge nicht mehr zum magentafarbenen Aufgebot bei der Tour. Statt auf der ganz großen Bühne durch Frankreich rollte ein schmollender Zabel bei der Tour of Austria durch Österreich und anschließend bei der Eneco Tour durch die Benelux-Länder.

Überhaupt hatte „Ete" Zabel in all den Jahren damit zu kämpfen, dass er im Schatten von Jan Ullrich stand, dem ersten deutschen Tour-de-

France-Sieger. Erik Zabel war ein Musterprofi, der fast alles seinem Sport unterordnete, er war der erfolgreichste deutsche Etappenjäger, aber die Schlagzeilen gehörten „Ulle“: Scheinbar interessanter als Zabels Siege war, ob Ullrich zu viel Schokolade aß und moppelig aus der Winterpause kam oder wie es um das Liebesleben des Superstars bestellt war.

Die Zeichen standen schon 2005 auf Abschied und Jan Ullrich soll nicht gerade unbeteiligt daran gewesen sein, dass Zabels Vertrag beim Team *T-Mobile* nicht verlängert wurde.

Zur Saison 2006, nach zwölf Jahren im magentafarbenen Trikot (wenn er nicht gerade mal wieder grün trug), wechselte Erik Zabel zum deutsch-italienischen *Milram*-Rennstall. Dort allerdings hatte er sich als teaminterne Nummer zwei dem italienischen Topsprinter Petacchi unterzuordnen. „Ete“ gab sich kämpferisch und er versuchte, das wegzulächeln, aber es war meistens ein ziemlich säuerliches Lächeln.

Als *Milram*-Profi fuhr er unter anderem noch zwei Etappensiege bei der Vuelta ein und verpasste im Oktober 2006 sein letztes großes Ziel, Weltmeister zu werden. Beim Straßenrennen in Salzburg musste sich Zabel dem Italiener Paolo Bettini geschlagen geben, nachdem er bereits 2004 „nur“ Vizeweltmeister geworden war. Mit dem WM-Titel hätte der inzwischen 36-Jährige seine Karriere sofort an den berühmten Nagel gehängt.

So aber plante er, seine Laufbahn als Profi noch bis zu den Olympischen Spielen in Peking fortzusetzen. Er fuhr 2008 im *Milram*-Trikot noch einmal, zum 14. Mal, die Tour de France, wo er seinen 13. Etappensieg mehrfach nur knapp verpasste. Überhaupt, es sollte nichts mehr werden mit einem Etappensieg bei einer der drei großen Landesrundfahrten.

Dabei hatte Zabel im Herbst seiner Karriere wirklich noch einmal alles versucht. Er war vor der Tour 2008 schon den Giro und schließlich im Spätsommer auch noch die Vuelta gefahren, nachdem er nicht zum Olympiaaufgebot des BDR bei den Olympischen Spielen in Peking zählte. Sein letztes Straßenrennen als Profi bestritt Erik Zabel am 12. Oktober des Jahres bei Paris-Tours und wurde dort Siebter.

Ungefähr seit der Jahrtausendwende und verstärkt ab 2005 nahm Erik Zabel im Winter regelmäßig an Sechstagerennen teil. Er hatte das immer noch drauf auf der Bahn, dort, wo einst seine Karriere begonnen hatte. Zabel gewann unter anderem in Dortmund, München und Bremen. Und er verdiente sich eine goldene Nase damit. Medienangaben zufolge soll Zabel Gagen von mehr als 100.000 Euro ausgehandelt haben – für eine Sixdays-Veranstaltung.

Ein bisschen Schmerzensgeld war zum Schluss der Karriere darin enthalten, denn nicht überall jubelten die Leute ihm uneingeschränkt zu nach seinem Dopinggeständnis 2007. Die Journalisten bohrten nach zum Thema Doping, Zabel klappte zu wie eine Auster; er schmollte und wollte sich nicht mehr äußern. Es war keine einfache Situation für ihn, aber man kann sich definitiv besser aus der Affäre ziehen, als es Zabel in diesen Zeiten gelungen ist.

Nur gut für den Mann, der genauso sensibel ist wie schnell auf dem Rad war, dass zum Abschluss seiner Karriere Ende Januar 2009 noch die Sixdays in seiner Heimatstadt anstanden. Zum ersten Mal überhaupt konnte der Berliner Zabel in Berlin starten, ansonsten hatten seine Teamchefs dem stets einen Riegel vorgeschoben; die Straßensaison ging nun mal vor. Die Veranstalter rollten „Ete" den roten Teppich aus, sie machten den besten Sixdays-Fahrer dieser Zeit, Robert Bartko, zu seinem Partner.

Und weil bei den Sechstagerennen sowieso auch oft die gewannen, die gewinnen sollten, gab es im Velodrom an der Landsberger Chaussee ein echtes Happy End für Erik Zabel. Und hier gab's keine dummen Fragen, hier gab es Champagner, Standing Ovations und bei Erik Zabel rollten die Tränen.

Die Fans auf den Rängen dachten mehrheitlich zurück an die großen Erfolge des bis dahin erfolgreichsten deutschen Profis. Sie dachten weniger zurück an jenen 24. Mai im Jahr 2007, an die „peinliche Beichte des Saubermanns", wie eine deutsche Zeitung das Dopinggeständnis von Erik Zabel nannte.

Während sein Kollege Rolf Aldag jahrelanges, systematisches Doping mit EPO im Team *Telekom* klipp und klar zugab, erklärte Zabel mit tränenerstickter Stimme, er habe lediglich bei der Tour de France 1996 mit EPO gedopt. Nur für eine einzige Woche, so Zabel, habe er es ausprobiert. Er sagte, er habe sein bisheriges Leben an der Garderobe abgegeben, er lege es nun in die Hände der Radsportfans.

Zabel spendete 100.000 Euro für den Nachwuchsbereich in Dortmund und Berlin, und dann sagte er noch: „Wenn ich von meinem Sohn erwarte, dass er ein guter Mensch wird, kann ich ihn nicht weiter anlügen." Erik Zabel hätte bestens als Hauptdarsteller einer miesen Seifenoper getaugt. Denn er hatte auch bei seinem Geständnis 2007 noch gelogen.

Sechs Jahre nach der ersten Dopingbeichte konnten bei der Tour de France 1998 entnommene Dopingproben eindeutig Zabel zugeordnet werden. Ein Report der Anti-Doping-Kommission des französischen Senats deckte das auf, ein neues Testverfahren hatte das möglich gemacht. Daraufhin gab Zabel einige Tage später in einem Interview mit der *Süddeutschen Zeitung* zu, von 1996 bis 2003 mit EPO, Kortison und Eigenblut Doping betrieben zu haben.

Man sollte bei all der berechtigten Kritik nicht vergessen, dass Erik Zabel seine Siege auch schon zuvor ohne EPO einfuhr, und dass wohl kaum einer seiner Konkurrenten in den Jahren 1996 bis 2003 ohne verbotene, leistungssteigernde Mittel auskam. Aber dieses Scheibchenweise-Geständnis hatte seinem Ruf massiv geschadet. Zabel war stets der Trainingsweltmeister in der Mannschaft und hat die Kollegen gerne mal damit genervt, dass er deutlich mehr Kilometer abgerissen hatte.

Dieses „Weiter, weiter, immer weiter", was Deutschlands Ausnahmetorhüter Oliver Kahn propagierte, das hieß bei „Ete" Zabel: „Nie nachlassen, auch wenn's wehtut." Zabel war unerschrocken, wenn das Peleton auf die Zielgerade einbog, er hatte das Auge für die Lücke, das Gespür für den richtigen Moment und meistens auch den nötigen Punch im Finale.

Man kann das bei den Sprintern auf dem Rennrad vielleicht mit den klassischen Mittelstürmern und Goalgettern im Fußball vergleichen. Sie sind im Team, um Tore zu machen, um abzuliefern. Auch Zabel musste abliefern. Er wusste: Wenn seine Kollegen für ihn im Wind geschuftet hatten, sich aufgeopfert hatten, dann sollte er es bitteschön auch mit einem Sieg für das Team zurückzahlen. Der Druck für Zabel war immens hoch.

Wie die Torjäger im Fußball ziehen auch die Sprinter im Radsport ihr Selbstvertrauen aus Erfolgen. Erik Zabel war ein Paradebeispiel dafür. Wenn er die Nase vorn hatte im Sprint, dann war er der König, dann strotzte er scheinbar nur so vor Selbstvertrauen. Verlor er ein paar Mal hintereinander, war er ein Häufchen Elend, haderte ein bisschen mit der Welt, aber vor allem mit sich selbst.

Nach dem Geständnis 2013 verlor Zabel unter anderem seinen Posten als Sportdirektor der *Hamburg Cyclassics* sowie als Sportlicher Leiter beim russischen Radteam *Katusha*. Auch seinen Job als Botschafter und Testfahrer für den deutschen Radhersteller *Canyon* war er los. Zuvor hatte er bereits für einige Zeit als Berater der Sprinter beim Team *HTC Columbia* gearbeitet.

Nach dem Ablauf der fünfjährigen Sperre trat Zabel zur Saison 2019 erneut einen Posten als sogenannter *Performance-Manager* bei *Katusha* an, wo auch sein Sohn Rick und Deutschlands Topsprinter Marcel Kittel unter Vertrag standen.

Kittel war von der „Performance" Erik Zabels wenig angetan; er bezeichnete ihn gar als ungeeignet in der Position und sagte rückblickend: „Er hat seine eigenen Erfahrungen zum Maßstab für die Rennfahrer gemacht, statt sie individuell anzusprechen und zu betreuen. Konflikte konnte man mit ihm auch nicht austragen." Nach der Auflösung des Teams bzw. der Übernahme der WorldTour-Lizenz durch Israels Start-Up *Nation* war Zabel arbeitslos, ehe er erneut bei *Canyon* anheuerte.

9.12 JENS VOIGT – KÖNIG DER AUSREISSER (*17.09.1971)

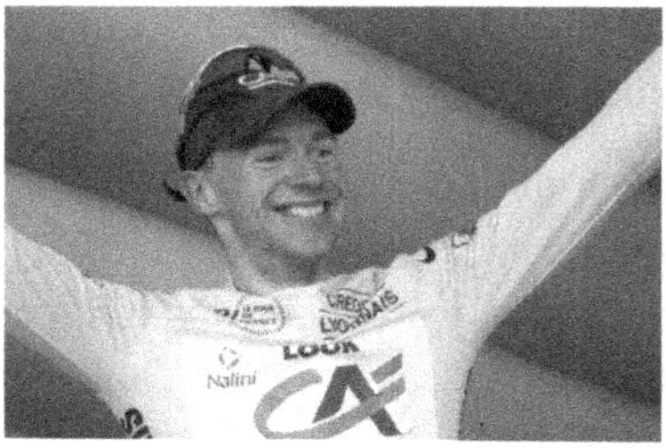

Die französische Sportzeitung L'Équipe *nannte Jens Voigt einst „Vater Courage", weil kaum ein anderer Profi so oft, so mutig attackierte und versuchte – insbesondere bei der Tour de France –, als Ausreißer Etappen zu gewinnen. Zweimal ist ihm das gelungen, 2001 und 2006. Zweimal ergatterte er jeweils für einen Tag das Gelbe Trikot, 1998 trug er als erster Deutscher auf einer Etappe das Bergtrikot.*

Nach 17 Teilnahmen an der Tour de France (deutscher Rekord) beendete „Voigte" 2014 seine mehr als 20 Jahre währende Profikarriere. Von Doping will er in all den Jahren nichts mitbekommen haben und verlor dadurch bei vielen Fans einen Großteil seiner Glaubwürdigkeit.

Aufgewachsen in der Kleinstadt Dassow in Nordwestmecklenburg, wollte der kleine Jens zuerst Astronaut werden, dann Förster und schließlich Journalist. Er wurde Radprofi.

Nachdem er sich zunächst mit bescheidenem Erfolg als Fußballer und Leichtathlet versucht hatte, stieg er im Alter von zehn Jahren aufs Rennrad, um seinem älteren Bruder Ronny nachzueifern.

Und im Sattel entpuppte sich Jens Voigt durchaus als Talent, gewann bei lokalen Rennen in Mecklenburg quasi alles, was es zu gewinnen gab und wurde 1984 im Alter von 13 Jahren zur Kinder- und Jugendsportschule nach Ostberlin delegiert.

Seine erste Tour de France hatte er im Westfernsehen verfolgt, verbotenerweise, und er träumte davon, selbst irgendwann an großen Radrennen teilzunehmen. Als Kind der ehemaligen DDR träumte er allerdings eher von der Friedensfahrt. Denn von der Maueröffnung und der Möglichkeit, tatsächlich irgendwann an der Frankreich-Rundfahrt teilnehmen zu können, ahnte in den frühen 1980er-Jahren noch niemand etwas. Die Öffnung der Mauer und die Wende erlebte Voigt dann im Alter von 18 Jahren in Berlin und mochte damals noch nicht so recht an die neue Freiheit glauben.

„Stunden, Tage, ja sogar Wochen später erwarteten wir, dass die Bonzen die Mauer einfach wieder dichtmachen würden und sagen: ‚Okay, ihr habt gesehen, was auf der anderen Seite los ist, aber das war's. Zurück an die Arbeit!'", erinnert sich Voigt in seiner 2016 veröffentlichten Autobiografie mit dem Titel *Shut up legs* an die Zeit. Bekanntlich kam es anders.

Auf dem Sportinternat in Berlin war Jens Voigt keinesfalls ein Überflieger. Im Training meistens der Fleißigste, fuhr er in den Rennen der Jugend- und Juniorenklasse überwiegend der Musik hinterher. Doch irgendwann zahlte sich das harte Training dann doch aus und Voigt feierte ab den frühen 1990er-Jahren in der Eliteklasse der Amateure seine ersten Erfolge.

1993 holte er sich in der Steiermark seinen ersten Gesamtsieg bei einer Rundfahrt, im darauf folgenden Jahr gewann er die Gesamtwertung bei der Niedersachsen-Tour und der Friedensfahrt; als Sieger des Amateur-Weltcups peilte er bereits für die Saison 1995 einen Profivertrag an. Doch nach zwei schweren Stürzen, bei denen er sich jeweils das Schlüsselbein brach, musste Voigt sich bis 1997 gedulden.

Er unterzeichnete schließlich einen Vertrag beim tschechischen Profiteam *Husqvarna*, wechselte aber bereits nach einem halben Jahr zum australischen Rennstall *ZVVZ-Giant-AIS*. Als das Team Ende 1997 aufgelöst wurde, stand Voigt ohne Vertrag da. Er verschickte eigens Bewerbungsmappen, die er in der Volkshochschule ins Englische und Französische übersetzen ließ. Aber nur zwei Rennställe antworteten überhaupt – mit Absagen.

Auch das Team *Telekom*, bei dem er persönlich vorgesprochen hatte, war nicht interessiert. Schließlich erhielt der Deutsche einen Vertrag beim französischen Rennstall *GAN*, für den er 1998 erstmals an der Tour de France teilnahm. Als Tageszweiter auf der zweiten Etappe verpasste er nur knapp seinen ersten Sieg bei der Tour, dafür ergatterte er als erster deutscher Profi überhaupt für einen Tag das Bergtrikot.

2001 gewann Jens Voigt mit dem Team *Crédit Agricole* auf der fünften Etappe das Mannschaftszeitfahren, auf der neunten Etappe schlüpfte er für einen Tag ins Gelbe Trikot und auf der 16. Etappe holte er sich endlich auch als Solist den ersehnten Etappensieg bei der Tour - natürlich, nachdem er dem Feld davongefahren war.

Als Voigt nach seinem Wechsel 2004 zum Team *CSC* im Sommer des Jahres an der Tour de France teilnahm, wurde er während der Etappe nach L'Alpe d'Huez von deutschen „Fans" als Vaterlandsverräter und Judas beschimpft und ausgebuht. Dabei hatte er einfach nur seinen Job gemacht als Profi des dänischen Teams und einen Ausreißversuch Jan Ullrichs vereitelt.

Bei der Tour de France im darauf folgenden Jahr war Jens Voigt als Edeldomestike für den Mitfavoriten Ivan Basso vorgesehen. Insofern war mit den üblichen Fluchtversuchen des „Radaubruders" (Voigt über Voigt) nicht unbedingt zu rechnen, eine deutsche Zeitung schrieb gar von einer „Wegfahrsperre" für Voigt. Doch Voigt wäre nicht Voigt, wenn er nicht versucht hätte, sie auszuschalten.

Er bat seinen Teamchef Bjarne Riis um einen „Freifahrtschein" für die neunte Etappe und attackierte - nachdem Riis ihm grünes Licht gegeben hatte - früh im Rennen. Den anvisierten Etappensieg holte der „Krieger im Sattel", wie Jens Voigt auch genannt wurde, nicht. Dafür fuhr er nach 2001 zum zweiten Mal ins „Maillot jaune", das er auf der 10. Etappe verteidigen konnte.

Auf der anschließenden schwereren Alpenetappe quälte er sich mit 40 Grad Celsius Fieber die Berge hinauf. Voigt erreichte das Ziel als Vorletzter, fiel aber aus der sogenannten *Karenzzeit* und wurde aus dem

Rennen ausgeschlossen. Sogar verschiedene französische Medien hatten versucht, sich für den Verbleib Voigts im Rennen einzusetzen, doch die Rennleitung blieb hart.

Seinen zweiten Etappensieg bei der Tour de France feierte Jens Voigt bei der Ausgabe im Jahr 2006, seine bittersten Stunden erlebte er drei Jahre später. Voigt stürzte während einer Abfahrt auf der 16. Etappe bei einer Geschwindigkeit von mehr als 70 Stundenkilometer, verlor kurzfristig das Bewusstsein und musste mit dem Helikopter ins Krankenhaus transportiert werden, wo ein Jochbeinbruch und eine Gehirnerschütterung diagnostiziert wurden. Nach der Verlegung nach Berlin wurde zudem ein Kieferbruch und ein Blutgerinnsel im Kopf festgestellt.

Voigt sagte zwar die Teilnahme an der WM für Ende September 2009 ab, saß jedoch lediglich 48 Tage nach dem Horrorsturz wieder bei der Missouri-Rundfahrt im Sattel. Seine Kinder hatten die Bilder aus Frankreich gesehen und fragten sorgenvoll ihre Mutter: „Stirbt Papa jetzt?"

Als ihr Vater aus dem Krankenhaus entlassen wurde, sahen sie es bereits deutlich lässiger und sagten: „Papa, das war so cool mit deinem Sturz – du warst Nummer zwei auf YouTube®!"

2010 stürzte Jens Voigt bei der Tour erneut, wenngleich nicht so heftig wie im Jahr zuvor. Seine Rennmaschine allerdings besaß nur noch Schrottwert; Voigt schnappte sich kurzerhand ein viel zu kleines Jugend-Rennrad, erreichte noch das „Gruppetto" und schaffte es, innerhalb der Karenzzeit ins Ziel zu kommen. Im Sommer 2012 bestritt Voigt, inzwischen für das Team *Radioshack-Nissan* am Start und 41 Jahre alt, seine 15. Tour de France und war damit deutscher Rekordteilnehmer.

Seit Jahren wurde bereits darüber spekuliert, wann er seine Karriere beenden würde; doch Voigt schien es allein schon Spaß zu machen, die Gerüchte um seinen Rücktritt zu widerlegen. 2012 hängte er noch ein Jahr dran, 2013 noch eins. Ganz so wild wie in seinen besten Jahren trieb der „König der Ausreißer" es nun nicht mehr, aber er erwies sich immer noch als loyaler und wertvoller Helfer für seine jeweiligen Kapitäne.

Und er stellte mit Stolz fest, dass sein Ruf ihm immer noch vorauseilte: „Da fahren zwei Hansel weg, und keiner zuckt. Hebe ich aber meinen Hintern, dann springen 50 Mann", so Voigt. Die französische Zeitung *Libération* schrieb einmal: „Man muss ihn nur sehen, diesen Jens Voigt: Er ist ein Mann, den nichts am Platz hält. Wie ein großer Hund, der an der Tür kratzt, um bei jedem Wetter ‚rauszukommen' – und das nicht nur, um Gassi zu gehen."

Er selbst erklärte seine ständigen Ausreißversuche scherzend damit, dass er unter einer besonderen Form der „Feldallergie" leide, sagte aber auch einmal: „Im Radsport wirst du dafür bezahlt, dass du anderen wehtust." Und der Kollege John Degenkolb erzählte: „Es konnte sein, dass er dir noch einen Witz erzählt und eine Minute später schon wieder in die Ausreißergruppe geht."

Im Sommer 2014, bei seiner definitiv letzten Teilnahme an der Tour de France, fuhr Jens Voigt auf der ersten Etappe ins gepunktete Trikot. Doch so wie bei der Siegerehrung hat man ihn danach nicht mehr strahlen sehen. „Voigte" litt mächtig, aber natürlich kämpfte er sich durch bis Paris. Zum 15. Mal bei seiner 17. Teilnahme rollte er auf den Champs-Élysées über den Zielstrich, auf Platz 108 der Gesamtwertung.

Seine beiden letzten Rennen als Profi fuhr der 43-Jährige in den USA bei der Tour of Utah und der USA Pro Challenge und er freute sich, wie er zum Abschied sagte, auf einen langen Urlaub.

Aber ganz die Füße still halten konnte Jens Voigt noch nicht. Im September des Jahres nahm er auf der Bahn im schweizerischen Grenchen den Stundenweltrekord in Angriff. Und tatsächlich knackte er den bestehenden Rekord des Tschechen Ondrej Sosenka von 49,70 Kilometer und schaffte 51,115 Kilometer.

Dass Voigt diesen Rekord überhaupt hatte aufstellen können, hatte allerdings mit einer Regeländerung des Welt-Radsportverbandes UCI zu tun. Jahrelang waren Hightech-Zeitmaschinen mit einer besonderen Sitzposition und Scheibenrädern beim Stundenweltrekord nicht zugelassen; Fabelzeiten von Spezialisten wie Graeme Obree und Chris Boardman auf ihren damals futuristischen Zeitfahrmaschinen (beide deutlich schneller als Voigt) wurden in den Statistiken nur noch als Weltbestleistungen und nicht als offizielle Weltrekorde geführt.

2014 ließ die UCI in einem bestimmten Rahmen spezielles Zeitfahrmaterial wieder zu und „Jensie", wie er auch genannt wurde, nutzte die Gunst der Stunde. Einen Monat später verlor er den Rekord allerdings schon wieder an den Österreicher Matthias Brändle. Danach fuhren mit Victor Campenaerts und Daniel Bigham gleich zwei Profis mehr als 55 Kilometer in der Stunde, 2022 schaffte der Italiener Filippo Ganna mit 56,792 km/h mehr als fünf Kilometer mehr als Voigt.

Jens Voigt, einige Jahre offizieller Sprecher des Peletons in der „Cyclistes Professionnels Associé", sprach sich stets vehement gegen Doping und für mehr Tests aus. „Meine Frau Steffi würde mir den Kopp abreißen, wenn ich mit dem Scheiß ankommen würde", sagte er. Nach den Enthüllungen um den spanischen Dopingarzt Fuentes forderte Voigt, die Schuldigen „auf den Scheiterhaufen zu schmeißen". Allerdings fuhr er selbst jahrelang bei *CSC,* wo nachweislich systematisches Doping betrieben wurde und trainierte unter Johan Bruyneel, einen der Strippenzieher in Lance Armstrongs Dopingsystem.

Voigt verlor für viele seine Glaubwürdigkeit, als er auch nach der Karriere immer noch behauptete, er habe im Verlauf seiner 18 Jahre als Profi nie etwas von Dopingpraktiken in seinen Teams mitbekommen. Seine Unschuldsbekenntnisse verpackte er gern in typisch voigtschen Ausagen, so sagte er beispielsweise einmal: „Der Radsport verkommt zum Zirkus. Wir suchen in Berlin gerade eine Schule mit Bedacht aus, damit unser Sohn nicht mit Drogen in Kontakt kommt und im Beruf seines Vaters nehmen Kollegen Kokain und versuchen, das mit abenteuerlichen Theorien zu erklären. Da fällt man doch vom Glauben ab."

Auch die ehemalige Kollegen Tyler Hamilton und Jörg Jaschke bezweifelten Voigts Ahnungslosigkeit. Jaschke gab in einem Interview mit der *Süddeutschen Zeitung* folgenden Dialog mit Jens Voigt zu Protokoll:

„Er kommt zu mir und fragt: ‚Ey, Jayjay, was macht denn ihr mit eurem Zeug?' Ich: ‚Wir verstecken es im Staubsauger.' Er: ‚Na ja, wir werden es wahrscheinlich irgendwo verbuddeln und nach der Tour wieder abholen.'" Erwischt bzw. positiv getestet wurde Jens Voigt jedoch nie während seiner langen Karriere.

Aber er machte in Interviews, bei denen er zum Thema Doping befragt wurde, wahrlich nicht immer einen souveränen Eindruck. Ziemlich peinlich beispielsweise war der Auftritt Voigts im *Aktuellen Sportstudio* im Jahr 2007, als er in geradezu hanebüchener Art Ausflüchte suchte und seinen Kollegen Jesus Manzano nach dessen Dopingenthüllungen beleidigte, indem er sagte: „Der ist wohl geistig nicht ganz gesund."

Trug er ein Geheimnis mit sich herum oder hatte er einfach keine Lust mehr auf das Thema? Lust hatte er definitiv nicht mehr darauf. Als ihn ein Journalist nach dem Ende der Karriere einmal mehr danach fragte, antwortete Voigt mit gleich zwei Gegenfragen: „Hinterziehen Sie Steuern? Welche Sexualpraktiken bevorzugen Sie?" Ein anderes Mal, auf das Doping der ehemaligen Teamkollegen angesprochen, hielt Voigt dem Interviewer entgegen, dieser wisse doch auch nicht, ob seine Arbeitskollegen abends koksen würden.

Und manchmal überspannte Jens Voigt den Bogen auch komplett. So beispielsweise, als er die Verantwortlichen bei den öffentlich-rechtlichen Sendern in Deutschland mit den Politikern in der DDR verglich, nachdem *ARD* und *ZDF* erwogen, aufgrund der Dopingproblematik auf die Übertragung der Tour de France zu verzichten.

Seinen Traum, nach dem Karriereende einen Buchladen zu eröffnen, verwirklichte der Wahlberliner nicht. In seiner typischen Art sagte Jens Voigt, der Buchladen müsse schon „so groß wie Karstadt sein", um seine Familie, seine Frau Stefanie sowie die sechs Kinder Marc, Julian, Kim-Helena, Adriana, Maja und Helen zu ernähren. Dass es da bisweilen hoch her geht im Hause Voigt, kann man sich vorstellen: „Die letzten Jahre lagen meine Frau und ich jeden Abend im Bett und fühlten uns wie vom LKW überfahren. Ein erfolgreicher Tag war, wenn sich kein Kind den Arm gebrochen hatte und das Haus nicht abgebrannt war", erzählte Voigt einmal der *Berliner Morgenpost*.

Jens Voigt arbeitete nach dem Ende der aktiven Karriere zunächst als Berater bei seinem letzten Rennstall *Trek Factory Racing* sowie als Markenbotschafter für den US-amerikanischen Radhersteller *Trek*. 2016 brachte er seine Autobiografie *Shut up legs* heraus und saß, zunächst beim US-amerikanischen Sender *NBC*, und ab 2020 bei *Eurosport* als TV-Experte am Mikrofon.

Mit seiner Berliner Schnauze – die hat er definitiv, obwohl er gebürtiger Mecklenburger ist – liefert er auch als Kommentator das eine oder andere „Bonmot". Sein Redebedarf jedenfalls war und ist mindestens so ausgeprägt, wie sein Hang zum Ausreißen während der Rennen. Anders gesagt: Jens Voigt ist auch als *Eurosport*-Experte eine veritable Quasseltasche.

2017 sammelte Voigt bei einer sogenannten *Everest-Challenge* Geld für krebskranke Kinder. Der Ex-Profi wollte am Berliner Teufelsberg innerhalb von 24 Stunden 8.848 Meter bergauf fahren, so viele Höhenmeter sammeln, wie der Mount Everest hoch ist. Er schaffte es nicht ganz in 24 Stunden, aber er sammelte insgesamt mehr als 25.000 Euro für den guten Zweck ein.

Da war er wieder; der volksnahe Voigt, der authentische Voigt, der beliebte Voigt, der 2005, 2006 und 2007 zu Deutschlands Radsportler des Jahres gewählt wurde, auch wenn er deutlich weniger Erfolge eingefahren hatte als andere, die zur Wahl standen.

Inzwischen gibt es allerdings auch immer mehr Fans, Medienvertreter und Ex-Kollegen, die der Ansicht sind, so weit sei es mit der Authentizität nicht her. Sie kritisieren einerseits seine Haltung zum Thema Doping und sie glauben, dass vieles, was Jens Voigt sagt und tut, einem Plan folgt. Dass er sich stets perfekt zu inszenieren und zu vermarkten wusste und dabei in erster Linie an sich selbst denkt.

9.13 ANDREAS KLÖDEN – LIEBER HELFER ALS KAPITÄN (*22.06.1975)

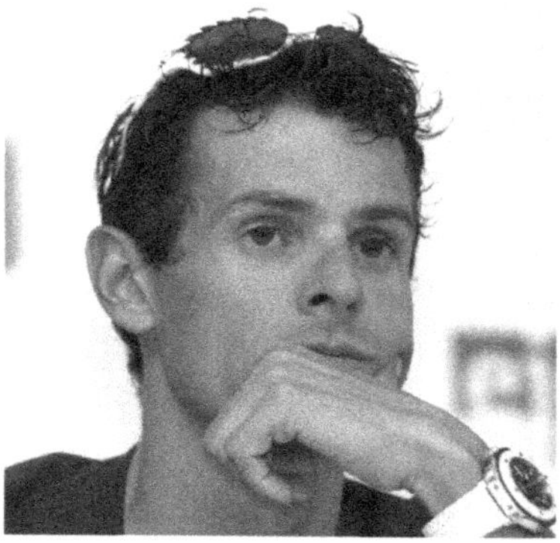

Es gab wohl keinen anderen deutschen Rennfahrer, der so elegant im Sattel saß wie Andreas Klöden. Und es gab kaum einen besseren Rundfahrer als „Klödi", wie er von seinen Kollegen genannt wurde. 2004 und 2006 landete der langjährige Telekom- und T-Mobile-Profi bei der Tour de France auf Platz zwei der Gesamtwertung. Mehr Probleme als die steilsten Anstiege bereiteten Klöden die Dopingverdächtigungen seitens der Medien; jahrelang sprach er nicht mehr mit deutschen Journalisten, auf ein spätes Geständnis wird man wohl vergeblich warten.

„Klödi", wie Andreas Klöden von seinen Kollegen genannt wurde, schwärmte von Kindesbeinen an für die Stars des DDR-Radsports. Insbesondere Olaf Ludwig hatte er zu seinem Idol auserkoren und saß selbst ab dem Alter von elf Jahren bei regionalen Rennen in der Lausitz im Sattel. Trainiert hat Klöden in den ersten Jahren oft gemeinsam mit seiner Mutter. Sie fuhr in einem Jeep oder auf einem Motorrad als Tempomacher vor ihm her und der Youngster legte so die Grundlagen für seine exzellenten Zeitfahrqualitäten. Sogar als Profi hat Klöden diese Art des Trainings beibehalten.

Schon bald nach Klödens ersten Rennen waren die Talentscouts des DDR-Sportsystems auf dessen Talent aufmerksam geworden und überzeugten ihn 1988 vom Umzug ins Sportinternat in Berlin. Dort sollte „Klödi" übrigens seinen zweiten Spitznamen erhalten: „Hilde". So wurde er genannt, weil der später stets so introvertiert wirkende Radprofi es als Teenager auf Partys gerne krachen ließ und die „wilde Hilde" gab; übrig als Spitzname blieb nur noch „Hilde".

Klöden wohnte im Internat ein paar Zimmer weiter als ein gewisser Jan Ullrich. Viel Kontakt hatten die beiden zunächst nicht. Zum einen trennten sie fast zwei Jahre, was im Jugendalter eine ganze Menge ausmacht, zum anderen entpuppte sich „Ulle" schon bald als Jahrhunderttalent – während die Erfolge bei Klöden zunächst auf sich warten ließen.

Erst ab dem Ende der 1990er-Jahre fuhr Andreas Klöden die ersten nennenswerten Erfolge ein und wurde 1998 im Alter von 22 Jahren vom Team *Telekom* verpflichtet. Bei den Olympischen Spielen 2000 in Sydney gewann er die Bronzemedaille im Straßenrennen und längst buhlten auch andere Rennställe um die Dienste des exzellenten Zeitfahrers und Kletterers. Sie versuchten, ihn damit zu locken, dass er in ihren Teams die Kapitänsrolle übernehmen könnte. Doch genau davor scheute sich Andreas Klöden.

Er blieb lieber als Edelhelfer an der Seite von Ullrich und fuhr als solcher im Sommer 2001 seine erste Tour de France. Klöden war auf den schweren Bergetappen stets an der Seite Ullrichs zu finden und beendete sein Tour-Debüt auf Platz 26 der Gesamtwertung.

Der ehemalige *Telekom*-Teamchef Walter Godefroot sagte einmal hinsichtlich der Führungsqualitäten Klödens: „Einige Fahrer werden unter Druck besser, andere brechen ein. Wenn du von Andreas etwas verlangst, bringt er nichts mehr."

Die Tour 2002 musste Andreas Klöden aufgrund von Knieproblemen absagen, während Jan Ullrich nach einem positiven Test auf den Konsum von Amphetaminen gesperrt wurde. Der treue „Klödi" zog sogar zu „Ulle" nach Merdingen, um seinen Freund und Kollegen mental zu unterstützen und mit ihm rund um den Kaiserstuhl zu trainieren.

Jan Ullrich allerdings wechselte das Team und Klöden hätte die Tour de France 2003 als Kapitän des *Telekom*-Teams bestreiten können, überließ die Rolle aber dem Kasachen Alexander Winukurow. Andreas Klöden wurde gleich auf der ersten Etappe in einen Massensturz verwickelt; er quälte sich durch bis zur neunten Etappe, ehe er zutiefst frustriert in den Besenwagen stieg und das Rennen aufgab.

Wie sehr er sich gequält und gelitten hat, kann man in dem Kinofilm *Höllentour* des Schweizer Oscar-Preisträgers Pepe Danquart nacherleben. Erst später stellte sich heraus, dass Klöden mit einem Kreuzbeinbruch im Sattel saß.

2004 kehrte Jan Ullrich zurück ins Team, dass nun unter dem Namen Team *T-Mobile* an den Start ging. Die Rollen vor der Tour de France waren klar verteilt: „Ulle" sollte endlich sein zweites Gelbes Trikot holen, unterstützt von seinem loyalen Helfer Andreas Klöden. Weil Ullrich aber bei der Tour de France durch eine Erkältung arg gehandicapt war, schlüpfte der topfitte Klöden in die von ihm so ungeliebte Kapitänsrolle. Den Dominator dieser Jahre bei der Tour, den US-Amerikaner Lance Armstrong, konnte auch Klöden nicht gefährden.

Aber er kam als Zweiter des Gesamtklassements auf den Champs-Élysées an – vor Ullrich, der Gesamtvierter wurde. Als dem überführten Dopingsünder Armstrong im Jahr 2012 alle seine sieben Tour-de-France-Siege aberkannt wurden, sah es zunächst so aus, als könnte Klöden als Gesamtsieger der Frankreich-Rundfahrt 2004 nachrücken. Der Welt-Radsportverband UCI entschied sich im Oktober 2012 jedoch dagegen.

Auch Klöden wurde mit Dopingvergehen in Verbindung gebracht, sein Name tauchte in Berichten der Staatsanwaltschaften Bonn und Freiburg im Zusammenhang mit verbotenen Bluttransfusionen während der Tour 2006 auf. In der Begründung der von der UCI eingesetzten Kommission hieß es damals: „Es bleibt ein Schatten von Verdächtigungen über dieser dunklen Ära – auch wenn es für saubere Fahrer hart ist, werden sie verstehen, dass ein Nachrücken wenig ehrenvoll wäre."

Andreas Klöden wurde also weiterhin als Zweiter der Tour de France 2004 in den Ergebnislisten geführt. 2005 musste er aufgrund eines Kahnbeinbruchs die Tour vorzeitig beenden, 2006 sah er sich plötzlich wieder in die Kapitänsrolle gedrängt, weil Ullrich – wie auch einige andere Topfavoriten – kurz vor dem Start aufgrund ihrer Verwicklungen in den Dopingskandal um den spanischen Arzt Eufemiano Fuentes suspendiert wurde.

Klöden belegte hinter dem vermeintlichen Gesamtsieger Floyd Landis und dem Überraschungszweiten Oscar Perreiro Platz drei. Landis wurde der Sieg jedoch nach positiven Dopingtests während der Rundfahrt aberkannt. Und diesmal wurden die nachfolgenden Fahrer hochgestuft.

Besonders bitter für Klöden war, dass Perreiro die Tour de France 2006 wohl nur deshalb gewonnen hatte, weil man ihn als Kandidaten fürs Gesamtklassement nicht ernst nahm. Man ließ den Spanier auf einer sogenannten *Überführungsetappe* gewähren und Perreiro fuhr an diesem einen Tag zwischen Béziers und Montélimar einen Vorsprung von 30 Minuten heraus.

Das *T-Mobile*-Team bot Andreas Klöden nach der Frankreich-Rundfahrt 2006 eine Vertragsverlängerung samt Gehaltserhöhung und der Beförderung zum alleinigen Kapitän für die großen Rundfahrten an. Doch „Klödi" wechselte zur Saison 2007 lieber zum kasachischen Team *Astana*, dem damals wohl am schlechtesten beleumundeten Team im internationalen Radsport. Dort konnte er einmal mehr in die Rolle des Edeldomestiken schlüpfen, erneut für seinen ehemaligen *Telekom*-Kollegen Alexander Winokurow.

Als dieser positiv getestet wurde, zog *Astana* sich aus der Rundfahrt im Sommer 2007 nach der 15. Etappe zurück. Bei der Tour de France 2008 war das *Astana*-Team nicht erwünscht; das hatte die Amaury Sport Organisation (ASO) bereits im Februar des Jahres entschieden.

Auch wenn Andreas Klöden noch einige sehr gute Ergebnisse einfuhr, Schlagzeilen schrieb er inzwischen eher aufgrund seiner offensichtlichen Dopingvergangenheit. Im April 2009 veröffentlichte das Nachrichtenmagazin *DER SPIEGEL* die Ergebnisse einer unabhängigen Expertenkommission zu den Dopingvorwürfen gegen die Sportmediziner der Universitätsklinik Freiburg, Lothar Heinrich und Andreas Schmid.

Aus dem Bericht ging hervor, dass beim Team *Telekom* und Team *T-Mobile* in den Jahren 1995 bis 2006 systematisch gedopt wurde. Zudem belastete der geständige Dopingsünder Patrick Sinkewitz seinen Ex-Kollegen Klöden schwer. Auch dieser sei mit ihm zusammen im sogenannten

Rhein-Konvoi nach Freiburg gefahren, um sich von Heinrich und Schmid Eigenbluttransfusionen zuführen zu lassen.

Andreas Klöden, von jeher geradezu von einer „Medienallergie" geplagt, äußerte sich selbst öffentlich so gut wie nie zu den Vorwürfen, er ließ sie allenfalls über seine Anwälte dementieren. Die *Stuttgarter Zeitung* schilderte einmal den Versuch, mit Klöden im Vorfeld der Tour de France 2009 ein Interview zu führen. Es verlief wie folgt: „Herr Klöden, sagen Sie etwas?" - „Nein." - „Brauchen wir Sie die nächsten drei Wochen also auch gar nicht erst zu fragen?" - „Eine gute Idee."

Später zog die Zeitung einen recht drastischen Vergleich und schrieb: „Nichts hören, nichts sehen, nichts sagen. Andreas Klöden ist so etwas wie das Nordkorea des Radsports." Ende Oktober 2009 teilte die Staatsanwaltschaft Bonn mit, dass das Verfahren gegen Andreas Klöden wegen Sportbetrugs, wie auch schon im Falle Jan Ullrichs, gegen Zahlung einer Geldbuße eingestellt wurde.

Andreas Klöden unterschrieb zur Saison 2010 einen Vertrag beim neu gegründeten Team *RadioShack*, wo er gemeinsam mit Lance Armstrong fahren sollte, der bereits 2009 sein Comeback gegeben hatte. Teamchef des US-amerikanischen Rennstalls war der langjährige Betreuer Armstrongs, der Belgier Johan Bruyneel, der später lebenslang von der UCI gesperrt wurde. Dass Andreas Klöden sich Mühe gab, sein angekratztes Image aufzupolieren, konnte man also wahrlich nicht behaupten.

Bei der Tour de France 2010 kam er auf Platz 13 und damit als bester Deutscher in Paris an. Viel zu wenig für das Potenzial, das der inzwischen 35-Jährige zweifelsohne immer noch besaß. 2011 dann präsentierte sich Andreas Klöden in Topform, gewann die schwere Baskenland-Rundfahrt im Frühjahr und schien durchaus gute Chancen zu besitzen, bei der Tour de France zumindest aufs Podium zu fahren.

Doch einmal mehr machten ihm die Folgen von mehreren Sturzverletzungen einen Strich durch die Rechnung und Klöden stieg während der 13. Etappe vom Rad. Viel mehr mussten seine Betreuer ihn vom Rad heben, so angeschlagen war er. 2012 landete Klöden auf Platz elf der Gesamtwertung, 2013, bei seiner elften und letzten Tour-Teilnahme, kam er auf dem enttäuschenden 30. Rang in Paris an. Eine Etappe hat er bei der Tour de France nie gewonnen.

Andreas Klöden war ein exzellenter Zeitfahrer, bei einer Größe von 1,83 Meter wog er nur etwas mehr als 60 Kilogramm und zählte auch am Berg zu den Weltbesten. Sein Ruhepuls lag bei 32 bis 35 Schlägen, sein Lungenvolumen bei rund sieben Litern – ideale Voraussetzungen für einen Rundfahrer. Sprinten hingegen konnte er gar nicht.

Gegenüber dem Radsport-Magazin *TOUR* sagte er einmal: „Ich vergleiche mich mit einem Ferrari-Motor. Bei 17.500 Umdrehungen geht er richtig gut, aber bei 18.000 Umdrehungen fliegt er in die Luft." Der ehemalige Profi und spätere Radsportmanager Brian Holm sagte einmal hinsichtlich Klödens eleganter und äußerst effektiver Fahrweise: „Auf dem Rad ist Andreas ein Gott. Er ist Francesco Moser, er ist Roger De Vlaeminck – er hat so viel Stil. Sein Oberkörper bewegt sich keinen Millimeter, wenn er fährt."

Nachdem ihm das *RadioShack*-Team keine Vertragsverlängerung angeboten hatte, gab Andreas Klöden im Alter von 38 Jahren im Oktober 2013 bekannt, dass er seine Karriere nicht fortsetzen werde. Nach dem Ende der aktiven Laufbahn zog er sich weitgehend aus der Öffentlichkeit zurück. Der *Tagesspiegel* schrieb treffend dazu: „Aus dem Schatten in den Schatten." So sperrig, wie sich Klöden spätestens nach den Dopingvorwürfen gegenüber der Presse verhielt, so sympathisch kommt er in dem Kinofilm *Höllentour* rüber, der während der Tour de France 2003 gedreht wurde.

Der *RadioShack*-Manager Philippe Maertens sagte einmal gegenüber dem Magazin *Procycling*, es gäbe zwei Gesichter bei Andreas Klöden, das private und das in der Öffentlichkeit. „Wenn du beim Abendessen oder morgens im Bus Gelächter hörst und dich umdrehst, war es fast immer Andreas, der den Witz gerissen hat. Er ist sehr scharfsinnig. Dann steigt er aus dem Bus, setzt seine Sonnenbrille auf und das war's: Die Maske geht runter."

Vielleicht haben dem sensiblen Radprofi all die Verdächtigungen so sehr zugesetzt, dass er für sich keine andere Möglichkeit sah, als sich komplett zurückzuziehen. Sein ehemaliger *Telekom*-Kollege Rolf Aldag sagte einmal diesbezüglich über Klöden: „Er ist jemand, der zunächst keine Meinung zu irgendetwas zu haben scheint, aber wenn du ihm die Chance gibst, seine Sichtweise zu erklären, geht er sehr ins Detail und überrascht dich."

Gemeinsam mit seiner Frau Bettina und den Töchtern Felicitas und Letizia lebt Andreas Klöden in der schweizerischen Gemeinde Münsterlingen am Bodensee. Mit seinem Ex-Kollegen Danilo Hondo gründete Andreas Klöden eine Agentur, die sich um Nachwuchsfahrer kümmert. Er war ab 2017 Markenbotschafter für den deutschen Radhersteller *Storck* und ist seit 2022 in derselben Funktion für *Schmolke Carbon* tätig.

Für den Radreiseveranstalter *Champions Training* gibt er bei Reisen nach Mallorca so etwas wie den Stargast, und auch bei den „Ulle & Friends"-Events seines Freundes Jan Ullrich war „Klödi" gern gesehener Gast.

9.14 ANDRÉ GREIPEL – GORILLA AUF DER ZIELGERADEN (*16.07.1982)

André Greipel musste reichlich Geduld aufbringen, um ans Ziel seiner Träume zu gelangen und eine Etappe bei der Tour de France zu gewinnen. Schlicht und ergreifend deshalb, weil der gebürtige Rostocker lange zum selben Team zählte, wie der damals weltbeste Sprinter Mark Cavendish und Greipel von den Teamchefs einfach nicht nominiert wurde für die Frankreich-Rundfahrt.

2011 war es endlich so weit: Der „Gorilla", wie Greipel aufgrund seiner Statur bisweilen genannt wurde, startete erstmals bei der Frankreich-Rundfahrt und holte auf Anhieb den ersten seiner insgesamt elf Etappensiege bei der Tour. 2021, nach insgesamt 158-Profisiegen, beendete der gebürtige Mecklenburger im Alter von 39 Jahren seine aktive Karriere.

André Greipels erstes Rad hatte keine zwei, sondern drei Räder. Rennen fuhr er damit noch nicht, aber stolz wie „Bolle" war der damals dreijährige „Pöks" aus Kritzmow bei Rostock schon über das Geschenk seiner Patentante aus dem Westen. Der Westen, genauer gesagt das Westfernsehen - was ja fast jeder in der ehemaligen DDR verbotenerweise guckte -, war dann auch ausschlaggebend dafür, dass der kleine André sich für den Radsport begeisterte.

Im Fernsehen hatte er den Film *American Flyers* gesehen, in dem zwei Brüder in den USA am Rennen *Heil of West* teilnehmen. So etwas, sagte André seiner Mutter, wollte er auch machen.

Denn Wettbewerbe waren spätestens seit dem Kindergartenalter ein großes Ding für André Greipel; gucken, wer der Schnellste ist, sich messen mit den anderen. Auf einem Klapprad, das Vater Bernd zu einer Art BMX-Rad „getuned" hatte, bretterte André Greipel über selbst gebaute Parcours zwischen Weiden und Äckern rund um Kritzmow. Sein Vater war begeisterter Motocrosser und nahm ihn häufig mit zu den Rennen am Funkturm Stadtweide und schon als Siebenjähriger durfte André Greipel, wenn gerade kein VoPo in der Nähe war, auf einem zu einer Motocrossmaschine umgebauten Schwalbe-Moped durch die Gegend knattern.

Die Begeisterung für Speed hatte er also definitiv vom Papa geerbt. Und diese Adrenalinkicks, die André Greipel später als Weltklasse-Sprinter so oft erlebte, die hatte er schon im Grundschulalter.

Als André dann mit der Idee um die Ecke kam, Rennrad statt Motocross fahren zu wollen, meldete Mutter Gudrun ihren Sohn jedenfalls prompt beim PSV Rostock an. Greipels erster Trainer war Peter Sager, der auch schon den fast zehn Jahre älteren Jan Ullrich betreut hatte. Überhaupt: Rostock schien ein richtiges Nest zu sein: Neben „Ulle" und André Greipel starteten hier auf der Radrennbahn am Dammerower Weg Profis wie Paul Martens, Robert Wagner, André Korff und Eric Baumann ihre Radsportkarriere.

An seinem ersten Trainingstag im Winter 1992 kam der zehnjährige André allerdings gar nicht zum Radfahren. Die Aschenbahn, auf der damals auch die Radsportler trainierten, war nämlich zugefroren. Nur Laufen ging. Der Neuling ließ dann beim Zwei-Kilometer-Lauf alle anderen nicht nur hinter sich, sondern überrundete sie sogar.

Und Trainer Peter Sager wusste schon mal: da ist einer mit reichlich Kondition und Biss. 1993 fuhr André Greipel dann seine ersten Rennen auf dem Rennrad. Aber da überrundete er niemand und haderte sogar mit dem Radsport.

Irgendwann musste Sager sogar mal bei Vater Bernd und Mutter Gudrun vorbeischauen, weil André doch tatsächlich lieber wieder Fußballspielen statt Radfahren wollte. Dann gab es ein Trainer-Mutter-Vater-Machtwort und André blieb beim Radfahren.

Auch weil er extrem trainingsfleißig war, stellten sich bald doch die ersten Erfolge ein. 1998, in seinem zweiten Jahr in der Jugendklasse, gewann Greipel bei den deutschen Meisterschaften auf der Bahn die Bronzemedaille im 500-Meter-Zeitfahren. Im darauf folgenden Jahr, 1999, wurde er deutscher Meister in der Mannschaftsverfolgung und gewann Silber im Punktefahren. Trotz der Titel auf der Bahn zog es André Greipel jedoch früh auf die Straße.

Seinen ersten überregionalen Titel als Straßen-Radsportler holte André Greipel ausgerechnet bei den deutschen Juniorenmeisterschaften im Bergfahren. Er, der spätere Weltklasse-Sprinter, der auf den Bergetappen der Tour de France eigentlich immer nur froh war, wenn er im Gruppetto innerhalb der Karenzzeit ins Ziel kam, war doch tatsächlich in den Bergen rund um Passau der Schnellste im Bergauffahren.

Im Oktober 2000 nahm Greipel erstmals an den Juniorenweltmeisterschaften im französischen Plouay teil, wo er auf Platz 53 landete. 2001, inzwischen in der U23-Alterklasse angekommen, gewann er den nationalen Titel im Mannschaftszeitfahren auf der Straße und fuhr erstmals die Thüringen-Rundfahrt, wo er als Mitglied des Jan-Ullrich-Nachwuchsteams auf einer Etappe Dritter wurde. Dass er seine Stärken im Sprint hatte, war bald klar, nachdem er 2002 und 2003 die Sprintwertung der U23-Rundfahrt in Thüringen sowie jeweils im Massensprint einige Etappen bei kleineren Rundfahrten gewonnen hatte.

Über seine Zeit beim *TEAG Team Köstritzer* sagte Greipel rückblickend: „Die Jahre im U23-Bereich waren für mich persönlich erfolgreich, aber nicht immer einfach. Es war ein Spagat zwischen Training, Team, Nationalmannschaft und meiner Ausbildung zum Bürokaufmann."

2005 wagte der Rostocker dann den Sprung ins Profigeschäft und unterzeichnete einen Vertrag beim Continental-Team *Wiesenhof*. Sein erstes Rennen als Profi fuhr Greipel bei der Tour of Qatar. Und Greipel staunte, wie er selbst einmal sagte, dass er Mario Cipollini, den Topsprinter dieser Tage, nicht mehr nur als Bildschirmschoner auf seinem PC habe, sondern plötzlich gegen ihn Rennen fahren dürfe. Mit „Supermario" konnte Greipel noch längst nicht mithalten, aber immerhin gewann er bei der Dänemark-Rundfahrt im August 2005 seine erste Etappe als Berufsrennfahrer.

Zur Saison 2006 unterschrieb der Youngster aus Rostock einen Vertrag beim *T-Mobile*-Team und nahm im Spätsommer mit der Vuelta a España an seiner ersten Grand Tour teil. Auf der sechsten Etappe verpasste er den Sieg nur um Millimeter, kapitulierte dann aber auf der neunten Etappe vor den Bergen, die sich da vor ihm in der Region Asturien auftürmten.

Nach zwei Etappensiegen bei der Sachsen-Rundfahrt 2007 gelang Greipel 2008 im Trikot des *T-Mobile*-Nachfolgeteams *Columbia* der Durchbruch in die erweiterte Weltklasse der Sprinter. Er gewann bei der Tour Down Under zu Beginn des Jahres nicht nur vier Etappen, sondern auch gleich die Gesamtwertung. Im Mai feierte Greipel in Locarno seinen ersten Etappensieg beim Giro d'Italia und damit den ersten bei einer der drei Grands Tours.

Es folgten Etappensiege bei der Österreich-Rundfahrt, der Deutschland Tour und der Eneco Tour in Belgien und Greipel hoffte auf seine erste Tour-de-France-Teilnahme im Sommer 2009. Er hätte es wirklich verdient, sagte Greipels damaliger Teamchef Rolf Aldag – und nahm stattdessen den britischen Topsprinter Mark Cavendish mit. So leid es einem für Greipel auch tun mochte; Aldags Entscheidung erwies sich als goldrichtig: Cavendish gewann bei der Tour de France 2009 sechs Etappen.

André Greipel war im Team eindeutig die Nummer zwei der Sprinter hinter dem Briten, er musste gar überwiegend in einer Art B-Mannschaft bei kleineren Rundfahrten starten. Dass auch Greipel es draufhatte, bewies er eindrucksvoll im Spätsommer bei der Vuelta 2009, als ihm vier Etappensiege gelangen und er das Trikot des besten Sprinters holte. 2010 bot sich Greipel ein ähnliches Bild: „Cav" war bei der Tour dabei und gewann diesmal fünf Etappen. So wirklich lieb hatten sich die beiden nicht. Aber von Hass, wie manche Zeitung in diesen Tagen berichtete, konnte nun wahrlich keine Rede sein.

Cavendish und Greipel waren Konkurrenten im eigenen Team, mehr nicht. Wobei die Aussage des britischen Topsprinters, Greipel würde im Gegensatz zu ihm nur „kleine Scheißrennen" gewinnen, nun wahrlich nicht besonders charmant war.

André Greipel jedenfalls hatte sich bereits früh im Jahr 2010 entschieden, das Team zu wechseln und startete 2011 als Sprint-Kapitän für das belgische Team *Omega Pharma-Lotto* und im Sommer endlich das erste Mal bei der Tour de France. Zunächst passierte das, was Greipel so gar nicht gebrauchen konnte: Cavendish gewann zwei Etappen, er selbst ging leer aus. Auf der 10. Etappe mit Ziel in Carmaux war es dann endlich so weit: Greipel gewann nicht nur den Massensprint, sondern – was noch schöner war – er verwies Cavendish auf Rang zwei. Damit war Greipel spätestens angekommen im illustren Kreis der weltbesten Sprinter.

2012 gewann er nicht nur „kleine Scheißrennen" bis zum Start der Tour de France und holte sich bei der „Grande Boucle" im Sommer gleich drei Etappensiege – genauso viele übrigens wie Cavendish in dem Jahr. Im Kampf um das Grüne Trikot des Punktbesten musste sich Greipel nur dem Shootingstar Peter Sagan geschlagen geben.

Bei der Tour 2013 trat André Greipel, inzwischen fast 31 Jahre alt, im Trikot des deutschen Meisters an. Bester deutscher Sprinter war er trotz eines Etappensiegs nicht; den Rang hatte ihm mit vier Etappensiegen der rund sechs Jahre jüngere Marcel Kittel abgelaufen. 2014 sah das in der Summe ganz genauso aus und Skeptiker munkelten schon, die Zeit des André Greipel als Topsprinter sei abgelaufen.

Von wegen: 2015 holte sich der Rostocker vier Etappensiege bei der Tour, darunter war endlich auch der prestigeträchtige Sieg auf der Schlussetappe auf den Champs-Élysées. Es war ein schönes Bild, nicht nur für Mutter Gudrun Greipel, die Oma Lisbeth und Opa Bernd: Auf dem Podium standen neben André auch die beiden Töchter Luna und Anna. Und weil es so schön war im Sommer 2015 in Paris, triumphierte der *Lotto-Soudal*-Profi im darauf folgenden Jahr gleich noch mal auf der Schlussetappe.

Mit nunmehr elf Etappensiegen bei der Frankreich-Rundfahrt war André Greipel dem bisherigen Rekordhalter Erik Zabel verdammt nah auf die Pelle gerückt. Doof nur – aus Greipels Sicht –, dass er im darauf folgenden Jahr keine einzige und Marcel Kittel dafür gleich fünf Etappen gewann und damit auf 14 Tageserfolge bei der Tour de France kam.

Nach einem nicht allzu erfolgreichen Jahr 2018 wechselte André Greipel zur Radsportsaison 2019 zum französischen UCI-ProTeam *Arkéa-Samsic* und nahm im Sommer an seiner neunten Tour de France teil. Kein Etappensieg sprang dabei heraus, genauso wie in den Jahren 2020 und 2021, in denen er für das Team *Israel Start-Up Nation* fuhr. So blieb es für André Greipel letztendlich bei den elf Etappensiegen; damit belegt der gebürtige Mecklenburger in der Rangliste der deutschen Etappenjäger bei der Tour de France Platz drei hinter Zabel und Kittel. Hinzu kommen noch vier Etappensiege bei der Vuelta a España und deren drei beim Giro d'Italia in den Palmarès des „Gorillas".

Diesen Spitznamen hat er nie wirklich gemocht. Er bezog sich auf seine Physis, aber besonders schmeichelhaft ist er nicht; da kann man André Greipels Skepsis schon verstehen. Den Namen hätten ihm die Medien gegeben, erklärte Greipel einmal in einem Interview. Und man merkte ihm dabei ziemlich genau an, dass er an der für Profis unumgänglichen Öffentlichkeitsarbeit nicht wirklich Spaß hatte.

Für die Journalisten war es hingegen – zumindest zum Beginn von Greipels Karriere – kein Spaß, ihn als Gesprächspartner zu haben. Jedes, aber wirklich jedes Wort musste man dem manchmal etwas drögen Mecklenburger aus der Nase ziehen. Zum Ende der Karriere war das anders; da war er lockerer und hatte reichlich was zu erzählen.

Bereits im Sommer 2021, einen Tag nach seinem 39. Geburtstag, kündigte André Greipel das Ende seiner aktiven Karriere zum Jahresende an. Er wollte aufhören, sagte er, bevor eine 4 vorne stehen würde. In den vergangenen drei Jahren hatte der „Gorilla" nicht mehr mithalten können mit den ganz schnellen Jungs im Peleton, die zum Teil fast 20 Jahre jünger waren als er. Und er freute sich auf die Aussicht, sich endlich mehr um seine drei Mädels kümmern zu können.

Sein letztes Rennen bestritt der Sprinter am Tag der Deutschen Einheit 2021 beim Münsterland Giro und verabschiedete sich dort nach fast zwei Jahrzehnten von der internationalen Radsportbühne als Zehnter. Zum Abschied sagte er: „Ich werde mir mit Sicherheit keine Nummer mehr hinten auf den Rücken pinnen, aber ich werde natürlich weiter Fahrrad fahren. Das gehört einfach zu meinem Leben – Radfahren ist meine Meditation", sagte Greipel.

Als André Greipel 2006 als Youngster zum Team *T-Mobile* wechselte, fuhr er an der Seite von älteren Teamkollegen, von denen nicht wenige später Doping gestanden oder überführt worden. Als Familie Greipel damals einen Kredit für einen Hausbau bekommen wollte, lehnten die Banken ab; zu riskant war es aus ihrer Sicht, dass er aufgrund eines Dopingskandals seinen Job verlieren würde. Er selbst wurde nie im Laufe seiner Karriere positiv getestet. Ein Haus hat er längst gebaut, in Köln-Hürth, seiner Wahlheimat seit Jahren.

Mit André Greipel verließ am Ende der Radsportsaison 2021 ein Rennfahrer die große Bühne, der verdammt schnell unterwegs war auf den letzten Metern. Aber vor allem auch ein Mensch, den viele schätzen gelernt hatten. Sein ehemaliger Teammanager Marc Sergeant von *Lotto-Soudal* sagte beispielsweise: „Ich hatte nie eine ähnlich enge Bindung zu einem Fahrer wie zu André. Eine Zusammenarbeit, die geprägt war von Dialog, Geduld, Vertrauen und vor allem Respekt."

Greipel selbst, mit 158 Siegen einer der erfolgreichsten Profis des neuen Jahrtausends, blickt gerne zurück auf die Triumphe; er hat ein fast fotografisches Gedächtnis für seine Erfolge im Massensprint. Aber er sagt rückblickend auch, er sei viel mehr stolz darauf, *wie* er letztendlich so erfolgreich werden konnte. Als geradliniger und gleichzeitig fast sanftmütiger Typ; als einer, der nie aufgegeben hatte trotz so einiger Widrigkeiten; aber auch als Teamplayer. Als jemand, der anderen zuhören konnte und nicht immer nur sich selbst im Mittelpunkt sehen wollte.

Dass das geht, auch als Topsprinter, das sagen fast alle, die mit André Greipel zusammengearbeitet haben. Sein manchmal übertriebener Ehrgeiz hatte sogar ihm selbst manchmal Angst gemacht und es waren die Situationen, in denen er wahrlich zum „Gorilla" mutieren konnte.

Langeweile schien nach dem Ende der aktiven Karriere definitiv nicht aufzukommen. Einer Aufgabe konnte und wollte er sich nun noch mehr widmen: dem Kampf gegen ALS (amyotrophe Lateralsklerose), einer unheilbaren neurodegenerativen Erkrankung, an deren Folgen auch seine Mutter gestorben war. Ansonsten fungiert der ehemalige Weltklasse-Profi als sogenannter *Ambassador* für die Bekleidungsmarke *Ryzon* und den Reifenhersteller *Schwalbe*. Außerdem arbeitete er, wie er selbst sagte, als Bindeglied zwischen dem Sponsor *UVEX* und dem WorldTour-Team *Intermarché-Circus-Wanty*. Vor allem aber freute er sich, endlich nicht mehr 200 Tage im Jahr unterwegs zu sein, sondern ganz viel Zeit mit der Familie zu verbringen.

Im Prolog seiner 2021 erschienenen Autobiografie schrieb er selbst: „So viele Jahre standen meine Ziele im Vordergrund. Ich denke, mein Umfeld hat es verdient, dass ich zur Abwechslung mal für sie in den Wind gehe."

Ende April 2023 wurde André Greipel von den Verantwortlichen des Bund Deutscher Radfahrer (BDR) zum Bundestrainer der Elite-Männer ernannt; er folgte auf Jens Zemke, der das Amt aufgrund seiner umfangreichen Aufgaben als Sportlicher Leiter bei BORA – hansgrohe aufgeben musste. Greipel hatte ein wenig Bedenkzeit gebraucht, als ihm das Angebot des BDR ins Haus flatterte, sagte dann aber zu und erklärte: „Die jetzige Generation ist stark. Mit ihnen ein Team zu bilden, ein gemeinsames Ziel zu verfolgen und erfolgreich umzusetzen, das wird eine spannende Aufgabe." BDR-Vizepräsident Marcus Burghardt, der bereits als Juniorenfahrer gemeinsam mit André Greipel am Start stand, sagte: „Das war die beste Lösung, die wir finden konnten. André bringt nicht nur eine wahnsinnige Erfahrung ein, er ist auch an kein Team gebunden und kann daher frei und neutral handeln."

9.15 TONY MARTIN – SIE NANNTEN IHN PANZERWAGEN (*23.04.1985)

Als Tony Martin seine Profikarriere 2021 mit dem WM-Titel im Mixed Relay beendete, da wollten ganz viele Kollegen und Kolleginnen unbedingt noch ein Selfie machen mit dem viermaligen Weltmeister im Einzelzeitfahren. Der gebürtige Cottbuser war so viel erfolgreicher als die meisten von ihnen, aber er war einer von ihnen geblieben; Starallüren waren Martin fremd.

Er stürzte oft und stand noch öfter wieder auf; er war ein Kämpfer, der im Einzelzeitfahren ans Limit und darüber hinaus ging. Aber bei allem Ehrgeiz war der mehrfache Etappensieger bei der Tour de France vor allem ein Teamplayer und ein überaus fairer Sportsmann.

Geboren wurde Tony Martin „tief im Osten", in Cottbus in der Lausitz. Doch noch vor der Maueröffnung flohen seine Eltern in den Westen und ließen sich im hessischen Eschborn nieder. Nach seinen erfolgreichen Anfängen als Radsportler im Trikot des RV Sossenheim und des RSV Seeheim wechselte der Youngster aufs Sportinternat in Erfurt; das Talent wurde ihm von Vater Karsten, einst DDR-Jugendmeister, in die Wiege gelegt.

In Erfurt fuhr Tony Martin alsbald seine ersten überregionalen Erfolge ein, wurde 2003 deutscher Juniorenmeister im Einzelzeitfahren, im darauf folgenden Jahr gewann er bei den deutschen Meisterschaften auf der Bahn den Titel in der Mannschaftsverfolgung. Verfolgung, das bedeutet Stehvermögen, extrem hohe Wattzahlen zu treten und sich das Rennen gut einzuteilen.

Das war von Beginn an das Ding von Tony Martin. 2005 schnupperte er als sogenannter *Stagiaire* erstmals Profiluft beim deutschen Rennstall *Gerolsteiner*. Obwohl er bereits einen Vorvertrag beim *T-Mobile*-Team zur Saison 2006 unterschrieben hatte, entschied sich Martin dann Ende des Jahres zunächst für den Verbleib in seiner thüringischen Wahlheimat.

Er setzte seine Ausbildung zum Polizeimeister fort und fuhr ab 2006 für das Thüringer *Energie Team*. Im Trikot des UCI-Continental-Teams wurde er 2006 deutscher U23-Meister im Einzelzeitfahren und belegte 2007 bei der Tour de l'Avenir, der wichtigsten Rundfahrt weltweit für Fahrer der U23-Kategorie, Platz zwei.

Ab 2008 fuhr Tony Martin für das *T-Mobile*-Nachfolgeteam *HTC-Highroad* (ab Mai des Jahres Team *HTC-Columbia*), gewann das Zeitfahren bei der Deutschland Tour und fuhr mit dem Giro d'Italia seine erste Grand Tour. Im darauf folgenden Jahr überzeugte der Zeitfahrspezialist als Rundfahrer und erwies sich sogar als überraschend guter Kletterer: Martin gewann die Bergwertung bei Paris-Nizza, wurde Gesamtzweiter bei der Tour de Suisse und fuhr bei seiner ersten Tour de France vorübergehend ins Weiße Trikot des besten Nachwuchsfahrers.

Plötzlich galt Tony Martin als „Entdeckung am Berg" und so mancher schwadronierte bereits davon, man habe in ihm den Nachfolger Jan Ullrichs gefunden.

2010, bei seiner zweiten Teilnahme an der Tour, ergatterte Tony Martin nach dem Prolog erneut das Weiße Trikot. Die Hoffnungen, er könne vielleicht ganz vorne mit reinfahren, erwiesen sich als Trugschluss: Martin landete lediglich auf Rang 137 des Gesamtklassements. Doch als Martin zu Beginn des Radsportjahres 2011 die Fernfahrt Paris-Nizza gewann und bei der höchst anspruchsvollen Tour de Romandie Zweiter wurde, da galt er schon wieder als Top-Ten-Kandidat bei der Frankreich-Rundfahrt.

Der gebürtige Cottbuser feierte im Einzelzeitfahren in Grenoble zwar seinen ersten Etappensieg, Paris erreichte er aber nur auf Rang 44 des Gesamtklassements. Nach einem Etappensieg bei der Vuelta im Spätsommer – erneut im Kampf gegen die Uhr – gewann Tony Martin bei den Weltmeisterschaften in Kopenhagen seinen ersten Titel im Einzelzeitfahren und sagte hinsichtlich seiner Paradedisziplin: „Zeitfahren gibt mir ein Gefühl von Freiheit – das liebe ich. Ich bin alleine mit meiner Maschine. Ich habe die Kontrolle. Es gibt kein Windschattenfahren, keine Taktik. Man selbst ist sein einziger Gegner: Es ist nur die Frage, wie viel man bereit ist zu investieren, wie viel Schmerz man hinnimmt."

Schmerzen hatte er definitiv nach einem schweren Sturz im April 2012, bei dem er sich Jochbein- und Kieferbrüche sowie Frakturen an der Schulter und am Oberarm zuzog. Bei der Tour de France im Sommer stürzte er auf der ersten Etappe erneut und zog sich diesmal einen Kahnbeinbruch zu. Jedes einzelne Schlagloch verursachte ihm höllische Schmerzen, trotz der Spezialmanschette, die man ihm gebastelt hatte. Aber Martin biss sich mit gebrochener Hand bis zum Einzelzeitfahren auf der neunten Etappe durch, weil er dort einen Etappensieg anpeilte.

Aber die Schmerzen waren einfach zu groß; er wurde Zwölfter und stieg anschließend aus der Tour aus. Knapp drei Wochen später saß er beim Zeitfahren bei den Olympischen Spielen in London wieder im Sattel seiner Zeitfahrmaschine und holte trotz des Handicaps die Silbermedaille. Sie fühlte sich – wie er selbst sagte – wie eine goldene an.

Erst bei den Weltmeisterschaften Mitte September des Jahres im niederländischen Valkenburg war der Bruch vollständig verheilt und Martin holte neben dem Titel im Teamzeitfahren mit *Omega Pharma-Quick Step* seine zweite WM-Goldmedaille im Einzelzeitfahren.

2013 gewann Tony Martin im Rahmen der Tour de France das Zeitfahren am Mont Saint-Michel, obwohl er gleich zu Beginn der Rundfahrt auf Korsika einmal mehr gestürzt war: Prellungen und Schnittwunden überall, im Teambus wurde er ohnmächtig, aber er fuhr weiter. Die erneut aufkeimenden Hoffnungen so mancher deutscher Radsportfans, der beste Zeitfahrer der Welt könnte auch einer der besten Rundfahrer werden, erfüllten sich nicht. Martin kam auf Platz 107 der Gesamtwertung in Paris an.

Allerdings hatte Tony Martin selbst die Hoffnungen befeuert, indem er zwischenzeitlich verkündet hatte, er wolle sein Training umstellen und versuchen, bei den großen Landesrundfahrten aufs Klassement zu fahren. Doch letztendlich sah er ein, dass er dafür nicht gemacht war. Dass er der beste Zeitfahrer der Welt war, bewies Martin dann eindrucksvoll bei der WM 2013 rund um Florenz. Als „Lokomotive" zog er seine Kollegen von *Omega Pharma-Quick Step* zum zweiten WM-Titel im Teamzeitfahren in Folge; als Solist im Trikot des Bundes Deutscher Radfahrer gewann er zum dritten Mal hintereinander die Goldmedaille im Zeitfahren.

Man könnte fast sagen, Tony Martin war aufgrund einiger Ergebnisse „selbst schuld", dass die Hoffnungen immer noch nicht starben, er könnte irgendwann einmal bei einer Grand Tour ganz vorne mit dabei sein. Denn 2014 gewann er die neunte Etappe bei der Tour de France. Auf der höchst anspruchsvollen Strecke durch die Vogesen siegte er erstmals im Rahmen der Frankreich-Rundfahrt nicht in einem Zeitfahren.

Letztendlich war es so: Tony Martin konnte durchaus klettern, doch sobald es ins Hochgebirge ging, sobald es wirklich steil wurde, vermochte der 1,85 Meter große und rund 75 Kilogramm schwere Modellathlet nicht mehr mit den Besten mitzuhalten.

Bei der WM 2014 im spanischen Ponferrada musste er sich im Einzelzeitfahren, wie schon bei den Olympischen Spielen 2012, dem Briten Bradley Wiggins geschlagen geben.

Im Sommer 2015 spekulierte Tony Martin darauf, beim knapp 14 Kilometer langen Auftaktzeitfahren in Utrecht erstmals bei der Tour de France ins Gelbe Trikot zu fahren. Ihm fehlten nach dem Auftaktzeitfahren fünf Sekunden auf den Australier Dennis Rohan, doch den Kampf ums „Maillot jaune" gab Martin deshalb noch lange nicht auf. Nach der zweiten Etappe hatte er nur noch drei Sekunden Rückstand auf den neuen Gesamtführenden Fabian Cancellara, nach dem dritten Tagesabschnitt war es die Winzigkeit von einer Sekunde, die ihn von Chris Froome im Gelben Trikot trennte. Auf der vierten Etappe attackierte Martin 15 Kilometer vor dem Ziel – und wurde durch einen Defekt zurückgeworfen.

Abhaken, Anschluss finden, weiterkämpfen: Drei Kilometer vor dem Zielstrich in Cambrai griff Martin erneut an; obwohl er auf dem deutlich zu großen Rad seines Teamkollegen Matteo Trentin saß. Außerdem waren die Hebel für Vorder- und Hinterradbremse beim Rad des Italieners komplett andersherum montiert. Die Beine brannten wie Feuer, die Lunge schien zu platzen, der Kopf musste aufgrund der verdrehten Bremsen Schwerstarbeit leisten. Tony Martin rettete schließlich drei Sekunden vor der heranrasenden Meute ins Ziel und schlüpfte erstmals in seiner Karriere ins Trikot des Gesamtführenden bei der Tour – als 15. deutscher Fahrer in der Geschichte der Tour.

Während der strahlende Sieger ein TV-Interview im Teamhotel gab, tanzte die komplette Mannschaft inklusive Tony Martins Mutter um ihn herum eine Polonaise. Es stand ihm gut das gelbe Leibchen, zweifelsohne, und Tony Martin schien es auch auf der sechsten Etappe nach Le Havre erneut souverän verteidigen zu können. Doch dann stürzte er rund einen Kilometer vor dem Ziel. Seine Kollegen eskortierten den Mann in Gelb noch ins Ziel, doch nachdem die Ärzte einen Schlüsselbeinbruch diagnostiziert hatten, musste Martin aufgeben.

Nach dem enttäuschenden siebten Platz im WM-Einzelzeitfahren 2015 im US-amerikanischen Richmond gewann Tony Martin bei den Weltmeisterschaften 2016 in Katar seinen vierten WM-Titel im Einzelzeitfahren; etwas überraschend, da er bei den Olympischen Spielen in Rio zuvor nur Zwölfter geworden war. Er selbst sagte später, er sei nie so von sich selbst enttäuscht gewesen in seiner Karriere wie bei diesem Rennen.

Martin, der sonst immer alles aus sich herausholen konnte, der nie aufgab, hatte in Rio keinen Mumm, keine Motivation. Der Titel in der Wüste dürfte mehr als darüber hinweggetröstet haben. Vier WM-Titel im Einzelzeitfahren: das hatte neben Tony Martin nur der Schweizer Fabian Cancellara geschafft.

Tony Martin galt als einer glaubwürdigsten Vertreter seiner Generation; er positioniert sich stets sehr klar und dezidiert zum Thema Doping, forderte öffentlich lange, ja sogar lebenslange Strafen für Dopingsünder.

Als er 2017 dann von seinem belgischen Rennstall *Etixx-Quick Step* zum ziemlich miserabel beleumundeten russischen Team *Katusha Alpecin* wechselte, riskierte er damit durchaus seinen guten Ruf. Aber vor allem sportlich war die Zeit dort enttäuschend.

Mit großen Ambitionen aufs Gelbe Trikot ins Tour-de-France-Auftaktzeitfahren in Düsseldorf gestartet, wurde Tony Martin nur Vierter und wollte sich nach eigener Aussage „in irgendeinem Loch vergraben". Die Tour war für ihn gelaufen. Auf das WM-Einzelzeitfahren im norwegischen Bergen blickte er nicht allzu optimistisch voraus, zu hügelig war der Kurs für ihn; er wurde Neunter. In einem ansonsten weitgehend erfolglosen Radsportjahr 2018 reichte es auch bei der WM in Innsbruck nur zu Platz sieben im Einzelzeitfahren.

Längst hatte Tony Martin sich nach einem neuen Rennstall umgesehen. Wenige Tage nach den Weltmeisterschaften 2018 vermeldeten Medien den Wechsel zum Team *Jumbo-Visma*, wo sein Landsmann Grischa Niermann als sportlicher Leiter fungierte. Im Oktober wurde der Transfer offiziell bestätigt. Martin sollte bei dem niederländischen Rennstall die Lokomotive im Mannschaftszeitfahren spielen, sollte als Beschützer der Klassementfahrer Primož Roglič, Tom Dumoulin und Steven Kruijswijk fungieren und mit seiner Erfahrung die Rolle des „capitaine de la route" einnehmen. Martin ging in der Rolle auf, die Kollegen schätzten und lobten ihn über den grünen Klee.

„Er gibt dir Selbstvertrauen und gibt uns die Sicherheit, dass wir als Team jede Aufgabe lösen können. Ich bin selbst entspannter und fühle mehr Stärke, wenn ich mit ihm in einem Aufgebot bin", sagte beispielsweise Teamkollege Jos van Emden. Als exzellenter Zeitfahrer war Tony Martin tempohart wie kaum ein anderer Fahrer. Unzählige Kilometer fuhr er vorne im Wind, selbstlos, hart im Nehmen, Teamplayer durch und durch. Er war der Steuermann für seine Kapitäne.

Bei der Tour de France 2019 allerdings haute das mit der Vorbildfunktion ausnahmsweise mal nicht hin. Tony Martin wurde von der Rundfahrt ausgeschlossen, nachdem er den britischen *INEOS-Grenadiers*-Profi Luke

Rowe mit Absicht von der Straße gedrängt hatte. Dummerweise kurz vor dem Ziel, wo die TV-Kameras sämtliche Aktionen des Peletons einfingen. Martin rechtfertigte sich damit, dass Rowe zuvor den damaligen *Jumbo-Visma*-Kapitän Steven Kruijswijk mit seiner Fahrweise in Gefahr gebracht hätte und er ein Zeichen setzen wollte.

„Ich bin ein lieber Kerl. Aber im Rennen habe ich eine andere Persönlichkeit", sagte Martin im Rückblick auf die Auseinandersetzung. Definitiv aber war es ein falsches Zeichen und es nützte auch nichts, dass Martin bei seiner Aktion so dreinschaute wie ein Unschuldslamm. Die ASO verhängte eine harte, aber durchaus nachvollziehbare Strafe und die Tour de France musste ohne die beiden Raufbolde auskommen.

Abgesehen von diesem Faux-pas im Sommer 2019 konnte man auf der ersten Etappe der Tour de France im darauf folgenden Jahr erleben, welches Standing im Peleton der inzwischen 36 Jahre alte Tony Martin besaß. Der Asphalt hatte sich bei Regen in eine Rutschbahn verwandelt; es krachte gefühlt alle paar Sekunden. Gerüchten zufolge soll einer der Sponsoren der Werbekarawane, ein Produzent von Flüssigwaschmitteln, obendrein die unfassbare Dummheit begangen haben und sein Produkt an die Zuschauer verteilt haben.

Wie auch immer, was auch immer es war: Die Etappe mutierte zu einer veritablen Rutschpartie. Nach rund 55 Kilometern setzte sich der gelernte Polizeimeister Martin an die Spitze des Feldes. Ausnahmsweise nicht, um Tempo zu bolzen, sondern um eine Art „Waffenstillstand" zu organisieren. Er breitete die Arme aus, senkte sie zweimal nach unten, um dem Peleton zu signalisieren: Leute macht langsam, sonst gibt es Verletzte.

Bis auf einige wenige *Astana*-Profis hielten sich die Kollegen an die Ansage des Routiniers und zollten ihm anschließend großes Lob. Ohne die Initiative Martins, da waren sich hinterher alle einig, hätte es garantiert noch mehr Stürze und verletzungsbedingte Ausfälle gegeben.

Nach seinem zehnten deutschen Meistertitel im Einzelzeitfahren ging Tony Martin im Sommer des Jahres 2021 in seine 13. Tour de France. Knapp

50 Kilometer vor dem Ziel der Auftaktetappe stürzte er. Stürzen tut immer weh, stürzen ist immer blöd, aber blöder konnte es an diesem Tag, auf der Strecke zwischen Brest und Landerneau, nicht laufen. Eine Zuschauerin hatte sich ein Schild gebastelt, mit dem sie ihre Großeltern grüßen wollte.

„Allez Opi-Omi" hatte sie darauf geschrieben. Und damit es alle Welt und vor allem Omi und Opi an den TV-Bildschirmen sehen konnten, war die Frau mit ihrem Pappschild urplötzlich auf die Straße getreten. Das war dumm, das war idiotisch, das war unverantwortlich. Denn Tony Martin, der im Höchsttempo auf der rechten Fahrbahnseite fuhr, konnte der Frau mit dem Pappschild nicht mehr ausweichen. Er stürzte, flog in hohem Bogen in den Straßengraben, voll aufs Gesicht. Über ihn stürzten zahlreiche Kollegen, dass es nur so schepperte. Einige Fahrer verletzten sich schwer und mussten aufgeben.

Martin fuhr zunächst weiter, obwohl es auch ihn ziemlich arg erwischt hatte. Nach einem zweiten Sturz auf der 11. Etappe stieg er aus und nahm es einmal mehr mit Galgenhumor: „Ich profitiere noch von der Maskenpflicht. Mit der Maske sehe ich ziemlich normal aus. Ohne noch nicht." Wenige Tage später saß er schon wieder im Training auf dem Rad. Der Mann war anscheinend unkaputtbar.

„Panzerwagen" hatte ihn einmal eine französische Zeitung genannt. Klingt irgendwie nicht so sexy, aber es war als Kompliment gemeint und Martin verstand es auch so.

Sein Blick auf den Sport hatte sich spätestens seit der Geburt seiner Tochter im Jahr 2017 verändert. In einem Interview zu Beginn des Jahres 2020 sagte er: „Vorher war der Sport mein dominierender Lebensinhalt. Jetzt ist es ein Spagat. Wenn es hart auf hart kommt, will ich zu 100 Prozent Vater sein und zu 80 Prozent Sportler." Im Herbst 2021 erklärte Tony Martin seinen Rücktritt. Nur die Weltmeisterschaften in Flandern wollte er noch mitnehmen, zu mindestens 100 Prozent, danach sollte Schluss sein.

Der Rekord-Weltmeister wurde guter Sechster im Einzelzeitfahren und gewann schließlich mit der deutschen Mixed-Staffel die Goldmedaille.

Vor und nach der Siegerehrung standen die Konkurrenten der anderen Nationalteams Schlange, um ein gemeinsames Selfie mit Tony Martin zu schießen. Es flossen reichlich Tränen.

Ein Großer des Radsports verabschiedete sich. Das sahen offensichtlich auch die Radsport-Journalisten so und verabschiedeten sich auf der Pressekonferenz mit „Standing Ovations" von Tony Martin. Das hatte es nur ganz selten gegeben im internationalen Radsport.

Das, was ihn ausgezeichnet hatte als Mensch und Rennfahrer, das wollte Tony Martin, der seit 2009 mit der Familie auf der Schweizer Seite des Bodensees lebt, den Kindern am Talentcampus in Kreuzlingen weitergeben. Eine Ausbildung als Lehrer hat Tony Martin zwar nicht, aber einen besseren Lehrer als ihn könnten die hochtalentierten Youngster wohl kaum bekommen.

9.16 MARCEL KITTEL – „LE KAISER" (*11.05.1988)

Die Franzosen nannten Marcel Kittel ehrfurchtsvoll „le Kaiser". Der ehemalige deutsche Weltklasse-Sprinter ist mit 14 Etappensiegen der erfolgreichste deutsche Radprofi bei der Tour de France. 2019 beendete er seine Karriere, damals für viele überraschend.

Doch spätestens als er in seiner Autobiografie sehr reflektiert und offen über seine mentalen Probleme und seine depressiven Episoden während der Karriere berichtete, konnte man gut verstehen, warum er raus musste aus der Mühle. Der Titel des Buchs lautet: Das Gespür für den Augenblick. Kittel hatte dieses Gespür als Profi auf der Zielgeraden, aber er hatte es auch als Mensch im richtigen Leben.

Mutter Elke konnte als Leichtathletin verdammt hoch springen, war sogar DDR-Meisterin, Vater Matthias war ein endschneller Radrennfahrer und gewann unter anderem mehrere Etappen bei der Poel-Rundfahrt. Und weil Marcel Kittel schon als Kind einen ausgeprägten Bewegungsdrang besaß, war klar, dass auch er eine sportliche Karriere einschlagen würde.

Zunächst versuchte er sich auch als Leichtathlet bei der SG Motor Arnstadt, aber so hoch springen wie die Mutter, das war ihm schon bald klar, würde er wohl nie. Bei einem Urlaub in den Alpen kam der damals 13-jährige Marcel auf die Idee, ein Rennrad haben zu wollen. Ausgerechnet in den Alpen, wo er sich später als Weltklasse-Sprinter stets so quälen musste, hatte ihn also irgendetwas zum Rennradfahren inspiriert.

Sein Vater fand die Idee des Filius jedenfalls so gut, dass er auf dem Rückweg Richtung Thüringen schon aus dem Auto heraus mit dem Radhändler seines Vertrauens telefonierte und für Marcel eine Rennmaschine orderte. Kaum stand das gute Stück parat, fuhr der Teenager auch schon seine erste Runde durch die Hügel rund um Arnstadt. Nach 30 Kilometern war er vollkommen platt – und absolut happy. Und er wusste, dass er seinen Sport gefunden hatte.

Marcel Kittel schaffte bald deutlich mehr als die 30 Kilometer, er war schnell unterwegs, gar nicht mehr so platt und trat dem RSV Adler Arnstadt bei.

Sein erstes Rennen für seinen Heimat-Klub bestritt er allerdings nicht auf dem Rennrad, sondern auf dem Mountainbike. Dass man damit seine Technik schult, hatte der Teenager schon kapiert, aber er wollte definitiv lieber Rennrad fahren. Auch, weil er als Mountainbiker nicht wirklich vorne dabei war.

Sein Talent auf dem Rennrad war allerdings kaum zu übersehen und so wurde er 2003 im Alter von 15 Jahren aufs Sportinternat in Erfurt geschickt. Und ab da ging alles sehr, sehr schnell. 2004 wurde Kittel deutscher Jugendmeister im Straßenrennen, im darauf folgenden Jahr gewann er bei der Junioren-Weltmeisterschaft in Salzburg die Goldmedaille im Einzelzeitfahren und verteidigte das Regenbogentrikot 2006 bei der Junioren-WM im belgischen Spa.

Der Senkrechtstarter Marcel Kittel war noch nicht einmal 18 Jahre alt, als er sich dem *Thüringer Energie Team* anschloss und für das Continental-Team kleinere Rundfahrten in Deutschland und Europa fuhr. Ein Überflieger auf diesem, für ihn neuen Niveau, war der Youngster nicht gerade, aber er biss sich durch die ersten schwierigen, von Verletzungen geprägten Jahre.

Und er lernte viel von einem gewissen Tony Martin, der schon damals noch besser im Zeitfahren war als Kittel. Der gewann 2009 das „contre la montre" bei den U23-Europameisterschaften, 2010 Gold bei den deutschen U23-Meisterschaften und die Bronzemedaille bei den Weltmeisterschaften im selben Jahr.

2011 wechselte Marcel Kittel zum niederländischen Profi-Rennstall *Skil-Shimano*. Und wenn man sagen würde, dass er da durchgestartet ist, dann würde man noch untertreiben. Kittel fuhr bei seinem Profidebüt im Radsportjahr 2011 sage und schreibe 17 Siege ein. So viel, wie noch nie ein Neuprofi in einer Saison geschafft hatte. Darunter waren vier Etappensiege bei der Polen-Rundfahrt, vier bei den „Vier Tagen von Dünkirchen", aber auch bereits sein erster Etappensieg bei einer Grand Tour.

Auf der siebten Etappe der Vuelta a España setzte sich der Thüringer im Massensprint gegen den dreimaligen Weltmeister Óscar Freire Goméz und Peter Sagan, den dreimaligen Weltmeister in spe, durch. Aus dem Zeitfahrspezialisten Marcel Kittel war innerhalb eines Jahres schon fast ein Weltklasse-Sprinter geworden. Und weil das so war, und weil das damalige Pro-Continental-Team *Argos-Shimano* mit einer Wildcard an der Tour de France 2012 teilnehmen durfte, hoffte man, dass Marcel Kittel auch dort schon ganz vorne mit dabei sein konnte.

Konnte er nicht; er musste aufgrund eines Magen- und Darminfekts während der fünften Etappe aussteigen. Er nahm es mit einer ordentlichen Portion Galgenhumor und twitterte: „Habe mich selbst im Fernsehen gesehen. Mein Bauch ist so voller Wasser. Es sieht aus, als wäre ich schwanger."

Aber man kann in diesem Fall getrost eine etwas abgedroschene Redewendung benutzen, die da lautet: aufgeschoben und nicht aufgehoben:

Denn bei der Tour de France 2013 gewann er gleich die erste Etappe auf Korsika und fuhr damit ins Gelbe Trikot des Gesamtführenden, als 14. deutscher Rennfahrer in der Geschichte der Frankreich-Rundfahrt.

Er gewann noch die Etappen nach St. Malo und den Tagesabschnitt nach Tours. In seiner Heimatstadt Arnstadt gab es nun nach Johann Sebastian Bach einen neuen Weltstar; die Begeisterung kannte schon nach dem dritten Etappensieg keine Grenzen. In den Arnstädter Cafés wurde ein dreifacher Espresso zum Preis des „Dopio Espresso" serviert. Dass es gar einen vierfachen Espresso in Arnstadt gab nach Marcel Kittels viertem Etappensieg auf der prestigeträchtigen Schlussetappe auf den Champs-Élysées, ist allerdings nicht überliefert.

Wie bereits 2013 gewann der Thüringer in der ersten Jahreshälfte einige Etappen bei Rundfahrten im Rahmen der WorldTour – darunter zwei beim Giro d'Italia – sowie einige Eintagesrennen. Bei der Tour de France 2014 machte er einfach da weiter, wo er 2013 aufgehört hatte. Kittel siegte auf der ersten, der dritten und der vierten Etappe und gewann erneut auf dem Champs-Élysées. Damit hatte er mit seinen acht Etappensiegen nicht nur Jan Ullrich überholt, sondern auch mit dem legendären Rudi Altig gleichgezogen.

2015 hatte Marcel Kittel früh im Jahr eine Viruserkrankung erwischt; zwischen Anfang Februar und Anfang Mai fuhr er kein einziges Rennen. Und als er sein Comeback gab, war es kein schönes, kein erfolgreiches Comeback. Die Verantwortlichen im Team *Giant-Alpecin* reagierten. Sie reagierten so, wie es im durch und durch erfolgsorientierten Profi-Radsport üblich war. Sie strichen ihren Topsprinter aus dem Aufgebot für die Tour de France, mit der einfachen Begründung, ihr Angestellter Marcel Kittel sei nicht hundertprozentig fit.

Kittel, der hart trainiert hatte, hielt dagegen und bekam Unterstützung von seinem Teamkollegen Tony Martin. Und wenn Kittel zehnmal krank gewesen wäre, die Chance auf einen Tour-Etappen-Sieg wäre da gewesen, sagte Martin. Das Tischtuch zwischen *Giant-Alpecin* und ihrem schnellsten Mann war zerschnitten und Marcel Kittel, der bei der Polen-

Rundfahrt im August wieder eine Etappe und die Punktewertung gewinnen konnte, suchte sich mit *Etixx-Quick Step* ein neues Team.

Der belgische Rennstall feierte die Verpflichtung als Coup, aber schon 2016 bewegte sich Marcel Kittel auf dünnem Eis. Die Erwartungshaltung von Fans, Managern und Medien aufgrund seiner Erfolge, die vielen Pflichten, die er als Superstar des Radsports zu erfüllen hatte, das brutal harte Geschäft, in dem nicht wirklich viel zählt außer dem Erfolg – all das machte Kittel zu schaffen. Er hatte erleben müssen, wie es läuft, wenn es nicht mehr läuft.

„Wenn du mal nicht funktionierst, die Siege ausbleiben, fehlt plötzlich der Support und es wird still um dich herum", sagte Kittel rückblickend. Diese Stille hatte etwas Beängstigendes, aber sie hatte auch etwas Reinigendes. Er dachte an die Worte, die ihm sein Vater mit auf den Weg gegeben hatte, als er als Jugendfahrer manchmal irgendwo unter „ferner liefen" ins Ziel kam.

Matthias Kittel hatte Marcel Kittel versucht, beizubringen, dass die Platzierung im Ziel gar nicht so wichtig sei, wenn man im Rennen alles gegeben habe. Dass man Niederlagen akzeptieren solle, wenn an einem Tag X ein Fahrer Y besser sei als man selbst. Marcel Kittel versuchte das, aber so einfach war das nicht, er brauchte Hilfe.

Er sprach im Rückblick auf 2015 später einmal von einem „Selbstfindungstrip", er sagte, dass er sich „neu kalibrieren musste". Er tat das mithilfe eine Sportpsychologin, er wechselte nicht nur das Team, sondern auch den Wohnort und war sich ziemlich sicher, dass er zu sich selbst, dass er seine Mitte gefunden hatte. Das Team hatte er also gewechselt, die Sportart wechselte der weltbeste Sprinter dieser Zeit nicht, und das war gut so.

Marcel Kittel gewann bis zur Tour de France 2016 acht Etappen bei Rundfahrten, darunter zwei beim Giro d'Italia, wo er zudem zwischenzeitlich das Rosa Trikot übernahm. Rosa, so schrieb eine deutsche Zeitung damals, sei die Farbe, die zum Gemütszustand, zum zurückgewonnenen Lebensgefühl des Sprinter-Sunnyboys Marcel Kittel bestens passe.

Bei der Tour de France gewann Kittel eine Etappe, er wurde zweimal Zweiter und hatte auf der Schlussetappe in Paris Pech, als ihn ein Defekt jegliche Chance kostete, zum zweiten Mal auf den Champs-Élysées zu gewinnen. Aber alles in allem konnte sich das Radsportjahr 2016 sehen lassen.

2017 hat 2016 dann definitiv getoppt. Bislang hatte man in Deutschland nur Franz Beckenbauer einen „Kaiser" genannt. Aber als Kittel bei der Tour de France scheinbar spielend leicht die Konkurrenz bei den Massensprints hinter sich ließ und fünf Etappen gewann, da nannten die französischen Medien ihn „le Kaiser".

Die *Neue Zürcher Zeitung* lieferte damals eine Erklärung für die Galavorstellungen Kittels: „Die meisten Sprinter können ihre maximale Belastung 12 bis 15 Sekunden lang halten. Marcel Kittel schafft fast 20 Sekunden. Vor allem wegen dieser Fähigkeit ist der deutsche Radfahrer der beste Sprinter der Welt. So einfach ist das." In der Wertung ums Grüne Trikot, das er noch nie gewonnen hatte, lag Marcel Kittel fast uneinholbar vorne, und es gab noch einige Sprintankünfte. Dann aber stürzte er auf der 17. Etappe, schied verletzungsbedingt aus und konnte somit sein Meisterwerk nicht vollenden bzw. mit dem „Maillot vert" veredeln.

Mit nunmehr 14 Etappensiegen bei der wichtigsten Rundfahrt der Welt hatte Marcel Kittel den bisherigen Rekordhalter unter den deutschen Profis übertroffen. Erik Zabel kam auf zwölf, Kittel auf 14.

Zur Saison 2018 wechselte der inzwischen 30-Jährige zum Team *Katusha-Alpecin*, zu seinem alten Kumpel Tony Martin. Aber wie Martin wurde auch Kittel nicht wirklich glücklich bei dem russisch-schweizerischen Rennstall. Schon der Wechsel sorgte für Irritationen: *Katusha* wurde stets mit Doping in Verbindung gebracht; das passte irgendwie nicht, Marcel Kittel galt als Saubermann.

Als einer der Vertreter der sogenannten *neuen Generation* nach der Ära Armstrong wusste Marcel Kittel genau, dass sein Aufstieg in die Weltspitze kritisch beäugt wurde. Er sagte schon zu Beginn seiner Profikarriere: „Das ist Betrug, und ich will auch einfach nicht, dass ich in 20 Jahren Schuhgröße

50 habe, weil ich Wachstumshormone geschluckt habe. Doping ist Betrug an anderen Menschen, daher ist es ein Unding, dass es in Deutschland nicht im Strafgesetzbuch auftaucht. Ich bin für lebenslange Sperren und Gefängnisstrafen. Für Steuerbetrug kann man ja auch ins Gefängnis kommen."

Nach der Tour de France 2013 ließ er sich sogar – äußerst medienwirksam – an einen Lügendetektor anschließen, um dort Fragen zum Dopingmissbrauch zu beantworten. 2011 bereits war allerdings auch Kittel unter Verdacht geraten. Er wurde, wie auch andere Kollegen aus der sogenannten *Erfurter Schule*, von dem umstrittenen Sportmediziner Andreas Franke betreut. Der Arzt behandelte Kittel mit UV-bestrahltem Blut.

Der Profi sagte dazu rückblickend: „Ich war immer nur bei Dr. Franke, wenn ich krank war. Er hat mir dann nicht nur Tabletten gegeben, sondern auch die UV-Behandlung gemacht. Er hat mir das erklärt, und ich habe ihm vertraut." Kittel, der damals erst 18 Jahre alt war, hatte jedoch bald ein merkwürdiges Gefühl ob der Behandlungsmethoden und verweigerte sie. Positiv getestet wurde Marcel Kittel während seiner gesamten Laufbahn nicht.

Bei *Katusha Alpecin* lief es nicht für Kittel. Sogar beim Scheldeprijs, den er im Verlauf seiner Karriere fünfmal gewonnen hatte, landete er im Frühjahr 2018 nur auf Platz 53. Bei der Tour de France fiel er, wie einige andere Topsprinter auch, auf der 11. Etappe aus der Karenzzeit. Es gab Zoff im Team; mit Erik Zabel, der bei *Katusha* als sogenannter *Performance-Manager* angestellt war, kam Kittel überhaupt nicht klar und *Katusha*-Manager Dmitri Konyshew nannte seinen Topsprinter einen „Egoisten", nachdem Kittel die Saison schon Ende August nach der Deutschland Tour beendete.

Kittel kehrte zur Saison 2019 zurück, er schien fit und motiviert zu sein. Aber schon bald merkte er es geht ihm ganz ähnlich wie 2015. *Katusha* war definitiv nicht das Umfeld, das er brauchte, um sich wohlzufühlen und gut zu performen. Anfang Mai 2019 lösten der Rennstall und Kittel den Vertrag in beiderseitigem Einvernehmen auf.

Der Rennfahrer sprach zunächst nur davon, eine Pause einlegen zu wollen. Doch schon im August erklärte Kittel seinen Rücktritt vom Radsport. „Ich bin durch damit. Ich habe jede Motivation verloren, mich weiter auf dem Rad zu quälen. Der ganze Stress hat sich körperlich ausgewirkt, ich fühlte mich krank, saß mit einem Stein im Magen auf dem Rad", erklärte der ehemals beste Sprinter der Welt. Als die Erfolge ausblieben, war sein Selbstbewusstsein nicht nur angekratzt, es war ihm komplett abhandengekommen.

„Und als Sprinter lebst du extrem davon; ist es nicht mehr da, bist du auch nicht mehr da. Du gehst da auch als Mensch verloren", so Kittel im Rückblick. Dass er im Dezember erstmals Vater werden würde, hatte ihm die Entscheidung sicher leichter gemacht. Er wolle sein Kind nicht nur via Skype sehen, sagte Kittel.

Schon im Sommer 2019, als Marcel Kittel als TV-Experte die Deutschland Tour begleitete, sah man, wie gut ihm dieser Schritt offensichtlich getan hatte. Der ehemalige Radstar begann ein Studium der Wirtschaftswissenschaften, zu Sohn Lex kam Tochter Lizzy hinzu. Seit 2021 lebt er mit den beiden Kindern und seiner Lebensgefährtin, der ehemaligen niederländischen Volleyball-Nationalspielerin Tess von Piekartz, in den Niederlanden.

2021 erschien die Autobiografie Kittels mit dem Titel *Das Gespür für den Augenblick. Mein Weg in den Profiradsport und wieder hinaus*, das er gemeinsam mit dem Journalisten Stefan Klemm geschrieben hat. Hatte er sich 2015 und 2019 während seiner Krisenphasen noch eher zurückhaltend geäußert, so schreibt er hier nun offen über seine mentalen Probleme, berichtet von einer depressiven Episode, in der er nachts das Licht anließ; aus Angst vor dunklen Gestalten.

Es ist ein ehrliches Buch; es beschreibt seine Geschichte, aber es ist auch ein Plädoyer dafür, mentale Probleme von Spitzensportlern ernst zu nehmen. Ein Plädoyer, hinter dem Athleten stets auch den Menschen zu betrachten und Sportstars nicht als Maschinen zu sehen.

★★★

ANHANG

1 LITERATURVERZEICHNIS

Anquetil, S. (2004). Pour l'amour de Jacques. Paris: Grasset Verlag.

Armstrong, L. (2005). *Jede Sekunde zählt.* München: Goldmann Verlag.

Armstrong, L. (2002). *Tour des Lebens – Ich besiegte den Krebs und gewann die Tour de France*. Köln: Lübbe Verlag.

Ballester, P. & Walsh, D. (2004). *L. A. Confidential. Les secrets de Lance Armstrong*. Paris: Edition de la Martiniere.

Bölts, U. & Kullmann, K. D. (2006). *Quäl dich, Du Sau*. Bielefeld: Covadonga Verlag.

Dineen, R. (2017). *Velopedia, die Fahrradwelt in Infografiken*. Bielefeld: Delius Klasing Verlag.

Fignon, L. (2010). *Wir waren jung und unbekümmert*. Bielefeld: Covadonga Verlag.

Greipel, A. mit Farin, T. (2021). *Aus dem Windschatten: Wie ich den Radsport lieben und das Siegen lernte.* München: Riva Verlag.

Hamilton, T. & Coyle, D. (2014). *Die Radsport-Mafia und ihre schmutzigen Geschäfte.* München: Piper Verlag.

Kittel, M. (2021). *Das Gespür für den Augenblick: Mein Weg in den Profiradsport und wieder hinaus.* München: Malik Verlag/Piper.

Leissl, P. (2004). *Die legendären Anstiege der Tour de France*. Bielefeld: Covadonga Verlag.

Löhle, J. (2020). *„Ihr elenden Mörder", kuriose Geschichten von der Tour de France*. 2. Auflage. Bielefeld: Delius Klasing Verlag.

Magowan, R. (1987). *Kings of the road: A portrait of racers and racing*. London: Leisure Pr.

Maso, B. (2011). *Der Schweiß der Götter. Die Geschichte des Radsports*. Bielefeld: Covadonga Verlag.

Moll, S. (2022). *Ulle*. Bielefeld: Delius Klasing Verlag.

Pellizzari, G. (2015). *Der steile Anstieg zum Olymp*. München: Piper Verlag.

Schröder, R. & Dahlkamp, H. (2005). *Nicht alle Helden tragen Gelb. Die Geschichte der Tour de France*. Göttingen: Verlag Die Werkstatt.

Schröder, R. (2005). *Radsport Lexikon*. Göttingen: Verlag Die Werkstatt.

Sidwells, C. & Stein, R. (2018). *Kultorte des Radsports, wo Fahrer zu Legenden werden*. Bielefeld: Delius Klasing Verlag.

Steffen, B. & Gertsch, C. (2011). *Fabian Cancellaras Welt*. Zürich: NZZ Libro ein Imprint der Schwabe Verlagsgruppe AG.

Ventura, M. (2018). *Il campione e il bandito*. Rom: Il Saggiatore.

Virenque, R. (1999). *Ma vérité*. Monaco: Editions du Rocher.

Voigt, J. & Stein, R. (2010). *Shut up legs, Meine Profijahre*. Bielefeld: Delius Klasing Verlag.

Walsh, D. (2013). *Seven deadly sins*. New York: Simon & Schuster Ltd.

Wiggins, B. (2013). *My time*. London Yellow Jersey.

Außerdem hat der Autor auf einige Print- und Onlinemedien zurückgegriffen.

2 BILDNACHWEIS

Coverbild: © Getty Images

Bilder Innenteil: S. 12, 37, 43, 59: © imago
S. 23, 30, 53, 185, 245: © picture-alliance / dpa
S. 75, 168: © picture-alliance / dpa | Gero Breloer
S. 103: © picture-alliance / dpa | Olivier Hoslet
S. 123: © picture-alliance / dpa | Federico Gambarini
S. 135, 193: © picture-alliance / dpa | DB
S. 146, 271, 280: © picture-alliance / dpa | Peer Grimm
S. 174: © picture-alliance / dpa | Boutroux
S. 204: © picture-alliance / dpa | London Express
S. 240: © picture-alliance / dpa | DB ZB
S. 253: © picture-alliance / dpa | Rolf Haid
S. 288: © picture-alliance / dpa | Patrick Lux

Cover- und Umschlaggestaltung: Isabella Frangenberg

Layout: Isabella Frangenberg

Satz: zerosoft

Lektorat: Dr. Irmgard Jaeger

Projektleitung: Riccardo Rip